행정학의 이해

Understanding of Public Administration

김석균

도서출판 대영문화사

Preface

행정학을 공부하는 학생들이나 수험생들이 행정학을 보다 쉽고 체계적으로 이해할 수 있는 방법을 고민해 온 것이 이 책을 저술한 동기라 할 수 있다. 대학에서 행정학 과목을 가르치면서 느낀 것은 많은 학생들이 행정학을 어려워한다는 것이다. 행정학이 인접 학문의 다양한 이론이 융합된 학문이다 보니 여러 가지 복잡한 이론을 공부해야 하는 것이 주된 이유라 생각한다.

행정학은 복잡한 행정현상을 분석하고 행정서비스를 생산하고 공급하는 행정체계와 정책을 설명하기 위해 관련 학문 분야의 다양한 이론을 원용하고 있다. 행정학이 연구 대상으로 하는 행정현상은 인간의 심리에서부터 정책의 효과까지 우리 삶의 모든 영역과 연관되어 있다.

이렇기 때문에 행정학 교과서가 다루는 주제도 그만큼 다양하고 내용도 방대하다. 이러한 사정 때문인지 대학에서 행정학 과목을 수강하거나 공무원 시험을 준비하는 수험생들은 행정학을 어렵게 생각해 처음부터 위축되는 경우를 많이 볼 수 있다.

행정학은 공직이나 공공부문에서 일하고자 하는 사람들은 필수적으로 공부를 해야 하는 과목이다. 행정학을 통해 행정체계가 어떻게 작동하는지 이해하고, 행정인으로서 업무수행에 요구되는 행정에 대한 기본지식과 덕목을 배울 수 있다.

이 책은 저자가 학부, 대학원에서 행정학을 전공하고, 행정고시를 준비하고, 오랜 공직생활을 한 후 대학에서 행정학을 강의하고 있는 경험과 지식을 바탕으로 하고 있다. 저술하면서 다양한 내용을 빠지지 않고 다루어야 한다는 욕심이 앞서서 이해하기 쉽고 간결하게 설명하고자 했던 당초 의도와 달리 어렵게 되고 내용도 방대해졌다.

아무쪼록 이 책이 행정학을 공부하는 학생들이나 수험생들에게 행정학 이해의 작은 길잡이 역할을 했으면 하는 바램이다. 이 책이 나오기까지 애써주신 대영문화사 임춘환 사장님과 임직원 여러분들께 감사의 말씀을 드린다. 그리고 꼼꼼히 교정을 보아준 이은주 박사에게도 감사의 말을 전한다.

한서대학교 인곡관 연구실에서
2023년 11월

Contents

Chapter 02 현대행정국가와 관료제 47

Chapter 03 지능형 정부론 73

Contents

Chapter 05 조직행태론 125

Contents

Contents

Contents

Contents

제1장 행정과 행정학 이론

제1절 행정의 개념

다른 과목의 공부와 마찬가지로 행정학 공부를 시작하면서 제일 먼저 행정학의 연구대상인 행정(行政)의 개념이 무엇이며, 행정학(行政學)이 어떤 과목이며 무슨 내용을 공부하는 것인가를 먼저 이해하는 것이 필요하다. 행정학의 주된 이론을 공부하기 전에 행정학이라는 과목의 특성과 어떤 내용을 담고 있는지 이해하는 것은 '숲속의 나무를 보기 전에 숲이 어떻게 생겼는지 먼저 보는 것'과 같다고 할 수 있다.

1 행정의 개념

사람들은 행정 속에서 일상을 살아가고 행정을 떠나서는 삶을 영위하기 어렵다. 예컨대, 안전, 안보, 교통, 복지, 조세, 법률, 교육, 문화 등 국가나 행정기관이 제공하는 행정서비스 속에서 살아가고, 그 서비스의 수준에 따라 국민들의 삶의 질도 많은 영향을 받는다.

행정은 한자로는 '行政', 영어로는 'Public Administration'이라고 한다. 行政의 의미는 '정치가 결정한 것(정책)을 집행한다'는 의미이고, 영어로는 'Private Administration', 사행성, 즉 경영과 대비되는 개념이다.

행정의 개념은 접근방법에 따라 여러 가지로 정의된다. 전통적 행정관리설의 시각에서는 행정을 '정치가 결정한 정책이나 법을 집행 · 관리하는 것'으로 이해했다. 삼권분립론적 시각에서는 입법, 사법 기능을 제외한 국가의 기능을 행정이라고 이해했다. 통치기능설은 행정의 본질은 정치와 밀접한 것으로 보고, 행정을 정치나 정책의 기능으로 파악했다.

그러나 오늘날 행정의 기능이 정책을 집행하는 것에서 그치지 않고 정책을 형성하고, 행정부가 행정입법이나 법령 해석을 통하여 상당한 부분 입법, 사법부의 기능을 수행하고 있다는 점을 고려하면, 이와 같은 정의들은 현대의 행정기능을 설명하는데 충분하지 않아 보인다. 현대에는 거버넌스론(governance)이 등장하면서 행정을 정부, 비영리조직, 비정부조직(NGO), 자원봉사조직 등 여러 조직의 공공활동을 행정으로 파악하고 있다.

행정은 가장 폭넓게 '공공기관이 본래의 목적을 달성하기 위해 정책을 형성하고 집행하고 관리하는 모든 공적 활동'이라 정의할 수 있다. 공공기관은 국가와 국민을 위해 기관의 고유 행정서비스를 제공하기 위해 존재한다. 예컨대, 동별로 설치되어 있는 주민복지센터는 행정의 최일선에서 주민 복지와 행정서비스를 제공하는 기관이다. 그곳에 근무하는 직원이 주민복지센터의 존립 목적을 위해 수행하는 모든 공적 활동이 행정이라 할 수 있다. 이러한 행정의 개념을 정부 차원으로 확대하여 정의하면 행정은 '공익이나 공공문제와 관련하여 공공기관이 정책을 수립하고 집행하며 관리하는 모든 공적 활동'이라 할 수 있다.

오늘날 정부가 해야 할 일은 과거와 비교할 수 없을 만큼 복잡하고 다양해졌다. 이에 따라 행정의 역할도 더욱 다양해지고 기능도 확대되었다. 행정도 공공문제를 해결하기 위한 정책을 집행하는 것에서 정책 목표를 설정하고 정책결정까지 하게 되었다.

2 공행정과 사행정

공행정의 가장 큰 특징이자 본질은 '공익(public interest)'을 추구한다는 것이다. 즉, 행정은 사적인 이익이 아닌 '공적 이익'을 추구한다는 점이 이윤과 사적인 목적을 추구하는 기업경영과 같은 사행정과 구분된다.

예컨대, 국가 재정과 경제정책을 책임지는 기획재정부와 기업이윤을 극대화하고자 하는 삼성전자는 추구하는 목적이 다르다. 행정과 경영은 추구하는 목적뿐만 아니라 성과측정이나 법적 규제, 정치성, 독점성, 평등성에서 차이가 있다. 기획재정부는 국가 재정이 얼마나 건실하게 운용되고, 경제성장이나 물가안정 등 국가의 거시경제 정책 지표가 성과측정의 요소가 되는 데 비해, 삼성전자는 분기별로 평가되는 매출액이나 영업이익으로 성과를 측정한다.

법치행정의 원리에 의해 재정운용, 경제정책은 법령이 정한 기준과 원칙을 준수하여 행해져야 한다. 또한 기획재정부가 실행하는 모든 정책은 정치의 영향을 강하게 받는다. 즉, 집권세력의 정책방향, 정치적 이념과 정치적 상황, 국민 여론 등에 따라 영향을 많이 받는다. 기획재정부의 업무는 기획재정부만이 한다는 점에서 독점적이다. 반면 자유시장경제질서에서 특별한 경우를 제외하고 기업의 독과점은 엄격히 금지된다.

또한 기획재정부는 재정운용, 예산정책, 물가정책, 조세정책 등은 소득격차, 취약계층 배려, 세대 간 격차, 지역 격차 등이 해소되어 실질적인 평등이 이루어질 수 있도록 정책적 배려를 한다. 이에 비해 삼성전자도 기업의 사회적 책임을 수행하지만, 그 자체가 경영의 제일의 목표는 아니다.

공행정과 사행정의 이러한 차이에도 불구하고 양자는 유사한 점이 존재한다. 무엇보다 공행정과 사행정은 모두 관료제적 성격을 띠고 있다는 것과 목표달성을 위한 수단이라는 점, 관리기술이라는 점, 봉사성을 갖는다는 점 등에서 유사한 성격을 가지고 있다.

전통적인 입장은 공행정과 사행정의 차이성을 강조하고 있다. 그러나 오늘날 현대사회의 다원성, 시민단체와 같은 비정부기관(NGO)의 성장, 기업의 사회적 책임 강조 등으로 공행정과 사행정의 경계가 엷어지고, 상호 융합하는 경향을 보이고 있다. 이에 따라 양자의 차이도 본질적인 것보다 양적, 정도의 차이라 할 수 있다. 또한 정치 · 사회 · 경제체제의 발전에 따라 양자의 차이가 다르게 나타나고 있다. 정치사회 체제가 선진화된 국가일수록 양자의 경계는 엷어지는 경향을 보이고 있다.

제2절 행정이념과 가치

1 공익

1) 의의

행정이 추구하는 최고의 가치는 공공의 이익, 즉 공익(public interest)이다. 공익의 개념에 대하여 여러 가지 학설이 있다. 공익은 행정이 지향하는 최고의 이념이며 가치이다. 행정은 '공공선(common good)'으로 표현되는 공익을 위해 존재한다. 20세기 이후 행정부가 입법, 사법보다 우위에 서며 행정이 국정운영을 주도하는 행정국가화 현상으로 관료들의 재량권 확대와 행정권이 남용될 위험성이 커지면서 공익에 대한 관심이 증대되었다. 즉, 행정이 무엇을 위해 존재하느냐, 정책이 어떻게 결정되느냐, 재원배분은 어떻게 이루어지느냐에 대한 관심이 커지면서 공익에 대한 관심을 증대시켰다.

2) 학설

공익의 정의는 학설에 따라 다양하다. 정책결정을 위해 따라야 할 최고의 규범이라는 입장(규범설), 정치과정의 결과물인 정책이 공익이라는 입장(과정설), 사회 전체로서의 권익과 이익을 추구하고 실현하는 것이 공익이라는 입장(공동체 이익설), 비배제성과 비경합성의 성격을 가진 공공재를 생산하는 것이 공익(공공재설)이라는 것 등이다.

① 규범설

공익은 행정의 최고의 윤리기준으로서 정책결정에서 모든 행위의 기준이 되는 규범이라는 입장이다. 이때의 공익은 공공선(common good)으로서 개인 이익의 단순 합이 아닌 공동체에 내재하고 있는 특유한 것이다.

② 과정설

과정설은 규범설과 다르게 공익은 조직에 내재해 있는 선험적인 개념이 아닌, 집단 과정에서 산출되는 결과적 산물이라는 것이다. 즉, 개인이나 집단 간 자신들의 이익을 실현시키기 위해 경쟁과 대립하는 정치과정 속에서 정책이 만들어지고, 이들의 이익이 공익으로 전환된다는 것이다.

③ 공동체 이익설

공동체 이익설은 사회나 국가는 개인의 단순한 집합체와 다른 인격과 권익을 가지고 있다고 본다. 개인의 단순한 집합체 이상으로서 인격과 권익을 갖는 사회나 국가가 공익의 원천이라고 본다. 사회 전체나 국가의 권익과 인격을 추구하고 실현하는 것이 공익이라고 주장한다.

④ 공공재설

공공재설은 재화의 성격에서 공익을 찾아야 한다는 학설이다. 공공재는 비배제성과 비경합적 소비성의 성격을 가지고 있다. 사용이나 소비에 있어서 생산에 대한 기여에 상관없이 배제하거나 분할할 수 없는 국방, 치안 서비스 등이 그 예이다. 공공재설은 이러한 성질을 가지는 공공재를 생산하는 것이 공익이라고 주장한다.

2 행정이념

1) 의의

행정이 추구하는 가치를 달성하기 위해서는 바람직한 행정은 무엇이며, 어떻게 해야 하는지에 대한 기준이나 지침이 필요하다. 행정의 최고의 가치인 공익을 실현하기 위한 기준이나 지침을 '행정이념'이라고 한다. 행정이념에는 합법성, 능률성, 효과성, 생산성, 민주성, 중립성, 사회적 형평성, 가외성 등이 있다. 행정이념은 행정의 방향과 지침을 제시해주고 행정 활동에 대한 평가 기준을 제공해 준다.

2) 내용

① 합법성(legality)

합법성은 행정이 법률에 따라 이루어져야 하고, 법률에 위배 되어서는 안 된다는 원칙이다. 이는 법치행정과 같은 의미로서 근대 민주주의의 근간인 '법의 지배(the rule of law)' 원칙이 행정에 적용된 것이다. 행정의 기능이 확대되면서 행정권이 확대되고, 관료들은 막대한 예산권과 폭넓은 재량권을 행사하게 되었다. 합법성의 원칙은 행정 권력이 남용되거나 자의적으로 행사되어 국가자원을 낭비하거나 국민의 권리와 인권을 침해하는 것을 막기 위한 이념이다.

② 능률성(efficiency)

능률성은 투입량(input) 대비 산출량(output)의 비율 개념이다. 즉, 얼마를 투입하여 얼마의 산출을 거두었냐 하는 것으로서, 주로 양적인 수치로 표시하는 개념이다. 정책을 결정할 때 투입된 재정 · 인력 등 자원에 의해 성과를 극대화시키거나, 더 적은 자원을 투입하더라도 같은 성과를 낼 수 있는 대안을 선택하는 것이 능률성 이념에 따른 정책결정이다.

능률성이 중시되던 1930년대 이전에는 단순히 비용이나 시간, 인력 등의 자원만 따지는 '기계적 능률(mechanical efficiency)'이 중시되었다. 그러나 디목(M. Dimock) 같은 학자는 이러한 기계적 능률이 '누구를 위한 능률이냐'라는 문제를 제기하며, 목적의식을 결여하고, 기계적인 성격을 벗어나지 못하다고 비판했다. 그는 능률을 상대화하고 인간화해야 한다고 하며, '사회적 능률(social efficiency)'을 주창했다. 즉, 공익을 추구하는 행정에서 능률은 상황이나 상대에 따라 달라질 수 있으며, 일률적으로 수치로만 계산할 수 없다는 것이 그의 주장이다.

③ 효과성(effectiveness)

효과성은 목표의 달성도(degree of goal achievement)를 의미한다. 효과성은 얼마를 투입해서 얼마의 산출을 거두었냐 하는 비율을 따지지 않고, 설정한 목표의 달성도만을 평가하는 개념이다. 자원의 투입에 상관없이 목표를 얼마만큼 달성했는지 여부, 즉 목표달성의 정도를 평가하는 것이다. 예컨대, 정부가 일정 기간 내에 10만 개의 신규 일자리 창출이라는 정책 목표를 세웠다면, 정책 추진에 투입된 자원, 행정비용 등에 상관없이 얼마만큼 일자리 창출 목표를 달성했느냐에 관한 것이다. 8만 개의 일자리가 창출되었다면 정책의 효과성은 80퍼센트이다.

④ 생산성(productivity)

생산성은 기업경영에서는 능률성과 같은 개념으로 쓰이고 있으나, 공공행정 부문에서는 능률성과 효과성을 합친 개념으로 사용하고 있다. 즉, 생산성은 효율성과 같은 개념이다.

⑤ 민주성(democracy)

민주성은 민주적 행정을 의미한다. 이것은 주권은 국민에게 있고, 국민의 의사에 따라 정치가 이루어져야 한다는 국민주권의 원리에서 나온 것이다. 공무원은 국민으로부터 권한을 위임받아 행사하는 공복이기 때문에 행정권은 위임된 범위 내에서 행사되어야 하고, 국민의 안녕과 복지를 위해 봉사해야 한다는 것이다.

행정의 민주성은 정부의 일방적인 행정이 아닌 행정에 국민의 의사를 반영하고 책임지는 행정을 하는 것이다. 민주성은 시민의 요구에 신속하고 적절하게 대응하는 것을 의미하는 대응성(responsiveness), 책임성(accountability)과 동일한 맥락이다. 민주성은 행정조직 내부적으로는 행정관리가 민주적으로 되어, 수직적 · 수평적 의사소통이 원활하고 의사결정에 조직원의 참여가 확보되는 것을 의미한다.

⑥ 중립성(neutrality)

중립성은 공무원의 정치로부터 중립을 의미한다. 공무원은 특정 정당이나 정치세력을 위한 봉사자가 아닌, 공익을 추구하며 국민 전체를 위한 봉사자가 되어야 한다는 것이다. 집권세력의 변화와 상관없이 공무원의 정치적 중립을 보장하기 위한 제도로서 공무원의 신분보장, 실적주의 등이 있다.

⑦ **사회적 형평성**(social equity)

가. 사회적 형평성의 의의

형평성은 정부서비스가 시민들에게 균형 있게 배분되는 것을 의미한다. 행정학에서는 공공서비스에 관련된 사회적 형평성(social equity)이 중요한 문제이다. 사회적 형평성은 사회적 불평등을 치유하고 실질적인 평등을 이루기 위해서는 균등한 행정 혜택이 아니라 사회적, 경제적, 정치적 약자 계층에 더 많은 혜택이 돌아가고, 더 나은 행정서비스를 제공해야 한다는 이념이다.

이것은 1960년대 후반 1970년대에 미국 사회가 직면한 인종 간 갈등, 인권, 반전 등 여러 가지 사회문제의 해결을 강조한 신행정론에서 강조된 이념이다. 신행정학은 행정학의 적실성(relevance), 실행(action)과 함께 사회적 형평성을 강조하였다.

나. 사회적 형평성이론

사회적 형평성에는 욕구이론, 실적이론, 평등이론이 있다. 욕구이론은 수평적 공평, 실적이론은 수직적 공평, 평등이론은 욕구이론과 실적이론의 절충적 입장을 취한다.

• 수평적 공평성(욕구이론)

욕구이론은 '동일한 것은 동일하게 취급받아야 한다'는 수평적 공평성 이념에 기반을 두고 있다. 사회주의자들이 지지하는 수평적 공평성의 예로는 연금제도, 보험제도, 실업수당제도 등이 있다. 욕구이론은 인간의 기본욕구나 최소한의 평등을 확보하기 위해서는 유용한 개념이라는 의미를 가진다. 그러나 인간의 욕구에 비해 재화나 가치는 한정되어 있다는 점을 간과하고 있다는 비판을 받고 있다.

• 수직적 공평(실적이론)

실적이론은 동일한 기회가 주어진 경우, 이후의 능력과 실적 차이로 인한 차등적 배분은 정당한 것이라는 수직적 공평 이념에 기반하고 있다. 기회의 균등이 형평성의 기초라는 것이 실적이론의 기본시각이다. 자유주의자들이 지지하는 실적이론의 예로는 입시정책, 엘리트교육, 경쟁규제정책 등이 있다. 실적이론은 현실적으로 사회구성원이 자신의 기여만큼 반대급부를 받지 못하고, 사회구조상 능력을 발휘할 수 있는 기회의 균등도 주어지지 못하고 있다는 점을 설명하지 못하는 한계가 있다.

• 평등이론: 롤스의 분배정의

롤스(J. Rawls)는 『정의론(*A Theory of Justice*)』에서 자유와 평등을 통합할 수 있는 방식을 제시했다. 롤스는 상충될 수 있는 두 가지 이념을 통합하기 위해 자유주의 이념 속에 사회주의의 이념을 통합했다. 이러한 롤스의 정의관은 '사회주의적 평등주의' 또는 '자유주의적 사회주의'로 불린다.

롤스는 자신의 정의관을 설명하기 두 개의 평등관을 내세웠다. 첫째, 제1원칙으로서 '평등한 자유의 원칙'이라고 하는 절대적 평등이다. 투표권, 공직 출마권, 집회의 자유와 같은 정치적 자유, 사상과 양심의 자유, 재산권, 공정한 재판을 받을 권리 등이 그 예이다.

둘째, 제2원칙으로서 '기회균등과 차등의 원칙'을 내용으로 하는 상대적 평등이다. 최소수혜자에게 최대의 혜택을 주는 '최소극대화 원칙(minimax principle)'을 제시했다. 즉, 사회적 혜택을 가장 적게 받는 사람들에게 가장 많은 혜택이 돌아가도록 사회적·경제적 불균등 배분을 정당화하자는 것이다.

롤스의 분배정의관은 능력주의 경쟁으로 인해 만들어진 새로운 사회 불평등은 다시 기회의 평등을 위협하기 때문에 사회의 빈곤층(최소수혜자)이 시작 단계에서 부유층과 기회의 평등을 가질 수 있도록 사회 공동의 세금으로 지원해주자고 하는 것이다.

정리하면 롤스의 평등이론은 자유주의와 사회주의의 평등 이념을 절충한 것이다. 제1원칙은 시민의 기본적 자유를 희생해서는 안 된다는 자유주의 이념, 제2원칙은 자유주의적 자유가 사회적으로 불리한 사람 처지에 있는 사람들에게 보완되어야 한다는 사회주의 이념을 대표하고 있다.

⑧ 가외성

가. 의의

가외성(redundancy) 또는 중첩성은 조직이나 기능을 충첩으로 두거나 반복하는 것을 의미한다. 능률성 기준에 볼 때 조직의 중첩이나 기능의 반복은 비능률적이 될 수 있다. 그러나 현대사회에 들어와 위기관리, 안전, 안보, 치안 등 예상치 못한 행정수요가 발생하는 경우 정부기관 내 여러 기관이 상호의존성을 가지면서 중첩적으로 관리할 필요성이 커지게 되었다.

또한 한 기관이 작동하지 않는 경우 동일한 기능을 수행할 수 있는 기관의 임무를 수행할 경우도 많아졌다. 정보과학, 컴퓨터과학에 발달한 가외성 개념은 랜다우(M. Landau)에 의해 행정학에 도입되었다. 그는 정치행정상의 모든 제도가 가외성의 반영이라고 주장한다. 즉, 권력분립, 견제와 균형, 거부권제도, 계선과 참모, 양원제, 합의제, 위원회제도 등이 그 예라고 한다.

나. 특징

가외성의 특징은 중첩성(overlap), 반복성(duplication), 동등잠재성(equipotentiality) 등을 들 수 있다. 중첩성은 기능을 분리하지 않고 여러 기관에서 혼합적으로 수행되는 상태를 말한다. 중앙정부, 지방정부 및 여러 정부부처에서 수행하는 재해대응이 그 예다.

반복성은 동일한 기능을 서로 분리된 여러 기관들이 독자적으로 수행하는 것을 말한다. 국가안위를 위한 정보업무를 국가정보원, 경찰, 군 등 여러 독립된 정보기관에서 수행하는 것이 이에 해당한다. 동등잠재성이란 주기관이 기능을 수행하지 못할 때 보조기관들이 그 기능을 인수 · 수행하는 것을 말한다. 대통령 유고 시에 국무총리가 그 업무를 대행하거나 기관장 유고 시에 부기관장이 그 직무를 대리하는 것이 이에 해당한다.

다. 효용과 한계

가외성은 행정의 안정성 · 신뢰성 확보, 적응성의 증진, 창조성의 제고, 정보의 정확성 확보 등의 효용성을 가진다. 그러나 비용상의 문제가 있다. 따라서 적정 수준에서 유지되어야 하며, 중요성이 없거나 효용성이 적은 경우에는 설치 필요성이 없다. 또한 기능 중복의 문제가 있다. 기능의 중복은 조직 내의 갈등을 유발시킬 수 있고, 타 기관과 영역 분쟁이 일어날 수 있다.

3) 행정이념의 우선순위

행정이념은 우선순위를 매길 수 없지만, 시대적 요청과 국가적 상황에 따라 중시되는 이념이 달라질 수 있다. 우리나라에서는 1960~1970년대 행정이 국가발전의 주도적 역할을 할 때는 행정의 능률성과 효과성이 가장 중시되었다. 그러나 사회가 민주화되고 국민의 주권의식이 커지면서 민주성과 합법성, 중립성이 강조되었다.

이후 행정에서도 성과주의가 강조되고 민간부문과 경쟁하게 되면서, 생산성 이념이 강조되었다. 그러나 사회가 고도화되고 선진국 대열에 진입하면서, 사회적 약자, 빈부, 계층, 지역 격차 등의 문제를 해소하기 위해 오늘날에는 사회적 형평성의 이념이 중시되고 있다.

제3절 행정학의 발전과 변천

1 행정학의 의의

행정학은 사회의 여러 다양한 현상 중 '행정현상을 연구하는 학문'이다. 앞에서 설명한 행정의 개념을 적용하면 행정학은 '공익의 추구나 공공문제를 해결하기 위해 행정기관이 하는 공적 활동과 관련되어 일어나는 현상을 연구하는 학문'이라 정의할 수 있다.

행정학은 사회현상의 원인과 결과를 체계적으로 분석하고 문제에 대한 대안을 찾는 학문인 사회과학(social science)의 한 분야이다. 사회과학은 사회현상의 원인을 규명하고, 그 영향을 분석하고 예측한다. 실험이나 데이터를 가지고 요인을 분석하고, 요인과 결과 사이의 인과관계를 논리적으로 설명한다.

자연과학처럼 엄격하게 인과관계가 입증될 수는 없겠지만, 사회현상을 논리적, 체계적으로 설명하려는 시도를 한다는 의미에서 '과학'이라고 한다. 이러한 점에서 인간의 본질과 내면세계, 가치를 탐구하는 인문학과 대비된다.

행정학은 사회과학의 한 분야로서 행정현상을 논리적이고 체계적으로 설명하고, 그 원인과 결과의 인과관계를 입증하려고 한다. 이를 위해 수학, 전산학, 경제학, 통계학, 공학 등 다른 학문 분야에서 발전된 다양한 분석기법과 계량적 방법, 예측기법을 활용하고 있다. 행정학은 과학성을 추구하지만, 사회문제를 해결하고 사람이나 집단의 행태를 연구 대상으로 하는 학문이기 때문에 '가치'를 배제할 수 없다.

이것은 행정학 연구가 단순히 행정현상을 이해하는 것에서 그치지 않고, 사회문제를 해결하고 더 나은 사회를 추구하기 때문이다. 즉, 더 나은 사회가 되기 위해서는 어떤 정책이 우선되어야 하고, 어느 방향으로 나아가야 한다는 것을 제시해야 하는데, 여기에는 연구자의 가치와 판단이 개입될 수밖에 없다. 이에 따라 행정학은 다른 사회과학과 마찬가지로 자연과학과 같은 순수한 의미의 과학이 될 수 없고, 가치가 포함된 학문이다.

2 행정학의 발전

행정은 인류 역사상 국가가 형성되고 통치체제가 가동되면서부터 지구상의 어느 곳에서나 존재하던 현상이지만, 오늘날과 같은 행정에 대한 연구와 학문으로서 행정학의 발전은 근대 서양에서 시작되었다. 현대의 여러 학문과 마찬가지로 행정학도 유럽에서 시작되어 미국에서 발전되었다. 이러한 배경으로 오늘날 행정학 교과서에서 다루고 있는 이론의 대부분은 미국에서 연구되고 발전된 것이다.

1) 독일 관방학

서구 행정학은 역사적으로 거슬러 올라가면 중세시대 독일의 관방학(官房學, cameralism)에 기원을 두고 있다. 관방(官房)은 영주가 다스리던 제후국의 관리들이 일하던 작은 사무실을 말한다. 이곳에서 관리들이 조세, 경제, 무역, 군사, 경찰, 행정 등 국가 통치 기술과 부국강병을 위한 방안을 연구한 것에서 비롯되었다.

2) 슈타인 행정학

독일의 슈타인(Lorenz von Stein)은 관방학에 바탕을 두고, 국가의 기능을 국가의 의사형성 활동인 헌정(憲政)과 국가의사의 실현 활동인 행정으로 구분하였다. 슈타인은 양자의 관계를 헌정의 절대적 우위가 아닌 상대적인 우월관계로 이해했다. 그리고 행정을 외무행정, 군무행정, 법무행정, 내무행정, 재무행정의 다섯 개 영역으로 구분하였다.

3 행정학의 성격

행정학은 사회과학과 자연과학의 여러 학문이 혼합된 '융합학문'이다. 행정학은 정치학, 법학, 경제학, 경영학, 재정학, 사회학, 심리학 등 다른 학문의 이론을 많이 활용하고 있다. 행정현상은 사회의 모든 영역과 연관되어 있기 때문이다. 행정학을 처음 배우는 학습자에게 행정학이 어렵게 느껴지는 이유도 행정학이 도입하고 있는 여러 다른 학문 분야의 다양한 이론을 공부해야 하기 때문이라 할 수 있다.

이러다 보니 행정학의 정체성(identity)에 대한 문제가 제기되기도 한다. 행정학의 고유영역과 본질은 무엇이냐에 관한 문제이다. 이것은 행정학이 행정관리 기술과 기법을 배우는 '기술(art)'이냐 이론을 정립하는 '과학(science)'이냐의 논쟁으로 귀결된다. 결론적으로 행정학은 이 두 가지 요소를 다 포함하고 있다고 할 수 있다.

제4절 행정학 접근방법

행정학을 연구하는 방법, 즉 접근방법은 다른 학문과 같이 다양하다. 행정학 접근방법은 행정의 어떤 측면에 중점을 두고 행정현상을 이해할 것이냐에 관한 문제이다. 다음에 소개하는 행정학의 접근방법은 행정현상을 이해하는 다양한 방법론뿐만이 아니라 근대에서 현대에 이르기까지 행정학 이론이 어떻게 발전되어왔는지 보여주는 발전의 역사라 할 수 있다.

1 역사적 접근방법

'현재는 과거 역사의 거울이고 미래의 나침반'이라는 격언처럼, 역사적 접근방법은 과거와 현재의 사건은 연결되어 있으며, 인간의 존재는 분리・독립되어 있지 않고 과거와 연결되어 있다고 본다. 역사적 접근방법은 과거의 문제를 이해하면 현재의 문제를 효과적으로 해결할 수 있다고 인식하는 접근방법이다. 이러한 접근은 사건・기관・제도・정책의 기원과 발전과정을 파악하고 설명하는데 많이 활용된다.

2 법률・제도적 접근방법

법률・제도적 접근방법은 '법에 의한 지배(the rule of law)' 이념에 따른 합법성과 법률에 기반을 둔 제도를 강조하는 연구방법론이다. 법률적 접근방법에서는 행정에 대한 연구를 헌법, 법률과 연계시켜 연구하고, 각종 제도의 법률적 측면에 연구의 중점을 둔다.

제도적 접근방법에서는 정치의 실제는 정치제도라는 점을 강조하면서 입법부, 사법부, 행정부에 대한 많은 관심을 가지고 정치제도에 연구의 중점을 둔다. 정부조직의 구성, 행정기관의 직제, 입법절차 등에 대한 연구는 제도적 접근방법의 예이다. 제도적 접근방법의 중심 연구 주제인 제도는 결국 법률로서 존재하기 때문에, 법률적 접근방법과 합쳐서 법률 · 제도적 접근방법이라고 한다.

3 구조 · 기능론적 접근방법

구조 · 기능론적 접근방법(structural and functional approach)은 행정을 하나의 기능적 실체로 보고, 행정체제가 제대로 작동하기 위해서는 각 부문의 기능과 구조가 제 역할을 하면서 행정체제의 유지와 발전을 위해 상호유기적으로 공존해야 한다고 보는 접근방법이다.

구조 · 기능론적 접근방법은 행정의 효율성과 생산성을 강조하면서 이를 위해서는 합리적 조직구조의 개편, 기획, 예산 및 관리기능을 중시하고 있다. 이러한 접근방법은 인간을 경제적 이윤을 추구하는 합리적 존재로 가정하고 행정의 효율성과 생산성을 강조한다.

이 접근방법의 대표적 연구는 윌슨(W. Wilson)의 『행정연구(*The Study of Administration*)』(1887)이다. 테일러(F. Taylor)의 과학적 관리(scientific management), 윌로비(W. Willoughby)의 행성의 원리, 귤릭(L. Gulick)의 POSDCoRB, 바너드(B. Barnard)의 관리자 기능론과 같은 전통적 행정학 연구는 행정의 효율성과 생산성을 강조하며, 기능론적 접근방법에 기반을 두고 있다.

4 신제도론적 접근방법

1970년대 말 이후 제도에 대한 연구가 다시 관심을 끌게 되었다. 전통적 제도론적 접근방법과 연구 대상과 방법에서 차이가 있어 '신제도론(neo-institutional approach)'으로 불린다. 신제도론은 제도가 사람의 행태 못지않게 중요하다는 인식에서 출발했다. 전통적 제도론적 접근방법이 주요 기관의 공식적 권한이나 기능에 초점을 둔 데 비해, 이 접근방법에서는 제도를 공식적 구조, 기능에 더하여 비공식적인 제도나 규칙까지 포함하는 폭넓은 의미로 이해한다.

이들의 주장은 신제도론적 경제학에 기반을 두고 있다. 경제적 생산활동의 결과는 경제활동과 사회를 지배하는 정치적 · 사회적 제도인 규칙에 크게 의존한다는 것이다. 신제도론적 접근방법은 공유자원을 효율적으로 운영하는 문제에 적합하다는 평가를 받는다.

5 행태주의 접근방법

행태주의는 법률이나 제도가 아닌 사회현상을 일으키는 사람의 '행태(behavior)'에 연구의 초점을 맞추는 접근방법이다. 즉, 사회현상을 만들어 내는 인간의 행태를 관찰하고 분석하며, 설명하는 연구방법론이다. 사이먼(H. A. Simon)의 『행정행태론(*Administrative Behavior*)』(1945)이 행태론을 행정학에 도입하는 데 큰 공헌을 하였고, 이외에도 대표적인 행태론자로 다알(R. Dahl), 바너드(C. Barnard) 등이 있다. 이들은 행정조직 속의 집단의사결정, 리더십, 갈등 및 권위 등의 연구에 많은 성과를 남겼다.

행태론의 특징은 다음과 같다. ① 사회현상도 자연과학과 마찬가지로 엄밀한 과학적 연구가 가능하다고 믿는다. ② 지식을 얻는 방법으로서 논리적 실증주의를 신봉한다. ③ 인간은 자극(stimulus), 반응(response)의 존재로서 그들의 행태 및 행태의 규칙성, 상관성 및 인과성을 경험적으로 입증하고 설명할 수 있다. ④ 연구에 있어서 가치중립성을 엄격히 지켜야 한다. 즉, 가치는 사실과 분리되어야 한다. ⑤ 객관적 연구를 위해 자료분석에 있어서 계량화와 객관적 측정방법을 사용해야 한다.

행태론은 행정 연구의 과학화에 공헌했다는 평가에도 불구하고 이후 신행정론 등으로부터 많은 비판을 받았다. ① 행태주의는 인간의 외면적 행태만 파악하고 내면적 의미를 파악하지 못하므로, 사실의 세계를 다루게 되어 경험적 보수주의에 빠진다. ② 가치와 사실을 분리시키는 것은 적절하지 않으며, 사회과학 연구는 연구자의 선호와 가치문제를 배제하기 어렵다. ③ 사소한 문제에만 관심을 집중시키고 급박한 사회문제는 소홀히 다룬다.

6 후기행태적 접근방법

행태론에 대한 비판으로부터 1970년대 초 새로운 행정학 접근방법론으로서 후기행태론(post-behavioralism)이 탄생했다. 후기행태론은 이스턴(D. Easton)이 주장하는 '적실성(relevance)'과 '실행(action)'이라는 개념으로 대표된다.

행정학에 후기행태주의를 도입한 것을 '신행정론(new public administration)'이라 불린다. 신행정론은 가치를 배제하고 사실문제에만 집중하는 행태론은 1960~1970년대 미국이 직면했던 많은 정치 · 사회적 문제를 해결하는 데 기여하지 못한다고 비판했다. 신행정론은 행태론에서 소홀히 다루었거나 배제되었던 가치, 사회적 형평, 사회정의, 규범주의 등을 강조했다. 이에 따라 행정학에서 새로운 이념으로서 사회적 형평성(social equity)이 강조되었다.

7 생태론적 접근방법

생태론(ecology)은 인간과 같은 유기체와 그 환경과의 상관관계를 밝히려는 이론이다. 이것이 행정학 연구에 도입된 것이 행정현상에 대한 생태론적 접근방법론이다. 생태론적 접근방법은 특정 사회의 행정현상을 자연 · 사회 · 문화적 환경과 관련시켜 이해하려고 한다. 행정현상은 행정과 그 사회의 환경과 상호작용의 결과라는 인식에서 출발하기 때문이다.

서구가 제2차 세계대전 이후 후진국에 이식한 선진 행정제도가 잘 작동하지 않는 원인을 찾는 데서 출발했다. 즉, 서구의 행정제도가 다른 역사와 문화, 사회적 맥락이 다른 환경에서 제대로 뿌리내리기 어려웠다는 결론이었다.

정치학과 문화인류학에서 발전된 생태론을 행정학에 도입한 것은 가우스(J. Gaus)이다. 그는 『행정에 관한 성찰(*Reflections on Public Administration*)』(1947)에서 행정에 영향을 미치는 환경적 요인으로 인구, 장소, 과학기술, 사회적 기술, 욕구와 사조, 재난, 개성 등 일곱 가지 요인을 들었다.

리그스(F. Riggs)는 「농업사회와 산업사회(Agraria and Industria)」라는 논문에서 선진국과 후진국 사회 행정의 비교모형을 만들고, 환경요인에 따른 영향을 분석했다. 행정환경의 변수로서 경제적 기초, 사회구조, 이념적 요인, 통신 및 정치체제 등 다섯 가지를 들고, 이들 환경요소가 농업사회와 산업사회의 행정에 어떻게 영향을 미치는지를 설명하고 있다.

8 체제론적 접근방법

체제론적 접근방법은 행정현상을 사회체제의 한 부분으로 보는 것에서 출발한다. 체제(system)라는 개념은 상호의존적이고 상호 관계를 맺으면서 환경과 끊임없이 영향을 주고받는 구성요소 또는 변수의 집합(set) 또는 실체(entity)를 말한다. 체제론에서 강조하는 체제의 주요 특징은 다음과 같다.

- 하나의 체제는 구성요소 · 부분들이 모여 각 구성요소 또는 환경과 구분되는 하나의 집합체로서 전체성을 지녀야 한다.
- 체제는 폐쇄체제(closed system)와 개방체제(open system)로 구분되며, 환경과 구분하는 경계(boundary)를 가지고 있다.
- 개방체제는 환경으로부터 투입(input)을 받아들이기 때문에 체제의 결함(entropy)을 극복할 수 있다.
- 개방체제는 체제 유지에 혼란을 주는 요소가 체제 속으로 들어오면, 이를 균형화시켜 본래의 자기 상태로 돌아가려는 항상성(homeostasis)의 속성을 가지고 있다.
- 체제는 항상성 또는 동태적 균형(dynamic equilibrium)을 유지하기 위해 환류장치(feedback)를 가지고 있다.
- 모든 체제는 상위체제를 구성하는 요소 또는 부분이다.

행정학에 체제론적 접근방법을 도입한 대표적 학자는 이스턴(D. Easton)과 샤칸스키(I. Sharkansky)이다. 이스턴은 요구, 지지, 산출, 환류의 개념을 사용하여 정치체제를 설명했다. 체제론은 정치학이나 행정학 연구에 많은 기여를 했지만, 다음과 같은 비판을 받는다.

- 정태성과 현상유지적 성격으로 인해 정치 · 사회의 변화나 발전을 적절히 설명하지 못한다.
- 개발도상국이나 후진국에서 행정의 환경에 대한 독립변수적 성격을 잘 설명하지 못한다.
- 체제론적 접근방법은 거시적 접근방법이기 때문에 체제의 구체적 운영이나 행태적 측면을 설명하는 데는 부족하다.

• 개발도상국이나 후진국의 정치나 행정에서 특정한 지도자의 성격, 리더십, 개성을 과소평가하기 쉽다.

9 현상학적 접근방법

사회현상의 연구에서 행태주의와 실증주의는 가치문제를 배제하는 비판을 받았는데, 이를 보완하기 위해 현상학적 접근방법(phenomenological approach)이 관심을 끌었다. 현상학(phenomenology)은 사회 행위의 해석에 있어서 의식을 중요시하는 학문이다. 현상학에서는 현상(phenomenon)이란 인간의 의식작용을 통해서 어떤 의미가 부여된 모든 것을 말한다. 후셀(E. Hussel)이 대표적 학자이며, 이외에도 쉘러(M. Scheler), 슈츠(A. Schutz), 나탄슨(M. Natanson) 등이 있다.

10 공공선택론적 접근방법

공공선택론(public choice theory)적 접근방법은 뷰캐넌(J. Buchanan), 오스트롬(V. Ostrom)과 같은 정치경제학자들이 발전시킨 이론이다. 이들은 경제학적인 분석도구를 사용하여 국가이론, 투표규칙, 투표자 행태, 정당정치, 관료 행태, 이익집단 등의 연구에 적용했다. 정부를 공공재의 생산사, 시민들은 공공재의 소비자로 규정하고, 전통적 관료제를 비판하며, 시민의 편익을 극대화할 수 있는 공공서비스의 공급과 생산은 공공부문의 시장경제화를 통해서 가능하다고 주장한다.

이들은 관료제가 공공서비스 공급을 독점하고 소비자인 시민의 선택을 억압하기 때문에 공공서비스의 생산과 공급에서 '정부실패(government failure)'가 발생한다고 주장한다. 오스트롬은 대규모 관료제는 시민의 다양한 수요에 대한 대응이 느리고, 높은 사회적 비용을 초래하며, 공공행정이 공공목적에 부합하지 못하게 한다고 한다. 니스카넨(W. A. Niskanen)은 관료들은 자신의 영향력과 승진기회를 확대하기 위해 예산 극대화를 추구한다고 주장한다.

이에 따라 공공서비스를 제공할 때에는 시민 개개인의 선호와 선택을 존중하고 경쟁을 통해 서비스를 생산·공급하며, 분권화된 조직장치를 구축해야 행정의 대응성을 높일 수 있다고 주장한다.

공공선택론은 정부실패를 막기 위해 공공부문에 경쟁의 원리를 도입하고, 시민들의 다양한 요구와 선호를 반영하여 행정서비스의 대응성을 높일 수 있다는 평가를 받는다. 그러나 다음과 같은 비판을 받는다. ① 효용 극대화를 추구하는 이기적이고 합리적인 인간으로 보는 것과 개인의 가치나 자유 대신 경제적 선택만이 고려된다는 것은 합리성이 약하다. ② 시장실패도 심각한 문제인데 이에 대한 고려가 약하다. ③ 경쟁시장의 논리에 의해 현상유지와 균형이론에 중점을 두기 때문에 기득권을 계속 유지하기 위한 보수주의적 접근에 치우친다.

제5절 행정학 이론의 발전

1 미국 행정학의 출발

미국에서 행정에 대한 연구는 정치학의 한 분야로 출발했다. 오늘날 우리나라 대학에서와 같은 행정학과가 별도로 존재하지 않고, 정치학의 한 분야로서 행정학이 연구되었다. 이러한 이유로 미국에서 공부한 우리나라 1세대 행정학자들의 대부분은 정치학 박사학위를 취득했다.

미국에서 행정학 연구가 본격적으로 시작된 것은 공무원의 정치적 중립과 행정의 능률성 향상과 깊은 관련이 있다. 1881년 대통령 선거 논공행상에 불만을 품은 자에 의해 가필드(J. Garfield) 대통령이 암살되는 사건이 일어났다. 또한 19세기 말의 미국 사회는 자본주의의 구조적 모순, 정부의 비능률, 엽관주의 제도에 의한 폐해가 심각하여 정부와 사회 부문의 개혁운동이 싹트기 시작했다.

엽관주의의 폐해를 극복하기 위해 1883년 「펜들턴법」(Pendleton Act)이 제정되어 엽관제(spoils system)에서 실적주의(merit system)로 전환하게 된다. 즉, 선거에서 이긴 정당이 전리품을 챙기듯이 당원을 공무원으로 임명하는 방식에서, 능력과 자격을 갖춘 자 중에서 임명하는 방식으로 전환되었다. 이로써 실적주의에 기반한 직업공무원제가 발전하는 계기가 되었다.

이러한 시대적 배경에서 미국 대통령을 지낸 윌슨(W. Wilson)은 1887년 발표한 논문 「행정연구(The Study of Administration)」에서 "행정은 사무 분야와 같고 행정은 정치의 고유영역 밖에 있으며, 정치문제가 아니다"라고 하며, 행정과 경영을 동일시하는 '정치 · 행정이원론'을 주장했다. 그는 행정을 정치와 다른 기술적 · 전문적 영역으로 보았다.

☛ 미국 행정학의 사상적 기초

미국의 역사 속에서 중앙정부의 역할과 관련해서 해밀턴주의(Hamiltonianism)와 제퍼슨주의(Jeffersonianism)는 끊임없이 대립과 타협을 반복해 왔다. 해밀턴주의는 미국 건국 초기 초대 대통령 조지 워싱턴(George Washington) 정부에서 재무부 장관을 역임한 해밀턴(Alexander Hamilton, 1755~1804)의 주장이다. 해밀턴은 미국의 각 주보다 국가 전체의 이익을 강조하는 연방주의자로서 연방정부 중심의 강력한 중앙집권과 적극적인 정부의 역할, 행정관료의 전문화 및 능률적 행정을 지향하였다. 해밀턴주의는 1789년 워싱턴 초대 대통령 취임 이래 북부 연방파의 지지를 중심으로 12년 간 우세하였고, 건국 초기 미국 정부의 초석을 다지는 데 기여하였다.

제퍼슨주의(Jeffersonianism)는 미국 독립선언서를 기초하고 공화주의 이상을 전파한 미국 제3대 대통령 제퍼슨(Thomas Jefferson, 1743~1826)의 주장이다. 해밀턴이 중앙정부의 권한을 대폭 강화하고 중상주의 정책을 강력하게 시행해야 한다고 주장하자, 제퍼슨은 주권론자(洲權論者)로서 주정부 중심의 지방분권과 소박하고 단순한 정부를 지향하였으며, 개인의 권리와 자유를 극대화하기 위한 '최소한의 행정'을 강조하였다.

제퍼슨은 자유를 지키고 키우는 것이 연방의 가장 주요한 목적으로 보았다. 중앙정부보다는 주정부, 강한 군대보다는 최소한의 방위에 필요한 작은 군대, 상공업 진흥보다는 농업 진흥을 통해서 속도가 느리더라도 개인이나 주정부의 자유를 훼손하지 않으면서 안정된 민주주의 국가를 세우는 것이 가장 중요하다고 주장했다.

매디슨주의(Madisonianism)는 미국 제4대 대통령인 매디슨(James Madison, 1751~1836)의 주장이다. 매디슨주의는 다양한 이익집단의 요구에 대한 조정을 위해 견제와 균형을 중시하고, 입법부, 사법부, 행정부의 삼권분립을 통해 권력균형을 추구하는 다원주의(pluralism) 사상이다.

잭슨주의(Jacksonianism)는 미국 제7대 대통령인 잭슨(Adrew Jackson, 1767~1845)의 주장이다. 잭슨은 모든 관직에 대한 정치적 임명과 공직경질에 의한 민주주의 실현을 주장했다. 귀족 출신이 아닌 그는 엘리트 중심 공직배분 과정에서 벗어나 공직 임용 기준을 선거에서 기여도에 두는 제도, 즉 엽관주의(spoils system) 도입을 통해 기존 공직 구조를 개혁한다는 '잭슨민주주의'를 제창했다.

2 행정학 이론의 변천

1) 전통적 행정학 이론

전통적 행정학 이론은 행정에서 능률성이 중요한 가치가 되면서 행정학 이론도 크게 가치(value)와 기술(art) 중 어디에 중점을 두는 가에 따라 나누어지게 된다. 즉, 행정의 가치 배분 기능을 중시하느냐, 행정의 관리기술 측면을 강조하느냐에 관한 것이다. 제2차 세계대전 이후 미국이 세계 유일의 강대국으로서 신생독립국, 개발도상국에 대한 경제적 지원과 행정제도의 발전을 지원하면서 미국의 행정문제뿐만 아니라 개발도상국의 경제성장과 정치·행정발전에 대해서도 연구가 활발히 이루어졌다.

① 과학적 관리론

자본주의가 본격적으로 발전하면서 1900년대 초 미국에서는 산업현장의 능률성 향상을 위한 연구가 활발히 진행되었다. 테일러(F. Taylor)는 '시간동작연구(time-motion study)'를 통해 과학적 관리기법(scientific management)을 창안했다. 작업에 필요한 근로자의 동작을 분석하여 표준화하고, 작업 시간을 측정하여 표준시간을 만들어 체계적으로 관리함으로써 노동의 생산성과 작업 능률성을 올리는 관리기법이다.

'과학적 관리론'은 행정을 정치적으로 중립적이며 비권력적인 현상으로 이해하고, 행정관리의 궁극적 가치는 능률의 추구에 있다고 보는 '능률주의적·기술주의적 행정학'의 발전에 많은 영향을 미쳤다. 과학적 관리론은 행정의 과학화와 능률화에 기여했으며, 19세기 말 미국의 행정개혁운동을 촉발시키는 데 큰 영향을 미쳤다.

과학적 관리론은 생산성 증대를 위한 구체적이고 과학적인 방법을 제시하고, 금전적 보상의 중요성을 부각시켰다. 또한 직무분석을 위한 기초를 제공하고, 조직연구에 과학적 방법을 적용하는 계기가 되었다. 그러나 과학적 관리론은 인간을 경제적 이익만을 추구하는 존재로 이해하였고, 조직구성원의 인간적·정서적 측면을 고려하지 못했다는 한계가 있다.

② 인간관계론

'인간관계론'은 조직 내 인간관계의 중요성을 밝힌 이론이다. 메이요(E. Mayo)를 비롯한 하버드대학 연구팀은 호손(Hawthorne) 공장에서 테일러의 과학적 관리론에 따라 근로자에 대한 물질적 보상 방법의 변화가 능률성 향상에 영향을 미치는지 검증하는 실험을 했다. 이 실험에서 근무조건과 물질적 조건의 향상이 반드시 근로자의 생산성을 증대시키는 것이 아니며, 전체 상황의 일부에 불과하다는 결론을 얻었다. 오히려 근로자 사이의 인간관계가 사기와 생산성에 더 큰 영향을 미친다는 사실이 밝혀졌다. 이를 바탕으로 경제적 보상에 기반을 둔 과학적 관리론의 한계를 보완하는 인간관계론이 등장했다. 인간관계론의 주장은 다음과 같이 정리될 수 있다.

- 조직구성원의 생산성은 물질적 요인뿐만 아니라 사회적 · 심리적 요인에 의해 크게 영향을 받는다.
- 비경제적 보상을 위해서는 대인관계 · 비공식적 사조직 등을 통한 사회 · 심리적 욕구의 충족이 중요하다.
- 이를 위해 조직 내에서 의사전달 · 참여가 존중되어야 한다.

인간관계론은 조직 내 구성원의 사회적 관계를 조직 활동의 중요한 요소로 인식하여 인간 중심적 관리를 주창하여 현대 조직이론의 발전에 많은 영향을 미쳤다. 그러나 인간관계론은 조직 내 사회관계를 지나치게 중시한 나머지 환경과의 관계를 제대로 취급하지 않았고, 사회적 관계의 중요성 강조도 여전히 조직의 성과 또는 개인의 생산성 향상 목적을 위한 것이었다는 비판을 받는다.

③ 정치 · 행정이원론과 일원론

'정치 · 행정이원론'은 행정의 기술적 측면을 강조하며, 정치와 행정을 다른 기능으로 보는 초기의 미국 행정학의 관점이다. 이러한 입장을 기술적 행정학이라 한다. 대표적 학자로는 윌슨(W. Wilson)과 굿노(F. Goodnow) 등이 있다. 정치는 가치를 배분하는 정책결정의 영역이고, 행정은 이를 집행하는 수단이기 때문에 양자는 본질적으로 다른 영역이라는 것이 이원론의 기본시각이다. 정치 · 행정이원론은 19세기 후반 엽관주의의 폐해를 극복하고, 행정의 능률성을 확보하기 위해 행정의 정체성을 관리기술에서 찾는 상황에서 상당한 설득력을 가졌다.

이에 비해 '정치 · 행정일원론'은 행정도 정책결정 기능을 수행한다는 입장으로서 행정의 가치배분 기능을 중시하며, 정치와 행정을 같은 기능으로 보는 관점이다. 1930년대 뉴딜(New Deal) 정책 이후, 일원론을 주장하는 학자들은 행정의 전문화, 신속한 정책결정 필요성 등으로 행정부가 정책결정에서 적극적 역할을 수행할 수밖에 없다는 점을 들어, 정치·행정이원론을 비판하고 정치와 행정은 불가분의 관계에 있다고 주장했다. 대표적인 학자로는 가우스(J. Gaus), 디목(M. Dimock), 화이트(L. White), 헤링(P. Herring), 애플비(P. Appleby) 등이 있다.

④ 행정행태론

정치·행정이원론과 맥락을 같이 하는 것은 사이먼(H. A. Simon)과 같은 행태론자들의 입장이다. 앞에서 보았듯이 사이먼은 행정현상에 대한 경험적 연구와 방법론적 엄격성을 통해 행정학의 과학화를 추구해야 한다고 주장했다. 사이먼은 행정현상의 핵심은 의사결정과정으로 파악하고, 의사결정에 있어서의 제한된 합리성(bounded rationality)과 만족모형(satisfying model) 등 행정연구의 과학성에 큰 기여를 했다.

'행정행태론'은 사회현상과 인간행태는 관찰 가능한 객관적 대상으로 보고, 인간의 주관이나 의식을 배제한 상태에서 과학적 연구를 진행하여야 한다고 주장했다. 특히 인간의 행태는 합리성(rationality)과 규칙성(regularity)에 의해 체계적 연구가 가능하고, 이러한 행태의 규칙성과 인과성을 객관적 측정방법과 자료의 계량적 분석에 의해 경험적으로 입증할 수 있다고 보았다. 이러한 이들의 연구방법을 논리적 실증주의(logical positivism)라 한다. 행정행태론은 가치명제를 배제하여 행정의 과학화에 공헌하였지만, 1960년 후기 행태론이 등장하면서 다음과 같은 비판을 받기 시작했다.

- 연구방법과 기술에 지나치게 의존하여 행정학의 본질을 놓쳤고, 계량화할 수 없는 사회현상 연구에 한계가 있다.
- 행정학 연구의 궁극적 목적이 인간 삶의 질 향상인데, 가치판단을 배제한다는 것은 적절하지 못하다.
- 논리적 실증주의에 치중함으로써 연구방법과 범위에 지나친 제약이 있다.

⑤ 비교행정

제2차 세계대전 이후 최강국이 된 미국은 민주주의 확산을 명분으로 신생국에 대한 경제적 지원과 함께 미국이 발전시킨 행정제도를 신생국에 이식하려고 했다. 우리나라의 경우, 서울대학교에 공무원 양성을 목적으로 행정대학원을 설치하고, 우수한 학생들을 미네소타대학교와 같은 미국 유수의 대학으로 유학 보내 선진 행정을 배우게 한 것도 이 같은 프로그램의 하나였다.

그러나 이러한 노력에도 불구하고 미국이 의도했던 신생국의 행정발전 프로그램은

실패로 끝났다. 미국 행정학계는 선진적인 행정제도가 신생국에서 실패한 요인을 분석했다. 아무리 좋은 제도라도 다른 행정문화와 환경에서는 성공하기 어렵다는 것을 발견하고, 여러 다른 행정체제에 적용할 수 있는 행정이론을 개발하기 위한 연구가 진행되었다. 이를 위해 다른 행정체제를 비교할 수 있는 틀, 즉 모형을 제시하였는데, 이것을 '비교행정(comparative administration)'이라 한다.

대표적 학자로 리그스(F. Riggs)가 있다. 리그스는 행정체제를 비교·연구하는 유형으로 처음에 '농업사회(agraria)'와 '산업사회(indusria)'의 이원적 사회모형을 제시했다. 이후에 사회의 유형을 '융합적 사회(fused society)'와 '분화적 사회(refracted society)'로 나누고 과도기적 사회를 설명하기 위해 '프리즘적 사회(prismatic society)'를 제시했다.

리그스는 이같은 준거 틀과 경제적, 사회구조 같은 환경변수를 사용하여 여러 사회를 비교했다. 분화된 사회는 기능이 분화적이고 구조가 현대적이며, 역할이 발전되어 있고, 사회체제는 산업사회의 특징을 갖는다고 주장한다. 이에 비해 융합사회는 사회의 기능이 융합되어 있고, 구조는 전통적이며, 역할은 미발달하고 농업사회에 머물러 있는 특징을 보인다고 한다. 리그스의 이론은 구조·기능분석에 입각한 정태적 성격을 띠고 있기 때문에 사회의 변동을 충분히 다루지 못하고, 행정 엘리트의 역할을 경시하고 있다는 비판을 받는다.

⑥ 발전행정

1960년대에 발전행정(development administration)이론이 등장했다. 발전행정은 국가발전을 위한 행정이라는 의미와 행정 자체의 발전이라는 두 가지 의미를 포함한다. '발전행정'은 국가발전에서 행정이 주도적 역할을 수행하며, 행정이 이러한 역할을 수행하기 위해서 행정 자체의 역량을 강화시키는 것을 의미한다. 이것은 1960~1970년대의 정부 주도의 경제성장 전략을 채택한 한국과 같은 개발도상국에서 행정이 국가발전을 주도하는 것을 말한다.

⑦ 신행정학(후기 행태주의)

초기 행정행태론은 행정연구의 과학성 추구에 집중하다 정작 1960년대, 1970년대 미국 사회를 뒤흔들었던 흑백 간의 갈등, 인권문제, 빈부격차, 반전 등과 여러 가지 중대한 문제를 도외시하고, 해결에 무력하다는 비판을 받았다. 이에 대한 반성으로 미국 행정학 연구에 후기 행태주의가 등장했다.

1968년 왈도(D. Waldo)의 주도 하에 행정학의 새로운 방향을 모색하면서 '신행정학

(new public administration)'이라 불리는 후기 행태주의가 태동했다. 왈도와 함께 대표적 학자로 프레드릭슨(H. Fredrickson), 오스트롬(V. Ostrom) 등이 있다. '후기행태주의'는 행정학에서 형평성과 같은 가치문제를 중시하는 새로운 정치 · 행정일원론이다.

이스턴(D. Easton)이 정치학에서 후기행태주의 연구 지향을 촉발시켰다. 그는 행정학, 정치학을 비롯한 사회과학 연구의 새로운 지향성으로 '적실성(relevance)'과 '실행(action)'을 제시했다. 적실성은 사회과학의 연구는 사회문제 해결과 관련된 적절한 것이어야 하고, 실행은 연구성과가 정책을 통해 실행되어야 한다는 것이다.

신행정학은 전통적 행정학의 능률지상주의, 논리실증주의, 과학지상주의를 탈피하고, 행정학은 참여, 고객 중심의 행정, 가치 지향적 행정, 사회적 형평(social equity), 비계서적 조직, 개방체제이론 등을 추구하여야 한다고 주장했다.

2) 최근의 주요 행정학 이론

① 관리주의

행정환경이 급속히 변화하면서 행정도 변화하는 환경에 적절히 대응하기 위해 새로운 행정이론이 등장했다. 민간기업의 발전된 관리기법을 행정에 도입하고, 일방적인 행정에서 국민의 참여를 강조하는 행정이론이 등장했다. 민간기업의 성과관리 시스템을 행정에 도입하여, 정부부문에서도 성과와 실적을 강조하게 되는데, 이를 '관리주의(managerialism)'라고 한다. 관리주의는 일선 관리자에게 예산과 인사권을 위임해 주는 형태로 시행되었다. 더 나아가 행정가가 기업가 정신으로 정책을 수행해야 한다고 주장하는 이론을 '신관리주의(new managerialism)'라고 한다.

② 신공공관리론

1980년대 이후 복지국가화로 비대해진 정부의 기능을 축소해 '작은 정부'를 구현해야 한다는 이론이 등장했다. 시장주의에 바탕을 두고 행정서비스도 민간부문이 더 잘할 수 있다면 민영화하고, 정부의 기능을 축소하여 효율적인 정부가 되어야 한다고 주창했는데, 이를 '신공공관리론(new public management)'이라 한다. 우리나라에서는 공직 임용에 계약제 확대, 책임운용기관 도입, 정부조직 축소, 한국전력 등 많은 공기업 민영화 등이 신공공관리론에 기반을 둔 정책이다.

신공공관리론의 사상적 배경은 '신자유주의(neo-liberalism)'이다. 애덤 스미스(Adam Smith)의 '보이지 않는 손(invisible hands)', 즉 시장질서를 신봉하며 정부 역할을 최소화하는 데 그치는 자유주의 이념의 새로운 등장이다. 1980년대 영국을 비롯한 유럽 국가들은 과도한 복지와 국가권력의 개인 생활에 개입 증가로 공공부문이 비대화되고, 효율성이 저하되는 문제에 직면한 것이 그 배경이다.

영국의 대처(Margaret Thatcher) 정부는 '영국병(British disease)'이라고 대표되는 고비용, 저효율의 노동생산성, 과도한 복지에 따른 재정적자를 타파하기 위해 재정지출의 삭감, 공기업 민영화, 규제완화와 경쟁 촉진 등으로 공공부문을 과감하게 개혁했다. 이같이 '신자유주의'는 비대해진 공공부문과 효율성 저하를 치유하기 위해 시장의 기능을 강조하며 정부의 기능과 역할을 줄이고, 민간의 자유로운 활동을 강조하는 사상이다.

신공공관리론은 행정에 경쟁의 원리를 도입하고 행정을 효율화하였다는 점은 평가를 받지만, 공익을 추구하는 공공부문과 사익을 추구하는 민간부문의 차이를 경시한다는 문제점이 있다. 사회보장의 축소로 사회적 약자들의 어려움이 커지고, 능률을 최고의 가치로 함으로써 여러 가지 부작용이 드러났다.

③ 거버넌스론

정부가 주도하여 일방적인 공공서비스 전달과 정책문제를 해결하는 방식을 넘어서서 이해관계자가 참여하여 상호협력을 통해 행정서비스 전달과 정책문제를 해결하는 방식이 등장했는데, 이를 거버넌스(governance), 즉 협치라고 한다.

거버넌스는 좁은 의미로는 '공식적 권위 없이도 다양한 행위자들이 자율적으로 호혜적인 상호의존성에 기반하여 협력하도록 하는 제도 및 조정의 형태'로 정의되고, 넓은 의미로는 '정부 중심의 공공조직과 민간조직의 경계가 무너지면서 나타난 새로운 상호 협력적 조정양식'을 의미한다.

거버넌스는 일방적 통치로부터 탈피하여 정부와 이해집단, 시민이 협치하여 행정서비스를 전달하고 정책문제를 해결하는 방식이다. 행정학 연구에 있어서 '거버넌스론'은 정부의 공공문제 해결을 위한 목표 추구 및 관리 과정에 대한 이해를 위해서는 공공부문과 민간부문의 행위주체들과 이들 사이에 형성되는 협력 네트워크 또는 결합체를 포괄적으로 연구해야 한다는 이론이다. 이 이론은 행정현상과 공공문제는 다양한 관련 행위주체들의 상호작용 관계를 종합적으로 분석해야 행정 및 정책의 실체에 접근할 수 있다고 본다.

④ 신거버넌스론

세계화와 급속히 진행 중인 정보화에 의해 전통적으로 정부가 담당하던 기능이 시장, 시민사회, 국제사회에 의해 분담되고 있고, 정보화에 의해 각 주체와 기능에도 변화가 생겼다. 이에 따라 주체 간의 관계를 재정립하고, 이를 통해 정부 효율성과 정책 효과성을 얻기 위해 새로운 접근방법으로서 '신거버넌스(new governance)이론'이 등장했다.

연구자들은 신거버넌스의 개념, 성격, 유형 등에 대하여 합의에 접근하지 못하고 있다. 그러나 신거버넌스의 개념은 공공서비스 전달 또는 공공문제 해결 과정에서 정부라는 제도적 장치에 전적으로 의존하기보다 정부와 민간부문 및 비영리부문 간의 협력적 네트워크를 적극적으로 활용하는 것이라 할 수 있다. 신거버넌스론은 신공공관리론과 함께 정부개혁을 위한 이론적 기초를 제공하고 있다. 피터스(B. Peters)는 전통적 거버넌스에 대한 대안으로서 시장적 정부모형, 참여적 정부모형, 신축적 정부모형, 탈내부적 정부모형을 제시하고 있다.

⑤ 신공공서비스론

'신공공서비스론(new public service theory)'은 신공공관리론의 오류에 대한 반작용으로 등장했다. 즉, 1970년대 후반부터 반정부 · 반관료주의 · 반조세 등의 분위기 속에 신공공관리론은 후기 관료주의적 패러다임으로 등장했다.

신공공관리론은 국가와 정부가 효율성과 대응성을 추구하는 과정에서 시민은 배제한 채 행정과 관료 자신들의 권력과 권한만을 강화시켜 왔다는 비판을 받았다. 즉, 관료들이 시민들은 배제된 채 정부라는 배를 두고 '방향 잡기(steering)'와 '노 젓기(rowing)' 중 어디에 치중할 것인가에 대한 문제에 집중한 결과 관료들의 권한만 강화시켰다는 것이다.

이에 따라 권력을 관료로부터 시민들에게 되돌려야 하며, 시민 중심의 공직제도를 구축하기 위한 변화가 필요한다는 인식에서 신공공서비스론이 등장했다. 신공공서비스론의 핵심은 행정가가 책임져야 할 것은 업무수행의 효율성이 아니라, 모든 사람들에게 더 나은 생활을 보장하는 것이다.

신공공서비스론의 기반인 민주적 시민이론, 지역공동체 및 시민사회 모형, 조직인본주의 등은 신행정학이 강조했던 사회적 형평성 및 대응성과 같은 맥락이라고 볼 수 있다. 신공공서비스론은 행정이 얼마나 효율적으로 수행되느냐 하는 것보다 시민의 삶의 질을 향상시키는 데 얼마나 기여했냐 하는 것을 더 중요한 가치로 여긴다.

⑥ 포스트모더니즘

'포스트모더니즘(post-modernism)'은 합리주의와 과학주의 및 기술주의를 신봉하는 모더니즘에 대한 회의 또는 이를 비판하는 관점 또는 이론을 말한다. 서구사회를 지배해온 모더니즘 관점의 이성주의, 합리주의, 진보주의의 문제점을 극복하려는 대안적 사조로서 등장했다. 포스트모더니즘은 사회적 현실은 우리들의 마음속에서 구성된다고 보는 구성주의(constructivism), 상대주의적 · 다원주의적 세계관, 해방주의적(emancipatory) 특징을 보인다.

즉, 객관적 사실이 있다고 보는 객관주의를 배척하고 사회적 현실은 우리들 마음속에서 구성된다는 구성주의를 지지하며, 보편주의와 객관주의를 추구하는 것을 헛된 꿈이라 비판하고 지식의 상대주의를 주창한다. 또한 개인들은 조직과 사회적 구조의 지시와 계약으로부터 해방되어야 하고, 상이성을 인정한 위에서 자유롭게 접근할 수 있어야 한다고 주장한다.

합리성을 추구하는 모더니티는 전통 행정학의 기초이다. 관료제로 상징되는 전통적 행정학은 모더니티의 가정들을 수용하고 있는 전형적 사례라 할 수 있다. 포스트모더니즘의 관점에서 근대를 상징하는 관료제를 비판적으로 해석하고 대안을 제시하는 것이 포스트모더니즘 행정이론이다. 파머(D. Farmer)가 제시한 반관료제론,[1] 밀러(H. T. Miller)가 제시한 담론이론(discourse theory) 등이 이에 해당한다.

포스트모더니티 행정이론은 기존의 모더니티 행정이론에 대한 비판적 성찰을 통해 전통적 관료제의 한계를 극복하고 행정을 쇄신하는 데 촉매 역할을 하며, 진정한 담론을 통해 정치의 책임 환류를 보완해주는 역할을 한다는 장점이 있나. 그러나 이 이론은 일정한 정설이 있는 것도 아니고, 실제에 적용할 수 있는 실질적 · 구체적 방안을 제시해주지 못한다는 한계를 지니고 있다.

---

1) 파머는 관료제도를 중심으로 한 근대 행정이론을 과학주의, 기술주의, 기업주의 등으로 규정하면서 포스트모더니즘 행정이론의 특징을 상상, 해체, 탈영역화, 타자성으로 제시하고 있다. ① 상상(imagination): 상상은 마음속으로 오감을 활용하여 형상화하는 것이 아니라 보는 관점에 따른 가능성(possibilities)을 의미한다. ② 해체(deconstruction): 해체는 텍스트(언어, 몸짓, 이야기, 설화, 이론)의 근거를 파헤쳐 보는 것을 말한다. ③ 탈영역화(deterritorialization): 탈영역화는 지식과 학문의 영역 간에 경계가 없어지는 것을 말한다. ④ 타자성(alterity): 나 아닌 사람을 인식적 객체로서가 아니라 도덕적 타자로 인정하는 것을 말한다. 타자성의 개념은 행정조직에서 일하는 공무원들에게 공동체 권력에 기초한 시민참여이론을 수용하게 하는 것을 말한다.

표 1-1 미국 행정패러다임의 변천

패러다임 구분	시기	행정체제의 특징(정치-행정 관계)	주요 이론	대표적 학자
정통행정학의 발전	1900~ 1930년대	정치 · 행정이원론	행정관리론 조직관리론 행정원리론	굿노(F. Goodnow) 화이트(L. White) 귤릭(L. Gulick) 어윅(L. Urwick)
정통행정학에 대한 도전	1930년대 후반~ 1940년대	정치과학으로서 행정(정치 · 행정 일원론)	기능적 행정학	디목(M. Dimock) 애플비(P. Appleby)
		새정치 · 행정이원론	논리실증주의 행정행태론	사이먼(H. A. Simon)
행정학의 다원화 및 발전기	1950~ 1960년대	새정치 · 행정일원론	비교행정론 발전행정론 신행정론	와이드너(E. Weidner) 가우스(J. Gaus) 리그스(F. Riggs)
		행정과학으로서의 행정(새정치 · 행정 이론의 발전)	관리과학 정책과학	라스웰(H. Lasswell) 드로(Y. Dror)
행정학으로서의 행정학	1970~ 1990년대	정치 · 행정이원론적 관점의 재해석	감축관리론 신공공관리론 행정재정립운동	스베러(J. Svra) 테리(L. Terry) 오스본(D. Osbome) 개블러(T. Gaebler)
거버넌스로서의 행정학	2000년대 이후	정치 · 행정일원론적 관점의 재해석	뉴거버넌스 이론	로즈(R. Rhodes) 피터스(B. Peters)

자료: 김지원 외(2020).

제6절 행정학의 내용

유사하게 보이는 행정학과 정책학을 비교하면 정책학은 공공문제를 해결하기 위한 정책이 만들어지는 정책과정과 문제해결을 위한 정책처방을 주로 연구하는 데 비해, 행정학은 행정조직을 중심으로 행정체계가 작동하는 과정에 중점을 두고 있다.

행정학의 내용은 행정체계가 작동되는 구조와 그 기능을 중심으로 구성되어 있다. 예컨대, 코로나-19 대응을 위해서 검사시설, 백신 확보 및 접종, 예방시설, 치료시설, 피해업종 지원 등에 막대한 재원의 소요되었다. 또한 코로나 대응 업무를 전담할 조직,

병원 및 전문 의료인력 확보, 지휘체계가 수립되었다.

이와 함께 입국 제한, 감염자 격리, 마스크 착용 의무화, 공중시설 폐쇄, 비대면 수업, 손실보상 등 여러 가지 정책이 시행되었다. 이런 정책을 시행하기 위한 법, 제도적 근거는 관련 법령의 제·개정을 통하여 뒷받침되었다. 이러한 정책은 대부분 지방자치단체 수준에서 집행되고 실행되었다.

이후 국민 건강에 중대한 영향을 미치고 막대한 국가자원이 투입되는 코로나 대응 정책이 목적한 대로 제대로 실행되는지에 대한 감사원 감사나 국정감사, 국정질의 등을 통하여 평가와 함께 통제가 실시되었다. 이 같은 예에서와 같이 행정시스템과 정책을 연구하는 행정학의 구조는 다음과 같다.

- 행정이 추구하는 행정이념 및 행정학 발전을 다루는 행정이론
- 정책이 형성되고 결정되며 집행·평가되는 정책과정을 다루는 정책론
- 행정조직의 구조와 기능, 조직 내 의사소통, 동기부여, 리더십, 행정문화 등을 다루는 행정조직론
- 행정에 필요한 예산의 성립과정을 다루는 재무행정론
- 행정을 수행할 인적자원의 충원, 교육, 관리, 능력개발 등을 다루는 인사행정론
- 행정권이 남용되지 않고 본래의 목적대로 행사되고 책임 있는 행정이 될 수 있도록 통제하는 행정통제론
- 다양한 행정수요를 충족시키기 위한 공공서비스의 생산·공급과 공공서비스의 다양화를 다루는 공공서비스 및 정부혁신론
- 지방행정을 다루는 지방행정론
- 규제체계 및 규제완화를 다루는 정부규제론

행정학 개론에서는 위의 내용을 개별 장으로, 각론에서는 조직론, 인사행정, 재무행정, 정책론, 행정통제론, 정부혁신론, 지방행정론, 정부규제론 등으로 나누어진다. 이 책도 이와 같은 내용에 맞게 구성되어 있다. 행정학의 내용이 어떻게 구성되어 있는지 먼저 이해하고 행정학 공부를 시작하는 것은 방대하고 어렵게 느껴지는 행정학의 내용을 보다 쉽고 체계적으로 이해할 수 있는 길이라 생각한다.

제2장 현대행정국가와 관료제

제1절 국가 · 정부 기능의 변천

오늘날 행정국가를 이해하기 위해서는 먼저 국가 기능의 변천 역사를 이해할 필요가 있다. 현대행정국가는 국민 생활에 국가의 개입을 최소화하고자 했던 근대의 소극적 국가에서 행정환경의 변화에 따라 국가 개입이 확대된 복지국가로 발전했기 때문이다. 지구 온난화, 정보화, 제4차 산업혁명, 고령화, 저출산이라는 행정환경의 변화 속에서 행정수요에 맞게 현대행정국가의 구조와 기능이 변화하고 있다.

1 봉건국가

고대 및 중세 유럽에서 특징적인 봉건국가는 국왕 아래 여러 세습 영주(기사)가 장원(중국에서는 봉토)이라고 하는 자신의 영토를 다스리는 체제이다. 봉건국가에서 국왕과 영주의 관계는 영주는 국왕에게 충성을 바치는 대신 국왕은 외적으로부터 보호해주는 일종의 계약 관계이다. 고대 중국에서는 황제의 혈족을 제후로 임명하여 혈연관계에 기반했다는 점에서 유럽의 봉건제도와 차이가 있다. 왕권이 강력하지 못했을 때 봉건 영주는 국왕보다 더 많은 영토를 다스리기도 했다. 그러나 중세 말기로 가면서 강력한 영주들이 등장하여 분열 상태에 빠지며, 봉건체제는 해체되었다.

2 절대군주 국가

중세 봉건체제가 해체되고 근대국가가 성립되기 전인 16~18세기에 과도기적으로 등장한 정치체제이다. 국왕은 봉건 영주의 세력이 약화된 틈을 다 영주가 소유하고 있던 농지와 수탈의 여러 권리를 자신에게 집중시켰다. 국왕은 강력한 중앙집권체제를 구축하며, 봉건 영주나 귀족 등 누구에게도 방해받지 않고 강력한 왕권을 행사하게 되었다.

절대군주 국가는 "국왕의 권위는 신으로부터 부여 받았다"는 왕권신수설을 기반으로 했다. 왕권은 신으로부터 받았기 때문에 세속으로부터 어떠한 제한도 없다고 하며, 절대권력의 정당성을 부여했다. "짐이 곧 국가다"라고 한 프랑스의 루이 14세(Louis XIV)

가 절대군주의 상징이다. 절대군주는 영주가 다스리던 영지를 통일하여 강력한 통일국가를 만들고 중앙에서 지방을 직접 통치하며 강력한 중앙집권체제를 구축했다. 절대권력을 가진 국왕은 권력을 유지하고 강화하기 위해 거대한 관료조직과 상비군을 운영했다.

국부를 증대하기 위해 중상주의(mercantilism)에 의해 무역을 장려하며, 자국 산업과 상인을 보호하며 무역 독점권을 부여했다. 외국 물품에는 높은 관세를 부과하는 등의 강력한 보호무역주의를 취했다. 이 같은 배경에는 통일국가에 필요한 막대한 재정을 충당해야 했기 때문이었다. 절대군주는 자신의 권력을 지키기 위해 경찰권을 강화했고, 강력한 경찰권으로 국민 생활에 대해 철저한 감시와 통제를 했다.

3 근대 자유주의 국가

중상주의와 상공업 발전, 산업혁명으로 부를 축적한 자본가들이 시민계급을 형성했다. 이들이 의회에 대거 진출하여 의회의 권한을 강화하고, 국왕의 자의적 권력을 제한하며 정치적 자유를 추구하게 되면서 절대군주체제는 도전을 받게 되었다. 영국에서는 청교도혁명(1642~1646)을 거쳐 명예혁명(1688) 이후 왕권이 의회 권력에 의해 제한되는 입헌주의를 근간으로 하는 근대 시민국가로 전환해가기 시작했다. 프랑스에서는 프랑스혁명(1789)으로 절대왕정 체제가 무너지면서 근대국가로 전환되는 계기가 되었다.

근대 자유주의 국가의 사상적 기반은 개인의 자유와 권리, 종교의 자유를 중시하는 자유주의 이념이었다. 자유주의는 자의적 권력 행사를 방지하기 위해 '법의 지배(the rule of law)', 입법, 사법, 행정의 삼권 분립에 의한 견제와 균형으로 국가권력을 통제하고, 시장을 중심으로 자유로운 경제활동을 보장하는 것을 특징으로 한다.

근대 자유주의 국가의 또 다른 사상적 배경은 '사회계약론'이다. 토머스 홉스(Thomas Hobbes)는 그의 저서 『리바이어던(*Leviathan*)』에서 "만인에 대한 만인의 투쟁(the war of all against all)"으로 상징되는 무정부 상태의 극도의 혼란에서 벗어나기 위해 개인은 자연상태에서 누렸던 몇 가지 자유를 포기하는 대신 질서와 안전과 같은 공동이익을 위해 사회계약을 체결하고 국가를 형성했다고 하는 사회계약론을 주창했다.

4 야경국가와 입법국가

국가의 개입이 자본주의 질서 유지에 필요한 군사, 치안, 질서 등의 최소한에 그쳐야 하고, 나머지는 시장질서에 맡겨야 한다는 근대 자유주의 시대의 정치체제이다. 국가는 외적의 침입을 방지하고 밤에 도둑을 잡는 기능, 즉 야경(夜警)에 그치고 개인의 자유를 최대한 보장하는 것에 그쳐야 한다는 것이다. 야경국가(night-watchman state)는 자유방임주의 사상에 기반을 두고 정부의 개입이 최소한에 그쳐야 한다고 주장한다는 의미에서 '최소정부주의(miniarchism)'라 한다.

국민의 권리와 자유를 극도로 억압했던 절대주의 시대의 경찰국가에 대한 반작용으로 출현했다. 근대 자유주의 국가는 '입법국가'라고도 불린다. 정부의 기능은 입법부에서 통과된 법률을 충실히 집행하는 것에 그치고, "최소한의 정부가 최선의 정부(government is best when governing least)"라는 말로 상징된다.

5 현대행정국가와 복지국가

근대 자유주의 사상에 의하면 애덤 스미스(Adam Smith)가 『국부론』에서 '보이지 않는 손(invisible hands)'으로 묘사한 것처럼 자유시장질서에 의해 사회문제가 해결되어야 하는데 현실은 그렇지 못했다. 19세기 말 이후 각국에서 자본주의의 폐해인 독점자본주의, 공황, 노동착취, 빈부격차, 계층 간 대립이 격화되는 등 사회·노동 문제가 발생하면서 국가가 적극적으로 개입해서 해결해야 할 필요성이 커졌다.

이런 문제를 해결하기 위해서는 정부는 국민 생활에 개입을 자제하는 소극적 자세에서 벗어나 깊숙이 관여하는 방향으로 전환하게 되었다. 이에 따라 정부의 역할이 적극화되고 확대된 '현대행정국가'와 국가가 적극적으로 나서서 국민의 공공복리와 행복의 증진을 책임지고 관여하는 오늘날의 '복지국가(welfare state)'가 등장했다.

6 작은 정부

복지국가는 복지를 위해 국민 생활의 전반에 관여하게 되면서 국가 기능이 확대되고, 이를 담당할 행정조직의 비대와 비효율화를 초래하게 되었다. 이에 따른 반작용으로 신자유주의(neo-liberalism)가 등장했다. 신자유주의는 자유방임주의적인 고전적 자유주의와 달리 국가에 의한 사회정책의 필요성은 인정하면서도 자본주의 자유기업의 전통을 지키고 사회주의에 대항하려는 사상이다.

작은 정부론(small government)은 국가의 개입 증대라는 현대복지국가의 경향에 대하여 정부의 개입을 최소화하고, 자유시장질서를 중시하는 사상이다. 이를 위해 정부의 과도한 개입과 규제로 인해 발생하는 행정의 비효율성과 민간부문의 위축 등 역기능을 의미하는 '정부실패(government failure)'를 치유하기 위해 작고도 강한 정부를 추구한다. 신자유주의는 '영국병'을 치유하기 위한 방안으로서 국영기업의 과감한 민영화와 규제완화를 추진한 영국의 대처(Margaret Thatcher) 정부의 사상적 기반이었다.

7 지식정보사회의 정부

지식정보사회는 변화의 속도가 빨라 불확실성은 가중되고, 신축성이나 유연성에 대한 요구가 커지며 행정수요도 다양하게 변화한다. 이에 따라 정부의 기능도 지식정보사회의 시간, 속도, 불확실성(uncertainty)을 특징으로 하는 지식정보사회 환경에 적응하기 위해 유연성과 신축성을 극대화하는 방향으로 변화하고 있다. 동태적 행정환경에 대응하여 정부조직은 전통적인 계층제를 완화하는 형태의 수평화된 팀이나 네트워크조직으로 변모하고 있다. 이러한 정부 기능의 변모는 전자정부, 기업가적 정부, 혼돈정부, 공동정부 등으로 표현되고 있다.

1) 전자정부

정보화 기술을 이용하여 행정기관 및 공공기관의 업무를 전자화하여 행정기관 상호간의 행정업무와 국민에 대한 행정서비스를 효율적으로 수행하는 정부를 말한다. 행정기관에서 발급하는 각종 증명서, 행정기관에 제출하는 민원서류, 복지지원 신청 등을 온라인상에서 처리할 수 있는 체제를 구축한 정부체제이다. 전자정부는 정보화 기술을 활용하여 ① 국민의 편의성이 극대화된 정부, ② 종이 없는 정부, ③ 투명한 정부, ④ 지식관리가 활성화되는 디지털 신경망 정부이다.

2) 기업가적 정부

조직구성원의 유인, 경쟁, 학습을 강조하며, 경직적인 구조와 절차에 얽매이지 않고 모든 기회를 추구하는 유연하고 신축적인 조직을 강조하는 정부 형태이다. 기업조직과 같이 성과, 경쟁, 고객과 유인을 강조한다.

3) 혼돈정부

혼돈정부는 자연과학에서 발전한 카오스이론(chaos theory), 비선형 동력학(nonlinear dynamics)이나 복잡성이론(complexity theory) 등을 적용한 정부 형태이다. 혼돈정부는 조직이 무질서, 불안정, 변동에 놓여 있기 때문에 비선형 동력학과 카오스이론을 적용하면 혼돈에 숨어있는 패턴을 발견하고 조직과정의 이해에 도움을 얻을 수 있다고 본다.

4) 공동정부

공동정부(hollow government)는 정부가 기획, 조정, 통제, 감독 등의 중요한 업무만 수행하고, 행정서비스의 생산 및 공급 등은 제3자에게 위탁하는 형태의 정부를 말한다. 신공공관리론에서 주장하는 민간위탁, 민영화를 활용하는 정부 형태이며, 대리정부(proxy government), 제3자 정부(third-party government), 계약정부(contract government)라고도 한다.

제2절 현대행정국가

1 현대행정국가의 의의

오늘날 행정체제의 권한과 기능에서 입법, 사법체제보다 우위에서 공공부문의 운영에서 주도적인 역할을 하는 국가를 '현대행정국가'라 한다. 국가권력을 입법, 사법, 행정의 삼권으로 나누고 각각 입법부, 사법부, 행정부에 분장하여 상호 견제하도록 하는 것이 권력분립 이론이다. 삼권분립 이념에 의해 원칙적으로 행정, 입법, 사법체제는 대등한 지위이지만, 현대에 들어와서 행정체제의 권한과 위상이 입법, 사법보다 우위에 서서 거대한 정부관료제가 국정을 주도하며 국민 생활에 심대한 영향을 미치는 현상이 나타났다.

행정국가의 출현은 국가의 개입을 불가피하게 한 자본주의의 내재적 모순이 표출된 정치·사회·경제적 상황에서 비롯되었다. 즉, 근대 자유방임주의 사상의 야경국가에서는 '보이지 않는 손'이라는 자기 규제적 메커니즘에 의해 사회문제가 해결될 것이라고 믿었다.

자본주의가 발전하면서 독점자본주의, 공황, 실업, 계급적 대립, 빈부격차 등 자본주의의 내재적 모순이 표출되었다. 그러나 시장질서의 자기 규제적 메커니즘은 이러한 문제를 해결하는 데 한계를 보였다. 이에 따라 시장의 기능에만 맡겨 둘 수 없고 국가가 적극적으로 개입해서 해결해야 할 상황이 되었다. 이러한 결과 권력분립과 정부 기능의 변동을 초래했다.

정부는 복잡한 여러 사회문제를 해결하고, 사회변동을 촉진하면서 국민의 생활영역에 깊숙이 개입하게 되었다. 또한 복지, 환경, 정보화 등 새롭고 다양한 행정수요에 따라 정부의 기능이 확대되고, 환경변화에 적응하는 적극적인 기능을 수행하게 되었다. 이에 따라 업무를 담당할 정부조직도 크게 확대되고 공무원과 재정도 급속히 증가했다. 행정부는 기능이 확대되는 것과 비례하여 행정권도 크게 강화되면서 입법부, 사법부의 그것보다 우위에 서게 되고 국정 운영을 주도하게 되었다. 그러나 새로운 행정환경에서 행정권의 비대화로 인한 비능률성과 국가의 과도한 개입 문제 등으로 인한 정부실패 문제를 비판하고 행정국가에서 탈피하려는 움직임으로 가고 있다.

2 현대행정의 특징

국가의 개입이 두드러지고, 복지, 환경, 분배 등 다양한 행정수요에 직면하고 있는 현대행정국가에서 행정은 다음과 같은 특징을 보이고 있다.

1) 행정체제의 주도적 역할

행정부가 입법, 사법부보다 우위에서 공공부문의 운영을 주도하며, 입법 및 사법부의 역할은 상대적으로 위축된다.

2) 시장실패 및 국가발전 전략의 산물

선진국에서는 산업화의 부작용, 자본주의의 폐단, 시장실패(market failure) 문제 등을 해결하는 과정에서 행정국가화가 촉진되었다면, 개발도상국에서는 행정부가 국가발전을 주도하는 과정에서 심화되었다.

3) 행정기능 · 행정개입 확대 및 행정의존도 증가

행정기능이 확대되고, 국민 생활 전반에 깊숙이 개입하며, 이에 따라 국민의 행정에 대한 의존도가 높아진다.

4) 행정조직 · 인력 · 재정의 팽창

국가의 개입이 확대되고, 복지 등 행정수요가 다양해지면서 이에 대응해야 할 행정기능이 확대되고, 이에 따라 행정조직의 확대, 공무원 수의 증가, 재정 규모의 팽창 등의 현상이 나타났다. 최근에는 행정의 효율성을 위해 정부 기구를 줄이는 작은 정부와 공공부문 축소가 세계적인 흐름이 되고 있다.

5) 행정이념의 변화

행정이 추구하는 행정이념이 과거에는 합법성, 능률성이 우선시 되었으나, 최근에는 민주성, 형평성, 대응성 등의 이념이 강조되고 있다.

6) 행정수단의 변화

정보화 통신기술, 인공지능, 빅데이터, 메타버스 등 정보화 시대의 새로운 기술을 활용해 행정에 대한 주민의 참여 네트워크 구축 및 수요자별 맞춤형 행정서비스 제공을 확대하고 있다.

7) 유연한 조직 및 행정기능

급속한 행정환경의 변화에 능동적으로 대응하기 위한 조직 운영과 행정기능이 요구되면서, 행정조직의 경직성을 타파하고 능동성과 신축성을 확보하기 위해 동태적 조직과 기능의 활용이 강조되고 있다.

8) 신중앙집권화와 광역행정

과학기술과 통신수단의 발달, 정보화, 경제생활권이 확대되면서 능률성의 확보 필요성에 따라 중앙정부에 의한 지방자치단체 사무의 흡수와 지방에 대한 중앙통제가 강화되는 신중앙집권화 현상이 나타나고 있다. 또한 교통망의 발달, 도시화 및 경제발전에 따라 지역의 생활권과 경제권이 확대됨으로써 인구의 유동성이 증가된다. 이에 따라 생활경제권과 행정권의 일치 및 행정문제의 광범위화에 대응하기 위한 광역행정의 필요성이 증가하고 있다.

3 행정국가화 촉발요인과 비판

1) 행정국가화 현상 촉발요인

① 공공문제의 복잡성 증대

현대에 들어오면서 사회 기능이 분화되고 새로운 산업이 발전하면서 국가가 직면한 공공문제의 복잡성이 증대하였다. 이러한 문제를 해결하기 위해 고도의 기술적 전문성이 필요하게 되었고, 이러한 변화는 전문성과 대응성에서 우월한 행정의 팽창을 낳았다.

② 새로운 행정서비스 수요 증대

복지, 환경, 교육, 교통, 정보화 등 새로운 행정서비스에 대한 수요가 커지면서 행정기능이 확대되고 행정권이 강화되었다.

③ 시장실패 문제

시장경제가 스스로 자원배분을 효율적으로 하지 못하는 상태를 의미하는 시장실패(market failure) 문제를 해결하기 위한 행정의 역할이 커졌다. 공정경쟁의 보장, 경제성장과 안정의 관리, 경제 복지화 촉진, 산업화의 폐단 치유 등을 위한 행정기능의 확대가 필요했다.

④ 기업에 대한 규율

자본주의가 고도화되면서 다국적 거대기업의 등장을 가져왔으며, 이러한 현상은 행정의 기능 확대를 가져왔다. 기업활동에서 발생하는 불공정경쟁, 소비자 권익 침해, 노사문제, 환경오염 및 지배구조, 사회적 책임 등의 문제에 대응하기 위해 행정개입이 늘어나게 되었다. 오늘날 기업의 사회적 책임을 강화하기 위해 'ESG 경영[environmental responsibility(환경경영), social responsibility(사회책임경영), governance(기업지배구조)]'을 강화하는 정책을 시행하고 있다.

⑤ 위기관리

금융위기, 전쟁, 팬데믹, 지구 온난화, 지진, 홍수 등 경제, 안보, 사회·자연 재해 등의 위기가 증대하면서 위기대응과 관리를 위해 전문성, 조직, 인력을 갖춘 행정의 역할 증대를 가져왔다.

⑥ 행정국가화의 상승작용

행정국가화가 진행되면서 행정기능의 확대와 행정조직의 비대화를 초래하는 여러 요인들이 상승작용을 하게 된다. 그 결과 관료제는 거대화되고, 거대화된 관료제는 다시 조직팽창을 이끄는 요인이 되고 있다. 팽창된 조직은 계속적으로 유지·확대하려는 속성을 보이고, 축소·폐지에 저항하는 경향을 보인다. 이것은 확대된 행정서비스에 대한 시민 삶의 적응과 관료들이 조직팽창에서 누려온 승진, 재정권, 행정권 등 기득권을 포기하지 않으려 하기 때문이다.

2) 행정국가화 문제점

① 민간부문 자율성과 창의성 약화

행정의 민간영역에 대한 과도한 개입과 과잉행정은 시민들의 자유를 침해하고, 민간부문의 자율과 창의성을 저해하게 되어 사회 전체의 효율성을 저하시킨다. 또한 행정과잉은 시민들이 지나치게 행정에 의존하도록 하고, 모든 문제를 행정으로 귀결시키는 현상을 초래한다.

② 행정 책임성 결여

행정기능의 확대, 공공문제의 복잡성, 관료들의 자원배분 권한 증대 및 재량권 확대 등으로 행정권의 독주, 권력 남용, 부패, 대응성 결여 등의 병폐 발생의 위험성이 커진다. 행정의 전문성, 행정권의 팽창, 재량권 확대로 인해 행정병폐에 대한 책임성을 확보하기 어려워진다.

③ 행정의 과부하

행정기능의 비대화로 행정이 너무 많은 일을 담당하게 되어 행정의 과부하 현상이 일어난다. 행정이 과잉 확대되고 관료화된 가운데 과부하되면 문제 해결의 실패, 업무수행의 질 저하, 업무처리 지연 등의 폐단이 커진다.

④ 행정비용의 증가

행정기능의 비대화, 행정조직의 팽창, 공무원 수의 증가 등은 행정비용을 증가시키며, 납세자인 국민의 부담을 가중시킨다. 행정의 비대화는 입법・사법기구의 확대까지 유도해 국가 전체의 행정비용을 증가시킨다.

3) 행정국가화 탈피 전략

정보화 시대에서 자율, 경쟁, 개방, 창의, 정보화 등이 요청되는 행정패러다임의 전환을 맞아 행정국가화의 폐단을 시정하기 위해 행정개혁이 진행되고 있다.

① 작고 효율적인 정부

행정의 민간부문에 대한 개입을 최소화하고, 행정의 역할과 범위도 재설정하여 작고 효율적인 정부를 만들어야 한다. 민영화 등을 통한 행정의 역할・기능을 축소해야 한다.

② 행정의 분권화

행정의 분권화를 촉진하고, 행정서비스 효율화를 위한 서비스 전달체계에 경쟁을 도입해야 한다.

③ 공직윤리 향상

공직윤리를 향상시켜 관료들이 행정국가의 폐단을 스스로 방지하는 자율규제를 촉진해야 한다.

④ 정치적 통제와 시민참여

행정에 대한 정치적 통제를 강화하고 거버넌스를 통해 시민참여를 확대해야 한다.

⑤ 법치주의 확립

법치주의를 확립하여 행정권의 남용과 불법적 행사를 막아야 한다. 입법부와 사법부의 본래의 역할을 강화하여 비대해진 행정권을 감시하고 통제해야 한다.

제3절 현대 관료제론

1 행정국가와 관료제

현대행정국가의 행정체제를 뒷받침하는 것은 관료제라는 형태의 행정조직이다. 시대변화에 따라 위에서 살펴본 바와 같이 국가 기능과 정부 형태가 변모하여 왔지만, 행정서비스의 생산과 공급은 항상 행정관료제 조직에 의해 실행되어 오고 있다. 공무원들은 행정관료제의 구성원으로서 관료제의 구조와 기능, 규칙에 따라 업무를 수행한다. 관료제의 개념은 학자에 따라 다양하게 정의되고, 사용하는 맥락에 따라 의미의 차이가 있다.

- 특정한 조직 형태를 지칭하는 경우
- 조직 형태에 수반되는 병폐를 지적하는 경우
- 거대한 정부를 지칭하는 하는 경우
- 국민의 권리와 자유를 침해하는 해악으로 관료제를 이해하는 경우

관료제는 조직으로서의 보편적 의미는 “합리적으로 발전시킨 규칙(rule)에 의해 규정된 권위관계 체제를 갖는 대규모 조직”을 말한다. 관료제의 일반적인 의미는 정부기관, 군대, 민간기업 등을 모두 포함하는 대규모 조직을 지칭하고 있다. 국가 행정체계를 구성하는 필수 요소로서 행정서비스를 생산·공급하는 거대한 정부조직으로서의 관료제를 대규모의 민간조직과 구별하는 의미에서 ‘행정관료제’라는 용어를 사용한다.

2 막스 베버의 이념형

독일의 막스 베버(Max Weber, 1864~1920)는 관료제의 능률적이고 이상적인 조직 구조를 개념화하였는데, 이를 막스 베버의 '이념형(ideal type) 관료제'라 한다.

1) 권위의 유형

베버는 먼저 조직의 바탕이 되는 권위(authority)의 유형을 세 가지로 나누고. 그에 따른 지배유형을 제시했다. 권위의 유형은 다음과 같다.

- 전통적 권위(traditional authority)
- 카리스마적 권위(charismatic authority)
- 법적 · 합리적 권위(legal-rational authority)

권위에 따른 지배의 유형은 다음과 같이 구분된다.

- 전통적 지배
- 카리스마적 지배
- 합법적 지배

베버는 근대 관료제의 이념형은 법적 · 합리적 권위를 기반으로 한 합법적 지배에 기초하고 있다는 것을 강조하였다.

2) 근대 관료제의 특징

법적 · 합리적 권위에 기반을 둔 근대 관료제의 특성을 베버는 다음과 같이 설명하였다.

① 명확한 권한과 관할 범위

관료의 직무범위, 권한의 배분, 관료의 자격요건 등은 공식규범인 법규에 규정되어 있다. 권한은 사람이 아닌 직위에 부여된다. 각 직위의 임무와 직무 수행 방법 및 그에 필요한 권한의 행사는 법규로 정한다.

② 계층제

조직 내부 또는 조직 간의 상하관계 체계가 계층제(계서제) 원리에 의해 확립되어 있다. 어떤 관료가 다른 관료를 지휘·감독하는 권한을 가지는 것은 계층제상의 지위에 근거를 둔 것이다. 하급자는 상급자의 엄격한 감독과 통제 하에 임무를 수행한다.

③ 문서화의 원리

모든 직위의 권한과 임무는 문서화된 법규로 규정되고, 모든 업무는 문서로 처리된다.

④ 임무수행의 비개인화

공공사무와 사적 사무는 분리되고, 관료들은 임무수행에 관한 법규의 적용에서 개인적 이익이나 특별한 사정 또는 상대방의 지위에 구애됨이 없이 공평무사한 비정의성(impersonality)을 유지해야 한다. 관료제의 재산은 개인의 재산과 구별되며, 사무소는 개인적 주거지와 구별된다.

⑤ 전문화와 전임화

관료는 임무수행에 필요한 교육과 전문적 훈련을 받은 사람을 채용한다. 전문적 능력이 채용기준이다. 전문적인 지식과 기술은 관료에게 직무수행의 합법성을 인정하는 기초이다. 관료로서의 직업은 잠정적인 직업이 아닌 생애의 직업이며, 전업직업(full-time job)이다. 관료들은 계급과 근무연한에 따라 금전적 보수와 연금을 받는다.

⑥ 법규에 의한 행정

관료의 직무집행은 명확하고 철저하며, 습득 가능한 일반적인 법규에 의해 수행된다.

3 베버 이론의 평가와 수정

1) 평가

베버가 제시한 이념형 관료제는 인간의 합리성에 착안한 합리적·공식적 모형이다. 이념형 모형은 현대조직의 기본 질서를 유지하는 데 필요한 공식적 구조의 특성을 지적한 고전이론의 전형으로서 조직학의 발전에 획기적으로 기여했다.

2) 베버 이론의 수정

베버의 이념형 모형에 대하여 후대의 학자들에 의해 많은 비판과 이론의 수정이 있었다.

① 1930년대 조직행태론의 수정

1930년대 조직행태론자들은 베버의 이론을 비판하면서 수정이론을 제시했다.

- 블라우(P. Blau)는 베버의 관료제는 공식적인 면에만 관심을 가지고 비공식적인 면을 도외시하며, 조직 내 자생집단의 순기능적인 면을 지적하였다.
- 베버 이론은 지나치게 합리적인 면만 강조하고, 인간적 또는 비공식적인 요인을 간과하였다.
- 머튼(R. Merton)은 관료제의 역기능을 간과하고 환경을 고려하지 않았다고 지적했다.

② 1960년대 발전행정론의 수정

1960년대 발전행정론자들은 베버의 이론에 대하여 전면적인 수정을 하였다.

- 조직에 있어서 합법성을 넘어서 합목적성의 개념이 도입되어야 한다.
- 법령에 묶인 행정이 아니라 변화와 가치를 추구하는 행정이 필요하다.
- 계층제의 엄격한 적용보다는 넓은 의미의 조정과 통합이 고려된 조직 형태가 필요하다.
- 관료는 소극적 역할이 아닌 넓은 이해력이나 발전 지향적 자세가 필요하다.

4 관료제의 병리

1) 의의

관료제 모형은 전근대 조직의 비합리성과 정적 구조를 뛰어넘어 자본주의가 고도화되고 능률성이 강조된 산업화 단계에서 사회발전에 많은 기여를 했다. 조직의 능률을 위해 인간 통제의 필요성이 컸던 상황에서 관료제의 계서적 구조는 높은 효율을 발휘할 수 있었다. 그러나 현실에서는 본래 의도된 것과 다른 변화가 관료제의 구조·기능에 발생하여 조직목표에 지장을 초래하게 된다. 이것을 관료제의 병리현상(patholgoy)

또는 역기능(dysfunction)이라 한다. 주로 머튼(R. Merton), 톰슨(V. Thompson), 블라우(P. Blau) 같은 학자들에 의해 연구되었다.

2) 관료제 역기능

관료제는 대규모 조직의 분업체계에서 오는 관료제 특유의 역기능을 발생시킨다.

① 서면주의(red tape)와 형식주의

관료제의 사무처리는 모두 서면으로 하게 되어 있어 번문욕례(繁文縟禮),[1] 레드 테이프(red tape)[2]를 발생시킨다. 이에 따라 조직의 사무처리는 문서라는 형식에만 의존하는 형식주의(formalism)가 발생한다.

② 목표의 대치

관료제는 법규의 엄격한 준수와 적용이 요구되기 때문에 법규에 지나치게 얽매이는 과잉동조(overconformity)현상과 공익이라는 목표보다 그 수단인 규칙이나 절차를 더 중시하는 목표의 대치(goal displacement)현상이 일어난다. 관료들은 외형적으로 드러나는 실적이 평가대상이 되기 때문에, 조직의 궁극적 목적보다는 양적인 실적을 올리는 데만 몰두한다. 또한 관료들은 직접적인 고객의 특수이익에 사로잡혀 전체 이익을 망각하는 국지주의(parochialism)에 빠지기 쉽다.

③ 무사안일주의

관료들은 새로운 결정 등을 하려 하지 않고, 선례에 따르거나 상관의 지시에 무조건 영합하려는 소극적 행동을 하려는 행태를 의미한다. 이러한 태도는 관료의 신분이 불안하고, 상관이 권위주의적이고, 업적을 중시하지 않은 조직에서 특히 많이 나타난다.

④ 훈련된 무능(trained incapacity)

관료제는 고도의 전문가를 요청하게 되며, 이러한 전문가는 극히 한정된 분야에만 전문성을 가지고 있어 다른 분야에 대한 이해도가 적다. 이에 따라 고위직이라도 좁은

---

1) 당나라 시대에 까다롭고 복잡한 왕실의 제사와 예식절차를 가리키는 말에서 유래했다. 번거로운 글과 번다한 예법을 뜻한다. 지금은 주로 쓸데없는 형식이나 절차를 두어 실질적인 내용을 실현하는 데 도움이 되지 않는 것을 의미한다.

2) 행정 분야 등에서 형식과 절차에 얽매이는 현상을 말한다. 17세기 영국 관청에서 공문서 뭉치를 붉은 띠로 묶어둔 데서 유래했다.

시야를 가지게 되고, 조정과 통합의 능력이 줄어들어 관리자로서 무능을 드러내는 현상이 나타나게 되는데, 이러한 현상을 훈련된 무능이라 한다.

순환보직을 하며 여러 직무를 경험하는 계급제에 비해 전문화된 직무만 담당하는 직위분류제를 취하는 공무원제도에서 이러한 현상이 나타나기 쉽다. 현재 정부에서 시행하고 있는 고위공무원단 제도나 부처 간 순환보직의 강조는 고위공무원의 전 정부 차원의 효율적 활용과 함께 특정 부처의 전문화로 인한 무능을 극복하려는 시도라 할 수 있다.

⑤ 귀속주의(ascription)

관료들이 출신지역, 출신학교 등과 같은 귀속적인 기준에 의하여 자생집단을 만들고, 귀속적인 요인에 의한 정실인사를 하게 되는 현상이 일어나기 쉽다. 이에 따라 과소관료제화(under bureaucratization)[3]가 나타남으로써 과잉관료제(over bureaucratization)[4]와 반대의 병리현상이 나타나게 된다.

⑥ 할거주의(sectionalism)

관료들이 자신이 소속하고 있는 기관, 국, 과만을 종적으로 생각하고, 타 기관 국, 과에 대한 배려가 없어 결과적으로 조정·통합이 어려워지는 행태를 보이는 것을 말한다.

⑦ 변화에 대한 저항

관료제는 관료가 자신의 신분·지위 유지에 대한 불안·위협 때문에 기본적으로 보수성을 띠게 되고, 변화 및 쇄신에 저항하는 행태를 보인다. 이러한 속성 때문에 빠르게 변화하고 있는 현대사회의 변화속도에 부적절한 조직 형태로 지적되고 있다.

⑧ 관료를 무능화하는 승진제도

관료제의 규모가 커지면 승진의 기회가 늘어나고 무능한 사람이 높은 지위를 차지하게 된다. 조직의 규모가 커지면서 유능한 사람은 승진을 거듭하게 되고, 무능한 사람은 그 자리에 남게 된다. 유능한 사람은 계속된 승진으로 일을 감당할 수 없는 직위까지 이르게 된다. 일을 감당할 수 없는 직위에서는 승진은 못하지만, 신분보장 때문에

---

3) 공직에 대한 가치가 제대로 부여되어 있지 않고 공직에 대한 대우가 아주 낮은 관료제를 말한다.
4) 공직이 권한의 남용을 일삼는 특권계급으로 변질하거나 과업이나 기능과는 무관하게 신분상의 이익만 누리려 하는 관료제를 말한다.

그 자리에 머물러 있게 된다. 이렇게 되풀이되는 승진으로 모든 관료제가 무능한 사람으로 채워지는 현상을 '피터의 원리(Perter principle)'라 한다.

5 관료제와 민주주의

1) 들어가는 말

행정이 입법, 사법 기능보다 우위에서 국정을 주도해가는 현대행정국가에서 관료제가 강화되는 현상은 견제와 균형의 원리에 따라 국정을 실현해가는 민주주의의 원리에 상반된다. 이와 함께 현대행정국가는 설정된 정책목표를 효율적으로 수행하기 위해서 능률을 기본원리로 하는 관료제 조직에 의해 정책이 수행될 수밖에 없다. 이에 따라 조직의 공동목표를 달성하기 위해 민주조직, 다수결의 원리, 소수 의견의 존중, 반대의 자유 등 조직 내 민주주의의 원리와 갈등이 일어날 수 있다.

2) 관료제의 민주주의 저해요인

① 권력의 불균형

관료제는 소수자에게 권력이 집중되어, 관료의 기술 독점, 권력독점이라는 권력의 불균형현상을 초래한다. 권력독짐으로 일반국민의 이익보다는 관료 자신들의 이익을 위해 권력을 행사하게 된다.

② 권한 독점과 과두제의 철칙

관료제는 엄격한 계층제 원리를 기본으로 하고 있다. 이에 따라 상·하의 수직적 지배·종속관계가 발생하고, 계층제의 최상층에 있는 소수 인원에게 권력이 집중되는 현상이 일어난다. 이러한 현상을 미헬스(R. Michels)는 '과두제의 철칙(iron law of oligarchy)'으로 부르고 있다.

③ 정책형성 권력 과대화

오늘날 관료제는 행정권의 확대·강화로 종래의 정책집행 기능에서 정책형성 기능까지 담당하고 있다. 클레르(G. Claire)는 이를 '독선관료제(administocracy)'로 부르고 민중의 자유가 상실될 위험성이 내재한다고 주장하고 있다. 관료는 막중한 정책형성권을 장악하면서도 국민에 대하여 직접적인 책임을 지지 않고, 행정부 수반에 대해서만 책임을 짐으로써, 국민에 의한 행정이 간접적으로 밖에 확보되지 못하고 있다고 한다.

④ 비민주적 독선

파이너(H. Finer)는 관료제의 비민주성을 비판하였다. 즉, 관료제는 특수계층을 형성하고 있는 관료군이 자신들이 형성한 원리에 따라서만 행동하며, 관료와 국가의 동일성을 요구하며, 민중의 지도는 인정하지 않는 체제라고 비판한다.

3) 관료제의 민주주의에 기여

① 공직에 대한 기회균등의 제공

관료제는 관료의 임용을 전문적 지식과 능력에 따라 하는 것을 원칙으로 하기 때문에 고용의 기회균등을 촉진한다.

② 법 앞의 평등

관료제는 전통적 · 비합리적인 정실주의나 자의에 의한 개별주의를 지양하고 일반적 법규에 의한 보편주의를 지향한다. 이에 따라 민주주의의 가장 기본적인 원리의 하나인 법 앞의 평등을 실현하는 데 기여한다.

③ 민주적 목표 수행

오늘날 의회나 정부에서 민주적으로 결정된 조직의 민주적인 제 목표는 우수한 전문성과 능률성을 기반으로 하는 관료제의 도움 없이는 실현되기 어렵다. 개발도상국에서는 국가관료제가 경제발전을 위한 주도적 역할을 하고 있다.

6 한국의 정부관료제

한국의 정부관료제는 1960~1970년대를 거치며 견고한 계층적 관료제를 기반으로 세계사에서 유래를 찾기 힘든 급속한 경제발전을 이끌었다. 한국 정부관료제는 관료가 국가발전을 주도하는 개발도상국 발전행정의 대표적인 사례라 할 수 있다. 이 시기의 한국 정부관료제는 베버의 관료제의 주요 특징인 실적기반 임용과 경력승진 보장 등을 갖추어 사회의 엘리트층을 관료로 충원하며, 민간부문보다 우위에서 국가발전을 주도하였다.

이러한 한국 정부관료제는 국민소득 증대, 정치·사회의 민주화, 정보사회체제로의 전환과 함께 신자유주의, 신공공관리주의 영향으로 전통적·권위적·폐쇄적 관료체제에서 탈피하며 큰 변화를 겪게 된다. 성과, 효율, 경쟁의 가치를 중시하는 신자유주의 및 신공공관리주의의 영향으로 한국 정부관료제에도 개방, 경쟁을 촉진하는 제도가 도입되었다. 성과연봉제(1999년), 개방임용제(1999년), 목표관리제(1999년), 책임운영기관(1999년), 직위공모제(2006년), 고위공무원단 구성(2006) 등이 이에 해당한다.

정치의 민주화, 사회의 다원화·개방화·분권화, 정보화·디지털화로의 변화는 관료제에 대한 감시·통제 강화, 행정의 형평성 이념 중시, 공직 임용의 대표성 강조 등의 변화를 가져왔다. 지방자치제 실시 이후에는 국회, 지방정부, 지방의회, 지역 시민단체, 언론 등 정책참여자들이 더욱 다변화되어 일방적인 통치형 행정에서 탈피하여 정책참여자들과 협력을 강조하는 거버넌스가 강조되고 있다.

한국의 정부관료제는 새로운 환경변화에 맞춰 혁신의 노력을 기울이고 있다. 그러나 정부관료제 주도의 발전행정 역사와 관 우위의 오랜 문화적 전통으로 인해 수평적 네트워크 기반의 거버넌스 패러다임으로 전환이 충분히 이루어지지 못하고 있다. 정책참여자들의 참여를 활발히 보장하지만, 관료가 주도권을 갖는 관료 주도의 거버넌스가 계속되고 있다고 평가할 수 있다.

제4절 행정환경의 변화와 현대행정의 과제

1 행정환경의 변화

1) 새로운 글로벌 행정환경

행정과 정부조직을 포괄적으로 의미하는 행정체제는 행정환경과 끊임없이 상호작용을 하면서 변화하는 개방체제이다. 즉, 행정체제는 행정환경의 변화에 의해 행정기능이나 정책이 영향을 받고, 행정체제는 정책을 통해 바람직한 방향으로 행정환경을 주도적으로 변화시키기도 한다. 이에 따라 변화하는 행정환경은 특정 시기, 특정 국가의 행정의 특성을 규정짓는다. 일반적인 행정의 환경은 정치·경제·사회로 나누어 볼 수 있다. 오늘날 행정에 중요한 영향을 미치는 행정환경의 변화로는 정보화·지능화, 국제화·세계화, 분권화·지방화, 친환경주의 등을 들 수 있다.

① 개방화와 세계화

개방화란 국가 간의 인적·물적 교류가 자유로워지는 것을 의미한다. 세계화는 개방화의 결과로 자연스럽게 나타나는 현상으로서 기업조직과 경영의 범위가 전 지구적으로 확대되는 경제적 측면의 세계화를 말한다. 세계화의 확산에 따라 환경, 인권, 질병, 무역, 군사 등 범지구적인 문제를 해결하기 위해 국제기구 또는 국제협약에 의해 국가의 고유한 주권이 제약받고 있다. 이로 인해 개별 국가의 정책결정 권한이 축소되고, 관련 국가 및 국제사회의 공조체제 하에서 정책을 결정해야 하는 상황이 전개되고 있다.

② 지식정보화와 디지털화

지식정보사회로 표현되는 후기산업사회는 정보와 지식을 통한 가치 증진을 위해 자원 투입과 시스템 운용이 이루어지는 정보 집약적이고 지식 집중적인 특징을 가진다. 지식정보사회에서 정부와 행정체제는 전통적인 운용에서 벗어나 합리적이고 거버넌스에 기반한 협업적인 창조적 기업가형 시스템으로 변화하고 있다.

디지털화는 개인의 일상생활과 양식에 이전과 비교할 수 없을 정도의 큰 변화를 일으키고 있다. 정부 차원에서는 전자정부(e-government)의 구축에 의해 행정관리 시스템에 큰 변화가 일어나고 있다. 전자정부는 정보기술을 활용하여 행정기관 및 공공기관의 업무를 전자화하여 행정기관 등의 상호 간의 행정업무 및 국민에 대한 행정업무를 효율적으로 수행하는 정부를 말한다.

정보통신기술(IT)과 인공지능(AI), 유비쿼터스(ubiquitous), 컨버전스(convergence) 등 지능형 사회기반을 이용하여 행정정보 접근성, 주민과 쌍방향적 소통, 행정참여 확대, 비대면 민원 처리, 상시적 행정서비스, 고객 맞춤형 행정서비스가 가능해지고 있다.

③ 환경위기와 재해 대응

지구 온난화로 인한 자연재해와 코로나-19와 같은 전염병의 출현 등으로 개별 국가나 특정 지역의 대응만으로 극복할 수 없는 재해가 발생하고 있어 전 지구적 대응이 요구되고 있다. 이와 함께 위기 대응과 친환경적 대안 모색이 국가들의 정책적 우선순위가 되고 있다. 자원고갈 문제도 심각한 지구적 문제가 되고 있다. 화석연료에 의한 지구 온난화 등 환경문제를 해결하기 위해 대체에너지 개발과 친환경자원을 확보하려는 과제는 정부 시스템과 운영의 틀을 변화시키고 있다.

2) 일반 행정환경

① 정치적 환경

정치체제가 민주적이냐 권위주의적이냐에 따라 정치가 행정에 미치는 영향에 차이가 난다. 민주적 정치체제의 경우 다원화된 행위주체 간의 활발한 상호작용과 의사소통이 이루어진다. 권위적 정치체제의 경우 정치 또는 행정에 의한 권위적 결정성이 지배하게 된다. 이런 체제에서는 개인이나 사회구성 집단 간의 상호작용이 상대적으로 규제됨으로써 정치적 투입만이 행정에 미치는 변수가 되고, 시민사회의 참여와 여론은 무시된다. 민주정치 체제에서도 대통령중심제, 내각책임제 등 정부 형태에 따라 차이가 있고, 정당정치의 운용에 따라서도 차이가 날 수 있다.

② 경제적 환경

행정의 환경요인으로서 경제는 시장의 효율성에 대한 논의와 정부의 시장개입 여부의 필요성 논의가 양자 관계의 중심이 된다. 시장에서 재화와 서비스가 과잉생산되거나 과소생산되어 가격에 의해 효율적으로 분배되지 못하면 시장실패(market failure)가 일어난다. 시장실패의 원인으로 독과점 같은 불완전경쟁, 공공재, 외부효과, 정보의 비대칭 등이 있다.

독과점 기업이 시장을 지배하는 경우 가격은 높고 생산은 줄어드는 비효율적인 자원배분이 이뤄진다. 이 경우 공정거래위원회와 같은 정부 기관이 시장에 개입하여 기업들이 공정하게 경쟁할 수 있는 규칙과 질서를 마련하고, 그것을 지키도록 감시하는 역할을 수행한다. 그러나 시장실패나 소득분배의 불균등으로 인한 정부개입이 시장의 비효율성과 불평등을 개선하지 못하고 오히려 경제적 상황을 악화시키게 되는 정부실패(government failure)가 발생할 수 있다.

③ 법적 환경

법치주의(the rule of law)는 국민의 권리와 자유를 제한하거나 의무를 부과하기 위해서는 국민의 대표기관인 의회가 제정한 법률에 근거해야 한다는 원리이다. 여기서 행정도 법률에 근거해서 이루어져야 한다는 법치행정의 이념이 파생된다. 국민의 권리가 침해당하거나 자유가 제한당했을 때는 사법부의 심사・판결을 통해 구제받을 수 있다. 행정기관의 위법하거나 부당한 행정작용에 대해서 사법부는 사후 권리구제 장치로서 무효확인소송 등의 판결을 통해 행정에 직접적인 영향을 미치게 된다. 헌법재판소는 위헌결정에 의해 행정부의 정책결정이나 집행을 뒤바꿀 수 있다.

④ 사회적 환경

개별 국가에 따라 차이는 있지만, 오늘날 선진국을 중심으로 고령화, 저출산, 빈부격차, 세대 간 갈등, 노사대립, 이념 갈등 등의 문제가 심각해지고 있다. 사회가 다원화되고 복잡해지면서 다양한 이해관계의 갈등이 일어나고 있다. 이에 따라 갈등을 조정하고 관리하는 갈등관리가 행정의 중요한 영역을 차지하고 있다.

한편, 사회적 불평등, 소득에서 양극화가 심화되면서 사회적 약자 보호 및 복지를 위한 정부의 적극적인 조세정책, 산업정책, 복지정책 등이 요구되고 있다. 커지는 복지수요에 대응하기 위해서는 정부는 재정지출을 늘리게 되고, 국민들의 조세부담도 커지게 된다. 그 결과 복지비용 부담자인 경제활동인구와 복지수요자인 사회적 약자 간 충돌까지 예견될 정도로 사회적 계층 간 대립으로 확대되고 있다.

2 현대행정의 과제

국제적, 국내적 행정환경의 변화에 따라 현대행정이 직면하고 있는 행정체제 개선을 위한 과제는 다음과 같이 정리할 수 있다.

1) 정보화・지능화 강화

정보통신기술의 획기적 발달로 지형형 사회기반이 조성되면서 정보 접근성 용이, 투명성 강화로 행정과 정치의 책임성이 더욱 강조된다. 지능형 사회기반을 통하여 민간과 자유롭게 정보와 지식을 공유하는 방식으로 행정정보 관리시스템이 구축되고 운영되어야 한다. 이를 통해 행정의 능률성 향상, 행정비용의 절감, 행정서비스의 질적 향상, 정책결정의 합리성을 제고해야 한다. 행정의 정보화를 통해 국민과 기업에 대한 책임성을 확보하고, 행정의 역할은 '노 젓기(rowing)' 역할이 아닌, '방향 잡기(steering)'를 하는 조정자가 되어야 한다.

2) 세계화 확대

세계화로 행정에도 다양하고 전문화된 행정수요가 창출되고 있기 때문에 이에 부응하는 정부의 새로운 역할이 필요하게 된다. 국제정치 · 경제와 관련된 정보를 정확하고 신속히 제공해야 하며, 이를 위한 전문인력 양성, 국제협력 시스템과 제도의 정비, 관리 운영상의 절차와 관행의 표준화 등이 필요하다. 다양하고 새로운 국제문제를 공동으로 해결하는 시스템의 구축과 다양한 국제규범 및 협약을 준수하는 실천적 노력과 행동이 필요하다. 공공부문과 민간부문에서 인력, 조직, 제도 등을 국제표준에 접근시키고 내부적 효율성을 갖추기 위해 감축관리, 다운사이징, 아웃소싱, 규제완화, 정보화의 진전 등을 지속적으로 추진해야 한다.

3) 분권화 및 거버넌스 확대

급변하는 행정환경에 대응하고 더욱 다양해지는 행정수요에 신속한 대응과 복잡한 사회문제를 해결하기 위해서는 행정과 행정체제의 유연성, 신축성, 탄력성이 요구된다. 이를 위해서 행정조직은 공공기관, 기업, 비정부조직(NGO), 비영리조직(NPO) 등과의 협업적 연계(networking)를 통한 거버넌스체제를 확대해야 한다. 행정조직 내부적으로는 조직의 자율성과 창의성을 높이는 방향으로 조직 하위계층에 대한 권한부여(empowerment)나 민주적 운영을 더욱 확대할 필요가 있다. 또한 분권을 통해 현장 중심 또는 고객 위주의 행정에 대한 평가를 지속적으로 학습할 수 있는 여건을 마련해야 하고, 그러한 활동들이 조직 전체의 통합적 효과를 창출할 수 있도록 해야 한다.

4) 지속 가능한 발전 추구

지속 가능한 발전은 지구 온난화 등 환경문제가 인류의 미래를 위협하고 있는 현실에서 환경의 가치를 크게 고려하지 않았던 기존의 성장지상주의적 개발이 더 이상 보편적 적실성을 가질 수 없다는 인식에서 출발한다. 이는 경제 중심의 논리에서 경제와 환경을 조화시킴으로써 장기적으로 지속 가능하고 사회 가치 및 제도와 양립할 수 있는 개념과 전략으로 인식되고 있다.

앞으로 행정은 정책결정의 모든 과정에서 환경이 고려되어야 한다. 환경문제에 대한 사회적 공동 인식의 유도, 환경정책에 대한 높은 정치적 지지, 환경관리를 위한 적절한 제도와 절차의 수립, 합리적 정책운영과 형평성 있는 자원활용 등을 이루어가야 한다.

제3장 지능형 정부론

제1절 지식정보사회와 제4차 산업혁명

1 지식정보사회

정보통신기술이 만들어가고 있는 인간 생활 전반의 변화는 시간(time), 속도(speed), 불확실성(uncertainty)의 특성으로 일어나고 있다. 이러한 결과로 초래되는 사회적 변화를 '지식정보사회'라 한다. 지식정보사회는 정보의 생산, 유통 및 활용이 급격히 증대되고, 정보기술이 고도화되는 동시에 정치, 경제, 사회, 문화 등 사회구조 전반에 걸쳐 정보와 지식의 가치가 높아지는 사회를 의미한다.

지식정보사회에서는 지식과 정보의 생산, 처리 및 활용기술이 사회발전의 원동력이 되고, 사회를 지배하는 권력의 원천이 된다. 지식정보사회는 다음과 같은 특징을 보인다.

- 경제활동의 중심이 산업사회의 물질적 생산 중심에서 정보, 지식과 관련한 서비스 생산으로 이동하고, 육체노동보다 정신노동이 사회를 움직이는 힘이 되고 있다.
- 경제의 소프트현상이 가속화되고, 이에 따라 산업구조는 제조업 중심에서 서비스업 중심으로 개편되고 있다.
- 정보, 지식이 사회혁신과 정책결정의 원천이 되어 기술 통제나 평가를 통한 미래계획이 이루어지는 사회로 전환되고 있다.
- 시간의 흐름과 변화의 가속도가 높고, 이러한 빠른 시간의 흐름과 변화는 환경의 불확실성을 높이고 있다.
- 지식정보화사회에서는 사회 제반의 영역이 희미해지고, 혼성(hybrid)과 융합(convergence)이 일어나고 있다.
- 산업사회의 조직원리인 관료주의, 중앙집권적, 권위주의적, 획일적 조직원리가 정보사회에서는 분권주의적이고 평등주의적이며 다양성의 원리가 지배한다.

지식정보사회에서는 원격의료, 온라인 교육, 전자도서관 등이 보편화되는 정보공동체(information community)가 이루어지고, 정보통신 기기의 네트워크화 및 초고속화가 이루어짐으로써 영상회의가 보편화되고, 전자상거래(e-commerce)가 일상화되고 있다.

정치적으로는 전자민주주의(cyber democracy)에 의해 더 많은 사람들이 민주주의 대열에 합류하고 있다. 정보화는 새로운 형태의 지식기반사회를 만들고 있다. 이러한 지식기반사회를 토대로 새롭게 출현하는 정부모형이 '전자정부', '모바일 정부', '유비쿼터스(ubiquitous) 정부' 등이다.

2 제4차 산업혁명

정보통신기술(ICT)의 발전과 융합은 '제4차 산업혁명'이라 불리는 새로운 산업혁명을 만들어 내고 있다. 이 용어는 2016년 세계 경제 포럼(World Economic Forum: WEF)에서 주창되었다. 제4차 산업혁명은 블록체인(block chain), 빅데이터(big data), 인공지능(artificial intelligence: AI), 로봇공학(robot engineering), 사물인터넷(internet of things: IoT), 무인운송 수단(무인항공기, 자동차), 3D 프린팅(3D printing), 연결(5G 통신 등) 및 표시기술(VR, AR), 나노 기술(nano technology)과 같은 지능정보기술을 기존 산업에 적용하여 생산성을 고도로 향상한 새로운 기술혁신이다.

제4차 산업혁명은 기본적으로 디지털 기술이 제조업 기술과 융합되어 생겨난 새로운 현상이다. 즉, 지능정보기술[1]을 활용하여 과거 기계가 진입하지 못한 다양한 산업분야에 기계가 진입하여 생산성을 높이고, 산업구조의 대대적 변화를 촉발하고 있다.

지능정보기술의 발전은 산업 이외의 다른 사회 분야에도 '혁명적 변화'를 초래하고 있다. 사회 전반에서 연결, 탈중앙화, 분권, 공유, 개방을 지향하고 있으며, 개인 생활 전반에 걸쳐 개인 맞춤형 서비스 제공이 확대되고 있다. 지능정보기술의 활용은 사회 전반에 기계가 인간을 대신하여 일을 수행함으로써 생산성을 향상시키고 있으나, 산업구조 변화는 필연적으로 일자리 및 업무 성격 등을 함께 변화시키고 있다. 근로시간 감소, 건강수명 증가 등 경제·사회적 혜택이 고루 확대되는 반면, 자동화로 인해 단순반복 업무의 일자리 수요가 감소하고 고부가가치 업무의 인력 수요가 증가하는 고용구조 변화가 일어나고 있다.

---

1) 인공지능 기술과 데이터 활용기술을 융합하여 기계에 인간의 고차원적 정보처리 능력(인지, 학습, 추론)을 구현하는 기술을 말한다.

제2절 전자정부

1 전자정부 개념

전자정부는 "정보기술을 활용하여 행정 활동의 모든 과정을 혁신함으로써 국민과 기업에게 제공되는 각종 서비스와 정보를 손쉽게 이용할 수 있도록 하고, 행정 및 정책 활동의 생산성을 향상시켜 지식정보화를 선도할 수 있는 정부"로 정의할 수 있다.

한편, 「전자정부법」에서는 전자정부를 "정보기술을 활용하여 행정기관 및 공공기관의 업무를 전자화하여 행정기관 및 공공기관 상호 간 행정업무 및 국민에 대한 행정업무를 효율적으로 수행하는 정부"로 정의하고 있다. 다양한 전자정부의 개념 및 특성 속에는 전자정부 실현을 통해 '신속・정확한 대국민 서비스 제공', 'IT를 활용한 정부업무 효율화', '업무처리 절차의 재설계를 통한 정부혁신 촉진', '보편적 서비스 확대・제공을 통한 사회적 형평성 제고', '생산성 향상을 통한 국가경쟁력 제고'라는 공통요소를 포함하고 있다.

전자정부에서 유동성의 개념을 강조하여 '모바일(mobile) 정부'라는 용어를 사용하기도 한다. '유비쿼터스 정부(U-정부)'는 협의로는 초소형 컴퓨터를 모든 생활기기 및 주택, 도시 시설물 등에 설치하고 상호 간 유・무선 초고속 통신망을 이용하여 연결함으로써 일상생활 및 국토 공간을 구성하는 모든 사물을 지능화시키는 것을 의미한다. 광의로는 이를 기반으로 국가의 경쟁력을 향상시키는 것을 목표로 하는 정보사회의 국가경영전략으로 이해할 수 있다.

2 전자정부의 발전과정

1) 전자정부 태동기

1970~1980년대는 전자정부의 태동기로 전자정부 구축기반을 마련하여 전자정부가 태동한 시기로 볼 수 있다. 1970년대에는 세수입 증대를 목적으로 재산세 징수 등 세무행정에서 배치(batch) 처리가 수행되었다. 1980년대는 각 지방자치단체별로 분산되어

운영되었던 정보화의 통합관리 필요성으로 인해 중앙정부 주도로 정보화가 추진되었다. 이 시기에 제1차 국가기간전산망사업(1987~1991)을 통해 행정, 교육, 재정, 안전, 국방 등 주요 분야의 정보화를 우선 추진함으로써 전자정부 운영의 기틀을 마련하였다. 당시 정보화의 특징은 경제성장 등 국가성장 전략에 맞추어져 있었다.

2) 전자정부 1.0

전자정부의 개념이 처음 등장한 1990년대 후반부터 2002년까지로 김대중 정부(국민의 정부) 시대이다. 이 기간 동안 행정전산망 및 초고속정보통신 기반이 구축되었고, 정부 내의 행정업무를 전산화하였다. 이때 설치된 '전자정부특별위원회'는 보다 종합적이고 체계적인 전자정부를 구현하는 데 큰 역할을 하였다. 전자정부 1세대에서는 기본적으로 효과성과 능률성 이념을 토대로 생산성을 극대화하기 위한 전자정부를 목표로 하였고, 정부통합 전자조달 시스템 구축사업, 행정의 생산성 제고 사업 등 일방향적인 서비스를 제공하는 데 중점을 두었다.

이 시기에 전자정부를 실현할 수 있는 여러 가지 시스템이 개발되어 정부와 기업에서 활용됨으로써 효율성을 크게 향상시켰다. IRM(information resource management)은 전사적 품질경영으로서 제품 및 서비스의 품질을 향상시켜 경쟁에서 우위를 가질 수 있게 하였다. G4C(Government for Citizen)는 '시민을 위한 정부'라는 의미로 행정안전부가 행정기관이 보유한 4,000여 종의 민원사무에 대한 안내, 400여 종의 민원 신청, 30여 종의 민원에 대한 열람 서비스를 제공하는 서비스로서 능률성을 크게 진작시켰다. BRP(business process reengineering)는 비용, 품질, 서비스, 속도와 같은 부분에서 극적인 성과를 이루기 위해 기업 업무 프로세스를 재설계하는 것이다. ERP(enterprise resource planning)는 기업 전체를 경영자원의 효과적 이용이라는 관점에서 통합적으로 관리하고 경영을 효율화하기 위한 수단으로서 모두 효율성을 목표로 하고 있다. G2B(government to business, 전자조달시스템), G2C(government to consumer), 지원금, 세금 환불 등을 위한 전자 시스템)은 인터넷을 활용한 전자상거래 제도이다.

3) 전자정부 2.0

2003년부터 2012년까지의 시기이다. 이 시기에 대중화된 인터넷을 통하여 국민이 정부의 정보와 서비스를 활용하는 단계로서, 참여 · 공유 · 개방 등의 가치를 표방하는 전자정부로 이전에 비해 한 단계 발전되었다고 할 수 있다. 웹(web)에 대한 기술의 발달로 활발한 참여가 가능한 형태의 서비스를 제공할 수 있었다. 특히 온라인 전자 금융거래에 대한 전자서명 기술이 적용되어 대중화되었다.

이 시기에는 노무현 정부(참여정부)의 출범과 함께 혁신과 참여의 가치가 중시되었고, 대국민서비스 측면에서 온라인 국민 참여 및 행정정보 공유의 확대, 고용·취업, 복지, 무역 등의 분야에 있어서 전자적인 서비스를 제공하기 시작하였다. 정부 내부적으로는 전자문서, 전자유통, 업무관리 등 행정업무를 전자적으로 처리하기 위한 체계를 마련하고, 재정, 인사, 형사사법 등에서 투명한 정부의 구현을 지향하였다.

4) 전자정부 3.0

최근에 나타난 전자정부 3.0은 앞의 전자정부 발전 단계에서 더 나아가서 신뢰성과 성찰성의 이념에 기반하고 있다. 전자정부 3.0의 특징으로는 참여·소통을 토대로 국민의 측면에서 삶의 질 개선, 다양성과 시민 주권의 가치가 고양되는 인간 중심의 사회 실현을 들 수 있다. 전자정부 3.0은 정부, 서비스, 빅데이터 측면에서는 다음과 같은 특징을 가진다.

- 정부 측면에서는 칸막이 제거, 협업, 공생발전, 안전한 국가, 정부 효율성, 투명성, 사전 예측적 정부가 강조된다.
- 서비스 측면에서는 정보의 공유·개방, 지능화, 선제적 서비스가 강조된다.

표 3-1 정부 1.0, 2.0, 3.0 비교

구분	정부 1.0	정부 2.0	정부 3.0
운영방향	정부 중심	국민 중심	국민 개개인 중심
핵심가치	효율성	민주성	확장된 민주성
참여	관 주도·동원 방식	제한된 공개·참여	능동적 공개·참여 개방·공유·소통·협력
행정서비스	일방향 제공	양방향 제공	양방향·맞춤형 제공
수단(채널)	직접 방문	인터넷	무선 인터넷 스마트 모바일 SNS

자료: 오석홍(2016).

- 빅데이터 측면에서는 급속히 발전하는 스마트기술과 빅데이터를 통한 체계적인 지식관리가 가능할 것으로 예측되며, 전자정부 2.0의 쌍방향적 형식에서 한 단계 발전한 개인 맞춤형 서비스도 제공할 수 있을 것으로 전망된다.

제3절 디지털시대의 디지털정부

1 디지털 대전환

디지털 대전환은 인공지능(AI), 사물인터넷(IoT), 클라우드 컴퓨팅(cloud computing), 빅데이터(big data), 모바일(mobile), 애플리케이션, 드론 등 최첨단 정보통신기술이 산업 및 생산구조뿐만 아니라 사회 전반에 융합되어 나타나는 혁신적 변화를 의미한다. 디지털 대전환은 초연결(hyper-connectivity), 초지능(hyper-intelligence), 초융합(hyper-convergence)으로 대표되는 제4차 산업혁명과 밀접히 관련되기 때문에, 이들 특성은 디지털 대전환의 특성으로 이해된다(〈표 3-2〉 참조).

이 같은 지능정보기술의 발전은 경제, 사회, 행정 등 제반영역에 주요한 영향을 미치는 동인이다. 사회 제반 분야와 산업 간의 경계가 흐릿해지고 융합되는 현상이 일어나고 있다. 정부 및 공공서비스 분야에서도 디지털화가 가속화되면서 정부 구조와 공공서비스의 모델에도 큰 변화가 일어나고 있다.

표 3-2 디지털 대전환의 주요 특징

구분	내용
초연결(hyper-connectivity)	사람과 사물 간의 상호연결성 확장을 바탕으로 실시간 데이터 공유가 질적·양적으로 확대됨
초지능(super-intelligence)	인간의 능력을 뛰어넘는 학습, 추론, 지각, 자기개발 등이 가능한 인공지능 등을 통해 최적의 의사결정이 이루어짐
초융합(hyper-convergence)	사람, 사물, 데이터 등의 조화로운 바탕으로 이종 기술과 산업 간의 결합을 통해 새로운 융합산업이 출현함

자료: 주효진 외(2022).

2 디지털 기술과 공공서비스의 융합

정보통신기술 기반의 디지털 기술이 발전하면서 사회, 경제, 문화, 공공부문 등 사회 전체에 전방위적인 변화를 가져오고 있다. 특히 공공부문에서는 전자정부에서 인공지능(AI), 빅데이터, 사물인터넷, 클라우딩 컴퓨팅 등 새로운 디지털 기술을 활용하여 공공서비스를 제공하는 '지능형 전자정부'로 발전하고 있다.

각국은 이러한 변화에 따라 공공서비스와 정부 혁신을 추진하고 있다. 미국은 트럼프(Donald Trump) 정부가 출범한 2017년 연방정부의 정보기술 이용 비전, 전략 및 방향을 조정하고 정보기술정책에 대한 대통령 자문을 목적으로 '미국기술위원회(American Technology Council: ACT)'를 출범시켰다. ACT는 연방정부의 디지털 서비스 혁신을 주도하며, 인공지능을 활용한 공공서비스 혁신과 관련된 다양한 시범사업을 추진하고 있다. 영국은 정부변화전략(Government Transformation Strategy 2017 to 2020)을 수립하고, 세계 최고 수준의 디지털 서비스 제공을 목표로 다양한 사업을 추진하고 있다. 일본은 '세계 최첨단 IT국가 창조선언'을 국가 주요 전략으로 삼고 추진하고 있다.

우리나라의 경우, 윤석열 정부에서는 전자정부(e-government)를 넘어서 디지털 기술과 플랫폼 전략을 접목한 '디지털 플랫폼 정부(digital platform government)'를 추진하고 있다. 디지털 플랫폼 정부는 "모든 공공기관의 시스템을 연계하여 정부와 민간이 데이터로 협업하는 디지털 플랫폼을 구축하는 것을 목표"로 하는 것으로 전자정부에서 한 단계 더 발전된 거버넌스 형태이다.

3 디지털정부

디지털 대전환시대에 사회 제반영역의 큰 변화와 함께 정부의 사회문제 해결 및 서비스 제공방식에도 혁신적 변화가 요구된다. 디지털 대전환시대에서는 정부가 직접 개입하여 사회문제를 해결하는 전통적 방식이나 독점적 공급자 입장에서 공공서비스의 창출 및 제공에는 일정한 한계가 존재할 수밖에 없다. 이러한 한계를 극복하기 위해서는 정부가 다양한 주체와 소통, 협업, 공유를 통한 확대된 참여를 중심으로 기능 및 역할의 변화가 요구되고 있다.

고령화, 디지털 대전환 등의 메가트렌드로 인한 사회의 지형변화를 반영하여 경제

그림 3-1 기술발전에 따른 정부 변화

아날로그정부 (Analogue Government)	전자정부 (E-Government)	디지털정부 (Digital Government)
• 정부 사일로(silo) • 정부 중심 • 비용절감, 효율성, 생산성 중시	• 투명성 확대 • 사용자 중심 • 서비스 개선을 위한 사용자 요구 예측	• 개방성 확대 • 사용자 주도 접근 • 가치창출을 위한 디지털 전환 촉진

자료: 주효진 외(2022).

협력개발기구(OECD)는 2019년 기존의 전자정부(e-government)에서 디지털정부(digital government)로의 거버넌스 전환 필요성을 주장했다. 전자정부 이전의 아날로그정부(analogue government)에서는 정보가 공유되지 않고, 각 시스템에 격리되어 다른 체제와의 정보 호환적 운영에 제약이 존재하였다. 이후 전자정부는 정보통신기술을 기반으로 원활한 정보공유, 투명한 정보공개 등을 통해 사용자 요구에 부합하는 공공서비스 개선에 주력하였다.

디지털정부는 인공지능(AI), 사물인터넷(IoT) 등의 신기술을 사용해 사용자가 직접 주도적으로 공공서비스에 접근하고 다양한 공공가치를 창출하며, 플랫폼 및 네트워크 조직의 고도화를 추진한다. 디지털정부는 사회구성원이 신기술에 따른 혁신적 변화를 충분히 수용할 수 있도록 다양한 이해관계자가 상호 주도하는 협력적 거버넌스를 구축함으로써 갈등을 조정하고 안전한 신기술 기반 사회를 구현하기 위해 노력한다.

4 인공지능과 지능정부

인공지능(artificial intelligence)은 사고나 학습 등 인간이 가진 지적 능력을 컴퓨터를 통해 구현하는 기술이다. 인공지능은 개념적으로 '강 인공지능(strong AI)'과 '약 인공지능(weak AI)'으로 구분할 수 있다. '강 인공지능'은 사람처럼 자유로운 사고가 가능한 자아를 지닌 인공지능을 말한다. '약 인공지능'은 자의식이 없는 인공지능으로서 주로 특정 분야에 특화된 형태로 개발되어 인간의 한계를 보완하고 생산성을 높이기 위해 활용된다. 현재까지 개발된 인공지능은 모두 '약 인공지능'에 속하며 자아를 가진 '강 인공지능'은 아직 등장하지 않았다.

인공지능기술의 발전으로 기존의 전자정부를 넘어 '지능정부(intelligent government)'라는 새로운 정부의 출현이 전망되고 있다. 전자정부와 지능정부의 가장 큰 차이는 의사결정에서 인간의 능력이 최소화된다는 것이다. 지능정부는 사이버 공간에 축적된 많은 양의 지식과 지능을 현실 공간에 적용하는 것을 말한다. 사이버 공간에 축적된 데이터를 토대로 각종 AI를 개발한 후 이를 현실공간으로 옮기는 것이 목표이다.

이것이 실현되면 많은 도시운영, 시설물관리 등의 업무가 무인화되며, AI를 통해 사이버공간에 존재하는 각종 데이터와 알고리즘이 현실 세계의 모든 곳에 내재화될 것으로 보인다. 지능정부는 정책지능, 정부봇(GovBot) 등의 형태로 발현될 전망이다.

제4절 디지털 플랫폼 정부

1 의의

디지털 플랫폼 정부(government as a platform)는 윤석열 정부의 핵심 국정과제의 하나로 추진하고 있다. 디지털 플랫폼 정부는 "모든 데이터가 연결되는 디지털 플랫폼 위에서 국민, 기업, 정부가 함께 사회문제를 해결하고, 새로운 가치를 창출하는 정부"로 정의하고 있다. 디지털 플랫폼 정부는 민간의 플랫폼 비즈니스 모델의 성공을 정부 및 공공분야에 적용하여 정부 및 공공서비스의 새로운 혁신을 꾀하는 것이다.

디지털 플랫폼 정부는 웹사이트를 연결하는 플랫폼인 구글, 상품 거래를 연결하는 플랫폼인 아마존, 콘텐츠 창작물을 연결하는 플랫폼인 유튜브, 소셜 네트워킹 플랫폼인 페이스북처럼, 정부의 역할을 국민과 정부서비스, 나아가 국민과 정부를 연결하는 플랫폼으로 변화를 추구한다.

2 디지털 플랫폼 정부 모델

1) 플랫폼 비즈니스 모델

전통적인 파이프라인(pipeline) 방식의 비즈니스는 제품을 생산하고 서비스를 제공하는 기업이 생산, 공급, 유통, 판매 등 가치사슬(chain of values)의 전 과정을 담당한다. 공급기업 중심의 특징으로서 기업의 투자 대비 수익 극대화에 초점이 맞추어져 있다. 이에 비해 플랫폼(platform) 비즈니스 모델은 판매자와 소비자가 재화, 서비스를 교환・창출하는 플랫폼을 통해 수익을 창출하는 구조이다.

플랫폼 기업은 판매자와 소비자 간 거래 또는 관계에서 수익을 창출하기 때문에 더 많은 판매자와 소비자를 플랫폼에 참여시키는 데 집중한다. 예컨대, 유튜브의 동영상 플랫폼을 제공하는 기업은 개인이 창작한 콘텐츠의 구독자와 조회수가 증가하는 만큼 수익을 더 얻을 수 있기 때문에 더 많은 참여자를 모으는 데 힘을 쏟는다. 이것은 플랫폼을 중심으로 한 '생태계(ecosystem)'를 활성화한다는 의미이다.

플랫폼 기업에게는 더 좋은 상품과 서비스가 플랫폼 서비스이며, 이를 위해서 다른 플랫폼 기업과 차별화되는 디지털 기술, 안정적인 디지털 인프라, 참여자를 위한 UX(user experience), 다양한 참여 인센티브 등을 개발한다.

2) 전자정부에서 디지털 플랫폼 정부로 전환

전통적인 정부서비스 방식은 정부가 직접 서비스를 설계, 기획하고 계약을 통해 서비스(시스템)를 개발해 제공하는 방식이다. 전통적인 방식은 파이프라인 방식의 가치사슬 모델과 유사한 공급자(정부) 중심의 서비스 체계를 가지고 있다. 정부가 필요한 정부서비스를 기획하고 발주를 통해 해당 서비스를 개발하고, 국민은 정부에서 제공하는 서비스를 일방적으로 이용하는 일방향 프로세스의 특징을 보여준다.

전자정부는 공급자 중심의 '신청주의' 성격을 띠고 있다. 따라서 비신청의 이유로 대상자가 서비스에 대해서 인지하지 못하거나 신청 절차 및 선정 과정의 복잡성 등으로 행정의 사각지대가 발생할 가능성이 크다. 특히 복지서비스에서 대상자 미신청 및 공급자 오류・과실 등 자동화되지 않은 행정이 복지 사각지대 발생의 주요 원인이 되고 있다. 이에 비해 디지털 플랫폼 정부는 다음과 같은 특징을 지닌다.

① 개인 맞춤형 서비스

정부가 보유하고 있는 국민 데이터, 각종 행정 데이터와 플랫폼에서 발생하는 다양한 데이터를 통해 원하는 국민을 대상으로 개인 맞춤형 대국민 서비스가 가능하다. 국민이 찾아서 신청하던 방식에서 탈피하여 정부가 개인이 수혜 가능한 정부서비스를 제안하고 확인받는 프로세스가 가능하다.

② 공공서비스의 확장

플랫폼 공급자로서 정부는 필수적인 디지털 인프라를 구축해 제공하고, 플랫폼 생태계 활성화를 위해 민간의 참여를 장려하고 디지털 플랫폼이 잘 작동할 수 있는 규칙을 설정한다. 정부는 민간이 디지털 플랫폼에 등록한 다양한 서비스를 활용하고 국민이 자유롭게 사용할 수 있도록 하는 촉매자 역할을 담당한다. 이러한 과정에서 정부서비스는 더욱 다양하고 혁신적인 방향으로 확장될 수 있다.

③ 대응성 제고

디지털 플랫폼 이용자의 데이터 분석을 통해 공공문제 해결이나 시민이 불편을 겪고 있는 민원사항에 대해 신속한 대응이 가능하다. 국민의 입장에서는 여러 부처로 분산되어 있던 정부서비스를 통합된 채널에서 제공받을 수 있기 때문에, 행정서비스에 대한 접근성과 편리성이 증대된다. 이런 장점으로 인해 디지털 서비스를 이용하는 국민은 민간 플랫폼 서비스 수준의 혁신적인 정부서비스를 기대할 수 있다.

④ 객관적 정책결정

이용자의 데이터 분석을 통해 정책결정에 객관적인 근거자료를 제공할 수 있기 때문에, 정책결정을 데이터와 인공지능에 기반한 객관적이고 과학적인 의사결정 방식으로 전환이 가능해진다.

3) 디지털 플랫폼 정부 참여자 역할

디지털 플랫폼 정부의 활성화를 위한 정부, 기업, 국민의 역할은 다음과 같다.

① 정부

정부는 디지털 플랫폼의 공급자로서 디지털 플랫폼을 구축·운영·제공하고, 플랫폼 운영방식에 대한 조정·결정을 통해 플랫폼 생태계(platform ecosystem)를 활성화한다.

② 기업

기업 및 개발자는 정부에서 제공하는 API(application programming interface),[2] SDK(software development kit),[3] 클라우드(cloud), 공공데이터 등을 활용하여 정부서비스를 제안 · 개발 · 공급 · 혁신하는 역할을 수행한다.

③ 국민

국민은 서비스의 수혜자이자 데이터 및 의견 제공을 통한 디지털 플랫폼 정부 참여자로서 디지털 플랫폼 기능 강화에 참여한다.

④ 가치

국민 편익, 정부 행정 효율화, 민간 혁신 등 국민, 정부, 민간 모두에게 가치가 발생하며, 운영상 수집되는 데이터는 가치화된다.

제5절 디지털시대의 미래정부

1 미래정부 모델

디지털시대의 지능정보기술의 발전은 사회 제반영역에 큰 영향을 미치며, 일하는 방식과 서비스 제공에서 혁신적 변화를 유발하고 있다. 공공분야에서 정부조직 운영과 공공서비스 제공방식에도 큰 변화를 요구하고 있다. 디지털화, 지능화가 가속되면서 정부의 운영방식과 서비스 제공도 이에 상응해서 변화할 것으로 예측된다.

2) API는 정의 및 프로토콜 집합을 사용하여 두 소프트웨어 구성요소가 서로 통신할 수 있게 하는 메커니즘이다. 예를 들어, 기상청의 소프트웨어 시스템상의 일일 기상 데이터를 휴대폰의 날씨 앱은 API를 통해 이 시스템과 '대화'하여 휴대폰에 매일 최신 날씨 정보를 표시한다.

3) SDK(소프트웨어 개발 키트)는 하드웨어 플랫폼, 운영 체제(OS) 또는 프로그래밍 언어 제작사가 제공하는 일련의 툴이다. 소프트웨어 개발자는 SDK를 활용하여 특정 플랫폼, 시스템 또는 프로그래밍 언어에 따라 애플리케이션을 개발할 수 있다.

세계 저명인사들의 경제토론 국제민간회의 기구인 세계경제포럼(World Economic Forum: WEF)은 2011년 발표한 보고서(The Future of Government: Lessons learned from around the World)에서 미래정부가 지향해야 할 특징으로 네 가지를 제시했다. 이들 특징을 축약해서 "FAST 정부"로 명명하고 있다.

- 수평적 형태의 조직에 기반한 조직 간 협력 및 시민참여 지향(수평적 정부, Flat)
- 신속한 대응역량(민첩한 정부, Agile)
- 행정서비스의 간소화 및 효율화(간결한 정부, Streamlined)
- 다양한 최신 기술을 적극 활용(기술기반 정부, Tech-enabled)

디지털기술이 더욱 고도화해 인공지능기술을 활용한 공공서비스 제공이 보편화할 미래정부의 조직구조는 중앙집권형에서 위임분권형으로 전환되고, 수직적 피라미드형, 개인과 조직의 경쟁 등을 중시하던 관점에서 벗어나 수평적 네트워크형, 집단지성과 조직의 협력 등이 중시되어야 한다.

디지털정부에서는 아날로그정부에서 부처 간의 경계가 뚜렷한 실선으로 구획된 수목형에서 부처나 부서의 경계가 점선으로 구획된 리좀(rhizome)형[4]의 유연한 조직구조로 재설계되어야 한다. 리좀 모델의 디지털 플랫폼 정부의 조직 구조는 금융, 에너지, 복지 등 주요 기능 및 역할을 중심으로 플랫폼을 구축하고, 플랫폼 간의 연계에 기반한 협력적 네트워크를 바탕으로 국민에게 원활한 공공서비스 제공 및 지원이 가능할 것으로 예상된다.

조직문화의 경우, 외재적 동기와 물질적 보상 중심에서 내재적 동기와 정신적 보상 중심으로 전환이 일어날 것이다. 직무수행방식은 관리자 주도의 지시 및 통제에서 실무자 중심의 권한 및 위임에 의한 자율실행으로 변화가 일어난다.

2 디지털정부 과제

고도로 발달한 인공지능기술을 활용하는 디지털정부는 신기술 혜택에 대한 세대,

4) 리좀은 원래 가지가 흙에 닿아서 뿌리로 변해 수평으로 뻗어나가는 뿌리줄기를 지칭한다. 수목형은 뿌리와 가지와 잎이 위계를 가지며 기존의 수립된 계층적 질서를 쉽게 바꿀 수 없다. 리좀은 뿌리가 내려 있지 않은 지역이라도 번져나갈 수 있는 번짐과 엉킴의 형상을 지지한다.

계층 등의 불균형 및 양극화가 발생하거나 악화되지 않도록 '디지털 포용(digital inclusion)'을 위한 정책이 시행되어야 한다. 정책의 기획 단계에서부터 사람을 중심에 두는 기본원칙을 지키면서 궁극적으로 국민의 삶의 질이 향상되도록 해야 한다.

디지털정부는 기존 아날로그정부의 일방적 · 폐쇄적 · 독점적 위상에서 탈피하여 쌍방향적 · 개방적 참여, 협업 및 조정 · 촉진자로서의 위상을 확립해야 한다. 이를 위해 기업, 시민사회 등 외부역량의 적극적인 참여 및 활용이 요구되고, 조직구조뿐만 아니라 조직구성원에 대한 상시적 진단 및 처방을 바탕으로 변화하는 환경에 대한 적응성을 제고해야 한다.

정부 운영방식에 있어서 신속성, 개방성 등을 요구하는 디지털시대에 부합하는 조직으로 변화가 이루어져야 한다. 이를 위해 관료제에 기초한 위계적 칸막이식 문화에서 탈피하여 부처별 경계를 '리좀'으로 전환할 필요가 있다.

제4장 조직이론

제1절 조직의 의의

1 들어가는 말

행정학의 가장 기본이 되고 뼈대를 구성하는 이론의 하나가 조직이론이다. 행정의 목적을 달성하기 위해서는 행정을 담당하는 사람들이 모여서 업무를 분담·수행하며, 자신의 업무수행에 필요한 권한을 부여하고, 지원을 해주는 '조직'이라는 틀이 필요하다.

조직이론은 조직에 관한 이론이 어떻게 발전되어 왔으며, 어떤 유형의 조직이 있고, 어떻게 조직구조가 형성되며, 조직관리는 어떻게 이루어지며, 조직구성원의 동기부여는 어떻게 이루어지며, 조직 내의 의사결정은 어떤 과정을 거쳐 형성되고, 조직의 목표달성을 위해 리더는 어떤 리더십을 발휘하며, 조직 내 갈등은 어떻게 조정되는지를 주로 다루고 있다. 이처럼 조직이론이 다루고 있는 주제는 매우 다양하고 그 범위가 아주 넓다.

행정학에서 다루는 조직이론은 대부분 민간부문의 기업경영에서 발전한 이론을 공공조직에 수용한 것이다. 행정학 고유의 조직이론이라 할 수 있는 것은 거의 없다시피 하고, 조직 일반에 대한 이론이나 기업조직에서 효율성을 극대화를 위해 발전시킨 이론을 행정의 특성에 맞게 발전시킨 것이 대부분이다.

2 조직의 개념

현대인은 조직을 떠나서는 살아갈 수 없다. 현대사회는 헤아리기 어려울 만큼 수많은 조직으로 이루어져 있고, 현대인은 그 조직 속에서 일상을 살아가고 있다. 절해고도에서 고립된 채 혼자 살아가지 않은 한 인간은 태어날 때부터 죽을 때까지 한시라도 조직을 떠나서 살 수가 없다. 수많은 조직관계로 얽힌 현대사회를 '조직사회라'하고, 그 조직관계 속에서 살아가는 현대인을 '조직인'이라 부른다.

조직(organization)은 '공동의 목적을 달성하기 위해 두 사람 이상이 의식적으로 모인 사회적 단위'로 정의할 수 있다. 조직은 어느 정도 공식화된 분화와 통합의 구조 및 과정과 규범을 가지고 있다. 조직은 경계를 가지고 있고, 경계 밖의 환경과 상호작용을 한다. 여기서 다루고 있는 현대조직은 대규모이고 구성이 복잡한 조직이다.

1) 목적성

조직은 존재 이유인 달성하고자 하는 목표 내지 존재하는 목적을 가지고 있다. 동문회, 동호회, 친목 단체, 연구단체, 회사, 공공기관 등 어떤 조직도 목적이 없는 조직은 없다. 그러기 때문에 특정한 목적이 없이 일시적으로 여러 사람이 모였다고 해서 조직이라고 할 수 없다. 대규모 조직이 추구하는 목표는 대개 복수이며, 그 종류도 여러 가지이다.

2) 분업체제

조직의 각 부문은 전문성에 따라 분업을 통해 업무를 수행하며, 조직은 이들이 상호의존하면서 상호작용을 하는 분업체제이다.

3) 구조와 과정

조직구조는 업무 분화, 규칙, 권한 관계의 공식적인 체제를 말한다. 조직에는 각 부분에 업무를 분화하고, 분화된 업무를 조직의 목표를 위해 통합하는 공식적인 구조와 과정이 있다.

4) 사회체제

조직은 사회라는 거대한 체제의 하위체제로서 사회적 환경 속에서 존재하고, 여러 하위체제를 가지고 있다. 글로벌기업 삼성은 세계의 정치 · 경제적 환경과 한국 사회라는 환경 속에서 존재한다. 조직에는 경계가 있어 조직과 조직을 둘러싼 환경을 구별해준다.

5) 지속성

조직은 목표달성기능, 적응기능, 형상유지기능, 통합기능을 수행하며, 비교적 장기간 존속하는 지속성을 가지고 있다.

6) 동태성

조직은 환경과 상호작용하면서 시간 선상에서 움직여가는 동태적 현상이다.

3 조직의 유형

사회에 존재하는 수많은 조직을 어떤 기준에 따라 유형화할 것인가에 대한 문제는 현대조직에 대한 비교연구가 활발하게 진행되었던 1960년대 후 본격화되었다. 조직의 유형화는 조직현상의 핵심을 이루는 변수들을 밝히고, 그 변수에 대한 체계적 비교연구를 하는 데 목적이 있다. 조직을 유형화하여 분류하는 기준과 변수는 다양하다. 조직목표, 조직구조, 영리성 여부, 조직기능에 의한 분류 등이 있다. 조직구조를 기준으로 하는 분류는 아래 조직구조를 설명하는 부분에서 설명한다. 여기서는 초기의 현대조직 연구자들이 시도했던 고전적 분류라 할 수 있는 몇 가지 조직유형을 소개한다.

1) 파슨스의 기능에 의한 분류

파슨스(T. Parsons, 1960)는 조직을 사회적 기능(AGIL)에 따라 분류하고 있다. 파슨스의 조직 분류는 사회 내 존재하는 제도나 조직은 사회의 유지와 존속을 위해 필요한 기능을 수행한다는 구조기능주의 입장에 바탕을 두고 있다. 그는 조직의 사회적 기능을 ① 적응(adaptation), ② 목표달성(goal attainment), ③ 통합(integration), ④ 유형유지(latent pattern maintenance)로 분류하고, 이러한 기능들은 각각 경제조직, 정치조직, 통합조직, 유형유지 조직에 의해 수행된다고 설명한다.

카츠(D. Katz)와 칸(R. Kahn)도 사회적 기능에 따라 조직을 유형화하였다. 적응적 기능을 가진 경제조직은 회사, 공기업 등이 해당하고, 목표달성 기능을 가진 정치조직은 행정기관 및 권력을 배분하는 조직이다. 통합기능을 수행하는 통합조직은 사법기관, 경찰서, 정신병원 등의 조직이고, 잠재적 유형 유지 기능을 가진 조직은 학교, 교회 등의 문화적 기관이 해당한다.

2) 블라우와 스콧의 참여자에 의한 분류

블라우와 스콧(P. Blau & W. Scott, 1962)은 조직 참여자를 수혜자를 중심으로 구분하고, 다음의 네 가지로 조직을 분류하였다.

① 호혜적 조직

조직의 일반구성원이 주요 수혜자가 되는 조직으로서 정당, 노동조합, 전문직업집단, 클럽, 재향군인회, 종교집단 등이 여기에 속한다.

② 사업조직

소유자 또는 관리자가 주요 수혜자가 되는 조직으로서 산업공장, 은행, 보험회사 등 이윤 추구를 위해 운영되는 사기업 등이 이에 속한다.

③ 서비스 조직

조직과 접촉하고 있는 고객이 주요 수혜자로서 사회사업 조직, 병원, 학교, 법률상담소, 정신병원 등이 해당한다.

④ 공중조직

일반 공중이 주요 수혜자가 되는 조직으로서 관청, 경찰서, 소방서 등이 해당한다.

3) 에치오니의 복종에 의한 분류

에치오니(A. Etzioni)는 복종(compliance)을 기준으로 조직의 유형을 분류하였다. 조직 내 상급자가 어떠한 방법(권력)으로 하급자를 통제하며, 하급자는 그 통제에 대하여 어떤 태도(관여)를 가지느냐에 따라 강제적 조직, 공리적 조직, 규범적 조직으로 분류하였다.

① 강제적 조직(coercive organization)

강제를 주된 수단으로 하며, 조직구성원들이 고도의 소외감을 느끼는 조직이다. 강제수용소, 교도소, 정신병원 등이 이에 해당한다.

② 공리적 조직(utilitarian organization)

보수를 주요 통제수단으로 하며, 조직구성원들이 타산적 이해관계에 따라 관여하는 조직이다. 사기업, 경제단체, 농민단체 등이 이에 해당한다.

③ **규범적 조직**(normative organization)

규범을 주요 통제 수단으로 하며, 조직구성원들이 조직에 대하여 높은 일체감을 갖는 조직이다. 종교조직, 이데올로기적 정치조직, 일반종합병원, 대학 등이 여기에 속한다.

제2절 조직이론의 변천

1 의의

조직이론은 구조, 인간, 집단, 행태, 권력, 환경과의 관계 등 조직을 구성하고 있는 주요 변수 중 어느 요소에 초점을 두고 조직을 설명하는가에 관한 것이다. 조직이론의 변천은 ① 고전이론(classical theory), ② 신고전이론(neoclassical theory), ③ 현대이론(modern theory), ④ 미래 조직(future organization)으로 분류한 왈도(D. Waldo)에 따라 설명할 수 있다.

1887년 윌슨(W. Wilson)의 「행정의 연구(The Study of Administration)」에서부터 테일러(F. Taylor)의 과학적 관리법이 성장한 1930년대까지 시기를 고전이론, 호손 연구를 통해 조직 내 인간관계를 중시한 1940년대까지 이론을 신고전이론으로 분류했다.

현대이론으로서는 ① 사이먼(H. A. Simon)과 마치(J. March)의 행정과정을 하나의 의사결정 과정으로 보는 의사결정모형, ② 조직을 하나의 체제로 보고 조직을 전체 사회와 기능적으로 연계되었다고 보며, 체제의 유지, 변화에 초점을 두는 에치오니(A. Etzioni), 파슨스(T. Parsons)의 체제이론이 있다.

미래조직은 현대조직은 미래사회의 다양한 환경변화에 적응하기 어렵다는 가정하에서 제시된다. 갤브레이스(J. Gallbarith) 등이 제시한 학습조직, 가상조직, 유기조직 등이 이에 해당한다.

조직이론 중 상당 부분은 행정학의 발달과 변천의 역사와 겹친다. 그만큼 행정학에서 조직이론의 비중이 크고, 초기 행정학의 발달은 조직이론의 발전과 함께 해왔다고 할 수 있다. 여기서는 행정학 발달에서 설명한 고전적, 신고전적 이론과 현대이론은 간단히 설명하고, 현대이론 중 설명되지 않은 부분에 중점을 두고자 한다.

2 고전적 조직이론(과학적 관리법)

과학적 관리법은 조직이론의 출발점이라 할 수 있다. 과학적 관리는 테일러(F. Taylor)의 과학적 관리법(scientific management)을 비롯해 조직관리를 과학적으로 하여 생산성을 증대시키는 일련의 연구를 의미한다. 베버의 관료제 연구, 베버리안 학파(Weberian School)와 어윅(L. Urwick), 무니(J. Mooney), 페이욜(H. Fayol), 귤릭(L. Gulick) 등 행정관리의 원리를 연구한 행정관리학파 이론이 여기에 해당한다.

산업혁명에 이어 자본주의 경제체제가 본격적으로 발전하면서 대량생산체제로 전환되고, 그 결과 조직과 인력도 급속도로 팽창하게 되면서 대규모 조직을 효율적으로 관리할 필요성이 대두되었다. 이러한 배경 하에서 테일러는 작업시간에 대한 '시간 및 동작연구(time and motion study)'를 통해 생산을 위한 최적의 표준시간과 표준동작을 연구했다.

과학적 관리론은 능률과 조직의 공식구조를 강조하고, 분업을 통한 노동의 생산성 증대를 강조하였다. 과학적 관리론은 X이론적 인간관을 주장한다. 즉, 인간은 본래 게으르고 나태하기 때문에 경제적 자극을 주어 생산성을 향상시켜야 한다고 주장했다. 과학적 관리론은 생산성을 증대시킬 수 있는 구체적 과학적 관리방법 제시, 동기유발을 위한 경제적 유인 사용, 조직 연구의 과학적 방법 적용 등 조직연구에 획기적인 기여를 했다는 평가를 받는다.

그러나 인간을 단순히 경제적 목적을 추구하는 기계적·합리적·비인간적 도구로 취급하고 있다는 비판을 받는다. 또한 여러 가지 조직에 영향을 미치는 변수 중 아주 한정적인 요인만으로 조직현상에 접근했다는 비판을 받는다.

3 신고전이론(인간관계론)

신고전이론 또는 인간관계론은 조직 내의 인간관계에 중점을 두는 이론이다. 조직구조가 복잡 다양한 대규모 조직이 출현하고, 여러 가지 노사문제, 실업문제 등이 발생하면서 능률성에 초점을 두는 고전적 조직이론은 비판을 받게 되었다.

인간은 단순히 경제적 목적만을 추구하는 것이 아니며, 조직 속의 인간은 정서적이며, 복잡한 사고의 존재로서 생산성 증대를 위해서는 인간의 감정과 사회적 관심에 주의를 기울여야 한다고 주장한다. 메이요(E. Mayo), 뢰슬리스버그(F. Roethlisberger), 화이트헤드(W. Whitehead)의 호손 연구(Hawthoronne Study, 1927~1932)를 통해 발전되었다. 인간관계론은 이후 행태주의, 개방 체제이론에 영향을 미쳤다. 신고전이론의 특징은 다음과 같다.

- 조직 내의 사회적 능률이 강조되고, 조직 참여자들의 주관적 만족도가 중시되며, 조직 내 비공식 관계를 중시한다.
- 조직원의 동기부여와 만족도에 영향을 미치는 중요한 요인으로 비경제적 보상과 제재를 중요시한다.
- 조직 내 인간은 집단의 구성원으로 행동하거나 반응하며, 비공식집단을 중심으로 사기가 형성된다.
- 원활한 의사소통, 민주적 리더십, 참여 확대에 의한 심리적 욕구충족 등이 능률 향상에 도움이 된다.

4 현대이론

현대이론은 조직을 개방체제라는 시각에서 출발한다. 조직과 조직의 환경과 상호작용을 강조하는 개방체제이론과 상황적합이론의 발전은 현재 조직이론에 중대한 영향을 미쳤다. 현대이론에는 조직경제학, 소직군 생태이론, 자원의존이론, 제도화이론, 혼돈이론 등이 있다.

1) 체제이론

① 의의

전통적인 조직이론이 조직을 운영하는 데 있어서 합리적이고 능률적인 방법이 있고 모든 상황에 적용되는 공통의 원리가 있다고 보는 데 비해, 체제이론은 상황적인 분석틀을 강조한다. 체제이론은 연구 대상이나 관리 및 문제를 체제(system)라는 분석의 틀로 접근하는 연구방법이다. 조직론에서 체제이론은 조직현상은 전체 사회에 기능적으로 연관된 하나의 체제라고 보며, 체제의 유지, 변화에 관심을 두는 이론이다.

체제는 구성요소 또는 변수가 상호의존적이고 상호 관련 속에서 일정한 질서와 통일을 유지하며 환경과 끊임없이 영향을 주고받는 실체(entity) 내지는 전체를 말한다. 행정연구에서 체제론은 행정현상을 사회 전체의 한 부분으로 보고 환경과의 관계 속에서 행정의 본질을 규명하려는 이론이다. 즉, 행정체제는 개방체제로서 환경으로부터 요구, 지지, 반대와 같은 투입을 받아 체제 내의 전환과정을 거쳐 정책, 행정개혁, 행정쇄신 같은 산출물을 환경에 내보내고 다시 환류과정을 거친다.

체제이론은 상호연관성, 계층성, 안정과 평화의 유지, 목표추구, 목표의 우선순위, 분화와 통합의 과정, 개방성을 특징으로 한다. 이러한 체제이론을 행정에 적용함으로써 행정현상을 동태적이고 기능적으로 파악하는 데 장점이 있다.

② 개방체제

개방체제는 환경과의 상호작용 속에서 투입(input), 전환(conversion), 산출(input), 환류(feedback)의 작용을 수행한다. 체제가 수행하는 기능은 다음과 같다.

가. 적응기능(adaptation)

환경으로부터 인적 · 물적 자원과 정보 · 자료를 획득하고, 이를 가공하여 배분하는 기능을 말한다.

나. 목표달성 기능(goal attainment)

체제가 추구하는 목표가 무엇인가를 설정하고, 이를 달성하기 위하여 환경으로부터 조달된 모든 자원을 체계화하고 활용함으로써 목표를 구체화하는 기능을 의미한다.

다. 통합기능(integration)

체제를 구성하는 여러 하위체제 및 구성요소의 활동을 조정 · 통합하는 기능을 의미한다.

라. 체제유지기능(pattern maintenance)

체제가 기본적인 유형을 유지하고, 자신의 가치와 규범을 계속적으로 창조 · 재생산해 가는 기능을 의미한다.

2) 상황이론

상황이론(contingency theory)은 관료제이론과 행정원리론에서 추구하는 보편적인 조직원리를 비판하면서 등장했다. 상황적 조직이론은 모든 조직에 적용되는 유일 · 최선의 조직구조나 관리방법은 없다고 보고, 효과적인 조직구조나 관리방법은 조직환경

등의 상황요인에 따라 달라진다고 주장한다. 이에 따라 '상황에 적합한(contingent)' 조직구조의 설계나 관리방법을 찾으려 한다. 상황적 조직이론의 특징은 다음과 같다.

- 극단론을 피하고 어떤 조직이든 각각의 상황에 따라 서로 다른 관리방식을 적용해야 한다는 입장이다.
- 기존의 이론에서 제기된 보편 · 일반 원리적인 이론을 부정하고, 상대적 입장을 취해 조직설계와 관리방식의 융통성을 꾀한다.
- 독립변수를 한정하고 상황적 조건들을 유형화해 중범위라는 제한된 수준 내의 일반성과 규칙성을 발견하고 문제에 대한 처방을 추구한다.

이러한 특징을 갖는 상황적 조직이론은 상황요인으로 조직의 규모, 기술, 환경, 전략을 중시하면서, 이들 상황요인과 조직구조 변수의 관계를 설명하고 특정 상황에 적합한 조직구조를 처방하고자 한다.

3) 대리인이론과 거래비용이론

대리인이론(agency theory)과 거래비용이론(transaction cost theory)은 경제학적 모형을 이용하여 조직현상을 설명하는 이론이다.

① **대리인이론**(agency theory)

주인과 대리인의 관계에 관한 경제학적 모형을 조직에 적용한 이론이다. 조직에서 주인(principal)-대리인(agent) 관계는 조직의 업무를 개인이나 다른 기관에 위탁한 경우에 발생하기도 하고, 고객과 조직의 관계에서 발생하기도 한다. 대리인이론은 다음의 사항을 전제로 한다.

- 주인과 대리인은 모두 이기적인 존재이다.
- 주인-대리인 간에는 정보의 비대칭성이 있다.
- 상황 조건의 불확실성이 있다. 이런 상황 때문에 대리인의 도덕적 해이와 주인의 역선택이 발생하고, 그 결과 대리손실이 발생한다. 조직은 대리손실을 줄이고 효율성을 높이기 위한 유인구조를 재설계하기 위해 노력해야 한다.

② **거래비용이론**(transaction cost theory)

조직과 조직구조의 존재 이유를 조직경제학적으로 설명한다. 시장실패는 시장을 통한 거래비용이 기업조직을 통한 관리비용보다 클 때 일어난다고 한다. 따라서 기업은 비용이 적게 드는 기능은 내부화하고, 타인이 이점을 가지고 있는 기능은 시장에 의존하게 된다. 거래비용은 거래 상대방이 기회주의적 행동을 할 것인가에 대한 탐색비용, 거래의 이행 및 감시비용을 포함한다. 이 이론을 행정에 적용하면 시장에서의 거래비용이 관료제의 조정비용보다 크면, 거래비용의 최소화를 위해 거래의 내부화(insourcing), 즉 행정이 직접 담당하는 것이 효율적이 된다.

4) 자원의존이론

자원의존이론(resource dependency theory)은 조직이 당면한 불확실성을 극복하기 위해서는 의사결정을 통해 필요한 자원을 획득해야 한다는 이론이다. 자원의존이론은 조직은 환경적 요인을 피동적으로 받아들이는 것이 아니라 필요한 자원을 획득해 나가야 한다고 주장한다. 이 이론은 조직을 스스로 이익을 위해 환경에 주도적·능동적으로 대처하며, 환경을 조직에 유리하도록 관리하려는 존재로 본다. 기존의 상황이론이 환경을 결정론적으로 인식하는 것에 비해, 자원의존이론은 조직의 환경에 대한 단순한 적응이 아니라 정책결정자의 환경에 대한 전략적 선택을 강조한다는 점에서 구별된다.

5) 조직군 생태이론

조직군 생태이론(population ecology theory)은 자연에서 환경에 적합한 종이 생존하는 것처럼 적소에 존재하는 조직들(조직군)이 생존하며, 조직의 번성과 쇠퇴가 조직의 환경변화에 의해 결정된다고 본다. 조직군 연구에 생물학의 적자생존론에서 영감을 얻은 것으로서, 새로운 조직 형태의 출현을 뜻하는 변이(variation), 환경에 적합하여 생존하게 됨을 뜻하는 선택(selection), 선택받은 조직 형태가 제도화되는 것을 의미하는 보존(retention)과 같은 개념을 사용한다. 이 이론은 존속·발전하는 조직과 소멸하는 조직유형에 대한 원인을 환경에 대한 적합도로 설명한다. 조직군의 연구에 생물학의 개념을 적용하기 때문에 '조직군 생태이론'이라 부른다.

6) 혼돈이론

혼돈이론(chaos theory)은 균형과 질서에만 집착하지 않고, 불규칙하고 무질서한 배후에 감추어져 있는 규칙성을 찾는 이론이다. 오늘날의 사회현상은 무질서, 불안정, 다양성, 비형평성, 비균형성의 특징을 갖는다. 혼돈이론에 의하면 모든 체제는 끊임없이 요동치는 종속적인 체제들을 포함하고 있다. 환경으로부터 위기가 증가함에 따라 환경의 분석 가능성은 떨어지고, 항상성의 유지 자체가 곤란한 분기점에 이르면 변화의 방향을 예측하는 것이 본질적으로 불가능하다. 따라서 조직이 분기점에 도달하면 과거와는 다른 자기혁신적인 방법으로 조직을 운영해야 한다.

관료제의 계층제 병폐를 극복하기 위해 혼돈이론을 적용하여 계층의 수를 줄이는 것이 제시되고 있다. 행정의 계층 수를 줄이는 것은 정보의 흐름을 원만히 함으로써 조직의 효율성을 개선하고, 분권적 의사결정 구조를 만든다는 목적이다. 전통적인 계층제 질서를 포기하고 계층제를 완화하는 무질서를 도입하여 행정정보처리를 개선하고 조직 효율성과 시민 대응성을 향상시켜야 한다는 것이다. 미국의 준자율적 근무집단, 연동근무제(flexible work schedule), 일본의 연중휴무 행정서비스, 우리나라의 민원처리제도 등이 혼돈이론을 응용한 사례들이다.

제3절 조직구조

1 조직구조의 의의

조직구조(organizational structure)는 조직을 구성하는 각 부문(부서 또는 기능) 간 확립된 관계의 유형으로서, 조직 활동의 형태, 기준, 부서 간 업무 분업과 조정 방법 등을 의미한다. 조직 내에서 개인이나 부서 간 업무의 분장, 보고체계, 의사결정 과정, 조직원의 활동 관계 등이 명확하지 않으면 책임의 전가나 혼란, 권한을 둘러싼 분쟁을 피할 수 없다. 이러한 분쟁을 방지하고 조직 내의 다양한 부문이 조직의 목적을 위해 유기적으로 협력할 수 있도록 각 부문의 관계와 업무 방식을 명확히 규정하는 것이 조직의 구조이다.

행정현장에서 조직구조는 각 부문의 업무분장을 정한 직제와 조직의 구성을 도식으로 보여주는 조직도(organizational chart)를 통해 나타난다. 예컨대, 기획재정부의 조직구조는「정부조직법」의 위임을 받아 대통령령으로 정한「기획재정부와 그 소속기관 직제」와 이를 도식화한 조직도에 나타나 있다.

조직의 목표를 달성할 수 있도록 조직구조를 만들고 조정하는 것이 '조직설계'이다. 조직을 설계할 때 고려해야 할 기본요소는 조직의 크기를 의미하는 규모(size), 개인이나 부서가 수행하는 업무의 수행을 어느 정도 공식화할 것인가를 의미하는 공식화(formalization), 업무의 수평적·수직적 분화를 얼마만큼 할 것인가를 의미하는 복잡성(complexity), 조직 내의 의사결정권의 집중·분산 여부에 관한 집권화·분권화 등이 있다.

2 조직구성의 원리

조직구성의 원리는 조직의 구조를 어떻게 형성하는 것이 바람직한가에 관한 이론이다. 여기서 소개하는 것은 고전적 원리들이다.

1) 분업의 원리

분업(division of work or specialization)의 원리는 업무의 성격에 따라 나누어서 업무를 수행하는 원리를 말한다. 조직의 계층제는 수직적 분업, 전문성에 따른 부서화(departmentalization)는 수평적 분업을 의미한다. 분업의 원리는 조직의 목적에서 출발한다. 즉, 공통의 목적을 가진 사람들이 조직을 만들고, 전문성에 따라 분업함으로써 효율적으로 조직의 목표를 달성할 수 있는 것이다. 분업의 원리는 동질적인 업무나 연관된 업무를 묶어 조직단위를 구성해야 한다는 '부서화의 원리'로 연결된다.

2) 조정(통합)의 원리

조정의 원리(coordination principle)는 계서적 구조를 통해 분화된 활동을 통일하기 위한 노력을 말한다. 전문성에 따라 분화된 하위체제(부서) 활동의 조정이 없으면 조직은 존립 자체가 위협을 받게 된다. 따라서 조직은 분업의 결과 형성된 조직단위들이 조직의 공동목표에 기여할 수 있도록 하는 조정장치를 가지고 있어야 한다. 분업과 조정은 수레의 두 바퀴와 같은 관계에 있다. 무니(J. Mooney)는 조정의 중요성을 강조하여 '조직의 제1의 원리'라 부르고 있다.

3) 계층제(계서제)의 원리

계층제의 원리(principle of hierarchy)는 조직에서 권한과 책임의 정도에 따라 직무를 등급화하는 것을 의미한다. 즉, 조직은 권한과 책임을 분명히 규정하고 최고 관리자를 정점으로 하는 권한의 계층을 규정함으로써 피라미드형의 계층제를 구성한다. 행정부처에서 장관을 정점으로 차관, 실・국장, 과장, 팀원으로 이루어지는 내부 구조와 본부, 지방청, 지방사무소로 이루어지는 지휘・감독체계가 계층제 원리에 따른 조직구조이다.

4) 명령통일의 원리

명령통일의 원리(unity of command principle)는 조직구성원은 한 사람의 상관으로부터만 명령을 받게 해야 한다는 원리이다. 이는 현실적용상의 한계가 있어 여러 사람의 상관과 의사전달을 하되, 이들 사이에 갈등이 있어 조정이 안 될 때에는 한 사람의 상관의 명령에 따라야 한다는 것으로 의미가 수정되었다.

5) 명령계통의 원리

명령계통의 원리(chain of command principle)는 조직 내 공식적 계층을 통하여 명령이 전달되어야 한다는 원리이다. 명령계통의 원리는 각 계층의 감독자들이 부하들에게 갖는 통제력을 강화하고, 수직적 의사전달의 내용을 모두 파악할 수 있게 함으로써 조정을 용이하게 한다.

6) 통솔범위의 원리

통솔범위의 원리(span of control principle)는 한 사람의 상관이 감독하는 부하의 수는 그 상관의 통제능력 범위 내에 한정되어야 한다는 원리를 말한다. 상관의 능률적인 감독을 보장하기 위해 상관이 통제하는 대상 인원의 범위를 적정하게 제한해야 한다는 원리이다. 조직의 최고 관리자는 소수의 부하만 직접 지휘할 수 있기 때문에, 그 아래의 조직원은 부하 감독자에게 맡길 수밖에 없고, 이러한 감독위임 관계는 조직의 말단까지 연결된다. 이것은 피라미드형 구조가 형성되는 데 결정적으로 작용한다.

3 조직구조의 유형

1) 기계적 구조와 유기적 구조

조직이 외부환경의 불확실성에 대응하는 조직구조의 특징에 따라 기계적 조직구조와 유기적 조직구조로 구분할 수 있다. 조직의 외부환경이 안정적일 때 채택되는 조직구조는 높은 수준의 공식화, 계서적 명령체계, 의사결정의 집권화, 업무의 명확한 구분, 좁은 통제범위 등을 특징으로 한다. 정부관료제가 가장 대표적이고, 기능구조도 기계적 구조에 가깝다.

이에 비해 유기적 조직구조는 낮은 수준의 공식화, 복합적인 명령계통, 낮은 수준의 전문화, 분권화된 의사결정권, 넓은 통제범위를 특징으로 하는 조직이다. 조직이 급격한 환경변화나 불확실성에 대응하기 위해서는 신속한 의사결정과 공식적인 지휘체계에 집착하지 않은 유연한 대응이 필요한데 이에 적응한 조직구조이다.

유기적 조직에서 의사결정권은 조직구조 전반에 걸쳐 분산되어 있다. 역할이 느슨하게 정해져 있어 조직원은 다양한 과업을 수행하며 지속적으로 자신의 새로운 활동을 위한 숙련도를 향상시키는 데 노력한다. 대표적인 유기적 조직의 예가 학습조직이다. 관료제에서 기능구조, 사업구조, 매트릭스구조, 수평구조, 네트워크구조로 갈수록 유기적 구조에 가깝다.

2) 계선조직과 참모조직

① 계선조직(line organization)

명령복종 관계가 수직적으로 연결되어 있고, 계층화에 따른 분업에 중점을 두고 있는 조직이다. 군대의 지휘체계와 같이 상관의 명령이 부하에게 전달되도록 편성되어 있는 조직 형태로서 행정관료제 조직의 기본 형태이다. 조직 내 계선기관은 그 조직의 본래 목적을 직접적으로 수행한다. 계선조직의 특징은 다음과 같다.

• 수직적 권한의 계열로 이루어져 있고,
• 결정권 · 집행권을 가지며 이에 대한 책임을 지고,
• 계층제 · 명령통일 · 통솔범위에 따른 분업화에 중점을 두고 있으며,
• 일반대중과 밀접한 관계를 유지한다.

② **참모조직**(staff organization)

계선기관이 정책결정, 집행 등 조직의 모든 활동을 원활하게 수행할 수 있도록 지원하기 위해 계선 외부에 설치한 조직을 말한다. 이 같은 참모조직은 자문 · 조정 · 정보수집 및 분석 · 기획 · 통제 · 회계 · 법률 · 공보 · 조달 · 연구 등의 기능을 수행함으로써 계선기관의 업무활동을 지원 · 촉진시켜 주는 역할을 한다. 참모조직의 특징은 다음과 같다.

• 전문적인 지식 · 경험을 가지고 조직목표 달성에 간접적으로 기여하고,
• 구체적인 집행권이 없기 때문에 일반적으로 명령이나 지휘권을 갖지 못하고,
• 일반대중과 직접 접촉하거나 봉사하지 않는다.

계선조직과 참모조직은 기능상 엄밀히 구분되지 않고, 상호 보완 · 의존하는 관계를 가지고 있는 개념이다. 현실적으로는 양 조직 간에는 ① 사회적 배경 · 생활양식의 차이, ② 개혁과 현상유지, ③ 업무의 성질에 대한 인식 부족, ④ 최고 관리자의 측근자로서의 참모와 계선의 방어적 태도 등으로 갈등이 발생하기도 한다. 이에 대한 해결방안으로는 ① 권한과 책임의 명확화, ② 인사교류, ③ 기관장 자신의 인식, ④ 교육훈련 등을 들 수 있다.

3) 공식조직과 비공식조직

공식조직(formal organization)이란 법률이나 규칙, 직제에 명문화된 제도상의 조직을 말한다. 공식조직에서 인간관계는 비인격화되고 직무 대 직무의 인간관계이다. 비공식조직(informal organization)은 조직 내에서 조직구성원의 비공식적 상호접촉이나 친근성 등과 같은 인간관계로부터 자연발생적으로 형성된 관계를 말한다. 조직 내 동호회 조직, 동기회 조직 등이 이에 해당한다.

공식조직과 비공식조직의 차이는 ① 공식조직이 공식화된 절차에 의해 인위적으로

형성되는 데 비해 비공식조직은 자연발생적으로 형성되며, ② 공식조직은 성문화되고 제도적 · 가시적인 데 비해 비공식조직은 그렇지 않으며, ③ 공식조직이 외재적이며 합리적 능률의 논리에 근거한다면, 비공식조직은 내재적이며 비합리적 감성의 논리에 따라 형성된다는 점이다. 이런 차이에도 불구하고 모든 조직에는 공식조직, 비공식조직이 존재하며, 조직구조와 기능, 역할관계는 공식적 측면과 비공식적 측면이 상호작용하면서 형성 · 유지된다.

4) 기능구조, 사업구조, 매트릭스구조 조직

① 기능구조 조직

기능구조 조직(functional structure organization)은 공통되는 기능을 중심으로 조직이 부서화된 구조이다. 테일러(F. Taylor)가 계선조직의 결함을 시정하기 위해 제정한 것으로서 관리자가 담당하는 일을 전문화하고, 부분마다 다른 관리자를 두어 작업자를 전문적으로 지휘 · 감독하는 것이다.

기능조직은 수평적 분화를 통해 관리자가 가능한 소수의 관리 직능을 담당하도록 기능별 전문화를 의도하는 조직 형태로서 각 관리자는 담당하는 다른 부서의 부하에 대해서도 지휘하고 명령할 수 있는 권한이 부여된다. 기능조직은 짧은 시간에 관리자를 양성할 수 있으며, 성과에 따라 보수를 지급하는 성과주의 체계가 용이하다는 장점이 있다. 그러나 수평적 분화로 인해 감독 · 조정이 곤란하며, 지휘 · 명령의 통일을 기하기 어렵다는 단점이 있다.

② 사업구조 조직

사업구조 조직(divisional structure organization)은 조직의 산출물에 기반을 두고 조직을 구조화한 조직이다. 예컨대, 삼성전자 내에서 반도체 사업부, 휴대폰 사업부, 가전제품 사업부를 두고, 각각 사업부서에는 별도의 연구, 제조, 마케팅 등의 부서를 두고 운영한다. 사업구조 조직에서 사업부서는 한 제품이나 서비스를 제공하는 데 필요한 기능들이 부서 내에 배치된 자체 완결단위이다. 사업부서 내 기능 간에는 조정이 원활하게 이루어질 수 있다. 사업구조는 다수의 제품이나 서비스를 제공해야 하고, 각 기능부서를 사업별로 운영할 만큼 규모가 큰 경우에 적합한 조직구조이다.

그림 4-1 사업구조 조직

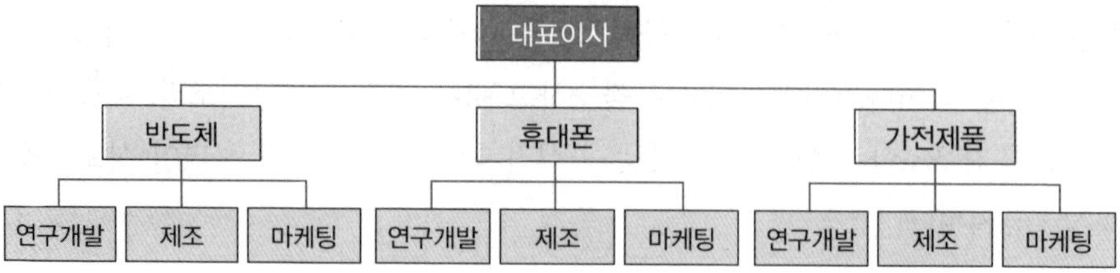

③ 매트릭스구조 조직

매트릭스구조 조직은 프로젝트의 팀원은 예산, 회계, 법률, 마케팅 등 자신이 맡은 업무의 부서 책임자에게 보고하고, 또한 프로젝트 매니저에게도 보고하는 조직구조를 말한다. 특정한 프로젝트를 추진할 때 기존의 계서적 조직구조에 수평적 특성을 갖는 사업조직을 결합시켜 조직의 신축성을 확보하도록 한 혼합적·이원적 구조의 상설조직이다.

예컨대, 대형제약회사에서 신약 개발을 추진하는 경우, 프로젝트팀을 구성하고 각 IT, 회계, 연구, 마케팅, 홍보 등 각 부서에 선발된 인력으로 팀을 구성하고, 팀원은 자신이 속한 부서의 팀장에게 진행사항을 보고하고, 또한 프로젝트팀장에게 보고하는 두 개 이상의 관리 보고체계 구조이다. 최종적으로는 최고 관리자에게 보고된다. 이 같은

그림 4-2 매트릭스구조 조직

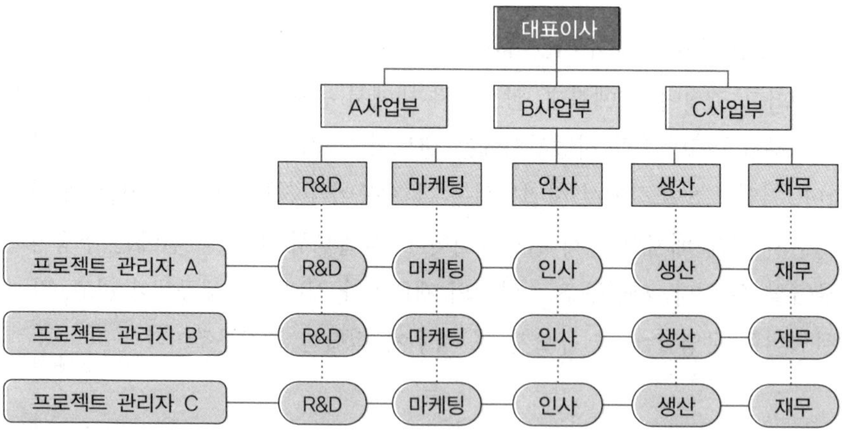

조직구조는 복잡한 프로젝트를 진행할 때 기존의 계서제에 얽매여 진행이 지체되는 것을 막고 업무를 빠르게 진행할 수 있다는 장점이 있다. 이 같은 조직구조는 연구기관, 종합병원, 대규모 기업에서 많이 채택한다.

5) 애드호크러시 조직

애드호크러시(adhocracy) 조직은 특정 업무를 수행하기 위해 여러 분야의 전문가들로 일시적으로 구성되었다가 그 업무가 완성된 뒤 해체되고 다른 업무를 위해 또다시 재구성되는 임시조직이다. 특정 이슈에 대응하거나 특정 목적을 가진 업무를 수행하기 위해 관련 부서의 전문가들로 구성되는 태스크 포스(task force)가 대표적인 애드호크러시 조직이다.

예컨대, 급등하거나 급락하는 주택가격을 안정화하기 위해 주무부처인 국토교통부의 담당 부서와 별도로 국토교통부 내부 또는 정부 전체에서 여러 기관 또는 부처의 전문가들로 구성되는 태스크 포스를 구성하여 이 문제에 대한 해결책을 강구하는 것이다.

애드호크러시는 동태적이고 급변하는 환경에 조직이 전략적으로 적응할 필요가 있을 때, 위험 부담이 높을 때, 기회라고 생각될 때, 비일상적·정형적 문제 해결이 필요한 상황일 때 만들어지는 조직 형태이다. 애드호크러시의 특징은 다음과 같다.

- 조직 내에 있는 전문가로 구성된다.
- 문제 해결을 위해 한시적으로 운영된다.
- 계층구조가 없기 때문에 수직적 분화가 없고 수평적 분화구조이다.
- 공식화가 없다.
- 팀원들은 맡은 바 분야별로 문제 해결에 치중하기 때문에 분권화가 이루어진다.

애드호크러시 조직은 구성원의 능력을 최대한 발휘하게 함으로써 문제 해결을 위한 신속한 대응이 가능하다는 장점이 있다. 그러나 계층구조와 공식적 규칙 및 표준운영절차(SOP)가 없기 때문에 권한과 책임을 둘러싸고 갈등과 분쟁이 발생하기 쉽다. 또한 임시조직이기 때문에 구성원은 신분상의 불안감을 느끼고, 목표달성을 위한 지나친 심리적 긴장감이 구성원에게 압박을 줄 수 있다.

4 정보사회의 새로운 조직 형태

1) 팀조직

팀조직(team organization)은 장기간에 걸쳐 팀구성원들이 특정업무나 프로젝트를 전담하여 수행하는 조직 형태이다. 팀제는 기능 중심, 계층별 조직구조 내에서 일과 사람이 획일적으로 정해지는 부·과제에서 탈피해 능력과 적성에 따라 탄력적으로 인재를 팀에 소속시키고, 팀장을 중심으로 각자가 동등한 책임 하에 구별된 일을 하면서 고도의 업무수행이 가능하도록 상호유기적인 관계를 유지하는 조직구조를 말한다. 팀제는

- 신속한 환경 대응이 필요하고,
- 업무수행에 요구되는 새로운 의식과 행동의 변화가 필요하며,
- 과업의 복잡성이 증대되고,
- 과업이 반복적 성향을 띠며,
- 환경의 불확실성이 증대할 때 도입된다.

우리나라에서는 1990년대 금융위기 상황을 극복하기 위해 신자유주의에 입각한 신공공관리적 정부개혁의 시도로서 다양한 성과관리체제의 하나로 도입되있다. 팀제는 집단적 요소로 야기된 책임회피, 조직 경직화, 부서이기주의, 의사결정의 지연 등의 비효율적 요소를 해소하기 위해 팀제의 자율성이나 유연성을 강조할 목적으로 팀제를 도입했다. 팀제 도입의 특징은 결재 단계의 축소, 팀별 파트 리더(PL) 운영, 내부 경쟁 체제 도입에 의한 본부장 이하 전원에 대한 직위공모제, 드래프트 방식의 도입 등이다.

2) 프로세스조직

프로세스조직(process organization)은 리엔지니어링에 의해 기존 조직을 근본적으로 재설계하여 조직관리 성과를 도모할 수 있도록 프로세스를 기본단위로 하여 설계된 조직을 말한다. 1990년대 POSCO가 철강업계가 처한 대내외 위기를 극복하기 위해 제철공정에 맞춰 전 사적인 프로세스 혁신(process innovation)을 진행하여 큰 성공을 거둔 것이 프로세스 조직설계의 한 예이다.

프로세스조직을 설계하기 위해서는 다음의 몇 가지 전제조건이 요구된다. ① 비교

적 안정적이고 식별 가능한 프로세스가 존재해야 한다. 즉, 프로세스는 반복적으로 발생되어 정형화된 특성을 갖추어야 한다. ② 기존 업무처리 방식이나 조직 시스템을 근본적으로 재설계해야 한다. ③ 정보기술의 활용이 전제되어야 한다.

3) 네트워크조직

네트워크조직(network organization)은 기술의 발전과 국제화의 진전으로 출현하는 조직 형태이다. 조직은 전략, 계획, 통제의 기능만을 수행하고 대부분의 생산기능은 다른 조직에 위탁하는 조직 형태이다. 예컨대, 삼성 SDS의 경우 전략, 계획, 통제 등의 업무를 수행하고, 전략적 제휴를 맺고 있는 마이크로 소프트, 휴렛팩커드 등 글로벌 기업과 한국 오라클 등 국내 기업으로부터 필요한 기술과 부품, 판매, 서비스 등을 공급받는 체제이다.

대부분의 업무가 이들 전략적 제휴기업에 아웃소싱 형태로 위탁하여 수행되기 때문에 본래 조직의 업무는 '비어 있다'는 의미에서 '공동조직(hollow organization)'이라고도 한다. 네트워크조직은 전통적인 위계적 조직을 대체하는 자유시장적 관점을 수용하는 조직유형으로서 계층이 거의 없고, 조직 간의 벽도 없으며, 부문 간 교류가 활발하게 이루어지는 조직을 말한다.

4) 학습조직

학습조직(learning organization)은 조직의 전 구성원이 새로운 지식을 창조 · 습득 · 전파하고, 이러한 활동을 통하여 일정한 결과를 산출해 내며, 이에 대한 분석을 통해 조직의 당면문제 해결, 미래 비전 및 관리전략을 체계적으로 정립하는 조직을 말한다. 학습조직은 간단히 조직의 모든 구성원들이 지속적으로 학습을 하고, 이를 관리하는 조직으로 정의할 수 있다.

학습조직은 변화하는 학습에 대처하는 수동적 · 현재 지향적인 학습인 적응적 학습(adaptive learning)과 현재의 능력을 확장시킴으로써 미래의 기회를 발견하는 적극적이고 미래 지향적인 생성적 학습(generative learning)의 두 가지 의미를 포함하고 있다. 학습조직은 자신과 타인의 경험과 시행착오를 통한 학습활동을 높게 평가한다는 점에서 기존의 조직과 다르다. 학습조직은 공식적이거나 정규적으로 이루어지는 교육훈련 활동보다 비공식적이거나 비정규적으로 이루어지는 조직구성원들의 학습활동을 강조한다.

5) 가상조직

가상조직(virtual organization)은 전자적 연계에 의존하는 지리적으로 분산된 개인, 집단 또는 조직단위 또는 조직의 일시적 혹은 지속적인 집합을 말한다. 가상조직은 네트워크조직과 마찬가지로 기능을 외주화(outsourcing)하고 핵심영역만 남겨 놓은 소규모 조직을 말한다.

예컨대, 한국의 소규모 기업과 개인이 프로젝트형 영화를 만들 때 전문 스튜디오, 촬영인력, 장비, 배우 등을 보유하고 있는 미국의 워너브라더스, 20세기 폭스 등 거대 영화사로부터 필요한 자원과 인력을 충원해 사용하는 구조이다. 이 때문에 지속적으로 유지해야 할 조직이 없기 때문에 운영에 필요한 경비를 최소화할 수 있고, 영화제작팀은 일정기간 모여 작업하고 해체되기 때문에 장기적 위험이나 비용을 줄일 수 있다.

이와 같이 가상조직은 특정한 과업을 수행하기 위한 핵심적인 기술과 자원의 공유를 통해서 일시적인 조직의 체계를 형성하는 자율적 조직의 집합체이다. 과업이 완료되면 작업집단들은 분해된다. 가상조직의 관리자는 전자 네트워크를 통해 업무를 관리하고 통제한다. 따라서 가상조직의 토대는 의사소통과 신뢰이며, 개방적이고 자발적인 의사소통은 신뢰와 관계를 확립하는 데 필수적이다. 가상조직의 특징은 ① 분산성, ② 권한위임, ③ 끊임없는 변화의 수용, ④ 상호의존성이다.

제4절 조직목표

1 조직목표의 의의

조직은 조직의 목표를 달성하기 위해 형성되고 존재한다. 조직목표는 조직이 달성하고자 하는 바람직한 미래의 상태를 말한다. 조직의 목표는 조직이 지향하는 조직의 미래상이다. 따라서 조직의 목표는 조직의 의사결정의 전제가 되며, 조직의 성과를 평가하는 기준이 되는 동시에 조직 정당성의 근거를 제공한다. 조직목표는 조직의 존재 의의가 된다.

2 조직목표의 기능

1) 조직의 방향 제시

조직목표는 조직이 달성하고자 하는 바람직한 미래의 상태를 밝힘으로써 조직의 운영과 활동을 위한 방향 및 지침을 제시한다. 조직목표는 구성원들의 의사결정에 가이드라인을 제시한다.

2) 계획 기능

목표의 성격이 미래 지향성을 지니고 있다는 것은 계획기능과 밀접히 연관되어 있다는 것을 의미한다. 목표를 달성하는 데 필요한 인적 · 물적 자원, 조직구조 등 조직관리에서 계획이 필요하고, 이러한 계획을 통해 조직의 목표가 달성될 수 있다. 목표를 강조하는 관리기법이 '목표에 의한 관리(management by objectives: MBO)'이다.

3) 정당성의 근거

조직은 존속을 위해 정통성을 인정받아야 한다. 목표는 조직의 존재와 활동 및 임무를 정당화시켜 주는 역할을 한다.

4) 조직 효과성의 기준

조직목표는 조직의 목표달성도를 의미하는 조직 효과성을 측정하는 기준이 된다.

5) 일체감 형성 · 동기유발

조직의 구성원들은 공동의 조직목표를 달성하기 위해 협력하고, 동기유발을 하게 된다. 조직목표는 구성원들이 소속감과 일체감을 갖게 하는 기능을 한다.

3 조직목표의 유형

1) 공식적 목표와 비공식적 목표

공식적 목표는 조직의 직제규정이나 정관 등 공식화된 문서로 제시되며 선언적 성격을 지닌다. 비공식적 목표는 실제 조직의 운영과정에서 활용되면서 조직구성원의 행태에 영향을 미치는 실질적 목표를 말한다. 공식적 목표는 해당 조직의 사회적 정당성을 명확히 하고, 대외적으로 공개한다는 점에서 조직목표의 정당화 기능이 강조된다.

공식적 목표와 비공식적 목표는 일치할수록 조직의 정당성은 더욱 높게 확보될 수 있으나, 공식적 목표와 비공식적 목표가 일치하지 않는 경우가 자주 있다. 이 같은 원인은 공식적 목표가 추상적일수록 비공식 목표를 구체화하는 과정에서 발생하기 쉽다. 한편, 비공식적 목표가 대외적으로 정당화될 수 없는 경우 의도적으로 실질적 목표와 괴리된 공식적 목표를 내세울 수 있다.

2) 하위목표와 상위목표

계층적인 조직목표 구조상에서 상대적으로 상위에 위치한 상위목표와 상위목표 달성을 위한 수단적 기능을 하는 하위목표로 구분할 수 있다. 상위목표는 하위목표에 비해 추상성을 띠게 되며 무형적 특성을 갖는 경우가 많다. 하위목표는 상위목표의 달성을 위한 구체적이고 실제적인 수단을 제공한다는 점에서 유형적이고 계량화가 가능한 형태로 구성되는 편이다.

상위목표와 하위목표는 목표-수단의 연결성으로 구성되며, 상위목표에 대한 하위목표의 적절성 및 타당성이 높다. 상위목표와 하위목표 간의 계층적 관계를 통해 추상적인 조직목표를 구체화하는 데 긍정적으로 작용할 수 있다. 그러나 계층적 관계가 복잡할수록 상위목표와 하위목표 사이의 괴리가 발생할 가능성이 높기 때문에 적정한 조직목표의 계층구조를 형성하는 것이 중요하다.

3) 무형목표와 유형목표

무형목표는 내용이 추상적이어서 구체성이 없고 계량화할 수 없는 목표를 말하며 주로 상위목표가 여기에 속한다. 유형목표는 내용이 구체적이고 계량화가 가능한 것을 말하며 주로 하위목표가 여기에 속한다.

4 조직목표와 개인 목표

1) 양자의 관계

조직목표와 조직원이 추구하는 목표가 합치되는 경우가 조직으로서는 바람직하지만, 조직목표와 개인의 목표가 불합치되는 경우가 종종 발생한다.

- 개인의 목표와 조직의 목표가 대립적이어서 양립하기 어려운 경우이다. 이 경우 개인은 조직의 목표달성을 지속적으로 방해하기 때문에 조직에서 탈출시키거나 조직의 목표와 개인의 목표를 조화시키기 위한 강한 노력이 필요하다.
- 개인 목표가 조직목표와 연계성이 낮아 개인 목표의 달성이 조직목표에 별다른 영향을 미치지 못하는 중립적인 경우이다. 직접적으로 조직의 목표달성을 위한 조직 효율성을 저하시키는 원인이 되기 때문에, 조직의 목표와 개인의 목표를 조화시키기 위한 상당한 노력이 요구된다.
- 개인 목표와 조직목표가 일치하지 않지만 양립 가능한 경우이다. 조직은 개인의 동기부여와 목표달성을 통해 조직목표를 달성하고, 개인도 조직목표 달성에 기여하는 것이 개인 목표달성에 도움이 된다.
- 개인 목표와 조직목표가 동일한 경우이다. 단기적으로는 조직과 개인의 목표달성이 효율적으로 진행되나, 장기적으로는 개인의 과도한 조직몰입으로 인해 심리적 탈진과 피로감으로 인해 개인 역량을 저하시키고, 조직에서 이탈하는 부작용이 발생할 수 있다. 사회복지조직 등에서 이러한 조직목표에 대한 과몰입의 부작용 사례를 찾아볼 수 있다.

2) 양자의 조화

개인 목표와 조직목표를 조화시키기 위한 방법으로는 교환모형, 교화모형, 수용모형, 통합모형 등이 있다.

① 교환모형

개인 목표와 조직목표가 충돌할 경우, 조직은 개인의 목표달성을 위한 유인을 제공하고, 이에 대응하여 개인은 조직의 목표달성에 기여하는 행동을 함으로써 양자 간 상호 교환을 통해 조화를 꾀하는 모형이다.

② 교화모형

개인에 대한 감화 및 교육과정을 통해 개인이 조직목표 달성에 기여 하는 행동이 바람직한 것으로 인식하도록 유도해 조직목표와 개인 목표를 조화시키고자 하는 모형이다.

③ 수용모형

수용모형은 조직목표 설정 과정에서 개인의 목표를 수용하도록 해 양자를 조화시키고자 하는 모형이다.

④ 통합모형

교화와 수용 과정을 통해 개인 목표와 조직목표 간의 조화를 유도하는 모형이다.

5 행정조직 목표의 모호성

조직의 목표가 분명할수록 조직원은 목표달성을 위해 해야 할 자신의 역할을 정확히 인식할 수 있고 강한 동기부여가 이루어진다. 그러나 조직목표는 분명하지 않은 경우가 많아 조직원은 조직목표에 대한 혼란을 겪는 경우가 있다. 이를 조직목표의 모호성(goal ambiguity)이라 한다.

계량화하기 용이하고 이윤이라는 목표가 분명한 기업조직에 비해 공익을 추구하는 행정조직은 목표가 매우 불명확하고 추상적이다. 복잡한 기능과 다양한 이해관계의 통합을 위해 조직목표의 추상성이 특별히 높게 나타난다. 이러한 조직목표의 추상성은 다양한 다른 해석이 가능하다는 점에서 조직목표의 모호성으로 연결된다.

6 조직목표의 변동

조직의 목표는 조직의 내・외적 영향에 의해 변동된다. 조직목표 변동의 양태는 ① 목표 간의 비중 변동, ② 목표의 승계, ③ 목표의 추가・확대 및 감소와 축소, ④ 목표의 대치가 있다.

1) 목표 간의 비중 변동

목표 간 비중변동(distortion)은 동일 유형의 목표 간에 비중 또는 우선순위가 변동하는 것을 말한다. 목표 간 비중변동을 초래하는 주된 원인은 목표의 과잉측정이다.

2) 목표의 승계

목표의 승계(succession)는 본래의 목표를 달성하였거나 달성 불가능할 때 같은 유형의 다른 목표로 교체되는 것을 말한다. 조직은 일단 성립되면 그 목표를 달성한 경우에도 쉽게 해체되지 않고, 목표의 승계과정을 거쳐 조직 활동을 계속할 수 있다.

3) 목표의 확대 및 축소

조직 목표달성이 어려울 때 본래의 목표에 새로운 목표를 추가하거나 범위을 확대함으로써 조직은 계속 존속한다. 목표의 추가(multiplication)와 확대(expansion)는 기존 목표에 새로운 목표가 보태지거나 기존목표의 범위가 넓어지는 것을 말한다. 목표의 확대는 동일한 목표 범위가 넓어지는 형태의 목표변동이다. 목표의 추가는 동종 목표의 가짓수가 늘어나는 것뿐만 아니라 종류가 다른 목표가 추가되는 것이다. 목표의 감소와 축소는 종류가 같거나 서로 다른 목표의 수가 줄어들거나 범위가 좁아지는 것을 말한다.

4) 목표의 대치

목표의 대치(goal displacement)는 정당하게 추구해야 할 목표 또는 당초의 목표가 다른 목표와 바뀌는 것을 말하는 것으로서 목표 추구가 심하게 왜곡되는 경우이다. 기존의 정당한 목표가 다른 목표에 의해 저해되거나 다른 목표에 종속되는 현상을 지칭한다. 이는 유형이 다른 목표 간의 대치인 것이 보통이다.

목표의 대치는 기존 목표가 달성되었거나 달성 불가능이 확인되었을 때 같은 유형의 새로운 목표를 정당한 목표로 채택하는 목표의 승계와 구별된다. 기존의 목표를 보전하면서 새로운 목표를 추가하는 목표의 추가와도 구별된다. 목표의 대치 개념에 의해 목표를 달성하기 위한 수단이 오히려 목표로 대치되는 목표와 수단의 전도와 공식적 목표와 실질적 목표가 괴리되는 형식주의를 설명할 수 있다.

7 목표관리제(MBO)

1) 의의

조직의 목표는 조직 운영을 위한 기준이 되며, 이를 활용하여 조직이 더 성장하고 발전할 수 있는 기회가 될 수 있다. 드러커(P. Drucker)는 1954년 달성하고자 하는 목표를 명확하게 제시하는 것이 목표달성에 더 큰 동기부여를 한다는 아이디어에서 출발하여 목표관리제(management by objectives: MBO)를 제안하였다. MBO는 장래의 일정 기간에 대한 각 부서 · 직원의 목표를 설정하고, 이에 따라 직무를 수행하게 하는 조직관리기법이다. MBO의 특징은 다음과 같다.

- 조직관리자와 직원이 함께 참여하여 조직의 공동목표를 명확히 한다.
- 기대되는 결과와 관련시켜 개인의 개별목표와 책임 범위를 상호협의하여 설정한다.
- 이를 각 부서의 운영지침으로 활용하여 직무를 수행하게 한다.
- 구성원 개인의 기여도를 측정 · 평가하고, 이를 환류하여 궁극적으로 조직의 효율성을 증진시키는 데 목적을 두고 있다.

MBO는 1950년대부터 미국의 사기업에서 널리 활용되어 왔으며, 공공부문에서는 1970년대 초 예산관리기법으로 도입하였고, 이후 총체적인 조직관리기법으로 활용되었다. 우리나라에서도 인사관리 차원에서 개인의 성과목표에 대한 설정과 관리가 이루어지고 있다.

2) 장점과 한계

MBO는 관리자 중심의 일방적인 관리를 목표와 참여를 통한 관리로 전환하고 있다는 점이 중요한 특징이다.

① 장점

- 조직의 활동을 목표 지향적으로 변화시켜 효율적인 조직으로 변모시킨다. 목표와 산출을 연계시키기 때문에 조직원에게 직무몰입을 위한 강한 유인을 제공할 수 있다.
- 참여를 통한 목표설정 과정에서 조직 상하 간에 의사소통이 원활해지고, 민주적 조직 운영이 가능해진다. 그 결과 조직 상하 간의 갈등을 해소하는 기능을 한다.
- 개인 목표와 조직목표의 통합을 촉진해 목표달성에 유리하게 조직을 재구조화한다. 그 결과 조직 내 조직 상하 간의 갈등을 해소하는 기능을 한다.
- 산출에 대한 평가와 평가결과의 환류를 통해 조직원과 부서를 통제하기가 용이하다.

② 한계

- 협의를 통해 바람직한 목표를 설정하는 것이 어렵다. 성과에 대한 지나친 몰입은 너무 쉬운 목표를 채택하거나 중요하지 않은 목표를 채택하도록 하는 경향이 있다.
- 목표달성도인 성과를 측정하는 것이 어렵다. 특히 공공조직의 경우, 조직의 목표가 추상적이고 모호한 경우가 많아 조직의 성과를 객관적으로 측정하기 어려운 경우가 많다.
- 목표관리를 위해 시간과 비용이 많이 든다. 관리자와 조직원이 목표 협의 과정에서 갈등이 발생하는 경우 지연으로 시간이 많이 들고, 성과평가 과정에서 방대한 실적 증명서를 준비하느라 많은 시간과 비용이 든다.
- 권위적이거나 위계적인 조직문화가 강한 조직에 목표관리제가 적용될 경우 조직원의 강한 저항과 갈등이 발생하게 되어 목표관리제의 실행이 어렵게 된다.

제5절 우리나라 행정조직

1 중앙정부조직의 구성

1) 정부조직 법률주의

국가의 기능을 수행하는 행정조직은 국민의 생활과 권리, 의무에 직접적인 영향을 미친다. 행정조직이 비대해지면 불필요한 규제를 산출하거나 형식주의와 비효율성에 빠질 수 있다. 또한 행정조직의 운영에 들어가는 비용은 모두 국민의 세금으로 재원이 마련되는 만큼 행정조직을 통제하고 감시하기 위한 법 · 제도적 장치가 필요하다. 이에 따라 행정조직의 설치 및 운영은 엄격한 법률주의를 따르게 하고 있다. 헌법상의 조세법률주의와 같이 행정조직의 설치도 법률에 근거해야 한다는 의미에서 '조직법률주의'라고 한다. 행정조직의 설치는 헌법을 비롯해 정부조직법 및 하위법령에 근거하고 있다.

2 중앙정부의 구성

1) 정부조직의 의의

정부조직 또는 행정조직(administrative organization)은 국가 또는 행정부의 행정사무를 수행하기 위하여 설치된 행정기관의 체계적인 기구를 의미한다. 넓은 의미로는 입법 및 사법기관의 조직을 포함하나, 일반적으로 행정부의 조직을 의미한다. 「정부조직법」상으로는 지방자치단체를 제외한 중앙정부의 조직이 해당된다. 정부조직은 공익의 실현을 목표로 하고 있는 점에서 경영의 효율화를 통한 이윤 극대화를 추구하는 민간경영조직과 구별된다. 민간경영조직과 행정조직의 중간적 성격을 지닌 정부출연기관, 공사, 공단 등과 같은 '공공조직(공공기관)'은 「공공기관의 운영에 관한 법률」을 통해 별도로 규정되어 관리되고 있으며, 「정부조직법」상의 조직에 포함되지 않는다.

2) 중앙정부조직의 구성

국가행정기관(정부조직법상 정부조직)은 ① 중앙행정기관, ② 특별지방행정기관, ③ 부속기관, ④ 합의제행정기관 등으로 구성된다.

① 중앙행정기관

중앙행정기관은 「정부조직법」에 의해 설치된 부 · 처 · 청을 말하며, 국가행정사무를 담당하기 위하여 설치된 행정기관으로서 그 관할권의 범위가 전국에 미치는 기관을 말한다. 기획재정부, 교육부, 외교부, 국세청 등이 여기에 속한다. 중앙행정기관은 대외적으로 의사를 표시할 수 있는 권한을 가진 행정관청적 조직들이다. 중앙행정기관의 종류에는 부 · 처 · 청과 함께 행정위원회와 같은 합의제 조직이 있다.

중앙행정기관의 기관장 밑의 내부조직 또는 하위조직에는 보조기관, 보좌기관과 부속기관이 있다. 보조기관은 차관 · 차장 · 실장 · 국장 · 과장 등 계서적으로 배열된 직위 또는 역할을 지칭하는 것이다. 보좌기관은 참모조직의 성격이 강한 조직단위 또는 직위로서 운영지원과장, 감사관, 공보관 등이 이에 해당한다. 부속기관은 행정기관에 소속된 시험연구기관, 교육훈련기관, 문화기관, 의료병원 등이 이에 해당한다. 문화체육관광부 소속의 국립중앙극장, 경찰청 소속의 경찰대학병원, 경찰대학 등이 그 예다.

② 특별지방행정기관

특별지방행정기관은 특정한 중앙행정기관의 업무 중 지역적 업무를 당해 관할 구역 내에서 처리할 수 있도록 해당 지역에 설치한 행정기관을 말한다. 지방국세청, 지방관세청, 지방경찰청, 지방검찰청, 우체국, 출입국관리사무소, 교도소 등이 이에 해당한다. 특별지방행정기관은 당해 중앙행정기관의 소속 하에 설치되며, 대통령령(각 부처 직제)으로 설치할 수 있다. 특별지방행정기관은 국가사무를 해당 지역에서 처리한다는 측면에서 지방자치 사무를 수행하는 지방자치단체와 구별된다.

③ 부속기관

행정기관에 부속하여 그 업무를 지원하는 기관을 말하며, 시험연구 · 교육훈련 · 문화 · 의료 · 제조 · 자문 등의 기능을 수행하는 기관이다. 경찰청 소속의 국립과학수사연구원, 인사혁신처 소속의 국가공무원 인재개발원, 문화체육관광부 소속의 국립현대미술관 등이 그 예이다. 해당 행정기관의 직제(대통령령)에 의해 설치할 수 있다. 특별지방행정기관과 부속기관을 합하여 '소속기관'이라고 정의한다.

그림 4-3 정부조직도

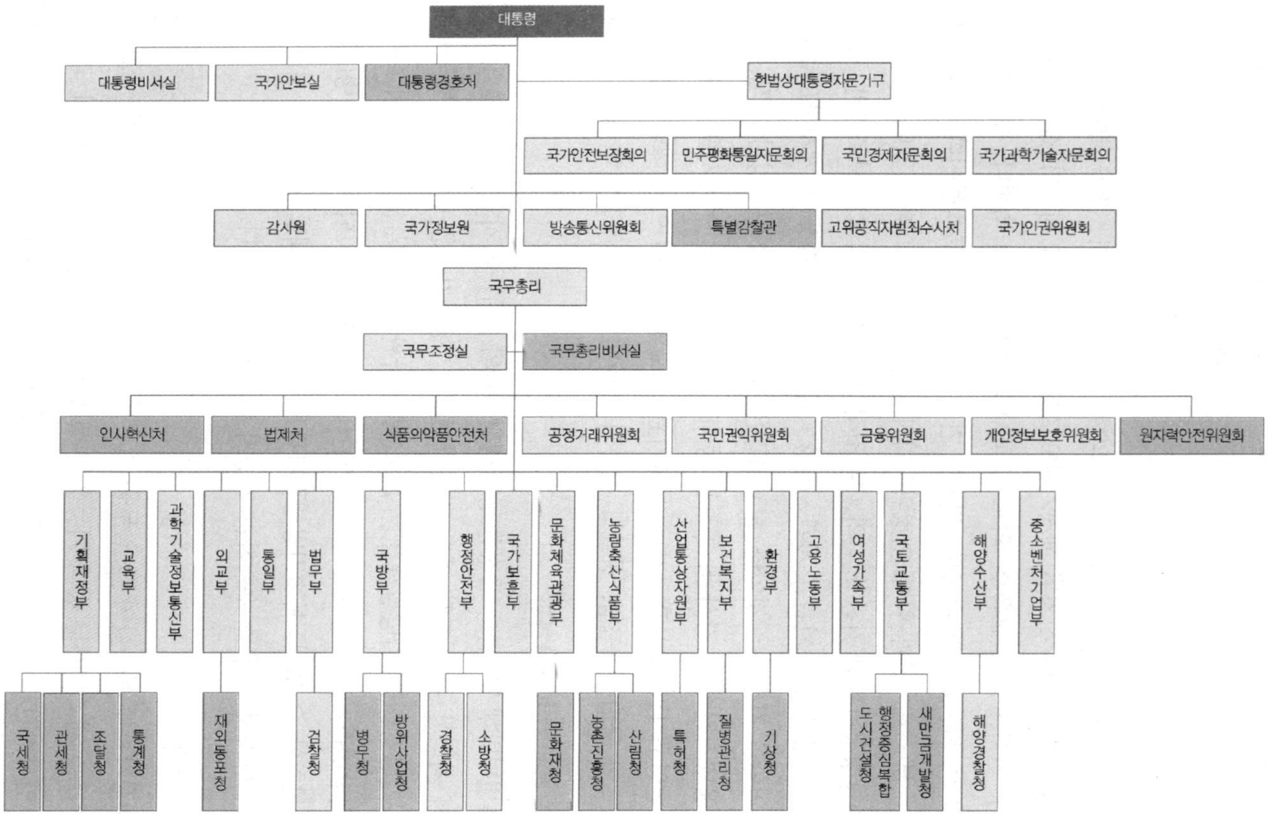

자료: 행정안전부(2023).

④ 합의제행정기관(위원회)

행정기관에는 그 소관 사무의 일부를 독립하여 수행할 필요가 있는 경우에 법률이 정하는 바에 의하여 행정위원회 등 합의제행정기관을 둘 수 있다. 규제개혁위원회, 사행산업통합감독위원회, 고용보험심사위원회 등이 여기에 해당한다. 합의제행정기관은 소속에 따라 헌법상 설치기관, 대통령 · 총리소속 기관, 각 부처 소속기관으로 구별된다.

⑤ 정부위원회

합의제 행정기관인 '행정위원회'와 '자문위원회'를 통틀어 '정부위원회'라 한다. 행정위원회는 법률에 근거하여 설치하며 사무국 등 하부조직을 설치할 수 있으나, 자문위원회는 대통령령에 근거하여 설치할 수 있으며, 원칙적으로 하부조직을 설치할 수 없다.

3 지방행정의 조직구성

1) 지방자치단체

우리나라는 지방자치제도를 시행하고 있기 때문에 지방자치단체가 종합행정을 하는 보통지방행정기관으로 되어 있다. 지방자치단체는 광역자치단체와 기초자치단체로 구별된다. 광역자치단체는 특별시 · 광역시 · 특별자치시 · 도 · 특별자치도가 이에 해당하고, 기초자치단체로는 시 · 군 · 자치구(특별시 · 광역시 · 특별자치시의 구)가 있다. 일반자치단체 외에 교육위원회 등 특별지방자치단체가 있다. 지방자치단체는 중앙정부의 감독을 받는다.

우리나라의 지방자치제도는 지방의회와 집행기관이 견제와 균형을 도모하도록 권력분립형 체제를 채택하고 있다. 주민 직선으로 구성되는 지방의회는 조례, 예산, 법령에서 규정하지 않는 수입과 의무부담이나 권리의 포기, 청원 등에 관한 권한을 행사한다. 지방자치단체의 집행기관은 단체장, 부단체장과 행정기구 등 보조기관, 직속기관과 사업소, 출장소 등 소속기관, 읍 · 면 · 동장 등 하부행정기관으로 구성된다. 지방자치단체를 대표하고 그 사무를 통할하는 지방자치단체장은 주민 직선으로 선출하고 임기는 4년이다.

지방자치단체는 ① 사무범위 내에서 업무를 자율적으로 처리하는 행정권, ② 조례와 규칙을 제정하는 입법권, ③ 인사권, ④ 조직권, ⑤ 재정자율권을 행사한다. 이러한 권한은 국가가 허용하거나 위임한 범위 내에서 행사되어야 한다.

중앙정부는 지방자치단체에 대하여 ① 지방행정에 대한 일반적 지도·감독권, ② 조례제정에 대한 통제권, ③ 관할 구역 변경에 대한 승인권, ④ 지방자치단체 간 분쟁의 조정권, ⑤ 지방자치단체의 공사·공단 기타 행정기관 설치에 대한 승인권, ⑥ 인사·조직·재정에 관한 통제권을 보유한다.

2) 특별지방행정기관

특별지방행정기관은 중앙행정기관에 소속되는 지방행정조직이며, 그 관할 구역 내에서 소속 중앙행정기관의 행정사무를 관장하는 기관이다. 중앙행정기관은 그 관장업무를 지방에서 처리할 때 전국적인 통일성이 요구되거나 고도의 전문성이 요구되기 때문에 지방자치단체에 위임하여 처리하는 것이 적합하지 않다고 판단하면 특별지방행정기관을 설치할 수 있다. 특별지방행정기관의 예로는 지방국세청, 세관, 지방병무청 등이 여기에 해당한다.

4 공기업

1) 의의

공기업(public enterprise)은 국가 또는 지방자치단체가 공공복리 증진을 위해 기업적으로 운영하는 조직이다. 공기업은 정부에서 일반적으로 결정 또는 승인한 재화·용역을 생산하기 위해 정부 주관으로 운영하는 조직이지만, 정규적인 정부조직보다 큰 자율성을 누린다. 공기업은 공공복리의 증진을 위해 정부가 주관하여 기업적으로 운영하는 것이므로 공공성과 기업성을 조화시켜야 하는 과제를 안고 있다. 공공성과 기업성의 조화는 공기업의 가장 뚜렷한 특성이며, 이러한 점 때문에 공기업은 일반행정기관, 사기업과 다른 특성을 가진다.

2) 공기업 필요성

공기업은 정부가 직접 맡아야 할 사업을 정치·경제적 여건 때문에 일반행정기관에 맡기기 어려울 때 그 필요성이 생겨난다. 공기업에 맡겨야 할 사업에는 ① 공공의 수요가 있으나 민간부문이 자본부족·동기결여 등으로 맡지 못하는 사업, ② 국방상의 이유로 필요한 사업, ③ 정부관리가 필요한 독점사업, ④ 민간기업에 운영의 모범을 보이기 위한 사업, ⑤ 민간의 독점성을 견제하기 위한 사업이 포함된다.

3) 공기업 유형

공기업은 소유주체와 조직 형태를 기준으로 ① 정부기업형, ② 주식회사형, ③ 공사형으로 구분할 수 있다.

① 정부기업형

정부기업형은 일반행정기관에 적용되는 조직 · 인사 · 예산 원칙이 대체로 적용되는 공기업을 말한다. 예산 · 회계에 관한 다소간의 예외 규정에 따라 최소한의 기업성을 살리는 것이다. 정부부처형 또는 관청형이라고도 불린다. 우정사업본부가 여기에 속한다.

② 주식회사형

주식회사형은 ① 특별법 또는 회사법에 의해 설립, ② 정부가 주식의 일부 소유, ③ 정부가 회사의 관리에 참여, ④ 일반행정기관의 조직 · 인사 · 예산 원칙의 비적용 등의 특성을 가진 공기업이다. 이 형태의 공기업은 공적 · 사적 소유와 통제를 조화시킨 혼합기업이다. 그 예로 한국수력원자력, 국정교과서를 들 수 있다.

③ 공사형

공사형은 특별법에 의해 설립되는 정부 소유의 기업이다. 공사는 정부가 전액 출자하여 설립하고 운영의 최종 책임을 지며, 정부가 임명하는 임원이 운영한다. 그러나 공사는 독자적인 법인격을 가지고 재정적 독립성을 누리며, 일반행정기관에 적용되는 조직 · 인사 · 예산회계에 관한 규정의 적용을 원칙적으로 받지 않는다. 대한석탄공사, 대한주택공사 등이 이에 해당한다.

4) 「공공기관의 운영에 관한 법률」에 따른 유형

「공공기관의 운영에 관한 법률」은 "공기관의 운영에 관한 기본적인 사항과 자율경영 및 책임경영체제의 확립에 관하여 필요한 사항을 정하는" 공공기관에 대한 기본법이다. 이 법에서는 공공기관을 "정부가 지배력을 행사하는 법인 · 단체 · 기관으로 정의"하고, 공공기관의 종류로 ① 공기업, ② 준정부기관, ③ 기타 공공공기관으로 분류하고 있다.

공기업은 "직원 정원이 300명, 총수입액이 200억 원, 자산 규모가 30억 원 이상인 공공기관"을 의미한다. 시장형 공기업과 준시장형 공기업으로 구분된다.

- 시장형 공기업은 자산 규모가 2조 원 이상이고, 총수입액 중 자체수입액이 85% 이상인 공기업
- 준시장형 공기업은 시장형 공기업이 아닌 공기업

5) 공기업의 문제점

자유시장론자들은 공기업을 설립 · 확대함으로써 자본주의적 사기업 질서에 사회주의적 간섭을 한다고 비판한다. 또한 공기업은 정부지원을 받는 우월적 조건을 이용해 같은 분야의 사기업과 부당경쟁을 한다고 한다.

① 정치화

공기업은 지배구조 형성의 토대가 되는 재산권과 소유주체가 명료하게 정의되어 있지 않다. 공기업은 최고 관리자가 정치적으로 임명되고 정권변화에 따라 변화되기 때문에 '주인 없는 기업'으로서 공기업 운영이 정치적 논리에 의해 지배되기 쉽다.

② 책임성 확보 곤란

잡다한 목표 · 기능 · 구조를 가진 공기업이 많아지면 전체적인 조정이 힘들고 책임성을 확보하기도 어렵다. 막대한 수익의 방만한 관리의 문제가 발생한다.

③ 경쟁 및 시장규율의 결여

공기업은 일반적으로 독점적 시장구조를 형성하고 있으며, 정부로부터 재정지원을 받는 경우가 많아서 경쟁 및 시장규율이 결여되어 있다. 그렇기 때문에 독점성으로 인한 경영의 비효율성이 발생한다.

④ 목표의 전도

권한위임은 많고 통제는 적기 때문에 본래의 설립 목적보다 조직의 성장이나 구성원의 복지에 더 치중하여 지나친 이익을 추구거나 공공성을 소홀히 하는 목표의 전도 현상이 일어나기도 한다.

제5장 조직행태론

제1절 들어가는 말

앞 장에서는 조직의 구조를 중심으로 조직이론을 살펴보았다. '공동의 목적을 달성하기 위해 두 사람 이상이 의식적으로 모인 사회적 단위'라는 조직의 정의에서 볼 수 있듯이, 조직은 존재의 의의이자 정당성의 근거인 조직목표를 추구한다. 조직은 목표를 효율적으로 달성하기 위한 구조를 형성하고, 자원을 배분하고, 환경과 끊임없이 상호작용을 하면서 자원을 공급받고 조직의 생존에 필요한 지지를 확보한다.

조직의 목표를 달성하기 위해서는 조직의 관리자는 적절한 리더십을 발휘해 조직구성원이 조직목표를 위해 적극적으로 일할 수 있는 동기를 유발하도록 해야 한다. 관리자가 어떠한 인간관을 가지고 있는지, 즉 자율적 인간관인지 타율적 인간관인지에 따라 조직구성원 관리의 접근방법이 달라질 것이다. 다원화된 기능과 복잡한 구조로 이루어진 조직 내에서 적절한 의사소통이 이루어지도록 하는 것은 조직관리에서 아주 중요한 일이다.

조직이 직면한 문제를 해결하기 위한 의사결정이 어떤 과정을 거쳐 이루어지는가 하는 것도 조직관리를 위한 핵심적인 사안이다. 또한 업무과정에서 일어날 수 있는 갈등을 예방하고, 갈등이 일어나는 경우 갈등을 조정·관리하는 것도 조직관리에서 중요한 사안이다.

이와 같이 이번 장에서는 어떤 과정을 거쳐 조직구성원의 동기가 유발되고, 어떤 리더십을 통해 조직을 관리하고, 어떤 과정을 거쳐 의사결정이 이루어지며, 갈등은 어떻게 예방되며, 조정되는지 등 조직이 목표를 추구하는 과정에서 발생하는 여러 가지 문제를 다룬다.

제2절 조직 내 인간관

1 조직 내 인간관

조직관리자가 어떠한 인간관을 가지는가 하는 문제는 조직관리에 매우 중요한 영향을 미칠 수 있다. 행정학이나 조직학에서는 이를 '인간모형' 또는 '인간관'이라는 용어를 사용한다. 인간관이 중요한 이유는 조직 내 인간관에 따라 동기부여, 리더십, 갈등관리 등 조직관리 전략에 상당한 영향을 미칠 수 있기 때문이다. 인간관에 대한 연구는 조직 속의 개인, 집단, 조직이 대상이 된다.

2 인간관과 관리전략

조직 내 인간관을 논의할 때 샤인(E. Schein)의 인간관(모형) 이론이 널리 활용된다. 샤인은 조직의 이론이나 실제 면에서 영향력을 미치는 조직 내 인간관과 관리전략에 관한 가정적인 전제로서, 네 가지를 제시하고 있다.

- 합리적 · 경제인관(rational-economic man)
- 사회인관(social man)
- 자기실현인관(self-actualizing man)
- 복잡인관(complex)

1) 합리적 · 경제인관

합리적 · 경제인관의 특성은 조직 속의 인간은 경제적 · 물질적 욕구를 지닌 타산적 존재이기 때문에 경제적 유인에 의해 동기가 부여되며, 일과 책임을 기피한다고 본다. 그리고 조직 내 개인은 원자적(개체적) 개인으로 행동하며, 심리적으로 상호 분리되어 있다고 본다. 경제적 유인은 조직의 통제하에 있기 때문에 조직 속의 인간은 조직에 의해 조작되고 통제되는 수동적 존재로 파악하는 것이다.

합리적 인간관에서 가정하고 있는 이론들은 매슬로(A. Maslow)의 생리적 욕구, 안전욕구의 인간관, 맥거리그(D. McGregor)의 X이론과 유사하다. 합리적 인간관을 토대로 한 조직관리 전략은 아지리스(C. Argyris)의 미성숙인, 과학적 관리론과 고전적 관료제론에서 가정하는 인간관과 합리적 직무조직의 설계, 유인체제, 통제체제의 확립을 통한 조직목표의 달성이라 할 수 있다.

2) 사회인관

조직 속의 인간을 사회적 존재로 인식하는 것이다. 메이요(E. Mayo)는 사회적 욕구는 인간 행동의 가장 기본적인 동기요인이며, 대인관계는 자아상에 의미를 부여하는 중요한 요소라 했다. 사회적 인간관은 인간관계론의 가정이 되었으며, 행정학의 신고전기에 널리 수용된 인간관이다.

사회인관에서는 인간은 사회적 욕구를 가지고 있으며, 생산성은 사회적 유인에 반응하는 사회적 능력에 달려 있다고 본다. 조직 내 인간은 조직이 요구하는 직무수행에 대해서는 피동적이며, 조직이 원하는 것과 조직구성원 개인이 원하는 것은 상충된다고 본다. 조직구성원은 개인으로서가 아니라 집단의 구성원으로서 행동한다고 인식한다.

사회적 인간관에서 가정하고 있는 이론들은 ① 호손(Hawthorne) 실험, ② 타비스토크(Tavstock) 연구소의 석탄광산 연구 등이다. 조직 속의 인간을 사회인관으로 가정하는 경우의 관리전략은 집단을 대상으로 하여 교환모형에 입각한 관리전략을 적용해야 한다. 즉, 사회적 유인과 직무수행을 교환해야 한다는 것이다. 구체적인 방안으로는 조직구성원의 요구, 감정, 복지에 관심을 가지고 자생적·비공식적 조직을 인정하며 조직구성원의 집단적 격려에 중점을 두는 것이다.

3) 자기실현적 인간관

자기실현적 인간관은 인간은 자아실현 욕구와 성장·성숙을 지향하는 존재이며, 자기실현과 성장을 위해 스스로 부단히 노력하는 주체로 본다. 자기실현적 인간관은 현대적 모형인 성장이론(growth theory)의 인간관이다. 성장이론은 인간에게는 복수의 욕구가 있음을 인정하고, 그 중에서 자기실현욕구를 가장 중시하고 그것에 기반하여 동기관리 전략을 마련한다.

성장이론의 기반이 되는 자기실현적 인간관은 인간을 보다 온전한 자유인으로 보고 인간을 직접적인 조종과 다스림에서 벗어나게 하여 자율적인 업무성취와 보람 있는 직업 생활을 영위할 수 있는 관리전략을 처방한다. 이러한 인간관을 가정하는 이론으로는 매슬로의 자아실현 욕구의 인간, 맥거리거의 Y이론, 아지리스의 성숙인 등이 해당된다.

자기실현적 인간관을 가진 조직관리자의 전략은 조직구성원이 자긍심을 가지고 일을 할 수 있는 도덕적이고 의미있는 과업을 부여하며, 자기통제와 자기계발을 통해 문제를 해결하도록 해야 한다. 또한 조직구성원들이 조직 내 의사 결정에 관여할 수 있도록 참여적 관리방식을 채택하도록 한다. 관리자들은 조직구성원들의 동기유발을 위해 촉매작용적 · 간접적 역할을 수행해야 한다.

4) 복잡한 인간관

복잡한 인간관은 사람은 다양한 욕구와 잠재력을 가졌고, 그 발현은 때와 장소에 따라 달라질 수 있으며, 새로운 욕구를 배울 수 있기 때문에 복잡하고, 복잡성의 양태도 사람에 따라 다르다고 본다. 한마디로 인간은 복잡한 성향을 가진 것으로 인식한다. 이 모형에 따르면 합리적 · 경제적 · 자기실현적 인간관은 지나치게 인간을 단순화하고 일반화해서 특정한 상황에 맞지 않는 경우가 많다고 본다. 그렇기 때문에 개인차를 존중하고, 사람들의 욕구가 다른 만큼 다르게 취급해야 한다고 한다. 복잡한 인간관에 따른 관리전략은 조직의 적응성 · 유동성을 제고하고, 조직 양태의 다원화를 추구해야 한다고 한다.

제3절 동기부여

1 의의

개인이 조직 내에서 일을 하도록 만드는 의욕과 일을 하는 동기에 관한 문제는 조직목표달성, 개인의 욕구 및 추구하는 가치의 실현과 관련하여 매우 중요한 의미를 지닌다. 동기부여(motivation)는 조직구성원이 조직의 목표를 위하여 일을 하도록 하는 유인 또는 행동의 계기가 되는 힘이라 할 수 있다. 동기부여이론은 동기의 기초가 되는 욕구와 유인의 내용에 초점을 두는가, 그렇지 않으면 동기가 유발되는 과정에 초점을 두는가에 따라 '내용이론'과 '과정이론'으로 구별된다.

2 내용이론

1) 의의

동기부여의 내용이론(content theroy)은 동기를 유발하는 내용을 설명하는 이론이다. 내용이론은 무엇이 조직구성원들의 직무수행의 동기를 유발하는가에 관심을 갖고, 욕구와 욕구에서 비롯되는 충동, 욕구의 배열, 유인 또는 달성하려는 목표를 설명한다. 내용이론의 핵심적인 연구 대상은 욕구이다. 내용이론은 사람들은 일정한 기본적 욕구를 가졌으며, 욕구를 충족하기 위한 행동을 하려는 동기를 유발한다고 본다. 이런 의미에서 내용이론을 '욕구이론(needs theory)'이라 부른다. 욕구단계이론, 욕구충족 이원론, Y이론 등이 여기에 속한다.

2) 매슬로의 욕구단계 이론

매슬로(A. Maslow)는 인간의 욕구를 다섯 가지 단계로 구분하고, 이 욕구는 계층에 따라 순차적으로 발생한다고 보았다. 최하위부터 최상위에 오르는 욕구의 계층은 ① 생리적 욕구, ② 안전욕구, ③ 귀속 · 사회적 욕구(사회적 욕구), ④ 존경욕구, ⑤ 자아실현욕구로 구분한다. 매슬로는 인간의 욕구는 계층에서 가장 낮은 단계에 있고, 가장 먼저 충족되어야 할 생리적 욕구로부터 시작하여 욕구가 충족되면 그 다음 단계의 욕구로 옮겨간다는 것이다.

① 생리적 욕구(physiological needs)

욕구계층의 출발점이 되는 가장 하급의 욕구이면서 가장 기초적인 욕구이다. 의식주에 대한 욕구, 성적 욕구, 수면 욕구 등이 그 예이다.

② 안전욕구(safety needs)

안전, 보호 및 공포 · 혼란 · 불안으로부터 해방, 강력한 보호자, 질서 등에 대한 욕구이다.

③ **소속 · 애정욕구**(belongingingness and love needs)

자기가 원하는 집단에 대한 귀속감을 가지려 하며, 가족, 애인, 친구, 동료. 이웃 등과 정이 담긴 관계를 유지하려는 욕구이다.

④ **존경욕구**(esteem needs)

사람들은 스스로 자긍심을 가지고 싶어하고, 다른 사람들이 자기를 존경해 주기 바라는 욕구이다.

⑤ **자아실현욕구**(self-actualization needs)

사람들이 자기의 잠재적 역량을 최대한 실현하고 싶어하는 욕구이다. 자기가 원하고 할 수 있는 일을 보다 잘하고 많이 해보려는 욕구이다.

매슬로의 욕구단계 이론은 복수의 욕구의 존재를 확인하고, 자기실현의 욕구를 가장 인간적인 욕구로 강조함으로써 현대의 동기유발전략 개척에 선도적 역할을 하고, 조직개혁, 행정개혁의 처방에 많은 영향을 미쳤다는 평가를 받는다. 그러나 그의 이론은 다음과 같은 비판을 받고 있다.

- 인간의 욕구가 계층적이라고 단정하기 어렵다는 것
- 욕구란 변동하는 것인데 정태적으로 보고 있다는 것
- 어떤 한 가지 행동의 유발에 두 가지 이상의 욕구가 작용할 수 있다는 것
- 욕구란 지속적으로 또는 되풀이하여 충족시켜야 하는 것이기 때문에, 한 번 충족된 욕구는 없어지거나 동기유발에 무관한 것으로 보는 논리는 잘못이다.

3) 헤르츠버그의 욕구충족 이원론

헤르츠버그(F. Herzberg)는 만족을 얻으려는 욕구와 불만(고통)을 피하려는 욕구를 구별하였다. 만족을 얻으려는 욕구를 동기요인(motivator), 불만을 야기하거나 불만 해소에 작용하는 요인을 위생요인(hygine factor)으로 이원화시켰기 때문에, '욕구충족요인 이원론' 또는 '동기-위생이론(motivation-hygine theory)'이라 부른다.

헤르츠버그에 의하면 인간의 욕구는 서로 반대 방향을 가지는 두 개의 욕구로 이원

화되어 있다. 한 가지 욕구체계는 불유쾌하거나 고통스러운 일을 피하려는 것이고, 다른 하나는 개인적 성장을 갈구하는 것이다. 두 개의 욕구는 별개의 차원이며 불만의 반대가 만족인 것은 아니라고 한다.

그는 조직 생활에 만족을 주는 요인과 불만을 주는 요인은 서로 다르다고 한다. 직무만족요인(동기요인)으로는 ① 직무상의 성취, ② 직무성취에 대한 인정, ③ 보람있는 직무, ④ 직무상의 책임, ⑤ 성장 등 직무 자체에 관련되어 있고, 개인에게 성장감을 줄 수 있는 요인들이다. 이에 비해 불만야기에 관련된 요인(위생요인)은 ① 조직의 정책과 관리, ② 감독, ③ 보수, ④ 대인관계, ⑤ 작업조건 등 직무 외적 또는 환경적 요인이다.

동기-위생이론에 의하면 불만요인의 제거는 불만을 줄여주는 소극적 효과를 가져올 뿐이며, 직무행태에 미치는 영향은 단기적이라고 한다. 반면에 만족요인의 증대는 인간의 자기욕구 실현에 자극을 주고 적극적인 만족을 가져다 준다. 불만요인의 제거는 불만을 방지 또는 해소하는 데 기여할 뿐이지만, 만족요인의 개선은 직무수행의 동기를 유발한다.

매슬로의 이론이 욕구 자체에 초점을 맞춘 반면, 헤르츠버그의 이론은 욕구충족요인에 초점을 맞추고 있다. 그의 이론은 장기적이고 근원적인 동기유발전략의 채택, 고급 인성에 적극적으로 대응한 통합적 관리의 추구에 부합한 이론이라는 평가를 받고 있다. 그러나 실제의 동기유발이 아니라 만족에 초점이 맞추어져 있으며, 개인차를 고려하지 않고 있다는 비판을 받고 있다.

4) 맥그리거의 X이론, Y이론 및 Z이론

맥그리거(D. McGregor)는 매슬로의 욕구단계 이론을 바탕으로 인간모형을 두 가지로 대별하고, 서로 다른 인간모형에서 도출되는 인간관리전략을 설명하였다. 전통적 관리전략을 정당화시켜 주는 인간관을 X이론이라 부르고, 인간의 성장적 측면에 착안한 새로운 관리체제를 뒷받침해 주는 인간관을 Y이론이라 하였다. X이론은 매슬로가 말한 욕구단계에서 하급욕구를 중요시하는 것이며, Y이론은 비교적 고급욕구를 중요시 하는 것이다.

① X이론

X이론은 인간의 하급욕구에 착안하여 외재적 통제를 강조한다. X이론의 주요 가정은 다음과 같다.

- 보통사람들은 일을 싫어하고 게으르며,
- 야망이 없고 책임맡기를 싫어하며,
- 안전을 원하고 변동에 저항하며,
- 본래적으로 자기 중심적이며 조직의 필요에 무관심하다는 것,
- 생리적 욕구 또는 안전욕구에 자극을 주는 금전적 보상이나 제재 등 외재적 유인에 반응한다는 것 등이다.

X이론에 따른 관리전략은 인간의 하급욕구에 대응하는 것이다. 조직구성원의 동기부여를 위해서는 적극적으로 개입해야 하며 생산성, 적정한 작업량, 업적에 대한 보상을 강조하여야 하고 통제를 강화해야 한다고 한다. 이러한 전략을 추진할 때는 강제와 위협, 면밀한 감독, 행동의 엄격한 통제를 수단으로 하는 '강경한 접근방법'과 인간의 하급욕구 충족, 대인관계의 개선 등 인간관계론적 수단을 동원하는 '부드러운 접근방법'을 함께 또는 교환적으로 활용할 수 있다.

② Y이론

X이론을 대체하는 새로운 인간모형으로 제안한 것이 Y이론이다. Y이론의 주요 가정은 다음과 같다.

- 사람은 본성적으로 일을 싫어하는 것이 아니며, 일하는 데 바치는 노력은 자연스럽다는 것
- 사람은 일의 성취에 기여하기 위해 자율규제를 할 수 있다는 것
- 사람의 직무수행 동기는 긍지와 존경에 대한 욕구, 자기실현욕구 등 고급욕구로부터 유발된다는 것
- 조직구성원들은 조직의 문제 해결에서 상상력과 창의력을 발휘할 수 있다는 것
- 오늘날의 조직 생활에서 보통사람의 지적 잠재력은 그 일부만 활용되고 있다는 것 등이다.

Y이론에 따른 관리전략은 인간이 잠재력을 능동적으로 발휘할 수 있는 여건을 조성하는 것이다. 조직구성원이 스스로의 노력을 조직의 성공에 지향시킴으로써, 그들 자신의 목적을 가장 잘 달성할 수 있도록 조건을 형성하는 것이다.

맥그리거의 이론은 욕구의 복합적 발로와 상대적 충족, 관리 지향의 복잡성을 무시하고 욕구체계 및 관리체계를 모두 단순화·양극화했다는 비판을 받는다. 또한 조직사회의 실제에서 적용하기 어려운 이상적·비현실적 내용을 담고 있다는 비판을 받는다.

③ Z이론

맥그리거가 Y이론을 발표하자 X와 Y에 해당하지 않는 관리상황 또는 관리전략을 의미하는 Z이론이 제시되었다.

가. 룬트슈타트(S. Lundstedit)의 Z이론

맥거리거 이론이 지나치게 인간본성에 대한 가정을 단순화시켰다고 비판하면서 자유방임형 또는 비조직형 관리상황을 의미하는 Z이론을 제시했다. 그의 Z이론에 따르면 인간은 엄격한 규율 틀 속에서 구속받는 것을 좋아하지 않으며, 자신의 개성을 가장 우선시 한다.

나. 로리스(D. Lawless)의 Z이론

복잡한 인간모형에 입각한 관리전략을 설명한 것이다. 조직이 서로 다르거나 같은 조직이더라도 시간의 흐름에 따라 변동하면 관리전략도 달라져야 한다고 한다. 변동하는 환경에 존재하는 조직과 집단, 그리고 사람은 변동한다는 사실을 객관적으로 파악하여 대응하는 전략을 펴야한다고 주장한다.

다. 오우치(W. Ouchi)의 Z이론

오우치는 미국식 관리를 A이론, 일본식 관리를 J이론, 미국내의 일본식 관리를 Z이론이라 불렀다. Z이론의 관리방식은 일종의 일본식 가족경영 방식으로 집단적 가치를 중시하고, 종신고용제와 연공서열주의 관리에 중점을 두며 개인에 대한 평가는 장기간에 걸쳐 전체적으로 이루어진다. 또한 상하 의사전달과 조정, 단체정신에 유의하다고 할 수 있는 품의제를 활용한다. 이러한 관리전략은 팀워크와 충성심, 노사협조, 높은 생산성 등의 장점이 있다.

5) 아지리스의 미성숙-성숙이론

아지리스(C. Argyris)는 공식조직이 개인의 행태에 미치는 영향을 검토하는 과정에서 미성숙-성숙이론(immaturity-maturity theory)을 발전시켰다. 그는 사람이 유아기에서 성숙인으로 발전하려면,

- 수동성에서 능동성으로,
- 의존성에서 독립성으로,
- 한정된 행동능력에서 다양한 행동능력으로,
- 변덕스럽고 피상적인 관심에서 깊고 강한 관심으로,
- 단기적인 안목에서 장기적인 안목으로,
- 예속적 지위에서 대등하거나 우월한 지위로,
- 자아의식의 결여에서 자아의 의식과 통제로 성격변화를 거쳐야 한다고 하였다.

아지리스에 의하면 공식조직의 본성은 인간의 미성숙상태를 고정시키거나 조장하는 것이라고 보고, 인간의 성숙을 가로막는 고전적 관리전략을 대체할 관리전략을 제시하였다. 관리층은 모든 조직구성원들이 하나의 개인으로서, 그리고 집단의 구성원으로서 스스로의 욕구를 충족시키고 성장 · 성숙의 기회를 얻을 수 있는 분위기를 조성해야 한다고 주장하였다.

6) 맥클리랜드의 성취동기이론

맥클리랜드(D. McClelland)는 성공한 기업가가 되게 하는 요인이 성취욕구라는 점을 주장했다. 개인 욕구 중에서 습득된 욕구들을 성취욕구(need for achievement), 소속욕구(need for affiliation), 권력욕구(need for power)로 분류하고, 성취욕구가 강한 사람의 특징은 다음과 같다고 하였다.

- 성취동기가 강한 사람은 목표설정을 중요시하고, 실제 목표설정에서도 난이도에 모험성을 가미하여 도전적이다. 실패에 대해서도 비슷한 정도의 두려움을 가진다. 그러면서도 달성 가능한 수준을 설정하여 성과를 높여 간다.
- 목표달성 과정에서 성취동기가 강한 사람들은 경과 진행사항과 성과 결과 등에 대한 빠른 환류를 원하며, 이를 통해 자신들이 얼마나 잘하고 있는지를 점검한다.
- 성취동기가 강한 사람들은 성과 지향적인 동료들과 근무하기를 원한다.
- 성취동기가 강한 사람들은 자신의 개선에 주저하지 않고 적극적이다.

또한 권력욕구가 강한 사람은 다른 사람에게 영향력을 행사하거나 통제하려는 생각으로 시간을 보내며, 논쟁에 이기려 하고, 타인의 행동을 변화시키려 하며, 권위와 지위를 얻기 위해 자신의 영향력을 행사할 대상을 찾는 데 많은 시간을 보낸다고 한다. 그리고 소속욕구가 강한 사람은 자신의 의사결정이나 강력한 성취욕구보다 타인과의 따뜻하고 친근한 관계를 유지하는 것에 많은 시간을 보낸다고 한다.

3 과정이론

동기유발에 대한 과정이론은 관련 요인들의 상호작용을 통해 동기가 어떻게 유발되는지 그 과정을 설명하는 이론이다. 대표적으로 기대이론, 형평이론, 학습이론 등이 있다.

1) 기대이론

기대이론은 동기의 크기는 어떤 결과에 부여하는 가치(결과를 얻으려는 욕구의 크기)와 특정한 행동이 원하는 결과를 가져다줄 것이라는 기대에 달려 있다고 한다. 예컨대, 일을 열심히 하면 돈을 많이 줄 것이라는 기대가 일을 열심히 하려는 동기로 전환된다는 것이다.

① 브룸의 선호-기대이론

브룸(V. Vroom)은 동기부여를 설명하면서 개인의 선택행태(choice behavior)를 수요 설명요인으로 삼고 있다. 개인은 행동을 함에 있어서 다수의 선택 가능한 대안을 평가하여, 자신에게 가장 이득이 될 것으로 평가되는 행동전략을 선택한다고 한다. 개인의 동기부여는 그들이 선호하고 가치를 부여하는 결과인 유인가와 자신들이 어떤 행동을 하면, 어떤 결과가 수반될 것이라는 주관적 확률인 기대감을 곱한 합이라는 것이다. 이와 함께 결과에 대한 기대감을 포함, 개인의 유의성, 수단성 등의 요인들 역시 개인의 동기형성에 크게 작용한다고 하고 있다.

② 포터와 로울러의 성과-만족이론

포터와 로울러(Porter & Lawler)의 성과-만족이론에 의하면, 만족이 성과를 직접 가져오는 것이 아니라, 성과의 수준이 직무만족의 원인이 된다고 보고 있다. 직무성취(성과)와 거기에 결부된 보상에 부여하는 가치, 그리고 어떤 노력이 보상을 가져다줄 것이라는 기대가 직무수행 노력을 좌우한다. 노력을 통한 직무성취는 개인에게 만족을 줄 수 있는 데, 직무성취가 만족을 주는 힘은 거기에 결부되는 내재적 및 외재적 보상에 따라 강화된다.

2) 형평이론

처우의 형평성에 대한 사람들의 지각과 신념이 직무행태에 영향을 미친다고 설명하는 동기이론을 집합적으로 '형평이론(equity theory)'으로 부른다. 애덤스(J. Adams)의 형평성 이론이 대표적이다. 개인은 주변의 다른 사람, 즉 준거인(reference person)과 상호작용 과정에서 처우에 대해 비교를 하게 되고, 보상의 가치에 대한 신념이 형성된다. 그 결과 형평성과 비형평성에 대한 판단을 한 후, 처우가 형평하다고 인식한다면 그대로 상태를 유지할 것이지만, 불공정한 것으로 판단한다면 그러한 상태를 변화시키기 위해 무언가를 하려는 동기가 유발된다는 것이다.

사람들은 소득·보상이 최대가 될 기대가 있는 직무수행 수준을 선택하게 된다고 설명하는 것이 기대이론의 논리이다. 형평이론의 논리는 사람들이 준거인 또는 어떤 내적기준에 비추어 공평한 직무수행 수준을 택하게 된다고 설명한다.

3) 학습이론

동기유발에 관한 학습이론(learning theory)은 학습이라는 과정을 통해 동기가 유발되는 현상을 기술하고 그에 대해 처방하는 것이다. 여기서 논의하는 것은 개인적 학습에 관한 것이다. 학습이란 경험의 결과 행동에 비교적 지속적인 변화가 일어나는 과정을 말한다. 학습의 주요 속성은 ① 변화의 과정이라는 것, ② 학습을 통한 행동변화 또는 정신적 과정의 변화는 상당히 지속적이라는 것, ③ 학습을 통한 변화는 행동으로 나타난다는 것, ④ 학습 경험을 통해 일어난다는 것이다.

제4절 리더십

1 의의

조직관리층은 동기부여를 통해 조직구성원이 조직의 목표달성을 위해 자발적으로 노력하도록 유도하고 관리하는 역할을 해야 한다. 이러한 역할이 조직 내 리더십이다. 리더십(leadership)은 "바람직한 목표를 달성하기 위해 조직 내의 개인과 집단을 유도하고 조정하며 행동하게 하는 기술 내지 영향력"으로 정의된다.

리더십은 조직구성원으로 하여금 조직의 목표에 자발적으로 협조하도록 하는 기술 및 영향력이다. 리더십은 공식적 직위를 근거로 성립되며, 제도적 권위를 토대로 물리적·강제적·일방적 성격을 갖는 직권력(headship)과 구별된다. 리더십은 지도자의 권위를 근거로 구성원들을 자발적으로 행동하도록 지도자와 구성원 간에 심리적 공감과 일체감을 강하게 유도하는 것이다.

리더십이 효과적으로 행사될 때 조직의 성과를 제고하는 데 중요한 역할을 수행한다. 리더십의 기능은 다음과 같다.

- 조직의 공식적 구조와 설계의 불완전성을 보완해 준다.
- 조직의 목표와 구성원의 임무·역할을 명확히 하고, 이를 위한 인적·물적 자원과 정치적 자원을 효율적으로 동원하는 기능을 수행한다.
- 조직의 일체성·적응성을 확보해 조직 내부가 조화를 이루도록 하고, 체제의 효율성을 유지시킨다.
- 조직구성원의 동기를 유발시키고 재사회화한다.
- 변화하는 환경에 조직이 효율적으로 적응하도록 한다.

리더십은 리더와 조직구성원 간의 상호작용을 통해 발휘된다. 리더십은 리더의 권위를 통해 발휘되지만, 공식적·계층제적 책임자만 리더십을 갖는 것은 아니다. 행정학 초창기의 과학적 관리론에서는 리더십 연구가 큰 관심을 끌지 못했지만, 이후 사회적 관계를 중시하는 인간관계론이나 조직변화 및 조직발전에 초점을 둔 발전행정론 등에서 중요한 연구주제가 되었다.

2 리더십이론

전통적 리더십이론은 크게 리더의 특성이나 행태에 초점을 맞춘 자질론이나 행태론의 접근방식과 리더의 역할 상황을 부각하는 상황론의 접근방식으로 구별된다. 오늘날에는 변혁적 리더십과 카리스마적 리더십 등이 강조되고 있다.

1) 자질론

리더십 연구에서 가장 전통적인 이론은 자질론(trait approach)이다. 자질론은 리더가 될 수 있는 사람은 다른 사람에게 찾아볼 수 없는 독특한 생래적 자질을 가지고 있다고 보고, 그 특성을 규명하려고 하는 이론이다. 즉, 리더의 퍼스낼리티와 성격적 특성을 강조하는 이 이론은 리더십의 자질이 자기개발에 의해 더욱 발전될 수 있지만, 일반적으로 선천적인 것으로 인식하고 성공적인 리더에서 공통적으로 나타나는 특성을 규명하려 했다. 자질론은 리더의 자질이 조직의 효과성으로 연결된다고 보는 접근방식이다.

자질론에 따르면 일반적으로 리더의 특성 · 자질은 충성심, 책임감, 성실성, 결백성, 전문적 능력, 용기, 적극성 등이다. 그러나 많은 연구에도 불구하고 리더는 반드시 어떤 특성을 갖추어야 하며, 그것만 갖추면 반드시 리더가 된다는 일반적인 명제는 확립되지 않았다. 역사적 · 문화적 · 집단적 상황에 따라 리더가 갖추어야 할 자질이 달라진다는 비판을 받고 있다.

2) 행태론

행태론은 리더의 어떤 행동 유형이 조직의 효과성을 높이게 되는지에 초점을 두는 이론이다. 행태론은 눈에 보이지 않는 리더의 특성보다 리더가 실제로 어떤 행동을 하는가에 초점을 두고 있다. 자질론과 마찬가지로 행태론에서도 모든 상황에서 적용 가능한 효과적인 지도자의 행동 유형이 존재한다는 것을 전제로 하고 있으며, 지도자의 행태와 구성원들이 보이는 행태나 감정적 반응 간의 관계를 경험적으로 파악하고자 하였다. 행태론의 연구에 의하면 리더의 행동유형은 일반적으로 권위형(독재형)과 민주형의 크게 둘로 구분된다.

① 업무 중심형, 직원 중심형

미시간대학의 연구는 업무 중심형(job-centered or production centered) 리더십과 직원 중심형(employee-centered) 리더십의 둘로 구분하고, 리더십이 생산성 수준에 대한 영향과 종업원의 사기 수준에 미치는 영향을 분석하였다. 이 연구는 리더십의 효과성은 조직의 산출 측면 외에도 종업원의 사기 등에 대한 부분도 고려하여 측정되어야 한다는 것을 강조했다. 이러한 측면에서 직원 중심 리더십의 중요성을 실증적으로 제시했다.

② 권위형, 민주형, 자유방임형

아이오와대학의 리피트(R. Lippitt)와 화이트(R. White)는 권위주의형, 민주형, 자유방임형의 세 개의 리더십 유형을 구분하고, 그 특성에 대해 실험을 통해 분석했다. 실험 결과에 의하면 민주형, 권위주의형, 자유방임형 리더십 순으로 선호가 높으며, 민주형 리더십이 생산성과 산출물의 질 측면에서 가장 높은 성과를 내는 것으로 조사되었다.

③ 이차원적 리더십

앞의 두 연구가 리더십 유형을 단일 차원으로 이해하고 있는 것에 비해, 오하이오주립대의 연구나 블레이크(R. Blake)와 머튼(J. Merton)의 연구는 리더십 유형을 이차원적으로 구성하고 있다. 오하이오주립대의 연구에서는 지도자와 구성원 간의 관계와 관련해 조직화 정도와 배려 정도라는 두 가지 기준을 조합해 네 가지의 유형을 제시하였으며, 조직화와 배려 정도가 높은 지도자가 효과적인 성과를 내는 것으로 분석하였다.

블레이크와 머튼은 지도자가 가지고 있는 생산에 대한 관심과 인간에 대한 관심의 두 가지 기준을 조합해 관리망(managerial grid)이론을 제시하였다. 이들은 무기력형, 컨트리클럽형, 과업형, 중도형, 팀형의 다섯 가지 유형으로 리더십을 구분하였고, 생산과 인간에 대한 관심이 모두 높은 팀형의 리더십이 가장 이상적인 리더십 유형으로 분석되었다.

3) 상황론

① 의의

상황론(situational approach)은 리더십의 효율성이 지도자나 집단의 성격, 직무의 특징, 시간, 장소, 환경 등 상황에 따라 달라진다는 입장을 취한다. 이 이론은 리더십에 조직적 상황을 구성하는 요인들을 강조하기 때문에 상황론이라 한다. 상황론은 리더십을 특정한 조직의 맥락 속에서 발휘되는 것으로 파악해, 상황유형별로 효율적인 지도자의 행태를 찾아내기 위한 연구를 강조하였다. 상황론은 조직에서 리더십은 리더(leader), 구성원(follower), 상황(situation)에 대한 요인들 간의 관계로 결정된다고 한다. 조직의 목적과 기능, 문화적 배경, 부하들의 특성, 관습, 조직구성원의 리더에 대한 인식, 리더의 개인적 특성이 달라지면 효과적인 리더십의 형태도 달라져야 한다고 주장한다.

② 피들러의 상황적응 이론

피들러(F. Fiedler)의 상황적응적 접근방법은 상황론의 대표적 이론으로 인용되고 있다. 그의 이론은 L=f(T. S. F.)로 도식화할 수 있다. 즉, 리더십의 효율성은 리더의 자질(traits), 상황요인(situation)과 추종자의 특성(followers)의 함수라고 설명한다. 상황요인으로는 ① 리더와 부하의 관계(leader-member relationship), ② 과업구조(task structure), ③ 지위권력(power position)의 세 가지를 제시하였다. 피들러는 상황이 아주 좋을 때, 즉 부하들이 리더를 좋아하고 과업구조가 명확하며 지위권력이 클 때와 반대로 상황이 아주 나쁠 때는 과업 지향형적 리더가 효과적이라고 한다. 상황이 어중간할 때는 민주적 리더가 효과적이라고 한다.

③ 허쉬와 블랜차드의 생애주기론

허쉬(P. Hersey)와 블랜차드(K. Blanchard)의 리더십이론은 구성원의 성숙도에 따라 리더십 유형이 달라진다는 의미에서 생애주기론(life cycle theory)이라 한다. 이들은 지도자의 행동을 인간관계 지향적 행동과 과업 지향적 행동으로 구분하고, 이에 더하여 상황 변수로 구성원의 직무상·심리적 성숙도를 포함하여 3차원적인 상황적 리더십이론을 제시하였다. 이 이론에 따르면 구성원의 성숙도에 따라 리더의 역할이 달라지는데, 구성원의 성숙도가 낮은 경우 리더는 지시적인 과업행동이 효과적이고, 성숙도가 중간인 경우 구성원을 참여시키는 관계성 행동이 효과적이며, 성숙도가 높은 상황에서는 권한을 대폭 위임해 주는 것이 효과적이라고 설명한다.

3 현대적 리더십이론

1) 의의

위에서 설명한 전통적 리더십이론은 상대적으로 안정된 조직환경 하에서 조직 효과성을 높이기 위한 리더십의 행태를 강조하였다. 이에 비해 현대적 리더십이론은 급변하는 조직 환경변화에 능동적으로 대응하며, 조직의 근본적 변화를 강조한다는 점에서 전통적 리더십이론과 구별된다. 생산성이나 사기와 같은 정태적 효과성 측면보다 조직변화의 관점에서 현대적 리더십 연구가 조재명되고 있다.

2) 번스의 거래적 · 변혁적 리더십

번스(Burns)는 리더십의 유형을 거래적 리더십(transactional leadership)과 변혁적 리더십(transformational leadership)으로 구분하였다. 거래적 리더십은 보상에 관심을 갖고, 업무를 할당하고 그 결과를 평가하며, 예외에 의한 관리에 치중하고 책임과 결정을 회피하는 안정 지향의 리더십이다.

이에 비해 변혁적 리더십은 카리스마, 영감, 지적 자극, 개인적 배려에 치중하고, 조직 합병을 주도하고 신규부서를 만들어 내며, 조직문화를 새롭게 창출해 내는 등 조직에서 변화를 주도하고 관리하는 리더십이다. 기존의 리더십이론과 달리 주어진 상황에 대응하는 차원을 넘어 새로운 변화의 주도라는 리더십 발휘의 목적을 기준으로 새로운 리더십 유형을 제시하고 있다.

3) 카리스마적 리더십이론

카리스마적 리더십이론은 지도자의 특출한 성격과 능력에 의해 구성원들이 조직목표에 특별히 강한 헌신을 갖게 되고 지도자와 일체감을 갖게 된다는 이론이다. 카리스마적 지도자는 뛰어난 개인적 능력으로 구성원에게 중대한 영향을 미칠 수 있고, 그 영향으로 구성원이 탁월한 업적을 성취할 수 있도록 한다고 한다. 카리스마적 리더의 특징은 다음과 같다.

• 현상유지에 반대하고 자신의 소신과 이상을 확신하며, 다른 사람에게 영향력을

행사하려는 욕구가 강하다.
- 지도자 자신이 구성원들에게 많은 기대와 신뢰를 갖고 있다는 것을 나타내 구성원의 자존심과 자신감을 향상시킨다.
- 언행을 통해 새로운 가치관을 전하고 행동으로 본받도록 한다.
- 지도자 자신이 기꺼이 자기를 희생하려는 경향이 있다.

일반적으로 변혁적 리더십은 카리스마적 리더십을 기반으로 한다는 점에서 서로 중첩되는 측면이 있다. 그러나 순수한 카리스마적 리더는 구성원이 리더의 세계관에 따르도록 바라는 것뿐인 데 비해, 변혁적 리더는 구성원에게 확립된 의견뿐만 아니라 리더가 확립시킨 의견에도 문제를 제기할 수 있도록 능력을 요구한다는 점에서 차이가 있다.

4) 문화적 리더십이론

문화적 리더십이론은 조직문화의 변화 및 유지와 관련된 리더십 모형이다. 트라이스(H. Trice)와 바이어(J. Beyer)는 카리스마적 리더십, 변혁적 리더십, 유사한 유형의 비전적 리더십 모두 기존의 조직문화를 대대적으로 변화시켜 상이한 문화를 가진 새로운 조직을 구축하는 데 초점을 두고 있다는 점에서 이를 문화적 리더십으로 분류하였다. 문화적 리더십은 문화적 혁신 외에 기존 조직문화의 유지까지도 문화적 리더십에 포함시켜 현상유지에 부정적인 기존 리더십이론의 편향된 시각을 보완하였다.

5) 서번트 리더십이론

서번트 리더십(servant leadership)은 리더의 주요한 역할을 부하가 원하는 바를 해결해 주며, 부하를 지배하기보다는 섬기는 리더십이다. 이 개념을 최초로 제시한 그린리프(R. K. Greenleaf)에 따르면 서번트 리더십은 리더가 "타인을 위한 봉사에 초점을 두고 구성원, 고객, 지역사회를 우선으로 여기고 그들의 욕구를 만족시키기 위해 헌신하는 역할"을 해야 한다고 주장한다. 이 이론에 의하면 리더가 되기 위한 덕목으로 봉사, 약자에 대한 관심, 불평등과 불공정의 해소, 통제력 행사의 최소화, 구성원의 참여유도 등이 중요하다.

4 리더의 유형

이상의 리더십이론을 바탕으로 리더의 유형은 다음과 같이 분류할 수 있다.

1) 권위형(authoritarian type)

리더가 중요한 결단을 내리고, 조직구성원으로 하여금 이를 따르게 하는 유형이다. 권위형은 시간적 여유가 없거나 조직구성원들의 능력이 보잘것없거나 참여에 대한 기대가 작은 조직상황에서는 효과적일 수 있다. 그러나 상황이 이와 다를 경우에는 일반적으로 조직상황을 저하시킬 가능성이 크다.

2) 민주형(democratic type)

리더가 홀로 의사결정을 하는 것이 아니라 리더가 조직구성원의 의견을 반영하여 의사결정을 하는 유형이다. 이 유형은 개인주의 및 민주주의적 문화가 지배적인 사회에서는 구성원의 창의력도 살리고 근무의욕도 높일 수 있는 장점을 지닌다. 그러나 조직문화가 권위주의적이며 참여에 대한 기대가 별로 없는 경우 시간만 낭비하고 성과도 올리지 못하는 결과가 초래되기 쉽다.

3) 자유방임형(free-rein type)

권위형과 정반대로 리더가 스스로 결정하지 않고 오히려 구성원들의 재량에 맡기는 유형이다. 이러한 유형은 구성원의 능력이 고루 우수하고 업무의 내용이 고도로 전문적인 성격을 가지는 경우 효과적일 수 있다. 그러나 그러한 조건이 갖추어져 있지 않을 경우, 조직의 규율이 서지 않고 일의 진전이 늦어져 조직성과가 극히 저하되기 쉽다.

4) 카리스마적 리더(charismatic leader)

개인적 능력에 의해 부하들에게 특별한 영향을 미칠 수 있는 리더를 말한다. 카리스마적 리더는 부하들이 리더를 지원하고 수용하도록 만드는 대인적 매력(interpersonal attraction)이 있는 리더로서 자신감이 강하고, 자신의 소신과 이상을 확신하며, 다른 사람들에게 영향력을 행사하려는 욕구가 강하고, 자신이 부하들을 신뢰하고 부하들에게 기대를 많이 갖고 있다는 것을 나타내는 등의 특성을 가진다.

5) 변혁적 리더(transformational leader)

변혁적 리더는 부하에게 자긍심을 심어주고, 개인적 차원에서 부하를 존중한다는 것을 보여주며, 창조적인 사고를 할 수 있는 여건을 마련해 주고, 부하에게 영감(inspiration)을 제공해 줌으로써 조직성과를 이끌어 내고자 하는 리더의 유형을 말한다. 변혁적 리더는 인본주의, 평화, 평등, 정의, 자유와 같은 높은 수준의 도덕적 가치와 이상에 호소하여 부하들의 의식을 더 높은 단계로 끌어올리려는 특성을 지닌다.

6) 임파워링 리더(empowering leader)

임파워링 리더는 비전을 제시하고 권한을 이양함으로써 구성원들로 하여금 조직목표를 위하여 일하도록 동기를 유발하고, 또한 자기강화(self-reinforcement)를 통해 자기실현욕구를 달성하도록 동기를 부여하는 리더라 할 수 있다.

제5절 갈등관리

1 갈등의 의미

조직은 여러 전문화된 기능이 분업화된 체제를 이루고 있으며, 조직목표를 달성하기 위해 상호 협력하지만, 때로는 희소한 자원이나 업무의 불균등한 배분, 목표・가치・인지 등에 있어서 차이로 인해 개인, 집단 또는 조직 사이에 갈등상황이 일어난다. 조직 내 갈등(conflict)은 행동주체 간의 대립적 또는 적대적 교화작용을 말한다. 갈등의 주체는 개인이나 집단일 수도 있고 조직일 수도 있다. 갈등은 심리적 대립감과 대립적 행동을 포괄하는 개념이다. 갈등의 정의에는 다음과 같은 속성을 포함하고 있다.

- 행동주체 간의 현상: 갈등은 둘 이상의 행동주체(당사자) 사이에 일어난다. 행동주체는 개인이나 집단일 수도 있고 조직일 수도 있다.
- 동태적 현상: 갈등은 서로 연관된 일련의 진행 단계를 통해 형성・변동하는 동태적 현상이다.
- 대립적 태도와 행동: 갈등은 대개 표면화하는 대립적 행동을 수반한다. 대립적 행동이 노출되지 않더라도 당사자들이 갈등상황을 지각하고, 긴장・불안・적개심 등을 느껴 대립적 태도를 형성하기 시작하면 갈등이 있다고 보아야 한다. 다만, 당사자들이 자각하지 못하는 갈등상황의 존재는 갈등이라고 할 수 없다.
- 기능의 다양성: 조직에 대한 갈등의 기능은 다양하다. 조직에 해로운 것일 수도 있고, 유익한 것일 수도 있다.

2 갈등의 기능

조직 내 갈등은 조직에 해로운 작용을 하는 역기능적인 측면과 유익하게 작용하는 순기능적인 측면이 있다. 조직 내 갈등이 해결되지 못할 때는 조직에 다양한 해로운 영향을 미친다.

① 갈등의 역기능

- 조직의 목표달성을 저해하고, 구성원의 사기를 저하시키고 구성원 사이에 반목과 적대감을 유발할 수 있다.
- 갈등과 불안이 일상화되는 경우 쇄신과 발전을 저해할 수 있다.

② 갈등의 순기능

갈등의 기능은 조직에 해로운 역기능만 있는 것이 아니라 때로는 조직에 유익하게 작용하는 순기능이 있다. 갈등이 건설적으로 해결되었을 때 다음과 같은 순기능이 발생한다.

- 조직발전의 새로운 계기로 작용해 장기적으로 조직을 안정화시키고,
- 갈등과정에서 선의의 경쟁을 통해 발전과 쇄신을 촉진하며,
- 갈등의 해결과정에서 조직의 문제 해결 능력과 창의력, 적응력, 단결력 등이 향상될 수 있다.

③ 갈등에 관한 견해

갈등에 대한 전통적인 견해는 갈등의 유해성에 주목하여 그 해소방법을 처방하는 데 몰두하였다. 행태주의적 관점에서는 조직 내 갈등은 필연적이고 완전한 제거가 불가능하기 때문에, 갈등을 인정하고 받아들여야 한다는 입장을 취하였다. 그러나 현대적 갈등론에서는 갈등이 조직 내에서 하나의 동력으로 작용하거나 부정적인 작용을 할 수도 있다고 본다. 따라서 조직의 목표에 부정적인 영향을 미치는 갈등은 제거되어야 하지만, 조직의 목표달성에 긍정적인 갈등은 어느 정도 조장해야 한다는 입장을 취하고 있다.

3 갈등관리

조직은 갈등현상에 계획적으로 대처하는 활동을 해야 한다. 이와 같이 갈등현상에 계획적으로 대응하는 활동의 과정을 갈등관리(conflict management)라고 한다. 갈등을 관리한다는 의미는 갈등을 해소하는 것만 의미하지 않는다. 갈등관리는 조직에 해로운 갈등을 해소하거나 완화하는 것뿐만 아니라, 갈등을 용인하고 그에 적응하는 조치를 취하는 것, 조직에 유익하다고 판단되는 갈등을 조성하는 것까지 포괄한다.

1) 갈등의 원인

갈등을 관리하기 위해서는 우선 갈등을 야기하는 원인을 파악해야 한다. 갈등상황의 종류는 수없이 많지만, 크게 다음과 같이 정리해 볼 수 있다.

① 대립적 목표추구

둘 이상의 행동주체가 양립할 수 없는 목표들을 동시에 추구하는 승패의 상황(win-lose)인 경우이다.

② 자원획득 · 사용에 관한 경쟁

제한된 자원을 누가 사용할 것인가에 대하여 행동주체 간 경쟁이 생기면 갈등이 야기될 수 있는 조건이 된다.

③ 지위 부조화

지위 부조화(status incongruency)는 행동주체 간의 교호작용을 예측 불가능하게 하고 갈등을 야기할 수 있다.

④ 분화 중심 직무설계

분화에 역점을 둔 직무설계로 인해 직무와 책임의 분할이 심한 경우와 조직단위의 구성이 기능 분립적으로 되어 있는 경우 의견대립과 갈등의 가능성이 높아진다.

⑤ 조직변동

조직변동은 현상유지적 균형을 깨는 것이기 때문에, 변동추구자들과 저항자들 간에 갈등상황이 빈번히 조성된다.

⑥ 의사전달 장애

조직 내 행동주체나 기능 간 의사전달 장애가 생기면 오해와 불신이 쌓이고, 갈등의 소지가 될 수 있다.

⑦ 행동주체들의 문제

행동주체들의 가치관·지각의 차이, 신뢰의 결여, 공격적이고 비협조적인 상황 등이 갈등의 원인으로 작용한다.

2) 갈등관리 전략

갈등은 복잡한 동태적인 현상이므로 갈등관리는 상황 적응적이어야 한다. 갈등관리의 기본전략은 예방전략, 해소전략과 조성전략으로 구분할 수 있다.

① 예방전략

예방전략은 갈등이 발생하지 않은 시점에서 향후 갈등이 예측되는 상황을 최소화하고 잠재적인 갈등요소를 완화하기 위한 활동이다. 의사결정 과정을 공식화하고 투명하게 함으로써 갈등요인을 사전에 차단할 수 있으며, 갈등발생의 조짐이 보일 경우, 이를 해결하기 위한 효과적인 수단과 방법의 활용을 의미한다.

② 갈등해소

갈등의 해소는 이미 발생한 경우, 이를 해결하기 위한 효과적인 수단과 방법의 활용을 의미한다. 갈등의 해소는 갈등의 발생원인과 상황에 대한 정확한 진단을 통해 적절한 대응방안을 선택함으로써 이루어진다. 갈등해소를 위해서는 다음과 같은 방법이 있다.

가. 문제 해결

갈등을 일으킨 당사자들이 직접 접촉하여 갈등의 원인이 되는 문제를 공동으로 해결하는 것이다.

나. 상위목표 제시

갈등을 일으킨 당사자들에게 공동으로 추구해야 할 상위목표를 제시함으로써 갈등을 완화하는 방법이다.

다. 공동의 적

갈등 당사자들에게 공동의 적을 확인해 주고, 이를 강조하면 잠정적으로 갈등을 해소하거나 잠복시킬 수 있다.

라. 회피(avoidance)

갈등을 야기할 수 있는 의사결정의 연기, 갈등상황에 처한 당사자들의 접촉 방지, 갈등행동의 억압 등의 방법을 써서 단기적으로 갈등을 진정시키는 것이다.

마. 완화(smoothing)

갈등 당사자들의 상이성 또는 상충성을 덮어두고 유사성이나 공동이익을 강조함으로써 갈등을 줄이는 방법이다.

바. 타협(compromise)

당사자들이 대립되는 주장을 부분적으로 양보하여 공동의 결정에 도달하게 하는 방법이다.

사. 협상(negotiation)

협상을 통해 갈등문제를 해결할 수 있다. 협상전략에는 각기 자기 몫을 주장하는 당사자들의 입장에 초점을 맞추는 분배적 협상(distributive negotiation)과 전체적인 자원의 가장 효율적인 활동방법에 초점을 맞추는 통합적 협상(integrative negotiation)이 있다.

③ 조장방법

조직의 운영이 관성적이고 무기력하게 이루어지는 경우 관리자는 조직의 활력, 창의와 쇄신을 위해 의도적, 전략적으로 조직 내 갈등을 조장할 수 있다. 갈등을 조장하기 위해서는 다음의 방법이 있다.

가. 정보 및 권력의 재분배

공식적·비공식적 의사전달 통로를 변경하여 정보의 재분배와 권력의 재분배를 초래하여 갈등을 야기할 수 있다.

나. 조직 내 권력구조 및 의사결정 구조의 재편

계층수를 늘리고 단위 부서를 세분화하여 견제하게 함으로써 갈등을 조성할 수 있다.

다. 정보조절

상황에 따라 정보전달을 억제함으로써 권력의 재분배를 유도하거나 지나치게 과다한 정보를 전달함으로써 갈등을 조성할 수 있다.

라. 인사정책

조직구성원을 인사이동시키거나 직위 간의 관계를 재설정하거나, 기존의 구성원들과 전적으로 다른 배경·경험·가치관 등을 가진 구성원을 충원시키는 방법이다.

마. 리더십의 유형 변경

리너십의 유형을 적절히 변경함으로써 갈등을 야기하고 대상집단을 활성화할 수 있다.

제6절 의사전달

1 의의

조직 내 의사전달(communication)은 둘 이상의 사람들 사이에서 정보를 전달하는 과정이다. 의사전달은 "둘 이상의 사람들 사이에 의견, 정보, 감정 등의 교환을 통하여 공통의 이해를 하고, 수신자 측의 의식, 태도, 행동 등에 변화를 일으키게 하는 일련의 행동"으로 정의할 수 있다. 조직 내의 모든 교호작용은 의사전달이 매개한다. 의사전달의 양태와 기술은 조직의 활동, 구조, 구성원의 행태에 영향을 미친다.

2 의사전달의 유형

1) 공식적 의사전달

① 하향적 의사전달

조직의 계층적 구조를 따라 상급자로부터 하급자에게로 명령이나 지시·방침·성과표준 등이 전달되는 의사전달을 말한다. 이러한 상의하달은 업무 활동상의 관계로 직접적인 것과 간접적인 것으로 구분된다. 직접적인 의사전달에는 명령이 있고, 간접적인 것에는 일방적 통보가 있다. 통보의 종류에는 편람(manual), 핸드북, 게시판, 구내방송, 기관지 등이 있다.

② 상향적 의사전달

조직의 하층에서 상층으로 올라가는 상향적 의사전달은 성과보고부터 내부결재, 각종 면담, 여론조사, 직장회의, 인사상담, 온라인 게시판 등에 이르기까지 매우 광범하다. 상향적 의사전달은 조직에서 상하급자 간에 쌍방적 의사전달을 가능하게 하고, 상의하달의 오류를 시정하는 장점이 있다. 그러나 계층제를 거치면서 여과효과(filtering effects)에 의해 왜곡되거나 정확성이 훼손될 수 있다.

③ 수평적 의사전달

수평적 의사전달은 조직에서 위계수준이 같은 구성원이나 부서 간의 의사전달을 의미하는 것으로 상호작용적 의사전달이라고도 한다. 하향적인 메시지의 흐름이 대개 권위적인 데 비해, 수평흐름에 의한 메시지의 내용은 주로 합리적 성격을 가지며 그 왜곡의 정도도 덜하다. 구체적 방법으로는 사전협의제도, 사후통지제도, 회의 또는 위원회제도 등이 있다.

2) 비공식적 의사전달

조직 내 의사전달은 공식적 정보전달을 통해서만 이루어지지 않는다. 조직구성원들은 직종과 계급을 넘어서 인간적인 관계에 따라 의사전달을 하는 데, 이러한 비공식적인 의사전달 체계 또는 경로를 '그레이프바인(grapevine)'이라 한다.

3 의사전달의 장애

의사전달에는 장애가 개입되면 의사전달의 정확성을 해쳐 의사전달의 효율성을 저하시킨다. 의사전달의 장애를 일으키는 요인에는 다음과 같은 요소들이 있다.

① 매체의 불완전성
말이나 글, 부호, 몸짓 등 의사전달 매체의 결함으로 인해 장애가 생길 수 있다.

② 통로의 불완전성
정보를 전달하는 데 충분한 통로가 마련되어 있지 않을 때 의사전달이 좌절되거나 혼선의 폐단이 생긴다.

③ 지각의 차이 · 착오 · 감정적 장애
의사전달을 하는 사람들 간 지각의 차이가 있거나 개인적인 지각에 차이가 있는 경우, 그리고 감정이 개입하는 경우에는 의사전달이 장애를 받게 된다.

④ 고의적 왜곡
지각의 차이가 없음에도 고의로 의사전달을 왜곡하는 경우이다.

⑤ 정보의 독점 및 누락
타인에 대하여 통제력을 행사하기 위해 정보를 독점하는 경우이다. 전달자가 의도한 메시지의 일부만이 수신자에게 전달되는 정보의 누락이 발생하는 경우이다.

⑥ 정보의 과다
전달되는 정보가 수신자의 처리 능력을 초과할 만큼 과다한 경우 의사전달의 장애가 일어난다.

4 장애의 통제방안

의사전달의 장애를 극복하여 의사전달의 효율성을 높이기 위한 방안들은 다음과 같다.

1) 매체와 통로의 개선

매체의 정밀성을 높여 의사전달 통로에 부담을 덜고 해독과정에서 생길 수 있는 장애를 제거해야 한다. 왜곡될 수 없는 매체를 만들어 과오없는 전달을 할 수 있도록 노력해야 한다.

2) 행태개선

의사전달 참여자들 사이의 해로운 갈등을 해소하고 대인관계를 개선하여 상호 신뢰를 구축하여야 한다. 발신자는 수신자의 입장에서 생각하는 감정이입의 태도를 길러야 한다. 수신자는 이해심을 가지고 적극적으로 경청하는 태도를 길러야 한다.

3) 반복 · 환류 · 추적

같은 내용의 의사전달을 반복하면 의사전달의 정확성을 높일 수 있다. 수신자로부터 의사전달에 대한 환류를 받는 것도 의사전달의 정확성을 높이는 데 기여할 수 있다. 발신자가 피동적으로 환류를 받는 데 그치지 않고, 적극적으로 수신 여부와 의사전달 목표의 성취 여부를 조사하는 추적검사를 할 수도 있다.

4) 정보흐름의 조절

정보의 흐름을 조절하여 이를 적정화해야 한다. 이와 관련해서 정보과다로 인한 장애를 예방 또는 해소하고 의사전달의 질을 높이는 것이다. 정보흐름의 적정화를 위해서는 조직구성원 전원이 협력해야 하고, 관리자 · 감독자들이 계획적인 정보관리를 해야 한다. 정보흐름을 조정 · 통제하는 전담부서를 따로 둘 수도 있고, 외부전문가의 조력을 받을 수도 있다. 조직단위 간의 정보흐름을 조절하기 위한 회의체를 구성하거나 프로젝트팀을 활용할 수 있다.

5) 적시성 제고

의사전달의 적절한 타이밍으로 적시성을 확보해야 한다.

제7절 의사결정

1 의사결정의 의의

의사결정(decision making)은 바람직한 조직의 목표를 달성하기 위하여 이용 가능한 여러 대안(alternatives) 중에서 최선의 대안을 선택하는 과정이다.

2 의사결정 과정

의사결정은 다음의 다섯 단계를 거쳐서 이루어진다.

① 문제의 정의와 분석

문제는 바람직한 상태와 현실의 상태 사이의 차이를 말한다. 의사결정의 첫 번째 단계로서 문제의 성격을 정확히 진단하고 분석하는 것이다. 문제의 발생원인, 문제와 연관된 여러 요인, 문제 해결의 장애요인 등을 확인해야 한다.

② 목표의 설정

목표는 달성하고자 하는 바람직한 상태를 말한다. 현재의 문제를 해결하여 조직구성원들의 심리적 긴장 상태를 해소하고 만족스러운 상태를 이끌어낼 수 있는 구체화된 미래의 상태를 말한다. 이 단계는 현재 조직의 문제를 해결함으로써 달성하고자 하는 바람직한 상태가 무엇인가를 설정하는 것이다.

③ 대안의 탐색과 평가

문제를 해결할 수 있는 대안(방안)을 탐색하고 평가한다. 대안의 탐색 과정에서 모든 대안을 확인할 수 있으면 이상적이겠지만, 여러 가지 제약요인 때문에 모든 대안의 완전한 탐색이 이루어지기 어렵다. 탐색된 대안에 대해서는 이들의 장 · 단점과 대안들이 초래할 결과를 평가하여야 한다.

④ 대안의 선택과 실행

대안의 선택은 여러 대안들 중에서 최선의 대안을 선택하는 과정이다. 최선의 대안을 선택한다는 것은 최대의 이익과 최소의 불이익을 가져올 것을 목표에 비추어 선택하는 것을 의미한다. 대안이 선택되고 나면 이를 실행에 옮겨야 한다.

⑤ 해결책의 재평가와 수정

선택된 대안에 대해서도 상황변화에 적응할 수 있도록 새로운 정보를 고려하고, 새로운 요구를 만족시킬 수 있는 계획을 재조정할 준비가 되어있어야 한다.

3 의사결정의 모형

의사결정의 이론모형은 의사결정을 하는 데 있어서 길잡이가 되는 개념적 틀을 말한다. 의사결정의 모형은 정책론에서 설명하는 정책결정모형과 같은 모형이므로 각 모형에 대한 상세한 설명은 하지 않고, 모형 분류의 틀만 설명한다.

1) 규범적 · 이상적 접근방법

규범적 · 이상적 접근방법(normative-idealistic approach)은 모든 인간의 행동이 합리적이라고 전제하고, 목표의 극대화를 위하여 의사결정자가 하여야 할 일은 "마땅히 이러해야 한다"는 식의 당위(sollen)를 분석 · 추구하는 방법이다. 고전적 의사결정론은 이러한 규범적 · 이상적 접근방법이었으며, 합리모형이 대표적이다.

2) 현실적 · 실증적 접근방법

현실적 · 실증적 접근방법은 현실에서 일어나고 있는 의사결정은 "이러이러한 것이다"라고 하는 존재(sein)에 기초하여 연구하는 방법이다. 이 접근방법에 속하는 모형은 인간의 합리성 추구능력에는 한계가 있다는 이론을 전개하는 만족모형, 점증모형이 있다.

제8절 조직문화

1 의의

조직문화란 조직구성원들이 집단적으로 공유하고 있는 가치와 규범의 집합이다. 즉, 조직구성원의 행동과 조직 전체의 행동에 작용하는 조직체 고유의 지배적인 가치관 · 신념 · 규범 · 관습 · 행동양식을 모두 포함하는 개념이다. 조직문화에 대한 연구는 1970~1980년대 탁월한 성과를 낸 일본 기업들의 문화적 특성에 관한 관심이 고조되면서 본격화되었다. 이후 현대조직 연구자들은 조직의 공식적인 통제기제인 조직구조뿐만 아니라 비공식 통제기제인 조직문화 역시 중요하다는 점을 인식하고 여기에 큰 관심을 기울이게 되었다.

2 조직문화의 기능

1) 순기능

- 조직문화는 조직이 경계를 설정해 주는 역할을 한다.
- 조직문화는 조직구성원들에게 정체성을 제공해 준다.
- 조직문화는 구성원들이 자기의 개인적 이익보다 고차원적인 이익을 위하여 헌신하는 것을 가능하게 해준다.
- 조직문화는 사회시스템의 안정성을 높여준다.
- 조직문화는 구성원들의 태도와 행동을 지도하고 조성하며, 의미형성 및 통제메커니즘으로서의 기능을 발휘한다.

2) 역기능

- 조직문화는 공유가치가 조직유효성을 촉진시키는 가치들과 조화를 이루지 못할 때 부담이 된다.
- 혁신에 대한 제약조건이 될 수 있다.
- 공유신념과 가치가 관리전략, 조직 및 그 구성원들의 필요와 욕구에 부합하지 않을 때에는 조직문화에 의한 의사결정의 능률성은 오히려 역기능적인 결과를 가져올 수 있다.

3 조직문화의 유형

1) 강한 조직문화와 약한 조직문화

'강한 조직문화(strong organizational culture)'는 문화적 특성에 대한 조직 내 광범한 동의를 기반으로 구성원의 행태에 강력한 영향을 미치는 조직문화를 말하고, 그렇지 못한 조직문화를 '약한 조직문화(weak organizational culture)'라 한다. 약한 조직문화를 가진 조직에서 구성원들 간의 관점의 차이로 인한 혼란이 있을 수 있는 반면, 강한 조직문화에서는 일반적으로 가치의 공유도 및 행동에 일관성이 높아 조직 통합이 쉽다. 조직이 처한 상황이나 문화유형에 따라 강한 조직문화가 변화와 학습 능력을 제한하여 부정적인 영향을 미치는 경우가 있다. 따라서 문화의 강도가 조직에 미치는 영향은 조직문화의 유형과 상황에 따라 다르게 평가되어야 한다.

2) 퀸의 경쟁가치모형

퀸(R. Quinn) 등이 제시한 경쟁가치모형은 조직문화연구에서 가장 널리 사용되는 분류모형의 하나이다. 이 모형은 조직문화를 ① 집단문화, ② 발전문화, ③ 위계문화, ④ 합리문화의 네 가지 유형으로 제시한다. 집단문화는 공동체적 관계를 중시하여 통합을 강조한다. 발전문화는 혁신과 성취를 우선시하며, 위계문화는 통제 및 내적 안정성 유지를 중시한다. 합리문화는 목표달성과 성과에 따른 적절한 보상을 중시한다.

3) 홉스테드 모형

홉스테드(G. Hofsted)는 ① 집합주의-개인주의, ② 남성적-여성적, ③ 불확실성 선호, ④ 권력거리, ⑤ 장기-단기적 시작의 조직문화 차원을 제시했다. 집합주의적인 조직에서는 집단에 대한 소속감과 충성심 및 화합을 중시하는 데 비해, 개인주의적 문화를 가진 조직에서는 개인의 자유 및 개인적 목표와 삶을 인정하고 보상·처벌도 개별적이다.

남성적 조직이 개인적 성취, 경쟁, 공격성, 야망과 같은 가치를 강조하고 결과 지향적인 데 비해, 여성적 조직에서는 배려, 단합, 공감, 동정, 협력, 인간적인 삶을 중요시하고 결과 지향적이기보다 관계 지향적인 성향을 보인다.

높은 불확실성 회피 경향을 보이는 조직에서는 안정을 선호하기 때문에, 공식적인 규정·절차를 통해 불확실한 요소를 최대한 통제하고자 한다. 권력거리는 권력의 불평등한 배분이 수용되는 정도를 말한다. 권력거리 지수가 큰 조직에서는 구성원들이 권력자와 자신의 지위 차이를 수용하고, 이견없이 지시를 따라 조직이 집권화되는 경향이 많은 데 비해, 권력거리 지수가 낮는 조직에서는 평등한 관계를 중시하기 때문에, 쌍방향적 의사전달이 활발하고 분권화된 경우가 많다.

4 한국의 행정조직문화

한국 행정조직문화는 권위주의, 집합주의, 온정주의, 안정주의 등이 그 특징으로 설명된다. 또한 홉스테드의 연구에 따른 유형을 적용하면 권력거리, 집합주의, 불확실성 회피 경향이 높은 것으로 나타나고 있다. 또한 한국 행정조직은 계층제에 따른 위계문화가 강한 것이 특징이다.

권위주의적 조직은 상관의 지휘에 따라 추진력 있게 작동할 수 있지만, 지나친 권위주의나 수직적 조직문화는 조직을 경직시키고 창의성을 제한하기 쉽다. 집합주의 및 온정주의 문화는 구성원들의 응집력을 높여주는 장점을 가진다. 그러나 집단의 외부에 대해 배타적인 경향이 있어 부서이기주의나 할거주의로 흐를 가능성과 연고주의를 강화할 가능성이 높다.

제6장 공공정책론

제1절 정책학의 의의

1 정책학의 개념

정책학(policy science)은 정책과정(policy process)을 연구하는 학문이다. 정책학은 행정현상의 하나인 정책과정을 연구하는 학문으로서 행정학의 중요한 분야를 구성하고 있지만, 행정학과는 관심과 연구의 초점에서 차이가 있다. 행정학은 행정조직을 연구의 중심에 놓고 행정조직 내부 체계, 행정조직 과정, 행정조직과 환경과의 관계 등에 연구의 중점을 두고 있다.

이에 비해 정책학은 사회문제 해결을 위한 정책적 처방에 연구의 중심을 두고 있다. 즉, 정책학은 사회문제가 정책문제가 되고 정책결정을 거쳐 정책이 집행되고 평가되며, 정책변동을 거쳐 환류되는 일련의 과정인 정책과정을 집중적으로 연구하는 학문이다.

이러한 차이로 인해 행정학은 이론적이고 기술적(descriptive) 성격이 강한 데 비해, 정책학은 규범적(normative)이고 처방적(prescriptive) 성격이 강하다. 정책연구의 궁극적인 목적은 정책을 통한 사회문제 해결이기 때문이다. 정책학은 사회문제 해결을 위해 여러 분야의 이론을 활용하기 때문에 다양한 분야의 학문이 융합된 학제적(interdisciplinary)인 성격이 강하다.

그렇다고 정책학이 처방적 성격만 가지고 있는 것은 아니다. 정책처방을 하기 위해서는 정책 현실에 대해 조사 및 기술·설명하는 활동이 필요하기 때문에, 이러한 활동이 정책연구의 기반을 형성한다. 정책학은 정책을 결정하고 집행하는 일반적 과정과 정책과정의 분석·평가활동, 정책환경, 정책결정 참여자, 정책내용과 효과 등을 연구한다.

2 정책학의 등장

정책학은 1960~1970년대 미국 사회의 혼란한 정치·사회적 상황과 제2차 세계대전 이후 사회과학의 주된 연구 흐름이었던 행태주의(behaviorism)에 대한 반작용에서 태동했다. 이 시기 미국 사회는 월남전 반전운동, 흑인폭동, 인권문제, 인종갈등, 빈부 격차 문제 등으로 엄청난 혼란을 겪었다.

당시 정치학과 행정학의 주류였던 행태주의의 철학적 배경은 논리적 실증주의로서 인간(개인)의 행태가 핵심적인 연구 대상이었다. 과학적 연구방법을 강조하였기 때문에 경험적 또는 계량적 접근방법을 선호하여 계량화가 곤란한 사안들을 연구 대상에서 제외하였다. 또한 가치판단이 개입된 문제는 회피하였다. 이러한 행태주의는 연구의 중심을 구조와 제도보다는 과정, 집단행동보다는 개인의 행태에 두었기 때문에 미국 사회가 당면한 문제에 대한 처방을 내놓기 어려웠다.

즉, 행정학 연구의 현실 적실성(relevance) 문제가 심각하게 대두되었다. 이에 따라 현실사회에 심각한 문제들이 있음에도 주류 사회과학자들이 관심을 갖지 않는 것에 대해서 비판이 제기되었고, 연구의 중심은 인간의 행태가 아닌 사회문제 해결에 두어야 한다는 성찰과 반성이 일어났다.

미국 정부는 당면 사회문제를 해결하기 위해 존슨(L. B. Johnson) 정부는 '위대한 사회(The Great Society)' 건설의 기치를 내걸고 인종 간의 소득 격차를 해소하기 위해 흑인 등 저소득층을 겨냥한 여러 가지 사회복지정책을 추진하였다.

이러한 시대 상황 속에서 행정학 연구는 행태주의에서 탈피하여 사회문제 해결에 중심을 두는 방향으로 옮겨갔다. 신행정학(new public administration)이 탄생한 배경이기도 하다. 이렇게 현실문제에 대한 분석과 처방을 강조하는 새로운 사회과학의 연구 흐름을 '후기행태주의(post-behaviorism)'라 한다. 1960년대 말 정치학자 이스턴(D. Easton)은 「정치학의 새로운 혁명(The New Revolution in Political Science)」이라는 논문에서 후기행태주의가 시작되었음을 선언하였다.

현대적인 정책연구는 라스웰(H. Lasswell)이 1951년 발표한 「정책지향(Policy Orientation)」이란 논문을 출발점으로 꼽는다. 이 논문에서 라스웰은 인간의 존엄성 실현을 궁극적인 지향점으로 하는 정책과학(policy science)의 필요성을 제시하였다. 공공정책은 인간이 직면하는 근본적인 문제들을 해결함으로써 인감의 존엄성을 구현해야 한다는 것이다. 이러한 목적을 위해서 정책연구는 정책과정에 대한 연구와 정책에 필요한 지식이라는 두 개의 요소가 필요하고 주장했다. 라스웰의 이 같은 주장은 당시 행태주의가 지배하고 있었기 때문에 별다른 주목을 받지 못했다.

이후 위에서 언급한 미국 사회가 당면한 문제들을 해결하기 위해 행태주의에 대한 반성이 일어나면서 정치학자들이 중심이 되어 1979년 미국정책학회(Association for Public

Policy Analysis and Management: APPAM)를 창립한 후 정책연구가 본격화되었다. 1970년대에는 도시문제, 환경문제, 에너지 문제 등 문제 중심의 정책연구가 큰 발전을 이루었다.

제2절 정책의 개념과 정책개입의 정당성

1 정책의 개념

정책의 개념은 정책연구자의 접근과 관점에 따라서 다양하게 정의되고 있고, 사실상 통일된 개념은 없다 할 수 있다. 정책과학을 주창했던 라스웰은 정책의 본질을 '문제해결'이라는 관점에서 규정하였다. 라스웰은 정책을 "사회변동의 계기로서 미래 탐색을 위한 가치와 행동의 복합체"라고 하여, 정책의 특성을 계획성, 목표성, 가치함축성, 실제성을 강조하고 있다.

이스턴은 정책을 "가치 및 자원의 권위 있는 배분"으로 정의하고 있다. 미국 정책연구학회(APPAM)는 "정책이란 다양한 사회문제에 대처하기 위해 고안된 실제적이고 잠재적인 정부의 계획과 행동"이라고 정의하여 정책의 현실문제 해결 지향성과 계획 및 실천성을 강조하였다. 정정길 교수는 정책을 "바람직한 사회상태를 이룩하려는 정책목표를 달성하기 위해 필요한 정책수단에 대하여 권위 있는 국가(정부)기관이 공식적으로 결정한 기본방침"으로 정의하고 있다.

정책은 기본적으로 사회문제를 해결하여 바람직한 상태를 구현하려고 하는 정부개입의 수단이다. 정부의 정책은 법령, 예산, 계획 등의 다양한 형식으로 표출된다. 따라서 실제 현실에서는 정책이란 용어 외에도 정책을 의미하는 다양한 이름이 사용되고 있다. 입법형식으로 성립하는 경우에는 입법 수준과 형식에 따라 헌법, 법률, 명령, 행정규칙, 자치단체의 조례와 규칙 등으로 불린다. 법치행정의 원리에 의해 행정에 의해 수행되는 정책은 법령에 근거를 두어야 하고, 따라서 대부분의 정책은 법령의 형식을 가지고 있다.

정책은 또한 예산의 형식으로 성립한다. 문제 해결을 위한 정책집행을 위해서는 필수적으로 재원이 수반되어야 하기 때문에 대부분의 정책은 예산의 형식으로 집행된다. 사업, 프로그램, 계획 등의 명칭이 사용된다. 또한 입법이나 예산의 형식으로 성립되지 않더라도 정책결정자의 발표, 회의 결정, 정부의 활동 방침 표명 등도 정책의 일부이다. 민간부문의 정책과 구별하기 위해 '공공정책(public policy)'이라는 용어를 구별해서 쓰기도 하지만 일반적으로 통용하는 '정책'은 공공정책을 의미한다.

2 정책의 구성요소

정책 개념에는 공통적인 구성요소들이 포함되어 있다. 이러한 구성요소들을 이해함으로써 정책의 개념을 보다 잘 이해할 수 있을 것이다.

1) 정책목표

정책목표(policy goal)는 정책을 통하여 달성하고자 하는 바람직한 상태를 말한다. 모든 정책은 정책목표를 가지고 있다. 정책목표는 현재 문제를 해결하여 달성하고자 하는 상태이기 때문에 미래 지향성이다. 예컨대, 고령화저출산위원회(2023)가 제시한 "제4차 저출산·고령사회기본계획"이라는 정책의 비전은 "모든 사회가 함께 행복한 지속가능 사회"로 설정하고 있다.

이를 위한 하위목표로 "인구구조 변화에 대한 적응" 등의 네 가지 목표를 제시하고 있다. 고령화·저출산 문제를 해결하기 위한 기본계획은 정책이며, 제시된 정책 비전은 상위목표이고 이를 달성하기 위한 보다 구체적인 목표는 하위목표이다. 정책은 최상위의 정책목표 아래 이를 달성하기 위한 하위목표와 정책수단의 목표-수단 체계로 구성되어 있다. 이러한 정책목표는 다음과 같은 중요한 기능을 수행한다.

- 정책목표는 정책수단을 선택하는 데 기준이 된다.
- 정책목표는 정책집행을 위한 가이드라인이 된다.
- 정책목표는 정책을 집행한 후 정책을 평가하는 기준이 된다.

2) 정책수단

정책수단(policy instrument)은 설정된 정책목표를 달성하기 위한 정책주체(정부기관)가 취하는 일련의 행동방침을 말한다. 특정한 목표를 달성하기 위해 정책수단을 선택하는 것은 정책문제에 대한 진단에 따라 달라진다. 저출산의 원인이 "자녀양육의 경제적 · 정서적 부담, 가족에서의 성 불평등, 자녀의 교육환경과 미래에 대한 불확실성" 등으로 진단되면 이러한 문제 원인을 해결하기 위한 정책수단을 선택하는 것이다. 정책수단은 정책대상자들에게 긍정적 혹은 부정적인 영향을 주기 때문에, 이를 둘러싼 이해관계자들 사이에 갈등이 발생한다.

3) 정책 대상집단

정책은 그 정책이 대상으로 하는 정책집단(policy target group)이 있다. 정책에는 정책으로부터 이익을 받는 수혜집단과 불이익을 받거나 비용을 부담하는 희생자(비용부담자)로 구분할 수 있다. 정책비용부담 집단은 해당 정책의 집행으로 비용을 부담해야 하기 때문에 정책저항을 보이기 쉽다. 정책수혜 집단과 비용부담 집단은 때로는 하나의 집단일 수도 있다. 예컨대, 주 52시간으로 제한되어 있는 근로시간을 주 69시간까지 근무할 수 있도록 정부가 추진하는 '근로시간 유연화' 정책은 근로자들이 수혜자인 동시에 불이익을 받을 수 있는 입장이 될 수도 있다. 정책의 시행으로 이들 사이에 이익 · 손실의 배분 또는 재배분이 일어난다.

3 정책개입의 정당성

1) 정책개입의 정당성

정책은 국가가 사회문제를 해결하기 위해 시민들의 삶에 개입하는 정책적 수단이라 할 수 있다. 국가가 직접 개입하여 문제 해결에 나서는 것은 시민들의 자유의사에만 맡겨 놓는 경우 문제 해결이 되지 않고, 그 결과 사회 전체의 이익에 해로운 결과를 낳기 때문이다. 이를 경제학에서는 '시장실패(market failure)'라는 개념으로 설명한다.

시장실패는 시장기구가 자원을 효율적으로 배분하는 기능에서 실패하는 것을 말한다. 시장기구에 의해 자원이 효율적으로 배분되면 국가가 개입할 필요가 없다는 의미가 될 수 있지만, 시장기구에 의한 효율적인 자원배분 상황에서도 국가가 개입할 필요가 있다. '민간실패'라고 불리는 상황이다. 즉, 민간부문의 각 행위자들이 자신들의 이익을 극대화하는 선택을 자유롭게 하다 보면 사회 전체 차원에서는 바람하지 못한 결과가 초래되는 상황이 발생할 수 있다.

이러한 상황에서 정부는 ① 시장실패 또는 민간실패로 인한 사회 전체에 바람직하지 않은 상황을 방지하거나, ② 시장실패나 민간실패 문제의 처리를 위해 시장에 개입한다.

2) 시장실패

애덤 스미스(Adam Smith)가 '보이지 않은 손(invisible hand)'으로 표현한 시장 메커니즘에 의한 효율적인 자원배분은 실제 현실에서는 잘 작동하지 않는 경우가 발생한다. 자유주의자들은 개인들이 자신들의 효용을 극대화하기 위해 자유롭게 결정하고 행동하도록 내버려 두면 가장 효율적인 자원배분이 이루어질 것으로 믿었다. 그러나 실제는 시장기구가 제대로 작동하지 않는 상황들이 나타났다. 개인들이 자신들의 효용과 행복만을 극대화하는 선택을 하는 경우 사회 전체적으로는 바람직하지 않은 상황이 발생하는 것이다.

이러한 상황을 설명하는 시장실패에는 세 가지 유형이 있다. ① 경제적 차원의 시장실패, ② 정책결정 과정에서 정치권력과 영향력의 불균형적인 배분으로 인한 정치적 차원의 시장실패, ③ 공동체 차원에서 소중히 여기는 가치와 연관된 사회적 차원의 시장실패이다.

① 경제적 차원의 시장실패

시장에서 시장 메커니즘에 의해 효율적으로 자원배분이 이루어지지 않는 상황을 의미한다. 생산 또는 소비가 최적 수준에서 이루어지지 않거나 시장 자체가 형성되지 않는 경우를 말한다. 그 원인으로 ① 불완전한 시장 조건, ② 외부효과, ③ 공공재, ④ 가치재로 설명한다.

가. 불완전한 시장조건

시장이 제대로 기능하는 데 필요한 전제조건들이 충족되지 않으면 최적의 자원배분이 이루어지지 않을 수 있다. 이러한 상황은 ① 생산자나 소비자가 정보가 충분하지 않거나 불완전한 정보를 갖고 있는 경우, ② 거래비용이 과도하게 높은 경우, ③ 독점이나 과점으로 시장이 제대로 기능을 하지 못하는 경우 등을 들 수 있다.

나. 외부효과

외부효과(externality effect)는 경제적 활동이 제3자에게 의도하지 않은 편익이나 비용을 발생시키면서도 그에 대한 대가가 지불되지 않거나 비용부담이 되지 않을 때 발생한다. 아무런 대가를 지불하지 않았음에도 불구하고 자신의 편익이 증가하는 경우를 '외부경제(positive externality)'라 하고, 비용부담이 비용을 발생시킨 당사자가 아닌 제3자에게 발생하는 경우를 '외부비경제(negative externality)'라 한다.

외부경제의 예로는 산업스파이 행위를 들 수 있다. 다른 업체가 막대한 비용을 투입해 개발한 신기술을 몰래 빼내는 경우 아무런 비용을 들이지 않고 막대한 이익을 취할 수 있기 때문이다. 외부경제가 발생하는 경우 시장에서 필요한 만큼의 자원투입(신기술 개발)이나 공급, 생산이 이루어지지 않아 자원배분이 왜곡되게 된다. 외부경제로 인한 문제를 해결하기 위해 정부는 보조금을 지급하거나 세금을 감면한다.

외부비경제의 예로는 공장 매연이나 자동차 배기가스로 주민의 건강을 나쁘게 하고, 농작물에 피해를 주는 경우를 들 수 있다. 공장주인이나 자동차 운전자는 자신들의 행위로 인한 편익과 비용을 고려하지 않기 때문에, 오염물질을 야기하는 생산을 지나치게 많이 하거나 정화장치를 설치하지 않게 된다.

외부비경제의 문제점은 해당 재화가 사회적 필요보다 과다생산(소비)된다는 것이다. 생산자는 자신이 비용을 부담하지 않기 때문에 해당 재화를 적게 생산할 유인이 없기 때문이다. 이를 해결하기 위해서 정부는 세금이나 벌금을 부과하거나 해당 재화 생산에 대한 면허제를 도입힌다.

다. 공공재

공공재(public goods)는 비배제성(non-exclusiveness)과 비경합성(non-rivalry)의 특성을 가지는 재화 혹은 서비스를 말한다. 비배제성이란 재화나 서비스가 공급되면 비용지불 여부에 상관없이 누구라도 소비에서 배제시킬 수 없다는 것을 말한다. 국방, 치안서비스 등이 그 예이다. 비경합성은 재화나 서비스가 제공되면 누구나 경쟁없이 똑같이 소비할 수 있는 것을 말한다. 깨끗한 공기, 공원 등이 그 예이다.

공공재로 인해 시장실패가 일어나는 것은 무임승차자(free-rider) 문제 때문이다. 비용지불에 상관없이 누구나 서비스나 재화를 이용할 수 있는 공공재의 특성으로 인해 비용을 지불하지 않고 편익만 얻으려고 한다. 이로 인해 대가를 지불하고 서비스를 이용하거나 재화를 구매하려는 수요가 없게 되고, 사회적으로 꼭 필요한 재화나 서비스임에도 공급이 이루어지지 않는 결과를 초래한다.

라. 가치재

가치재(merit goods)란 본질적으로 대단히 중요한 가치를 지니고 있는 재화나 서비스를 말한다. 그럼에도 사람들이 그 중요성을 인식하지 못해 그냥 방임하면 필요한 적정 수준만큼의 소비가 이루어지지 않기 때문에 시장실패가 발생한다. 교육, 건강, 문화예술 등이 전형적인 가치재에 해당한다. 이런 경우에 정부가 개입해서 소비를 권장하거나 혹은 강제한다. 정부는 의무교육제도나 의무적인 정기적인 건강검진 등을 통해 필요한 최소한도 이상의 소비가 이루어지도록 한다.

② 정치적 차원의 시장실패

정치적 차원의 시장실패는 정책결정 과정에서 사회 내 다양한 집단들의 입장이나 이해관계가 균형있게 반영되지 못하는 경우를 말한다. 즉, 특정 집단의 이익이 편파적으로 정부정책에 반영되거나 정책결정 과정에서 전혀 고려되지 않는 상황이다. 정책결정 과정에서 모든 사회구성원들의 의견이 고루 반영되지 못하고, 권력을 가진 소수가 막강한 영향력을 행사함으로써 정책이 왜곡되는 현상이다.

③ 사회적 차원의 시장실패

사회적 차원의 시장실패는 경제적 효율성 달성 여부와 상관없이 사회적으로 소중한 가치들이 훼손되는 것을 말한다. 경제가 완벽하게 작동하고 소득수준이 높아진다 해도 소득분배 불균형, 환경오염, 고유문화의 훼손, 윤리적 타락, 사회질서 파괴, 전통적 가치관 및 규범체계 붕괴 등 소중한 가치들이 훼손되면 그러한 상태를 바람직한 사회라고 부르기 어렵다.

제3절 정책유형

정책의 개념도 다양하고, 정책은 사회의 제반 문제를 대상으로 하는 만큼 정책의 유형도 정치 · 경제 · 사회적인 특정을 고려하여 분류할 수 있다.

1 로위의 정책유형

로위(T. Lowi)는 정책대상자의 범위와 정책대상 간 갈등수준을 기준으로 정책유형을 배분정책, 규제정책, 재분배정책, 구성정책으로 분류하였다. 로위의 분류는 정책유형에 대한 모형 중 가장 널리 활용되고 있다.

1) 배분정책

배분정책(distributive policy)은 국민이 필요로 하는 서비스나 혜택, 이익을 제공해 주는 내용의 정책이다. 가장 일반적인 정책으로서 항만, 교량, 철도와 같은 사회간접자본을 설치하는 것이 그 예다. 배분정책을 둘러싸고 정치인이나 이익집단이 더 많은 예산이나 이익을 차지하기 위해 서로 경쟁하는 모습을 돼지들이 먹이를 먹기 위해 서로 싸우는 것과 같다고 하여 '돼지구유 정치(pig barrel politics)'로 묘사되기도 한다.

2) 규제정책

규제정책(regulatory policy)은 정부가 사회의 개인 · 집단의 활동에 제한을 가하는 내용의 정책이다. 규제정책은 보통 경제적 규제와 사회적 규제로 구분한다. 경제적 규제는 기업의 본원적 경제활동을 대상으로 하는 것으로서, 독과점 및 불공정 거래 규제, 가격 규제, 품질 규제 등이 이에 해당한다. 사회적 규제는 손상될 수 있는 사회적 가치를 보호하기 위한 것으로서, 환경규제, 보건규제, 사회적 차별에 대한 규제, 음란 · 외설 규제와 같은 사회적 법익을 보호하기 위한 규제 등이 이에 속한다.

3) 재분배정책

재분배정책(redistributive policy)은 사회의 계층이나 집단 사이의 재산 · 소득 · 권리 등의 분포상태를 변화시키기 위한 정책이다. 주로 고소득층으로부터 저소득층으로 소득의 이전을 목적으로 하는 정책으로서 '로빈후드 정책(Robin Hood policy)'이라고도 불린다. 누진소득세, 빈곤층을 위한 생활보조금 등이 이에 해당한다.

4) 구성정책

구성정책(constituent policy)은 정부기관의 신설이나 변경, 선거구 조정 등 정부조직 구조와 기능을 변화시킬 목적으로 추진되는 정책을 말한다. 구성정책은 일반시민들을 대상으로 하는 정책이라기보다 정책결정 시스템 혹은 정치 시스템을 어떻게 구성할 것인가에 대한 정책이다.

로위의 네 가지 정책유형 중에서 정책대상자의 범위가 크고 정책대상자 간 갈등 수준이 가장 높은 정책은 재분배정책이다. 재분배정책의 결정과 집행은 사회집단 간 또는 더 나아가 사회계급 간 광범위하고 치열한 갈등이 발생할 가능성이 높다. 이에 비해 배분정책은 정책대상자의 범위가 상대적으로 좁고 정책대상자 간의 갈등도 낮은 편이어서, 대상집단 간 갈등수준이 다른 정책유형에 비해 상대적으로 낮아 정책결정과 집행을 좀 더 용이하게 할 수 있다.

2 앨먼드와 파월의 정책유형

앨먼드(G. A. Almond)와 파월(G. B. Powell)은 정치체제의 산출 활동이 지닌 기능적 특성을 중심으로 정책유형을 추출정책, 분배정책, 규제정책, 상징정책으로 분류하고 있다.

1) 추출정책

추출정책(extractive policy)은 징세 · 징병과 같이 내 · 외적 환경으로부터 인적 · 물적 자원을 추출하는 기능과 관련된 정책이다. 추출물의 종류 · 양 · 추출방법, 추출의 영향을 받는 집단 등이 정책의 중요한 내용이다.

2) 배분정책

배분정책(distributive policy)은 개인이나 집단에게 교육이나 보건과 같은 경제적 재화와 용역 · 신분 · 지위 · 기회 · 공동체 의식 등과 같은 가치를 배분해 주는 정책을 말한다. 정책주체가 정책환경의 구성요소에 대해 가치를 제공(배분)하는 점에서 정책환경으로부터 자원을 추출하는 추출정책과 상반된 기능을 수행한다.

3) 규제정책

규제정책(regulatory policy)은 개인이나 집단의 행동에 대한 정부의 통제 활동과 관련된 것으로서, 형벌 · 의무 · 면허 등이 주요 정책내용이다. 인권침해의 소지가 있기 때문에 특별한 사유가 없는 한 법률의 형태를 취한다.

4) 상징정책

상징정책(symbolic policy)은 국경일 제정, 역사적 인물의 부각, 정치의식 거행 등을 통해 정치체제의 정통성, 정당성, 신뢰감 등을 확보하기 위한 정책이다. 정치체제에 대한 국민의 신뢰도가 높아지면 다른 유형의 정책집행을 보다 효과적으로 할 수 있기 때문에 정책집행의 순응도를 높이기 위해 상징정책을 활용한다.

제7장 정책과정론

제1절 정책과정

1 정책과정의 의의

정책과정(policy process)은 특정의 사회문제가 정책문제로 전환되고, 문제 해결을 위한 정책결정과 정책집행을 통해 정책환경을 변화시키고, 환경의 새로운 요구가 정책변동으로 이어지는 일련의 과정을 말한다. 정책과정은 간단히 정책이 형성되고 집행되는 과정을 의미한다. 정책과정에 대하여 정책에 대한 다양한 정의만큼이나 학자들에 따라 다양하게 설명되어 왔다.

정책과정에 대한 다양한 인식 속에서 공통점을 발견할 수 있다. 정책과정은 ① 정책의제설정, ② 정책결정, ③ 정책집행, ④ 정책평가, ⑤ 정책종결・수정의 단계를 거치는 것으로 설명된다. 정책과정은 이들 단계들이 명확히 구분되거나 꼭 순차적으로 진행되는 것이 아니다. 실제의 상황적 조건에 따라 여러 단계가 동시에 진행될 수도 있고, 순차적 진행은 교란될 수 있다. 또한 단계 구분도 모호해질 수 있다.

2 정책과정의 참여자

공식적으로 정책과정을 주도하는 참여자 또는 행위자(actor)는 정부기관이다. 정책과정에서 산출되는 정책은 모든 국민, 특히 이해관계자에게 큰 영향을 미치기 때문에 자신들의 이익을 위해 이 과정에 참여하고자 한다. 이들 참여자는 공식적 권한 여부를 기준으로 공식적 참여자와 비공식적 참여자로 구분된다.

1) 공식적 참여자

공식적 참여자는 정책과정에 참여가 법・제도적으로 보장된 정책과정의 행위자이다. 주로 정부 내부에서 활동하는 입법부, 대통령, 행정부처, 사법부에 속하는 사람들이 여기에 속한다.

2) 비공식적 참여자

비공식적 참여자는 정책과정에 참여가 법・제도적으로 보장되지는 않지만, 정책과정에 참여하여 각 정책 단계에서 직・간접인 영향을 미치는 사람들이다. 비공식 참여자에는 정당, 이익집단, 언론, 학자, 전문가 및 일반국민들이 있다.

3 정책과정의 국가론

정책과정은 국가의 기관인 정부와 여러 연관세력이 주도한다. 따라서 정책과정에서 국가의 성격・역할을 어떻게 정의하는가에 따라 정책과정에 대한 접근방법이 달라질 것이다.

1) 다원주의(Pluralism)

다양한 집단들이 국가에 가하는 제약에 주목하고, 정책은 이들 집단들의 선호를 반영하는 것이라고 본다. 사회를 구성하는 집단들 사이에 권력은 널리 분산되어 있다. 국가기관인 정부관료제도 스스로 이익을 추구하는 하나의 집단으로 본다. 여러 집단들이 권력투쟁을 벌이며, 협상하고 타협한 결과가 정책이라고 본다.

2) 엘리트주의(Elitism)

권력은 소수 정치집단인 엘리트에게 집중되어 있다고 본다. 정부관료제는 다른 대규모 조직들과 함께 엘리트 권력의 중요한 출처이고, 국가의 정책은 이들 엘리트 집단들의 이익을 대변한다고 한다. 권력을 갖지 못한 일반대중은 정책과정에 영향을 미치지 못한다고 한다.

3) 마르크스주의(Marxism)

국가는 중립적인 기관이 아니라 지배계급의 도구라고 한다. 국가는 독점자본가 계급의 이익을 위해 행동하는 정치지도자들이 운영하고 있으며, 국가의 재정 활동은 독점자본의 이익을 위해 사용된다고 한다. 정부관료제는 지배계급의 이익을 유지하기 위한 수단이고, 정책은 이를 실행하기 위한 구체적 수단이라고 본다.

4) 조합주의(Corporatism)

조합주의는 국가는 자본·노동과의 관계에서 독자적이고, 정책과정에서 지배적인 역할을 수행한다고 한다. 국가는 정책영역과 관련된 상호 경쟁관계인 이익집단의 대표들을 정부에 통합하여, 때로는 이들에게 정책형성과 집행에 참여할 권한을 부여하기도 하고, 경쟁적 이익집단과 협력할 책임을 부여하기도 한다. 통합된 이익집단 대표들은 때로는 정부대표와 협상하기도 한다. 국가가 추구하는 목표나 선호는 이들 집단들과 다를 수 있는 데, 국가는 정부 내 개별기관들의 국지적 이익과 구별되는 국익 차원의 정책을 선호하기 때문이다.

제2절 정책의제설정

1 의의

정책의제설정(agenda setting)은 다양한 사회문제 중에서 특정한 문제가 선택되어 정부의 정책적 해결을 위한 정책의제로 채택되는 과정을 말한다. 즉, 수많은 사회문제 중에서 어떤 문제는 정부의 관심을 받아 정부가 문제 해결에 직접 나서는 데 비해, 어떤 사회문제는 그렇지 못하고 그대로 남아 있는 경우가 있다. 정책의제설정은 수많은 사회문제 중에서 특정 사안에 대해 정부가 정책적 해결을 하기로 하고 정책의제로 설정하는 것이다. 정책의제설정은 정책과정의 출발점으로서 정책의제설정이 있어야 정책결정, 정책집행, 정책평가로 이어질 수 있기 때문에 중요한 의미를 지닌다.

2 정책의제설정 단계

사회문제는 다음과 같은 단계를 거쳐 정책의제가 된다.

1) 사회문제

사회문제란 사회의 영향력이 있는 집단이 사회의 표준에 어긋난다고 인식된 문제 상태이다.

2) 사회적 이슈

사회문제 중에서 문제의 정의 및 해결 방법에 대하여 집단들 사이에 견해 차이가 있어 갈등이 발생하고 논란이 되고 있는 사회문제를 말한다.

3) 공중의제

공중의제는 사회적 이슈 중에서 일반대중의 주목을 받으면서 정부가 문제 해결을 하는 것이 정당한 것으로 인식되는 사회문제이다. 사회적 이슈가 공중의제가 되려면 ① 많은 사람들이 관심을 갖고 있으며, ② 어떤 방식이든 정부의 조치가 필요하다고 인식하는 사람들이 상당수 있고, ③ 문제가 정부의 적절한 고려 대상이라고 생각하는 사람들이 많이 존재해야 한다.

4) 정부의제

정부의제는 정부의 공식적인 의사결정에 의해 해결을 심각하게 고려하기로 명백히 밝힌 문제들이다. 정부의제는 정치의제 혹은 제도적 의제라고 한다. 사회문제 중 일정한 점화사건(triggering event)을 통해 정책이슈가 되면 정부의제가 된다. 정부의제는 정책의제설정 활동의 산출물로서 나오는 좁은 의미의 정책문제라 할 수 있다.

3 정부의제설정 모형

콥과 엘더(Cobb & Elder)는 정책의제설정의 주도집단을 기준으로 세 가지 유형의 정책의제설정 모형을 제시했다.

1) 외부주도형

외부주도형(outside initiative model)은 정부 외부에 있는 집단들이 주도하여 특정 사안이 정책의제로 채택되는 경우를 말한다. 즉, 정부 외부의 집단이 특정 사회문제에 대하여 사회쟁점화하고 공중의제로 전환시키고, 결국 정부의제로 채택하도록 하는 의제설정 유형이다. 외부주도형은 다원화되고 민주화된 선진국 정치체제에서 많이 나타나는 유형이다.

2) 동원형

동원형(mobilization model)은 외부주도형과 반대로 정치지도자에 의해 사회문제를 정책의제로 설정한 후 일반국민의 지지를 얻기 위해 정부 활동을 통해 공중의제로 확산시키는 정책의제설정 유형이다. 동원형은 정부의 힘이 강하고 민간부문이 취약한 후진국에서 많이 나타나는 유형이다.

3) 내부접근형

내부접근형(inside access model)은 정부기관 내의 관료집단이나 정책결정자에 쉽게 접근할 수 있는 사람들이 최고 정책결정자에게 접근하여 정부의제화하는 경우를 말한다. 내부접근형은 선진국의 경우 특수 이익집단이 비밀리에 정부의 혜택을 보려는 군수·국방정책에서 나타나며, 후진국의 경우에는 관료들이 주도하는 경제개발계획 등에서 자주 나타난다. 내부접근형은 동원형과 달리 일반국민들을 설득해 지지와 협조를 얻으려고 하는 공중의제화 과정이 생략된다는 점에서 차이가 난다.

4 정책의제설정 이론

1) 사이먼의 의사결정론

사이먼(H. A. Simon)은 조직과 인간이 가진 능력은 한계성, 즉 '제한된 합리성(bounded rationality)'으로 인해 많은 사회문제 중 일부만 정책의제로 채택된다고 한다.

2) 체제이론

이스턴(D. Easton) 등의 체제이론에서는 특정한 문제를 체재 내에 들어오게 할 것인지 여부를 결정하는 것은 문지기(gate keeper)의 역할로 본다. 즉, 문지기가 선호하는 문제가 정책문제로 채택된다는 것이다. 문지기는 구체적으로 공식적 정치제도 속에서 중요한 역할을 수행하는 정책행위자(policy actor)를 의미한다.

3) 다원주의

다원주의(pluralism)는 사회 내 다양한 이익집단들 간 정치적 경쟁의 결과로 정책의제가 설정된다고 본다. 정치적 영향력은 사회 각 계층에 널리 분산되어 있으며, 정치권력의 실질적 소재가 다원화되어 있다고 본다. 다양한 이익집단들이 각자 자신들의 이해관계에 따라 특정한 사안들을 정부의 정책의제에 포함시키려 하고, 이를 위해 다양한 전략을 구사한다고 한다. 이들 이익집단들 간의 정치적 경쟁에서 승리한 집단이 주장하는 사안이 정부의 공식적 정책의제로 선정된다는 것이다.

4) 엘리트주의

① 엘리트주의

엘리트주의에서는 사회 내에 정치적 영향력이 고르게 분배되어 있지 않고 대단히 불균등하게 배분되어 있다고 본다. 정책을 주도하는 세력이 사회의 엘리트집단에 편중되어 있으며, 엘리트집단의 이해나 가치관을 반영하는 사안이 정책의제로 채택된다고 주장한다.

엘리트주의는 엘리트집단은 동일한 이해관계로 뭉쳐 있는 동질적이고 폐쇄적인 집단이다. 다원주의 시각에서는 엘리트집단들이 서로 동질적이 아니고 경쟁관계에 있으며, 어떤 사안에 누구의 입장이 반영될지 미리 알 수 없고 정치 게임이 끝나야 알 수 있다고 한다. 엘리트주의 시각에서는 사회의 엘리트집단이 항상 공고하게 존재하기 때문에, 누구의 입장이 정책의제로 설정될지는 사실상 이미 정해져 있다고 본다. 엘리트집단이 자신들의 이익만을 고려하여 요구하는 사안들이 정부의 정책의제로 된다고 주장한다.

② 무의사결정론

바크라크(P. Bachrach)와 바라츠(M. Baratz)에 의해 제기된 이론으로서 신엘리트주의 이론의 핵심적 내용이다. 이들은 권력은 '두 개의 얼굴(two faces of power)'이 있다고 주장한다. 하나는 권력자 자신에게 유리한 방향으로 의제가 설정되고 결정이 이루어지도록 힘을 행사하는 것이고, 다른 하나는 자기가 원하지 않은 것을 사람들이 아예 생각조차 못하도록 하는 것이다. 엘리트들이 자신들에게 유리한 이슈만을 논의하고, 잠재적 도전이나 위협이 될 수 있는 문제는 거론조차 못하게 봉쇄하는 것을 '무의사결정(non-decision)' 또는 '비결정'이라 부른다. 정책문제의 채택과정에서 엘리트가 권력을 비밀리에 행사하여 자신들에게 불리한 문제는 아예 채택을 못하게 한다는 것이다.

5 의제설정 영향요인

1) 집단 균형에 대한 위협

집단들은 합리적 균형상태를 유지하고자 하는 데, 이런 상태를 위협받는 상황이 발생하면 이에 적절히 대응하게 되고, 이러한 과정에서 정책의제가 설정된다.

2) 정치적 리더십

정치지도자는 자신의 정치적 이익을 위하거나 공익을 위해서 특정 문제가 정책의제가 되도록 노력한다.

3) 위기 또는 대사건

사회적으로 위기가 발생하거나 사회에 큰 영향을 미치는 큰 사건이 발생하면, 이 문제에 대한 공중의 관심이 집중되고 정책적 중요성에 대한 공감대가 형성되어 정책의제가 된다.

4) 시위활동

폭력을 동반한 시위활동도 문제를 정책결정자의 관심권 안으로 끌어들여 정책의제화하는 역할을 한다.

5) 언론 보도

특정 문제나 이슈에 대하여 언론이 관심을 가지고 집중보도하는 경우 정책의제가 되기도 한다.

제3절 정책결정

1 의의

정책결정은 정책대안을 탐색하고 채택하는 과정이다. 정책결정은 문제 해결에 도움이 될 수 있는 정책대안을 탐색하고, 탐색된 정책대안을 비교·평가해서 그 중에서 최적의 대안을 최종적으로 선택하는 과정이다. 정책대안은 정책목표를 달성할 수 있을 것으로 예상되는 수단을 말하고, 정책대안을 탐색하는 것은 정책문제를 해결할 수 있을 것으로 예상되는 가능한 방법들을 찾는 것을 말한다.

2 정책결정 모형

정책결정을 설명하는 모형은 합리성을 기준으로 다음과 같은 것이 있다.

1) 합리모형

합리모형(rational model)은 인간의 이성과 합리성에 기초한 모형이다. 합리모형은 정책결정자의 철저한 대안 탐색과 분석을 통해 가장 합리적인 대안이 정책으로 선택된다고 한다. 정책결정자는 모든 사회의 가치 선호와 상대적 비중을 정확히 파악하여 문제를 명확히 인식하고, 문제 해결을 위한 모든 대안을 작성하여, 각 대안의 비용·편익을 비교 · 평가하여 최선의 정책대안을 선택하여야 한다. 그러나 실제 정책결정은 합리적 · 분석적 결정이 아니고 직관, 습관 등의 방법에 의하여도 이루어지고, 매몰비용 때문에 합리적인 새로운 대안을 탐색하기보다는 기존의 정책을 계속 채택하는 경우가 있다.

2) 만족모형

사이먼(H. A. Simon)은 의사결정(정책결정)의 행태 연구를 통하여, 실제 조직의 의사결정 과정에서는 최적의 대안이 아닌 '만족할 만한(satisficing)' 대안을 선택한다는 것을 실증적으로 보여주었다. 그는 합리모형에서 가정하는 의사결정자를 '경제인(economic man)'으로 부르고, 자신이 제시하는 합리성의 제약을 받는 의사결정자를 '행정인(administrative man)'으로 불렀다. 사이먼의 주장은 다음과 같다.

- 경제인은 목표달성의 극대화를 추구하지만, 행정인은 '만족할 만한(satisfactory)' 또는 '그 정도면 괜찮은(good enough)' 대안을 선택한다.
- 대안탐색은 무작위적이고 순차적으로 이루어지며, 대안의 결과 예측은 만족할 만한 결과를 가져오는 대안을 찾을 때까지 계속된다.
- 경제인은 복잡하고 동태적인 상황을 모두 고려한다고 하지만, 행정인은 실제 상황에서 복잡한 상황을 단순화한 후 대안결과를 예측한다.

3) 점증주의모형

점증주의(incremental model)는 린드블롬(C. E. Linblom)과 윌다브스키(A. Wildavsky) 등에 의해 주장되었던 이론이다. 점증주의모형은 정책결정은 기존의 정책에서 소폭적 변화만 주고 이루어진다고 설명한다. 정책결정자의 분석 능력과 시간이 부족하고 정보도 제약되어 있으며, 대안 비교기준도 불분명한 상태이기 때문에 기존의 정책에서 소폭적인 변화만을 대안으로 고려하여 정책을 결정하고, 시간 흐름에 따라 환류되는 정보를 보고 잘못된 점이 있으면 수정 · 보완한다는 것이다.

점증주의모형은 합리모형의 비판에서 출발하고 있다는 점에서 사이먼의 만족모형과 비슷하지만, 정책결정자의 인지적 제약에 더하여 가치판단과 사실판단의 상호작용, 정책결정 상황의 복잡성, 정책결정의 정치적 의미와 그로 인한 제약 등에 큰 관심을 기울이고 있다는 점에서 차이가 있다.

4) 혼합탐사모형

에치오니(A. Etzioni)는 합리모형과 점증모형을 혼합시켜 혼합탐사모형(mixed-scanning model)을 제시했다. 정책결정 과정에서 근본적 정책결정과 점증적 정책결정이 필요하다고 판단하고, 합리모형과 점증모형의 단점을 극복하고 장점을 취하는 모형을 주장했다.

그는 정책결정을 '근본적(fundamental) 결정'과 '세부적(detailed) 결정'으로 구분하였다. 인공위성에서 기상관측을 할 때 광학카메라로 공간 전역을 대강 조사한 후 이상지역이 발견되면 정밀카메라로 그 지역을 집중적으로 상세히 조사하는 것과 같은 경우이다. 근본적 결정은 합리모형의 포괄성이 지니는 장점을 취하고, 세부적 결정은 근본적 결정의 테두리 안에서 소수의 대안만을 집중적으로 정밀하고 깊이 있게 검토하는 것이 바람직하다고 한다.

5) 최적모형

드로(Y. Dror)도 정책결정의 문제를 합리모형과 점증모형 중에서 어느 하나를 선택하는 문제로 설명하는 것은 커다란 위험이 있다고 보고, 현실주의와 이상주의를 결합시키는 모형이 필요하다고 보았다. 그러한 시도로 양자의 단순합계가 아니라 '초합리성'이라는 새로운 요소를 가미하여 규범적인 최적모형(optimal model)을 제시하였다.

드로는 최적모형은 경제적 합리모형과 초합리모형의 결합이라고 설명하면서 최적모형이야 말로 합리모형이라고 주장하였다. 경제적 합리모형은 합리모형에 따르는 노력과 시간(비용)이 합리적 결정의 효과보다 작거나 같을 때 합리모형을 적용한다. 초합리모형은 인간의 직관이나 영감에 기초한 판단을 의미하는 데, 이러한 초합리성은 합리적 과정을 보완하는 역할을 해야 한다고 주장한다.

최적모형은 가치의 존재를 중시하고, 직관, 판단, 창의와 같은 초합리성 개념을 도입하여 합리모형을 한 층 더 발전시켰고, 사회변동 상황에서 혁신적 정책이 정당화될 수 있는 이론적 근거를 제공했다는 점이 평가를 받는다. 그러나 정책결정 과정의 사회적 과정에 대한 고찰이 불충분하고, '초합리성'의 달성 방법이 불명확하고, 너무 유토피아적이라는 비판을 받는다.

6) 쓰레기통모형

쓰레기통모형(garbage can model)은 사회 내의 신념체계, 가치체계가 바뀌거나 정치체제가 바뀌는 등의 '조직화'된 무정부상태나 변동상황 속에서 일어나는 정책결정 형태를 설명하는 모형이다. 코헨(M. Cohen), 마치(J. March), 올슨(J. Olsen) 등이 주장하였다. 이들은 정책결정이란 어떤 일정한 규칙에 따라 이루어지는 것이 아니라 혼란한 상황 속에서 마치 쓰레기통에 던져 놓은 쓰레기들이 뒤죽박죽으로 엉켜 있는 것과 같다고 한다.

이들은 정책결정에 필요한 요소는 ① 문제, ② 해결책, ③ 기회, ④ 참여자 등 네 가지가 있는 데, 이러한 요소들이 서로 다른 시간에 쓰레기통(can) 안에 들어와서 우연히 한 곳에서 동시에 만날 때 비로소 정책결정이 이루어진다고 본다.

쓰레기통모형은 사회 내의 가치나 신념의 무정부 상태 속에서 정책결정 행태를 분석하는 데 도움을 준다. 그러나 조직화된 무정부상태가 모든 조직에 나타나는 것이 아니며, 오히려 하나의 체제에서 여러 가지 상태, 일방적인 조직의 성격, 조직화된 무정부상태가 혼재하고 있다는 점에서 모형 적용의 제약이 있다.

3 정책분석

1) 의의

정책분석(policy analysis)은 정책결정을 위하여 정책대안을 비교 · 평가하여 최선의 대안을 선택할 수 있도록 정책대안들의 특성, 원인과 결과에 대하여 연구를 하는 것을 말한다. 정책분석은 주어진 정책목표를 달성할 수 있는 여러 대안 중에서 가장 효과적이고 능률적인 대안을 선택하도록 정책대안을 체계적으로 검토하는 과정이다. 정책분석은 정책대안을 비교 · 평가하기 위해서 여러 학문 분야의 이론과 기법을 활용하기 때문에 응용사회과학적이면서 학제적 활동이다.

2) 정책분석의 절차

효율적인 정책분석을 위하여 따라야 할 일반적인 절차는 다음과 같다.

① 문제파악 및 목표정의

문제파악 단계에서는 정책의제로 설정된 문제에 대하여 원인과 성격을 명확히 파악하여야 한다. 문제분석이 이루어지고 나면 정책수단에 의해 달성하고자 하는 목표, 즉 정책을 통하여 이루고자 하는 바람직한 미래의 상태를 정의해야 한다.

② 상황분석

설정된 목표를 재확인하고 정책적 해결을 요하는 당면한 문제의 성격을 명확히 파악하기 위해서는 정책결정 체제의 외부상황과 체제 내적인 상황을 면밀히 조사·분석해야 한다.

③ 정책대안의 탐색·개발

목표달성을 위한 중요한 대안이나 방법을 모색하는 단계이다. 정책대안의 탐색은 과거의 선례, 다른 지역이나 국가의 사례, 과학적 이론이나 모델, 주관적·직관적 방법, 이해관계 집단 등을 활용하여 이루어진다. 이뿐만 아니라 창의력을 발휘하여 전혀 새로운 대안을 개발하는 것도 포함한다.

④ 정책대안의 미래 예측

정책대안의 결과 예측은 대안의 탐색·개발을 통해 만들어진 여러 정책대안이 집행되었을 때 나타날 수 있는 결과를 예측하는 것이다. 미래 예측을 위해서 통계학적·수학적·관리과학 등 다양한 이론과 기법이 활용된다. 미래 예측은 정책분석 활동의 핵심적 부분이다. 정책의 성공 여부는 많은 부분 정책대안의 결과에 대한 미래를 정확히 예측하는 것에 달려 있기 때문이다. 정책대안의 미래 예측을 위한 접근방법은 세 가지의 기본적 범주가 있다.

가. 추세연장적 미래 예측

역사적 추세를 연장하여 미래를 예측하는 방법이다. 추세연장적 미래 예측은 과거에 관찰된 양태가 미래에 지속된다는 것, 관찰된 추세에 나타난 과거의 변동이 미래에도 규칙적으로 나타난다는 것, 추세측정자료가 신뢰성 있고 타당하다는 것 등의 전제가 성립되어야 유효한 예측방법이다. 이 접근방법의 적합한 대표적 예로는 전통적 시계열 분석이 있다. 그 외에 검은줄 기법, 최소자승법, 이동평균법, 격변예측기법 등이 있다.

나. 이론적 미래 예측

인과관계분석이라고도 한다. 이 접근방법은 이론적 가정과 과거·현재의 자료에 입각하여 미래의 상태를 예측하는 방법이다. 이론적 미래 예측은 여러 이론들의 인관관계에 관한 가정에 기초를 둔 것이다. 이론적 미래 예측 방법으로는 이론지도작성, 인과관계 모델링, 선형계획, 투입·산출분석, 회귀분석 등이 있다.

다. 판단적 미래 예측

판단적 미래 예측은 추측 또는 직관적·주관적·질적 미래 예측이라고도 한다. 주관적 판단들을 구하고 이를 종합하는 예측방법이다. 추세연장적 미래 예측과 이론적 미래 예측에서는 경험적 자료나 이론이 중심적 역할을 하지만, 판단적 미래 예측에서는 예측하는 사람의 창의적 통찰력이나 직관이 중심적 역할을 한다. 기법으로는 델파이기법, 교차영향분석, 가능성평가기법, 시나리오 작성기법 등이 있다.

⑤ 대안의 비교·평가

정책대안 결과의 미래 예측을 토대로 최적 대안을 선택하는 과정을 말한다. 던(W. Dunn)은 정책대안 비교·평가의 기준으로서 소망성과 실현가능성을 들고 있다. 소망성은 효과성, 능률성, 형평성, 대응성, 적합성, 적절성의 여섯 가지 기준으로 나누고, 실현가능성은 정치적, 경제적, 사회적, 법적, 행정적, 기술적 실현가능성의 여섯 가지 기준으로 나누어서 분석할 수 있다.

가. 비용·편익과 비용·효과분석

비용·편익분석(cost-benefit analysis)은 정책의 능률성 내지 경제성에 초점을 둔 정책분석의 접근방법이다. 이 접근방법은 미래 예측을 내포하는 방법이지만, 분석대상이 한정되어 있고, 정책대안 기준발견에 역점이 있다. 비용·편익분석은 경제적으로 최선의 대안을 선택할 수 있도록 하기 위해 정책대안들의 금전적 비용과 편익을 측정하고 비교하는 분석방법이다. 경제적으로 최선의 정책은 순이익(net benefit)이 가장 큰 것을 말한다.

비용·편익분석은 ① 개별사업에 관한 정책을 주된 대상으로 한다는 것, ② 국민경제 전체를 보는 관점에서의 분석이라는 것, ③ 특정 정책의 모든 비용과 편익을 장기적 시각에서 분석한다는 것, ④ 미시경제학적 이론의 응용이며 실무적 분석이라는 특징을 가지고 있다.

비용·편익분석이 정책대안들의 잠재적 비용과 편익을 정확하게 측정할 수 있으면 정책선택의 효과적 기준을 제시할 수 있으나, 비용·편익의 성격이 모호하고 공동의 측정단위를 발견하기 어려운 경우가 많다. 그리고 비용을 부담하거나 편익을 누릴 사람이 누구인지 발견하기 어려운 경우가 많다.

공공부문에서는 비용보다 편익을 측정하기 더 어렵기 때문에 비용·편익분석 대신 비용·효과분석(cost-effectiveness analysis)을 활용하는 예가 많다. 비용·효과분석에서는 정책대안들이 일정한 서비스 수준(산출·결과)을 달성하는 데 드는 비용만 계산한다. 이 방법은 합의된 서비스 수준 달성에 드는 비용이 가장 적은 정책대안을 선택하는 데 필요한 정보를 제공한다.

나. 정책대안의 실현가능성

정책대안을 비교·평가함에 있어서 비용·편익이나 효과에서 아무리 좋은 평가를 받는 대안이라도 실현가능성(feasibility)이 낮으면 정책대안으로 채택되기 어렵다. 정책대안은 현실에서의 다음과 같은 실현가능성을 고려해야 한다.

• 정치적 실현가능성

정치적 실현가능성은 먼저 정부의 국정 방향에 합치되느냐의 문제와 입법화가 필요한 정책의 경우 먼저 정부·여당 내에서 정책으로 채택되고, 여야 간 협의를 통해 국회를 통과할 수 있느냐 하는 것이다. 정부의 국정 방향에 합치되지 않는 정책대안은 관계기관 협의나 국정 최고책임자의 최종 승인과정에서 폐기될 가능성이 높다.

입법화를 추진하는 정책대안의 경우 정부 내 관계 부처 간 이견이 크거나 여당이 반대하는 경우, 정부 내부 논의나 정부·여당 협의 단계에서 정책대안이 폐기처분될 수 있다. 정부나 여당 내에서 정책협의가 끝나 국회에 법안이 제출되는 경우에도 야당이 심하게 반대하는 정책대안의 경우에는 법안으로 통과하기 어렵고 상임위원회 논의과정에서 폐기되는 경우가 많다.

정치권뿐만 아니라 이해관계 집단이나 시민단체, 언론에서 반대하는 정책대안의 경우도 정책으로 실현되기 어렵다. 초등학교 입학연령을 만 5세로 낮추겠다는 정책은 학부모 단체의 강한 반대로 정책입안 단계에서 폐기 처분되었다.

• 재원의 조달가능성

정책이 실행되기 위해서는 재원과 실행할 조직·인력 및 권한이 필요하다. 막대한 재원을 수반하는 정책대안은 그 재원을 조달할 방안이 마련되지 못하면 정책대안으로 채택되기 어렵다. 정책실현에 소요되는 비용이 정책으로 인해 얻는 편익보다 월등히 큰 것은 정책대안으로 채택되기 어렵다. 필요한 재원을 위해서 기획재정부와 예산협의, 조직·인력에 관련해서는 행정안전부와 협의가 필요하다. 정책대안의 경제성이 낮게 평가되고 재원의 조달이 어려운 경우에도 종종 정치적 논리에 의해 정책대안이 채택되는 경우가 있다. 가덕도 신공항 건설을 위한 전문가 평가에서 타당성평가 결과가 아주 낮게 나왔지만, 정치적 이유로 결정된 것과 같은 경우가 이에 속한다고 할 수 있다.

• 기술적 · 행정적 실현가능성

아무리 좋은 정책대안이라도 현재의 기술이나 관리수준으로 실현하기 어려운 경우는 정책대안으로 채택되기 어렵다. 또한 현행의 법령 · 제도를 변경하지 않고는 실현되기 어려운 정책대안은 채택되기 어렵다. 또한 정책에 필수적인 요소가 확보하기 어려운 정책대안도 채택이 어렵다.

⑥ 최선의 대안선택

앞의 기준에 의하여 각 대안을 종합적으로 비교 · 분석하여 설정된 목표달성에 가장 잘 부합되면서도 합리적인 안을 최종적으로 선택한다.

제4절 정책집행

1 의의

정책집행(policy implementation)은 결정된 정책을 실행에 옮기는 과정이다. 정책집행이 중요한 이유는 정책이 어떻게 집행되느냐에 따라 정책결과가 달라질 수 있기 때문이다. 정책의 내용도 중요하지만, 어떤 식으로 집행을 하느냐에 따라 정책의 성패에 영향을 미칠 수 있다. 정책집행과정은 별도로 존재하는 것이 아니라 정책형성, 결정과정 및 정책평가과정과 서로 영향을 주고받는 교호적 작용을 한다.

정책집행과정에서는 집행을 담당할 조직을 결정하고 필요한 자원을 확보해야 한다. 그리고 정책에 대한 저항과 실패 요인들을 극복하고 대상집단의 수용과 순응을 확보해야 한다. 정책집행은 기술적 · 행정적 과정일 뿐만 아니라 정치적 과정이다. 정책은 집행자들이 해석하고, 정책결정자와 정책집행자는 집행과정에서 서로 영향을 미친다. 정책은 집행 단계에서 집행자의 해석을 통하여 더욱 구체화된다. 이런 과정을 거치면서 정책집행 단계에서도 정책이 결정되거나 수정되기도 한다.

2 정책집행의 유형

나카무라와 스몰우드(Nakamura & Smallwood)는 정책결정자와 집행자의 권한관계를 기준으로 정책집행의 유형을 다섯 가지로 분류했다.

1) 고전적 기술자형

이 유형은 정책결정자가 거의 모든 권한을 행사하고 집행자에게는 기술적 재량만을 제외하고 별다른 권한을 위임해 주지 않는 경우를 말한다. 하향적 정책집행의 전형적 유형이라 할 수 있다. 이러한 유형의 정책집행이 실패하는 이유는 정책집행자가 정책에 대하여 정치적으로 반대하기 때문이 아니라 정책을 수행하는 데 필요한 기술적 능력이 부족하기 때문이다.

2) 지시적 위임자형

이 유형은 정책결정자로부터 지시를 받은 범위 내에서 집행자가 어느 정도의 권한을 위임받아 정책을 집행하는 경우이다. 정책결정자가 정책의 기본골격과 구체적인 목표를 설정해 놓고, 그 범위 내에서 수단을 강구하도록 정책집행자에게 약간의 재량권을 위임해 준 정도이다.

3) 협상형

이 유형은 정책결정자와 집행자가 거의 비슷한 정도로 권한을 가지고 있다. 정책집행자는 정책결정자와 협상 또는 흥정을 통해 정책의 목표나 목표달성을 위한 수단에 관하여 협상한다. 협상의 결과는 정책결정자와 집행자 간의 상대적인 권력관계에 의해서 결정된다.

4) 재량적 실험형

정책결정자가 구체적인 정책을 결정할 수 없는 경우 추상적인 목표를 제시하는 정도에 그치고, 집행자가 광범위한 재량권을 위임받아 정책의 목표와 수단을 구체화하는 역할을 한다. 이 유형에서 정책집행자에게 전폭적으로 권한을 위임하는 것은 정책의 모호성과 정책을 해결할 기술의 한계 때문이다. 정책집행자는 정책을 보다 구체적으로 정의하고 강구할 책임을 지게 된다.

5) 관료적 기업가형

이 유형은 고전적 기술자형과 가장 대조적인 유형으로서, 정책집행자가 정책결정의 권력을 장악하고 정책과정을 지배하는 유형이다. 이때 정책집행자는 정보의 독점, 시간, 전문성과 기술 등의 능력과 기업가 정신 및 정치적 기술을 발휘함으로써 정책결정과정을 지배하게 된다.

표 7-1 나카무라와 스몰우드의 정책집행 유형

구분	정책결정자의 역할	정책집행자의 역할
고전적 기술자형	• 구체적 목표를 설정 • 정책집행자에게 목표달성을 위한 기술적 권한 위임	• 정책결정자의 목표를 지지하고 목표를 달성하기 위한 기술적 수단 강구
지시적 위임자형	• 구체적인 목표를 설정 • 정책집행자에게 목표달성을 위한 수단을 강구하도록 행정적 권한 위임	• 정책결정자의 목표를 지지하며 목표를 달성하기 위해 집행자 상호 간에 행정적 수단에 관하여 교섭
협상가형	• 목표를 설정 • 집행자와 목표 또는 목표달성을 위한 수단에 관하여 협상	• 목표달성에 필요한 수단에 관하여 정책결정자와 협상
재량적 실험가형	• 추상적 목표를 지지 • 집행자가 목표달성 수단을 구체화시킬 수 있도록 광범위한 재량권 위임	• 정책결정자를 위해 목표와 수단을 명백히 함
관료적 기업가형	• 집행자가 설정한 목표와 목표달성을 위한 수단을 지지	• 목표와 목표달성을 위해 필요한 수단을 형성시키고, 정책결정자로 하여금 목표를 받아들이도록 설득

자료: 김정수(2016).

3 정책집행의 성패요인

1) 정책의 특성과 자원

① 정책의 명확성과 일관성

정책의 내용이 불명확하고 집행의 구체적 지침이 없는 경우 체계적이고 정확한 집행이 어렵다. 또한 정책의 내용이 자주 변경되거나 일관성이 없다면 안정적인 집행을 하기 어렵다.

② 정책문제의 성격

당초에 완전한 해결이 어려운 문제를 대상으로 하는 정책이거나, 문제로 인한 비용보다 해결비용이 더 들어가는 가는 경우 정책집행이 실패할 가능성이 크다.

③ 정책내용의 소망성

정책내용의 소망성도 집행과정에 영향을 미친다. 정책의 내용이 정책집행자들에게 바람직한 것으로 여겨지느냐 여부이다. 정책집행자들에게 바람직한 정책으로 받아들여지지 않으면 최선을 다해 집행하지 않을 가능성이 크다.

④ 집행집행 수단 및 자원의 확보

정책집행에 필요한 수단, 도구 혹은 자원의 확보 수준도 집행에 영향을 미친다. 집행과정에 소요되는 재원, 담당 인력, 부서와 집행에 필요한 기술력 등이 제대로 갖추어져 있는지 여부는 성공적인 집행을 위해 중요한 요인이다.

2) 정책결정자와 정책 관련 집단의 지지

성공적 정책집행에 영향을 미치는 또 다른 요인은 외부로부터 지원이 어느 정도냐 하는 것이다.

① 최고정책결정자의 관심

최고정책결정자의 정책에 대한 관심의 정도는 정책집행의 성공에 있어서 아주 중요한 요인이 된다. 최고결정권자의 관심 정책은 자원을 동원받기 쉽고 집행의 여러 장애물들을 보다 쉽게 극복할 수 있기 때문이다.

② 여론의 지지

일반국민들과 여론의 지지도 정책집행의 아주 중요한 요인이다. 국민과 여론이 지지하는 정책은 집행에서 관심과 지지를 받을 수 있기 때문에 성공할 가능성이 매우 높다. 그러나 그 반대의 경우 거센 저항 때문에 정책을 제대로 집행해 나가기 어려운 상황이 된다.

③ 정책 대상집단의 지지

정책 대상집단으로부터 지지 여부도 정책집행 성공의 중요한 요인이 된다. 일반국민의 여론과 지지도 중요하지만, 정책에 의해 직접적인 영향을 받는 대상집단이 지지하지 않거나 결사적으로 반대하면 정책이 집행과정에서 많은 난관에 부닥칠 가능성이 높다.

3) 정책집행 조직과 담당자

① 정책집행자의 의지와 능력

정책집행을 담당하는 기관과 관료들의 의지와 능력이 정책집행의 성공에 영향을 미친다. 관료들이 별다른 집행 의지가 없거나 업무수행에 필요한 지식이나 능력이 부족하면 제대된 집행이 이루어지기 어렵다.

② 관료 규범 및 조직구조

집행담당 부서의 관료 규범, 집행 절차 또는 조직구조도 정책집행에 영향을 미친다. 관료들의 기강이 제대로 잡혀있고, 문제 해결에 필요한 표준운영절차(SOP) 등이 얼마나 충실히 갖춰져 있느냐 하는 것은 집행의 성공에 영향을 미치는 요인이 된다.

③ 조직 특성과 중간 매개기관

조직의 특성이나 중간 매개기관들도 정책집행의 성패에 영향을 미친다. 조직 내의 문화가 분파주의, 할거주의(sectionalism)를 띠고 있다면 필요한 부서 간 협업이나 조정이 어렵고 순조로운 집행이 어려울 것이다. 정책집행 담당자와 대상집단들 사이에서 중재자 역할을 해 줄 수 있는 기관의 존재 여부와 역할의 수준도 집행의 성패에 영향을 미친다.

4 정책집행의 순응과 불응

1) 순응의 의의

정책집행의 순응(policy compliance)은 정책결정자의 의도나 정책 내용에 대해 정책집행자나 대상집단이 정책이 요구하는 바를 따르는 것이다. 이에 비해 불응은 순응과 상반된 개념이다. 대상집단의 순응은 정책집행 성공의 최소요건이라 할 수 있다. 정책 자체의 내용, 정책담당기관의 특성, 정책대상자들의 특성 등 많은 요인들이 순응 또는 순응 거부에 영향을 미친다. 정책집행의 실제에 있어서는 정책을 완전히 순응하거나 불응하기보다는 부분적으로 순응하면서 불응하기 때문에, 양자 간의 차이는 한 연속선상에서 정도의 차이로 볼 수 있다.

2) 순응의 원인

① 권위

정책이 합리적이고 필수 불가결하며 정당한 것이라는 점을 이성적이고 의식있게 수용함으로써 정책에 대해 순응할 수 있게 된다.

② 합리성

정책에 관련된 사람들이 정책이 합리적이고 필수 불가결하며 정당한 것이라는 점을 수용하기 때문에 정책에 대하여 순응할 수 있다.

③ 정부의 정통성

정책을 집행하는 정부가 합당한 권한이 있고 정당한 절차에 의해 집행이 되면 정책이 정통성을 갖게 된다. 정통성은 정부의 결정이나 정책에 대해 순응하게 하는 요인이 된다.

④ 개인적 이익

개인적 이익에 부합되기 때문에 순응을 한다. 이러한 경우는 각종 경제정책에서 많이 볼 수 있다. 가장 흔한 순응요인이다.

⑤ 제재

순응 거부에 대한 제재(처벌)의 두려움 때문에 정책에 순응하게 할 수 있다. 상당수의 정책은 제재에 대한 두려움보다 대상집단의 자발적인 협조에 의해 효과적으로 집행된다.

⑥ 평판

대상집단이 사회적 신용과 명예를 중시하는 경우에는 제재의 경중에 상관없이 정책에 순응한다.

⑦ 타성

어떤 정책이 장기간 지속적으로 집행되면 처음에는 순응하지 않았던 사람이라도 그 정책에 친숙해져서 타성적인 순응을 할 수 있다.

3) 불응의 원인

① 정책내용의 모호성 · 상충성

정책이 모호하거나 상충된 내용을 담고 있을 때 순응 거부가 일어날 수 있다.

② 선택적 불응

어떤 법이 다른 법보다 개인에게 법적 구속력이 약한 경우 그 법에 대해 선택적으로 불응할 수 있다.

③ 가치관 · 관습과 마찰

정책이 대상집단의 가치관, 신념, 관습과 갈등을 일으키는 경우 불응이 발생할 수 있다.

④ 집단에의 귀속감

동료와 집단에 대한 귀속은 어떤 상황에서는 순응의 원인이 되기도 하지만, 법이나 정부에 비판적인 집단에 소속되어 활동하거나 유대감을 가지고 있는 경우에는 불응의 일탈적 규범과 가치를 갖게 된다.

⑤ 정책의 타당성 결여

정책이 성립 시에 현실 타당성이 결여되어 있거나 정치적 이념이나 이익을 목적으로 추진된 정책의 경우 집행과정에서 잘못된 정책에 대한 저항과 상대 진영으로부터 저항에 부딪칠 수 있다. 홍수나 가뭄에 대비하기 위해 설치된 4대강의 보를 해체하려는 정책을 집행과정에서 농업용수를 사용하는 주변 농민들이 반대하여 집행하지 못하는 것이 그런 예에 속한다.

⑥ 신뢰 결여

정책기관의 능력이나 정당성을 신뢰하지 않기 때문에 순응하지 않을 수 있다.

⑦ 이해 부족

정책의 취지와 정확한 내용을 알리는 데 실패했거나 알렸더라도 정책대상이 이해하지 못했기 때문에 불응이 일어날 수 있다.

4) 순응 확보의 전략

공공정책에 대한 순응을 확보하거나 불응을 해소하기 위해 다음과 같은 방법이 활용된다.

① 교육 · 설득 및 선전 활동

대상집단에 대한 교육 · 설득 및 선전 활동을 통하여 정책을 이해시키고 동의를 구함으로써 정책에 대한 자발적인 순응을 확보한다.

② 정책의 수정

타당성이 결여된 정책은 집행과정에서 현실적 여건이나 대상자의 요구조건을 반영하여 수정하거나 재해석함으로써 순응을 확보할 수 있다.

③ 제재와 보상

집행기관이 모든 수단을 사용했음에도 순응이 확보되지 않을 경우에는 대상자들에게 법적 · 행정적 제재 수단을 사용함으로써 불응을 해소할 수 있다. 다른 한편 정책대상자에게 편익을 제공함으로써 정책에 대한 지지와 순응을 확보할 수 있다.

제5절 정책평가

1 정책평가의 의의

정책평가(policy evaluation)는 정책의 내용이나 집행과 효과를 평가하고 측정하여 그 결과를 정책과정에 환류하는 것을 말한다. 넓은 의미의 정책평가는 정책의 과정적 측면과 정책산출 및 그 효과를 모두 대상으로 한다. 하지만 일반적으로는 정책집행 결과에 의한 정책효과를 평가하는 것을 의미한다. 정책평가는 정책과정의 마지막 단계에 해당하며, 이 단계의 활동이 정책과정을 순환적인 것으로 만든다. 즉 정책평가 단계에서 정책결과를 평가한 정보에 따라 정책의제설정, 정책결정 또는 집행 단계에 환류하여 다음 정책이나 사업에 반영하는 것이다.

2 정책평가의 기능

정책 단계에서 정책평가의 기능과 가치는 다음과 같다.

- 정책목표의 달성도를 측정할 수 있다.
- 정책에 대한 국민의 욕구충족 정도와 만족도를 평가할 수 있다.
- 합리적 정책결정을 위한 다양한 정보를 제공해 준다.
- 정책의 가치를 따지는 것이기 때문에 정책의 목표달성도뿐만 아니라 정책이 초래한 영향까지 평가한다.

3 정책평가의 유형

정책평가는 다음과 같은 몇 가지 유형으로 구분할 수 있다.

1) 성과평가와 과정평가

정책평가는 그 대상에 따라 성과평가(outcome evaluation)와 과정평가(process evaluation)로 구분할 수 있다. 성과평가는 정책집행이 완료된 후 정책결과에 초점을 맞추어 정책내용이 실제 문제 해결에 얼마만큼 도움이 되었는지, 당초 기대한 목표가 어느 정도 달성되었는지 확인해 보는 평가이다. 이에 비해 과정평가는 정책을 입안하고 시행하는 전체적인 과정이나 절차가 제대로 지켜졌는지 확인하고 검토하는 활동이다.

2) 총괄평가와 형성평가

평가 시기에 따라 총괄평가(summative evaluation)와 형성평가(formative evaluation)로 구분할 수 있다. 총괄평가는 정책이 종료된 후 정책이 제대로 운영되었는지, 그리고 당초 의도했던 효과를 가져왔는지 여부를 판단하는 것이다. 총괄평가는 정책효과와 부수효과, 부작용까지 포함하여 정책이 사회에 끼친 영향(impact)[1]이나 충격을 확인하려는 활동이다. 반면에 형성평가는 정책이 진행되고 있는 도중에 정책의 형성이나 집행의 개선을 위해서 이루어지는 평가를 말한다. 총괄평가는 정책집행이 끝난 후에 하는 평가이고, 형성평가는 정책집행이 아직 완전히 끝나지 않은 상태에서 중간에 평가하는 것이다.

3) 자체평가, 내부평가, 외부평가

자체평가는 정책을 결정 · 집행하는 주체가 정책을 평가하는 것을 말한다. 내부평가는 정책의 결정 · 집행 주체가 소속한 조직의 다른 구성원이 행하는 평가를 말한다. 외부평가는 정책의 결정 · 집행의 담당기관이 아닌 제3자가 수행하는 평가를 말한다.

---

1) 정책산출(policy output), 정책성과(policy outcome), 정책영향(policy impact)이라는 용어를 구별할 필요가 있다. 정책산출은 정책집행이 종료된 직후 발생하는 직접적인 결과물을 말한다. 정책영향은 정책산출로 인해 파급되어 나타나는 변화를 의미한다. 정책산출은 정책이 집행된 직후 시간적으로나 공간적으로 가까운 곳에서 바로 나타나는 결과인 데 비해, 정책영향은 시간적으로 한참 지난 후에 혹은 공간적으로 정책 집행장소로부터 먼 곳에서 일어나는 영향이다. 정책성과는 산출물로 인해서 발생하는 중기적인 변화를 말한다.

4) 예비평가와 본평가

예비평가는 특정한 정책사업을 본격적으로 평가하기 전에 수행하는 활동으로서, 정책평가의 소망성과 실현가능성을 개략적으로 검토하는 평가성 평가를 말한다. 본평가는 예비평가의 결과, 평가가 필요한 사업을 대상으로 총괄평가, 과정평가 등을 실행하는 것이다.

5) 정량평가와 정성평가

정량평가(quantitative evaluation)는 엄격한 계량적 방법을 사용하여 수치화된 지표를 통해서 나타나는 정책의 결과를 측정·분석하고, 정책과 그 결과 간의 인과관계를 밝히는 평가를 말한다. 정성평가(qualitative evaluation)는 정책과정이나 결과에 대한 서술적 내용으로 이루어지는 평가를 말한다. 숫자로 치환할 수 없는 주관적 서술로 평가하기 때문에 '질적 평가' 또는 '비계량적 평가'라고도 한다.

4 정책평가의 방법론

정책평가의 목적은 정책목표와 수단 사이에 존재하는 인과관계를 검증하려는 것이다. 정책을 집행하는 것은 정책수단을 실현한다는 의미이므로 정책집행이 의도한 효과를 가져왔는지를 판단하는 것은 정책수단이 실현되었을 때 처음 의도한 효과를 가져왔는가를 판단하는 것과 같다. 정책평가 방법은 실험적 방법과 비실험적 방법으로 구분된다. 실험적 방법은 진실험과 준실험으로 구분되고, 비실험적 방법은 실험을 사용하지 않은 통계적 방법을 말한다.

1) 비실험적 방법

비실험적 방법에는 정책실시 사후비교와 정책실시 전후비교가 있다. 정책실시 사후비교는 정책을 실시하고 난 다음에 사후적으로 실험집단의 값과 통제집단의 값을 측정해서 비교하는 방법이다. 두 집단의 측정값이 다르면 이는 곧 정책을 시행하는 실험집단과 시행하지 않은 통제집단 사이에 차이가 있음을 의미한다. 이러한 차이는 정책으로 인해서 나타난 효과일 것이라 추정하는 것이다.

정책실시 전후비교란 하나의 집단만을 대상으로 해서 정책을 시행하기 이전과 이후를 비교함으로써 인과관계를 추정하는 것이다. 정책실시 사후비교 방법은 정책시행 이후에 두 집단의 측정값을 비교하는 것이고, 정책실시 전후비교 방법은 실험집단 하나를 정책시행 이전과 이후로 두 번 측정해서 비교하게 된다. 정책 이전의 측정값과 이후의 측정값에 차이가 있다면 그 차이는 정책으로 인해 발생한 효과라고 추정하는 것이다.

2) 실험적 방법

실험적 방법은 두 개의 집단을 대상으로 각 두 차례 측정하여 네 개의 값을 가지고 인과관계를 추정한다. 실험적 방법은 실험집단과 통제집단의 동질성 여부에 따라 진실험(true experiment)과 준실험(quasi-experiment)으로 구분할 수 있다.

5 정책평가의 활용

정책평가의 결과는 정책의 집행상태를 점검하거나 집행전략을 수정 또는 보완하는데 활용된다. 또한 정책과정상의 책임확보나 정책학의 이론형성에 활용되기도 한다. 정책평가에 영향을 미치는 요인들은 다음과 같다.

1) 정책결정자의 요구

정책결정자와 사업담당자의 요구와 평가결과가 얼마나 일치하느냐와 그러한 요구가 평가과정에서 어떻게 반영되느냐와 관련된 변수이다. 정책결정자의 요구와 일치나 반영 정도가 클수록 활용도는 높아진다.

2) 적시성

평가의 시기가 정책이나 프로그램의 결정 시기와 적시성이 높을수록 활용도는 높아진다.

3) 의사소통

평가과정에서 평가이용자와 평가자의 직접적인 의사소통의 정도가 높을수록 활용도는 높아진다.

4) 평가결과의 배포

평가결과 전체를 공개하느냐 혹은 요약본을 제시하느냐에 따라 정책활용 결과가 다르게 나타날 수 있다. 요약본을 제시하는 경우 특히 부정적 평가결과에 대한 왜곡이나 누락이 발생할 수 있다.

5) 적절성의 인식

평가의 목적이 분명한 경우 평가결과의 활용도는 높아진다.

6) 평가방법의 질

평가방법의 엄격성이 돋보이는 경우 활용이 촉진된다.

7) 평가이용자의 활용 의지

평가결과에 대하여 평가이용자의 관심이 높고 활용 의지가 높을수록 활용은 촉진된다.

8) 정책에 대한 옹호 정도

평가결과가 정책에 대해 부정적인 경우와 긍정적인 경우 각각 다르게 활용에 영향을 미치게 된다. 부정적인 평가결과가 산출되어 나오는 경우 활용은 저해받을 수 있다.

제 6 절 정책변동

1 정책변동의 의의

정책과정은 동태적인 현상이기 때문에 시간 선상에서 변동을 겪게 된다. 정책평가를 거쳐 나온 평가결과를 정책과정에 환류시키는 것은 정책과정의 본질적인 부분을 이루고 있다. 정책과정에서 지속적이고 적절한 환류 활동을 통해 새로운 환경의 요구와 문제 해결에 적절한 정책수단을 확보해 나가야 한다. 과정평가에서 나온 정보를 바람직한 정책집행 전략을 수립하는 데 활용하거나, 총괄평가에서 얻은 정책결과에 대한 정보를 정책결정 과정에 환류시켜 정책을 수정하거나 종결시켜 정책의 타당성과 적실성을 제고하는 것이다.

2 정책변동의 유형

호그우드(B. Hogwood)와 피터스(B. Peters)는 정책순환론에 있어서 순환의 최종 단계, 즉 평가 후 단계(post-evaluation)를 중시하며 정책변동론(policy dynamics)을 제시했다. 이들은 평가 후 단계에서 발생할 수 있는 것으로서 ① 정책유지(policy maintenance), ② 정책승계(policy succession), ③ 정책혁신(policy innovation), ④ 정책종결(policy termination)의 네 가지 유형을 제시하고 있다.

1) 정책유지

정책유지는 정책의 골격은 유지하면서 정책의 구체적인 구성요소들을 지속적으로 완만하게 대체 또는 변경해 나가는 것이다. 이것은 정책목표에 충실할 수 있도록 정책산출을 조정하는 변동이다. 정책유지의 예로는 정책목표의 변동없이 정책의 혜택을 받는 집단의 범위나 혜택의 수준을 조정하는 경우이다. 정책은 존속이 바람직하다는 합리적 판단에 의해 지속되기도 하지만, 정책변동의 필요를 인지하고 종결이나 승계를 시도하다가 저항에 부딪혀 실패하기 때문에 정책이 지속되기도 한다.

2) 정책승계

정책승계는 기존의 정책을 같은 영역의 새로운 정책으로 대체하는 것이다. 이것은 완전히 새로운 영역의 정책을 수립하는 것이 아니라 기존 정책에 수정을 가하는 것이다. 따라서 신·구 정책 간에 상당한 연계성과 중첩성이 있다. 정책혁신이나 정책종결보다 정책승계의 빈도가 높은 이유는 ① 정책종결보다 저항을 적게 받는다는 것, ② 정책의 결함이나 부작용 문제는 부분적인 경우가 많다는 것, ③ 정책혁신보다 자원의 소요가 적다는 것, ④ 대부분의 문제영역에 정책들이 나와 있어서 정책공간(policy space)이 붐빈다는 것이다.

3) 정책혁신

정책혁신은 새로운 정책의 채택을 의미한다. 정부는 정책혁신을 통해 개입하지 않던 영역에 새로이 진입한다. 새로운 정책을 채택하는 것은 새로운 정책내용을 형성할 뿐만 아니라 그에 관한 조직, 법률, 예산 등을 새로 만들어야 한다는 의미이다.

4) 정책종결

정책종결은 다른 정책으로 대체하지 않고 기존 정책을 폐지하는 것이다. 정책이 종결되면 관련 법령이 폐지되고 정책에 관한 모든 예산지출이 중지된다. 정책종결의 유형에는 ① 정책을 일시에 급격하게 종결하는 폭발형 종결, ② 점진적으로 서서히 종결하는 점감형 종결, ③ 점진적으로 감축해 나가다 조건이 성숙되면 일시에 종결하는 혼합형 종결이 있다. 정책은 종결을 목적으로 하는 행동에 의해 종결되기도 하고, 미리 정해진 정책의 유효기간에 따라 종결되기도 한다.

3 정책변동의 원인

1) 문제의 소멸

정부가 해결해야 할 문제가 소멸되었거나 더 이상 중요성을 상실한 때에는 정책종결이 나타난다. 이러한 문제의 소멸에 대한 정책변동의 요소는 인구 통계적 변화, 문제의 재정의, 정책종결 등을 들 수 있다.

2) 환경적 엔트로피

환경적 엔트로피(entropy)[2]는 환경이 정부조직의 기존 활동을 현 수준에서 지원할 능력이 없을 경우에 나타난다. 경제적 여건이 좋을 때는 새로운 정책 추진이나 기존 정책의 확대 등이 나타나지만, 경제 사정이 악화되는 경우에는 정부재정의 영향으로 기존 정책이 축소 또는 폐지되기 쉽다.

3) 정책내용의 오류

정책의 내용에 오류가 있는 경우 정책은 변동되어야 한다. 정책결정 과정에서 정책결정자가 저지른 실책 때문에 잘못된 정책이 수립되면 정책은 변동되어야 한다. 미미한 경우는 집행과정에서 수정·보완함으로써 정책이 유지될 수 있지만, 정책내용의 오류가 정책환경의 변화와 연결되는 경우 정책변동이 초래된다.

4) 정치적 취약성 및 정부조직의 위축

정부조직이 예산삭감과 환경의 요구에 대하여 정책을 지킬 수 있는 내적 능력이 매우 허약하거나 불안정한 경우에는 정책종결로서 나타날 수 있다. 조직의 취약성을 초래할 수 있는 요소들은 조직의 내적 갈등, 지도력의 약화, 전문성의 결여, 자신감의 결여, 짧은 존속기간과 전통의 부재 등을 들 수 있다. 또한 정부조직 축소 등 정부관료제의 구조와 기능이 위축되면 그 조직이 축소하던 정책이 변화될 수밖에 없다.

5) 지식·기술의 변화

정책에 관한 지식·기술의 변화는 정책변동을 촉진할 수 있다.

---

2) 에너지 전환과정에서 쓸모없이 없어지는 것을 나타내는 열역학적 개념이지만, 일반적으로 무질서도를 나타내는 용어이다.

6) 참여집단의 역학관계 변화

정책과정에 참여하는 정당, 이익집단, 비정부조직 등의 역학관계의 변화는 정책변동을 촉발할 수 있다.

4 정책변동의 한계

정책변동의 필요가 있음에도 정책변동을 방해하는 많은 요인들이 존재한다.

1) 대상집단의 저항

정책의 영향을 받는 사람들은 이익침해에 대한 우려, 친숙한 것에 대한 집착, 변동이 초래할 불확실성에 대한 불안감, 정책변동자에 대한 불신 등은 정책변동에 대한 저항을 야기할 수 있다. 특히 복지예산의 경우 정책 수혜집단은 정책종결로 인하여 혜택이 없어지는 것을 막기 위해 다양한 방법으로 정책변동을 막으려 노력한다.

2) 관료조직의 저항

정책을 담당하는 정부관료제의 변화를 싫어하는 보수성 또는 점증주의적 정책결정은 정책변동을 저해하는 요인이 된다. 담당하던 정책이 축소되거나 종결되면 조직이나 권한 축소를 우려하는 관료집단은 정책 목표가 달성된 후에도 유사한 목표를 설정하거나 정책개발 혹은 다른 정책으로 대체함으로써 정책변동 요청에 대한 회피적 행태를 보인다.

3) 매몰비용 등

기존 정책의 매몰비용이 크고 새로운 정책의 개시비용이 큰 것도 정책변동의 장애요인이 된다.

4) 정치적 비용

정책결정을 주도한 정치인이나 관료집단은 정책변동으로 인해 지게 될 정치적 부담 때문에 정책변동을 회피하려 한다. 기존 정책이 정치적 기반에 도움이 되는 것이면 이를 포기하려 하지 않는다. 특히 복지예산의 경우 정책종결로 인해 기존의 복지서비스를 중단하는 경우 정치적 지지 상실을 우려하여 정치인들이 정책변동에 반대하는 경우가 많다. 수혜자가 소수이고 비용부담은 널리 분산되어 있는 경우, 비용부담자들의 정책변경 추진 동기가 크지 않다.

제 7 절 정책갈등 관리

1 정책갈등의 의의

1) 정책갈등의 개념

정책갈등은 정부가 시장 또는 시민사회에 개입하여 발생하는 가치나 규범 또는 이해관계의 충돌이다. 정책갈등은 정부의 개입으로 발생하는 갈등이라는 점에서 정부의 행위가 개입되지 않은 사회갈등이나 공공갈등과 구분할 수 있다.

정부는 정책문제 해결을 위해 정책을 수단으로 하여 문제 해결을 시도한다. 이러한 과정에서 정책으로 이익과 편익을 받는 수혜집단과 비용을 부담하거나 손해를 보는 비용부담집단이 발생하게 되면 이들 간에는 긴장과 대립 혹은 충돌이 발생하게 된다. 사회적·역사적 맥락에서 정책갈등은 크게 희소가치를 갖는 사회적 자원의 배분문제와 밀접히 연관되어 있으며, 이를 둘러싼 사회집단 간의 대립 또는 투쟁으로부터 발생한다.

정책갈등은 이해당사자 간의 이해관계의 충돌에서 발생할 뿐만 아니라 이해관계 집단의 가치관이나 정치적 지향, 이념, 규범의 차이에서 기인하기도 한다. 환경 가치와 개발가치의 충돌, 공공재 공급 우선과 안전 우선에 대한 가치관의 차이, 보수와 진보의 정치적 이념의 차이 등이 정책갈등의 원인이 되는 대표적인 것들이다.

2) 정책갈등의 특징

정책갈등은 정책과정 전반에서 발생한다. 정책과정에 활발히 참여하여 의견을 표출할 수 있는 기회가 많아지면서 정책갈등의 가능성도 증대되었다. 정책갈등은 다음과 같은 특징을 갖는다.

- 정책갈등은 정부가 추진하는 정책과 관련되므로 상당히 넓은 범위에서 공개적으로 전개된다는 특징을 갖는다.
- 정책갈등은 갈등과정이 공개적으로 진행되기 때문에 직접 이해관계자뿐만 아니라 공공성을 주장하는 단체들이 갈등의 당사자로 참여하기도 하고, 정책목표에 따라서는 전 국민이 당사자가 되기도 한다.
- 정책갈등은 사회가 발전하고 고도화될수록 복잡·다양하게 나타나며, 조정과 해결이 어려운 극한의 대치로 발전하기도 한다.
- 정책갈등은 예방이 곤란한 경우가 많으며, 재발 가능성과 갈등의 심화로 인한 사회불신, 적대감의 표출로 확대되기도 한다.
- 정부가 정책갈등을 종결시키기 위해 협상과 조정 등 다양한 방법을 동원하지만, 이런 수단에 의해 해결이 어려운 경우 최종적으로 사법적 판단에 의존한다.

2 정책갈등 원인 및 해소방안

정책갈등의 원인이 되는 요인에 대하여 여러 연구를 통해 다양하게 제시되어 왔다. 연구자에 따라 사용하는 용이와 개념의 차이를 보이고 있으나, 대체로 경제적 요인, 가치적 요인, 절차적 요인, 참여적 요인, 상호신뢰 요인으로 정리된다.

1) 경제적 요인

① 의의

경제적 요인은 특정 정책으로 인해 재산 가치의 하락이 예상되면서 야기되는 불만이라 할 수 있다. 이는 다른 지역 또는 수혜지역에 대해 느끼는 경제적 불평등 인식과 연결된다. 그리고 정부가 제시하는 보상에 만족하지 못하는 경우도 갈등의 이유가 될 수 있다. 보상이 불만족스러운 것은 사업예산의 한계, 기타 사유로 인한 경우 또는 주민의 보상심리나 만족 수준을 정부가 제대로 파악하지 못한 경우일 수 있다.

② 해소방안

가. 보상에 대한 지원 약속

정책갈등의 사례 중에는 혐오·위험시설의 입지로 인해 재산가치의 하락이 실현·예상되기 때문에 관련 정책에 반대하는 경우가 많으며, 이러한 재산가치의 하락으로 인한 갈등요인을 해소하기 위해서는 손해에 대한 보상을 약속할 필요가 있다. 그러나 제공되는 보상에 충분히 만족하지 못하는 경우 보상의 문제는 다른 갈등요인이 될 수 있다.

나. 관련 법·제도의 정비

보상의 문제로 인한 갈등요인은 단순한 보상을 제공하거나 확대하는 것으로 해결되지 않는다. 보상과 관련된 법·제도가 미비한 경우 보상에 대한 문제를 해결하기 위해서는 관련된 법·제도가 정비되어야 한다.

다. 보상의 형평성

보상이 충분한 수준으로 제공되는 경우에도 이것이 갈등의 요인으로 작용할 수 있다. 보상 수급 시 주민의 지역 또는 상황에 따라 격차가 있는 경우 정책에 찬성·반대하는 주민 사이의 갈등으로 확대될 수 있고, 지역공동체의 해체를 초래할 수 있다. 그러므로 보상의 수혜자와 비수혜자 사이의 경제적 불평등을 해결하기 위해 보상의 적정선 및 분배에 대한 논의와 합의가 필요하다.

2) 가치적 요인

① 의의

가치적 요인은 환경·안전·지역·문화에 대한 가치관이나 신념체계를 존중하고 보존하려는 경향 등이 갈등의 원인이 되는 것이다. 특정 정책 추진으로 인해 환경이 악화될 것이라는 인식, 공공정책으로 인한 직·간접적 위험성의 인식이 이에 해당한다. 환경 및 문화재와 관련된 몇몇 공공갈등에서는 가치적 요인에 대한 문제가 주요한 갈등의 요인이 되었다. 천성산 터널 공사에서 도룡뇽 살리기라는 상징적 이슈가 계속적으로 재생산되면서 사회적 이슈가 되었다. 경주 경마장 건설계획은 해당 부지에 고고학적으로 중요한 문화적 유적이 분포되어 있다는 문제가 제기되어 개발과 보존이 가치를 둘러싸고 갈등을 겪다가 건설계획이 취소되었다.

② 해소방안

가. 정책의 홍보 강화와 신뢰성 확보

정책의 필요성 및 정책내용에 대해 정책으로 인해 직간접인 영향을 받는 이해관계자에 대하여 다양한 방법으로 홍보를 강화하여 정책수용의 기반을 확대할 필요가 있다. 또한 혐오 · 위험 시설 및 댐 · 방조제 등 사회기반시설과 관련된 정책갈등에서도 정책을 집행하기 위해서는 해당 지역의 가치에 손실이 다소 발생할 수 있음을 이해시킴으로써 상호 이해와 신뢰를 형성하는 것이 필요하다.

나. 객관적 · 과학적 사실확인

특정 정책 추진으로 발생할 수 있는 위험성에 대한 인식은 갈등 당사자가 알고 있는 정보의 차이에 대한 객관적 · 과학적 사실을 확인하는 것으로 대응할 수 있다. 그러나 상황 인식 및 정보 이해 차이의 인식에 대해 객관적이고 과학적인 방법을 통해 조정하는 것이 실제로 어려운 경우가 많다. 그 이유는 객관적인 제3자에 의해 과학적인 방법으로 제시된 사실에 대해서도 갈등 당사자의 입장 차이에 따라 다른 해석을 할 수 있기 때문이다. 또한 당사자 간 신뢰가 저하된 상황에서 이해와 합의를 도출하는 것이 어렵기 때문이다.

3) 절차적 요인

① 의의

절차적 요인으로는 관련 법 · 제도적 절차를 정당하게 이행하지 않은 것과 필요한 절차가 미비되어 있거나 적절하지 않은 것과 관련된다. 절차적 하자로 인한 문제는 제도의 개선 · 보완으로 문제 해결이 가능하지만, 절차를 불이행하는 문제는 갈등 당사자 간 신뢰를 저하시킬 수 있기 때문에 더욱 심각한 갈등요인이라 할 수 있다. 남양주 광역처리장 건설을 둘러싼 갈등과정에서 법으로 규정된 환경영향평가를 받지 않은 사실이 드러나 주민들의 강한 반발을 초래한 것이 그 예라 할 수 있다.

② 해소방안

절차적 문제로 초래된 갈등에 대응하기 위해서는 당사자의 인식 개선이 필요하다. 절차를 이행하지 않은 측에는 절차 준수의 중요성을 강조하는 한편 절차 불이행의 문제를 지적하며, 신뢰가 하락된 당사자에게는 갈등해소를 위해 대화와 협력을 계속할 필요가 있음을 설득해야 한다. 갈등 당사자 간 절차 준수의 필요성을 이해하고 신뢰 형성을 위해 인식의 개선을 시도하는 동시에 하락된 신뢰를 다시 복구하기 위한 방법으로, 중재 · 조정 등 대안적 갈등해결방안의 도움을 받을 필요가 있다.

4) 참여적 요인

① 의의

참여적 요인은 다음의 세 가지 세부적 요인으로 정리할 수 있다.

- 정책결정 과정에서 정부의 일방적인 인식 · 행태로 갈등요인이 되는 것
- 주민참여에 대한 기회의 보장이 제대로 되지 않아 주민의 의견 청취 및 의사반영이 제대로 되지 않은 것
- 정보제공의 문제로서 의사결정 과정에서 정부와 주민 간 인지할 수 있는 정보의 불균형과 정부가 제한적으로 정보를 제공한 것

② 해소방안

가. 리더의 문제 해결 의지

정부가 정책결정과 집행에서 일방적인 인식과 자세를 견지하는 DAD(Decide-Announce-Defend) 방식은 갈등의 방식 및 증폭에 부정적 영향을 미치기 때문에 갈등 당사자가 참여하여 숙의적인 방식으로 갈등을 해결할 필요가 있다. 이를 위해서는 정책결정권자의 문제 해결 의지가 필요하다. DAD 방식의 정책결정은 정부에 대한 신뢰를 잃게 하는 주요한 요인이기 때문에, 정책갈등에서 정부가 주민에게 갈등 상황에 대한 책임 있는 인식과 의지를 표현하는 것이 중요하다.

나. 주민참여에 대한 제도적 보장

정보와 권한 등에서 주민에 비해 상대적으로 우위에 있는 정부가 정책을 일방적으로 계획 · 집행하는 경우 정책의 영향을 받는 주민에게는 불리하게 인식될 수 있고, 이는 정책에 대한 수용성 문제 등 많은 부작용을 초래할 수 있다. 그러므로 주민참여의 기회를 확대함으로써 다양한 이해관계자의 의견을 수렴하여 당사자 간 신뢰를 구축할 필요가 있다.

다. 정보의 공개

정보공개 문제로 발생하는 정보의 비대칭은 불확실성 증대로 인해 공공갈등에서 주민의 이른바 '버티기 현상'으로 이어질 수 있다. 이러한 과정이 계속되면 상호 간 대화의 단절과 신뢰 하락으로 이어질 수 있다. 정보공개의 문제는 의사결정 과정의 절차를 투명하게 공개하는 것으로 문제를 해결할 수 있으며, 이를 위한 제도적 개선이 필요하다. 투명성의 강화로 갈등 당사자 상호 간 신뢰의 형성이 필요하다.

5) 상호신뢰 요인

① 의의

상호신뢰 요인은 주민이 정부가 정책 및 사업을 적절하게 운영할 수 있는지에 대한 불신을 갖고 있는 것이다. 갈등 쟁점에 대한 내용이 아닌 상호 간의 감정의 악화로 비협조적인 행위를 보이는 것도 포함된다. 정부에 대한 불신은 공공갈등의 갈등 당사자 간 비협조적인 문제로 이어지며, 주민의 이기심과 결합하여 주민 간 갈등이 발생할 수 있다.

② 해소방안

가. 홍보를 통한 정책의 이해도 제고

이러한 갈등요인의 해소를 위해서는 정책의 홍보와 설명회 등의 방법으로 정책의 이해도를 높이고 갈등 당사자 간 참여와 대화를 통해 협조적인 관계를 형성해야 한다.

나. 정부의 갈등조정 역량 강화

정부가 갈등에 대한 적절한 대응과 조정을 하지 못하고 조정·협상을 진행하는 데 역량이 부족하고 제도적 문제가 있는 경우 오히려 갈등을 악화시킬 수 있다. 정부의 갈등조정 역량을 강화하는 동시에 제도에 대한 개선·강화가 중요하다.

다. 갈등 당사자 신뢰 형성

정책갈등이 경제적 보상문제로 연결되는 경우 정책에 대한 주민 의견이 찬반으로 나뉘어 갈등 양상이 복잡하고 심각해지는 경우가 발생할 수 있다. 이를 해결하기 위해서는 당사자 간 상호의존적인 관계를 통한 신뢰의 형성이 중요하다.

제8장 인사행정론

제1절 인사행정의 의의

인사행정이란 정부를 비롯한 공공부문의 조직에서 필요한 인적자원을 동원·발전·활용하는 관리 활동을 의미한다. 즉, 인사행정은 정부조직에서 일하는 인적자원의 획득과 유지·발전에 관한 관리기능을 수행한다. 인사행정의 특징은 다음과 같다.

- 공공부문 조직의 인력관리 활동이다. 정부나 민간기업이나 유능한 인력을 획득하여 조직목표 달성에 기여하도록 관리하는 것은 공통적이지만, 인사행정은 공공기관에서 공익을 위해서 일하는 인적자원을 관리하는 활동이다.
- 인사행정은 인력을 동원·발전·활용하는 활동이다. 재정, 조직 등 행정체계를 구성하는 핵심적인 요소 중에서 인사행정은 행정을 직접 수행하는 인력에 대한 관리이다.

제2절 인사행정의 발전

1 엽관주의

1) 의의

엽관주의(spoils system)는 공직 임용에서 실적 기준이나 객관화된 시험 절차없이 집권한 정당에 대한 공헌도에 따라 추종하는 사람들을 공직에 임명해야 한다는 원리이다. 엽관주의에 입각한 엽관체제는 공직을 선거에 승리한 정당의 전리품으로 간주하고, 특정한 정당을 위해 봉사한 활동에 대한 보상으로 공직을 배분하는 제도이다. 엽관주의는 정권이 바뀌면 공무원들의 자리도 함께 바뀌는 '교체임용주의(doctrine of rotation)'를 내포한다.

한편, 정실주의(patronage)는 실적 이외의 요인을 고려하여 공직 임용을 행하는 방식을 말한다. 실적 이외의 요인으로는 정치적 요인뿐만 아니라 혈연, 지연, 개인적 친분, 학연 기타의 온정 관계가 포함된다.

엽관주의는 ① 행정의 계속성과 전문성의 손상, ② 전문성이 없고 무능력한 사람들에 의한 행정 능률성 저하, ③ 정당의 특수이익을 위해 행정을 하게 되어 공평성을 손상하고 공직부패의 위험성이 높다는 등의 단점이 있다. 그러나 엽관주의는 여러 가지 폐해에도 불구하고, ① 공직을 널리 개방함으로써 정부관료제의 민주화에 기여하고, ② 국민의 요구에 대해 관료적 대응성을 높이며, ③ 공무원에 대하여 정치적 통제력과 책임성을 확보할 수 있다는 장점이 있다.

우리나라에서 신분이 보장되는 경력직 공무원에 대해서는 엽관주의가 적용될 수 없지만, 정무직, 별정직 등에 대해서는 엽관인사를 법적으로 보장하고 있다. 행정의 정치적 책임성을 강화하고 민주화와 지방자치화의 추세에 대응하여 합법적으로 허용하는 엽관 임명의 범위는 확대하는 것이 필요하다.

2) 미국의 엽관주의

미국에서 엽관주의는 1801년 제3대 제퍼슨(T. Jefferson) 대통령이 대통령 임명 관직 중 25%를 자신이 속한 민주공화당의 당원으로 임명하면서 시작되었다. 엽관주의에 의한 인사행정은 1829년 제7대 잭슨(A. Jackson) 대통령에 의해서 본격화되었다. 잭슨 대통령은 엽관주의를 민주주의의 실천적 원리로 간주하고, 모든 관직은 널리 국민에게 개방할 것과 관직의 장기적 보유를 방지할 것을 강조하였다. 미국에서 엽관주의가 절정을 이루었던 시기는 1845년부터 1865년까지에 이르는 20년 간이었다. 미국의 엽관주의는 1865년을 정점으로 점차 쇠퇴하게 되었고, 실적주의 수립을 위한 개혁운동이 활발히 전개되었다.

2 실적주의

1) 의의

실적주의(merit system)는 공직 임용이 능력과 자격에 의해 이루어지는 제도를 말한다. 실적주의의 의미는 다음과 같은 내용을 포함한다.

- 국민의 공직 임용에서 기회균등을 가진다. 즉, 누구든 인종·종교·지연·학벌 등의 이유로 공직 임용에서 차별을 받지 않는 것을 의미한다.
- 개인의 능력·자격·실적(merit)이 인사임용의 기준이 된다는 것을 의미한다.
- 공무원의 정치적 중립을 지향한다. 정치적 중립이란 공무원이 집권당에 상관없이 맡은 바 직무를 성실히 수행하는 것을 말한다.
- 공무원의 신분보장은 법령이 규정하는 바에 따라 근무하는 한 공무원으로서의 신분이 보장되는 것을 의미한다. 신분보장의 제1차적 목적은 정권교체에 흔들림 없이 관료집단이 국가 안정화의 중심 수단이 되어야 한다는 것을 의미한다.

2) 실적주의 등장 배경

엽관주의를 대신해 실적주의가 등장한 배경은 엽관주의의 폐해와 능률성의 요구 및 행정국가의 대두 등이 그 요인이었다.

① 엽관주의의 폐해

엽관주의의 다음과 같은 폐해가 실적주의에 대한 요청을 촉진시켰다.

- 정권이 바뀔 때마다 공무원이 교체됨으로써 행정의 계속성·안정성·지속성을 확보하기 어려웠다.
- 행성의 복잡화와 전문화 추세에도 불구하고 행정 경험이 부족한 사람이 임용되어 행정의 능률을 저하시켰다.
- 불필요한 공직이 남설되어 재정적 낭비를 초래했다.
- 국민에 대한 충성보다는 정당에 대한 충성이 중시되어 행정의 공공성이 약화되었다.
- 공무원의 신분이 보장되지 않음으로써 매관매직 등 부정부패를 조장하였다.

② 국가기능의 확대

19세기 말부터 본격적으로 시작된 행정국가화로 인해 국가기능이 확대·강화되었다. 또한 자본주의의 비약적인 발전과 사회·경제적 조건의 변동에 따라 국가가 중립적 조정자·통제자 역할을 담당하게 되면서 행정기능이 양적으로 증대되고 질적으로 변화되었다. 이에 따라 유능하고 전문적 능력을 갖춘 공무원으로 구성된 관료제도의 형성이 요구되면서 엽관주의는 그 타당성을 잃게 되었다.

③ 행정 능률성 요구

19세기 후반 미국 유권자의 정치의식 수준 향상과 공·사 부문에서 점증한 능률성 요구도 실적주의 수립의 환경적 토대를 마련했다. 이와 함께 관료제도를 금권과 부패한 정당정치로부터 해방시키고, 관료의 신분과 지위를 부당한 정치세력으로부터 보호하기 위한 개혁운동도 실적주의 수립의 환경적 토대가 되었다.

3) 미국의 실적주의 발전

① 「펜들턴법」(Pendleton Act) 제정

미국에서 실적주의가 제도적으로 정착되기 시작한 것은 1883년 「펜들턴법」이 제정되면서였다. 1881년 가필드(J. Garfield) 대통령이 선거 후 공직 임용에 불만을 품은 자에 의해 암살된 사건과 대통령 선거에 패배함으로써 많은 공직을 잃을 것을 우려한 공화당이 법 제정에 적극적으로 나선 것이 계기가 되었다. 「펜들턴법」의 주요 내용은 다음과 같다.

- 공무원의 임면에 관한 독립적이고 초당적인 인사위원회(Civil Service Commission)를 설치한다.
- 채용은 공개경쟁시험에 의한다.
- 채용과정으로서 시보 기간을 둔다.
- 공무원은 정치헌금을 제공할 의무가 없으며, 정치 활동에 참여해서도 안 된다.
- 인사위원회는 인사행정개선에 대한 연례보고서를 의회에 제출해야 한다.

② 적극적 인사행정

「펜들턴법」 이후 미국의 실적주의는 계속적인 법·제도적 보완을 거치며 발전되었다. 1920년의 「퇴직법」, 1923년의 「분류법」, 1938년의 「해치법」(Hatch Act)[1] 등이 그것이다. 그러나 초기의 실적주의에 대한 비판과 엽관주의의 적절한 가미의 요청이 생기게

1) 공무원의 정치 활동을 제한하는 법이다. 「해치법」은 1939년과 1940년에 두 차례에 걸쳐 개정되었다. 제1차 「해치법」(1939년)은 미국 연방정부의 공무원에 대해 정치활동을 제한한 것이고, 제2차 「해치법」(1940년)은 연방예산으로 공무를 수행하는 각 주 및 지방 공공기관의 공무원에까지 정치 활동 제한의 범위를 확대한 것이다. 이 법에 의하여 금지된 공무원의 정치 활동은 입후보 또는 특정 후보를 위한 선거 운동, 정치헌금이나 정치 자금 모금, 특정인의 당선이나 낙선을 위한 찬양·비방·뇌물 수수 행위, 선거일에 타인에게 교통 편의를 제공하는 행위, 정치적 조직의 간부로 활동하는 행위, 특정 개인·정당을 위한 서명 운동을 전개하는 행위 등이다.

되었다. 이에 따라 '적극적 인사행정'이라 불리는 제도적 방안이 1978년의 「공무원제도개혁법」(Civil Service Reform Act of 1978) 제정으로 구체화되었다. 공무원제도개혁법은 실적주의의 재천명, 실적제도보호위원회 설치, 인사관리처(OPM) 설치, 고위공무원단(SES) 신설, 실적보수제도 실시, 연방노사관계청에 관한 법률의 제정 등을 그 내용으로 한다.

4) 실적주의의 장 · 단점

실적주의는 인사행정상 다음과 같은 장점을 가지고 있다.

- 능력이나 실적을 측정하기 위한 공개경쟁방식이 채택됨으로써 누구에게나 공정한 기회가 주어지는 것이다.
- 능력과 실적에 따라 공직이 운영됨으로써 행정의 능률성이 향상될 수 있다.
- 행정을 정치적 영향으로부터 분리시킴으로써 공정성이 보장된다.
- 공무원을 부당한 정치적 압력으로부터 보호하기 위하여 신분보장을 해줌으로써 안정적으로 근무할 여건이 조성된다.
- 능력과 실적에 따라 임용되기 때문에 매관매직이나 충성심을 보이기 위한 부패를 방지할 수 있다.

실적주의의 이러한 장점에도 불구하고 다음과 같은 문제점이 지적된다.

- 정해진 절차에 따라 규정된 요건을 충족시켜야 공직 임용이 가능하도록 할 경우 예외성이 많은 현대사회의 행정수요에 적절히 대응하기 어렵다.
- 실적과 능력을 측정할 때 측정수단의 타당성을 어떻게 확보하는지가 매우 어려운 문제로 대두된다.
- 행정부에 대한 정치권의 통제력이 약화된다.
- 관료들도 신분보장으로 인하여 국민과 정치권의 요구에 무감각해지고 자신들의 인식에 매몰될 수 있다.

☛ 파킨스의 법칙(Parkinson's Law)

파킨슨은 1958년 발간한 『파킨슨의 법칙(*Parkinson's Law: The Pursuit of Progress*)』이라는 책에서 업무량 증가와 공무원 수의 증가는 서로 아무런 관련이 없으며, 공무원 수는 일의 분량과 관계없이 증가함을 통계학적으로 증명하였다. 파킨슨은 1914년부터 1928년까지 해군 장병과 군함의 수는 줄어든 반면, 같은 기간 동안 해군 부대에 근무하는 공무원의 수는 기존 인원의 80% 가까이 증가한 것을 밝혀냈다.

또한 제2차 세계대전 이후에 영국의 식민지들이 독립하여 자치정부를 수립하면서 영국 식민성이 관리해야 할 지역은 계속 줄어들었으나, 행정 직원의 수는 연평균 5.89%씩 증가하여 1935년에 372명이었던 직원이 1954년에는 1,661명으로 증가하였음을 밝혀냈다.

파킨슨은 관료화된 거대 조직의 비효율성을 비판하며 그 원인으로 '부하배증의 법칙'과 '업무배증의 법칙'을 통하여 설명했다. 부하배증의 법칙은 동료의 도움을 받아 자신이 임무를 더 많이 수행하기보다는 부하 직원의 증가를 원하는 것이다. 업무배증은 늘어난 부하직원으로 인해 지시, 보고 등 부수적인 업무량이 증가하게 되는 것을 의미한다. 즉, 실제 업무의 증가로 고용이 늘어난 것이 아니라, 고용인이 많아짐에 따라 일자리가 더 필요해지는 상황이 된다는 것이다.

3 대표관료제

1) 대표관료제의 개념

대표관료제(representative bureaucracy)는 인종, 성별, 직업, 신분, 계층, 지역 등 사회집단들이 한 나라의 인구 전체 안에서 차지하는 수적 비율에 맞게 관료조직의 직위를 차지해야 한다는 원리가 적용되는 관료제이다. 즉, 정부관료제의 구성을 사회집단들이 전체 인구에서 차지하는 비율에 따라 구성하자는 것이다. 이를 통해 사회적 배경에 따른 다양한 가치와 이익이 정책과정에 반영되도록 하자는 것이다. 대표관료제가 추구하는 기본적 가치는 민주성과 형평성이다. 이를 위한 수단적 가치는 사회적 형평성이다. 대표관료제라는 용어는 1944년 킹슬리(D. Kingsley)에 의해 처음 사용되었다.

대표관료제는 비대화되어 가는 정부관료제의 기능과 규모에 대한 정치적 통제 필요성과 사회적 소외층들에 대한 대표성의 확보를 위해 등장하게 되었다. 대표관료제는 ① 한 나라의 사회경제적 인구구성의 특징을 그대로 관료제의 구성에 반영한다는 의미의 '소극적(passive) 대표관료제'와 ② 사회경제적 인구구성을 반영할 뿐만 아니라 관료들이 자신들의 출신 집단이나 계층을 대변하고 정책을 결정하며 책임을 지는 행위까지 한다는 의미의 '적극적(active) 대표관료제'로 구분할 수 있다.

2) 대표관료제의 기능

① 관료의 책임성 및 대응성 증가

특정 집단으로부터 임용된 관료가 그 집단의 가치나 이익을 대표하려 한다면 그만큼 관료의 책임성이나 대응성도 증가 될 수 있다. 또한 대표관료제는 정부관료제의 대표성을 높이기 위한 수단이 된다.

② 외부통제의 내재화

대표관료제는 외부통제를 정부관료제에 내재화시킬 수 있다. 공무원들이 사회화의 과정을 통해 자기 출신집단의 가치와 이익에 대한 심리적 책임을 지려고 하기 때문에 서로 견제하여 내부통제를 강화한다.

③ 공직의 민주화와 형평성 제고

사회적으로 다양한 집단들이 관료제를 구성하면 그들 사이의 상호작용으로 공직의 민주화를 촉진시킬 수 있고, 민주적 정책결정의 가능성도 높이게 된다. 사회적 지배집단이나 엘리트집난의 권력은 약화되는 반면, 소외계층이 정책결정에 참여할 수 있는 기회는 많아진다. 이것은 사회적 형평성 제고에 도움을 줄 수 있다.

④ 기회균등의 적극적 보장

전통적 실적주의는 형식적인 공직 취임의 기회균등을 추구함으로써 실질적으로는 비혜택 집단에 대해 여러 가지 차별을 낳게 되었다. 이에 반해 대표관료제는 모든 사회집단의 실질적인 기회균등을 적극적으로 보장하는 데 기여한다.

3) 대표관료제의 문제점

대표관료제적인 접근은 다음과 같은 문제점이 있다.

① 대표성에 대한 그릇된 가정

대표관료제는 관료가 특정 집단의 이익을 위하여 활동하는 것을 당연시하게 된다.

특히 관료가 그 출신집단을 위해 적극적으로 활동해야 한다는 적극적 대표관료제의 개념에서 문제가 될 수 있다. 즉, 피동적 대표성이 능동적 대표성을 보장한다는 것은 잘못된 전제이다. 공무원은 그 출신 배경만으로 그의 가치관과 직무행태 등이 모든 것을 결정하는 것이 아니기 때문이다.

② 자유주의 원리에 반함

자유주의는 인간의 존엄성을 기반으로 하고 권리와 자유는 개인을 준거로 한다. 개인보다는 집단에 역점을 두는 대표관료제는 자유주의 원리에 배치되는 것이다.

③ 전문성 · 생산성 저하

능력과 자격을 2차적인 기준으로 삼는 대표관료제는 행정의 전문성과 생산성을 저하시킬 수 있다.

④ 역차별의 문제

대표성의 확보는 소외집단에 특별한 배려를 하게 되는 데, 이것은 역차별(reverse discrimination)의 문제를 초래하고 사회분열을 조장할 수 있다. 미국의 경우, 소수집단의 공직 취임을 장려하기 위해 소수집단 출신자에게 공직 임용에서 혜택을 주는 '적극 고용정책(affirmative action)'이 백인 남성에게 역차별로 작용하는 사례가 많고, 이는 정치적 · 사법적 쟁점이 되기도 한다.

⑤ 기술적 문제

대표관료제의 실현에는 여러 가지 기술적 문제가 따른다. 무엇보다 공무원 수의 구성에서 인구 비례의 정태적 균형을 유지하는 것은 기술적으로 아주 어려운 문제이다. 대표관료제는 개념상 사회집단들에 대한 할당(quota)과 연결될 수밖에 없는 데, 할당은 기준의 모호성 등의 여러 가지 문제점을 가지고 있다.

4) 우리나라의 대표관료제

우리나라는 미국과 같은 다인종국가들에 비해 공직 임용에서 대표관료제의 전제가 되는 사회집단들 사이의 공직 임용 기회의 불균형, 소외 등의 문제가 덜 심각하다고 할 수 있다. 그러나 오늘날 성, 지역, 학벌, 세대, 계층 간 대립과 갈등이 증가하고 있는 한국 사회에서도 사회적 형평성을 제고하고, 집단들의 불평등성을 해결하려는 노력을 하고 있다.

① 여성 공무원 채용 및 관리자 목표제

직장에서 남녀차별문제를 해소하기 위해 제정된 「남녀고용평등법」을 2008년 「남녀고용평등과 일 · 가정 양립 지원에 관한 법률」로 대체하였다. 2014년에는 「양성평등기본법」을 제정하였다. 1990년대 이후 공직 임용에 있어서 여성대표성을 높이기 위해 '여성채용목표제'에 이어 '양성평등채용목표제'를 시행하고 있고 있다. 또한 여성관리자의 수를 연차적으로 늘리기 위해 여성관리자 임용 확대를 추진하고 있다.

② 고위공직자 지역안배

공직 임용의 지역연고주의와 지역불균형을 타파하기 위해 고위공직의 임용에서 지역안배라는 기준을 정치적으로 고려하고 있다.

③ 지방인재 채용목표제 및 추천채용제

국가 균형 발전과 우수한 지방인재의 공직 진출을 지원하기 위해 2007년부터 5급 국가공무원 공채시험에 지방인재 채용목표제를 도입하고, 2015년에는 7급 국가공무원 공채시험으로 확대하였다.[2] 또한 공직의 지역 대표성 제고 및 국가 균형 발전, 고졸 출신의 공직 진출 확대 등을 위해 2005년부터 인턴제 방식의 채용제도인 '지역인재 추천채용제도'[3]를 도입하여 운영하고 있다. 2005년에 6급으로 선발해오다 2010년부터는 7급으로 선발하고 있으며, 2012년에는 9급으로까지 확대하여 선발하고 있다.

④ 행정직 · 기술직 불균형 시정

공직의 행정직 · 불균형을 시정하고, 이공계 인력 육성을 촉진하기 위해 우수과학인력 특별채용 정례화 계획을 수립하고 이공계 출신자의 공직 임용기회를 확대해 왔다.[4]

---

2) 이 제도는 5 · 7급 공채 및 외교관후보자 선발시험 중 선발예정인원이 10명 이상인 시험단위에서, 지방인재(서울시를 제외한 지방소재 학교 출신 합격자)가 일정비율(5급 · 외교관 20%, 7급 30%)에 미달할 경우 선발예정인원 외에 추가로 선발하는 제도이다.

3) 지역인재 7급의 경우 학사학위 취득(예정)자를 학교추천을 통해 선발하여 1년 간 수습근무 후 일반직 7급 국가공무원으로 임용 여부를 결정하며, 지역인재 9급은 특성화고 · 마이스터고 등 졸업(예정)자를 학교추천을 통해 선발하여 6개월 간 수습근무 후 일반직 9급 국가공무원으로 임용 여부를 결정하는 제도이다.

4) 이에 따라 2007년 이후 행정직만 앉힐 수 있게 되어 있는 과장급 이상 단수직위를 대폭 행정 · 기술 복수직위로 전환하여 기술직에게 문호를 넓히고, 4급 이상 기술직 임용비율도 30% 이상으로 확대해 왔다.

⑤ 장애인 및 저소득층 임용기회 확대

「장애인 고용촉진 및 직업재활법」과 「장애인차별금지 및 권리구제 등에 관한 법률」에 의해 장애인 취업지원, 고용상의 차별금지, 정부와 민간부문의 조직들이 의무적으로 채용해야 할 장애인 직원의 비율을 규정하였다.

4 직업공무원제

1) 의의

직업공무원제(career civil service)는 우수한 젊은 인재들을 공직에 유치하고, 그들이 공직에 근무하는 것을 명예롭게 인식하고 정년 퇴임 시까지 오랜 기간에 걸쳐 성실하게 근무하며, 단계적으로 경력발전을 이룰 수 있도록 운영되는 인사제도이다. 현대의 직업공무원제는 실적주의를 전제로 하고 있다. 직업공무원제 하에서 신규채용자의 자격요건과 연령은 엄격히 제한되며, 직업공무원의 임용은 능력이나 자격 또는 업적 등의 실적에 의하여 이루어진다. 따라서 직업공무원제는 실적주의와 개념적으로나 제도적으로 구별됨에도 불구하고, 실적주의와 같은 의미로 사용되기도 한다.

2) 직업공무원제도의 특징과 문제점

공무원은 직업공무원제의 틀 속에서 자격과 능력에 의해 임명되고, 예외적인 경우를 제외하고 정년이 정한 기간 일하게 된다. 근무하는 동안 실적에 의해 단계적으로 경력발전을 이루게 된다. 직업공무원제는 다음과 같은 장점과 문제점이 있다.

① 장점

- 공직에의 장기근무를 격려하기 때문에 공직근무를 '평생직업(a life work)'으로 인식하며, 공직을 하나의 전문직업 분야로 확립하는 데 유리하다.
- 공직에 대한 자부심과 직업적 연대의식이 강화되며, 따라서 높은 수준의 봉사정신과 행동규범을 유지하는 데 도움이 된다.
- 공무원의 능력발전이 폭넓게 이루어지므로, 정책결정 및 행정관리 기능을 담당하는 고급공무원의 양성에 유리하다.
- 공무원의 장기근무를 유도하므로, 행정의 계속성과 안정성 및 일관성을 유지할

수 있다.

② 문제점

- 폐쇄적 임용과 신분보장으로 공무원집단이 외부환경의 급격한 변화에 신속하게 대응하지 못하고 보수적이 되고, 관료주의화되는 경향이 강하다.
- 공직 분위기가 침체되어 공무원의 전반적인 질적 수준이 저하될 우려가 있다.
- 일반행정가의 양성은 행정의 전문화 요구에 역행한다.

③ 평가

직업공무원제는 행정의 전문성, 책임성, 봉사성 및 일관성을 강화하기 위한 제도적인 장치로서 발전되어 왔다. 그러나 직업공무원제가 오히려 행정의 전문성과 책임성 및 봉사성을 저해한다는 비판이 제기되고 있다. 이에 따라 전통적으로 직업공무원제를 채택하고 있는 국가들은 미국식의 직위분류제와 개방형 공무원제 및 전문행정가주의의 특성을 확대하고자 노력하고 있다. 반면 미국은 자국 공무원제도의 문제점을 극복하기 위하여, 직위분류 구조를 단순화하고 '고위공무원단 제도(senior civil service: SES)'를 운영하는 등 직업공무원제의 장점을 도입하려 노력하고 있다.

3) 실적주의와 직업공무원제의 차이

직업공무원제가 확립되기 위해서는 실적주의가 토대가 되어야 하지만, 양자는 동일한 것은 아니다.

- 실적주의에서는 기회균등, 능력 중심의 임용, 공무원의 정치적 중립 및 신분보장을 필수적 요건으로 하나, 직업공무원제에서는 이 같은 변수들을 절대적인 것으로 하지는 않는다.
- 실적주의는 본질상 공무원이 일생을 공직에서 근무하게 할 가능성을 뒷받침해준다. 그러나 그것이 공무원들로 하여금 공직을 보람 있는 생애의 직업으로 생각하게 하는 것은 아니다.
- 서구 제국의 공무원제도에서는 직업공무원제도의 역사적 전통이 오래되었다. 미국 공무원제도에서는 일찍이 실적주의를 수립하였지만, 직업공무원제의 필요성을 논의하기 시작한 것은 1930년대이다.

5 폐쇄형 · 개방형 공무원제와 고위공무원단 제도

1) 폐쇄형 · 개방형 공무원제

폐쇄형 공무원제(closed career system) 하에서는 공무원의 신규채용이 공직의 계층구조상 각 계층의 최하위 단계급에서만 이루어진다. 이 제도에서는 상위계급에 대한 충원은 내부 승진에 의해서 이루어진다. 이에 비해 개방형 공무원제(open career system) 하에서는 공무원의 신규채용이 각 계층의 어느 직위에서나 행할 수 있도록 허용되고 있다.

전통적으로 서구에서는 폐쇄형 공무원제, 미국에서는 개방형 공무원제를 채택하여 왔다. 오늘날은 순수한 형태의 폐쇄형을 고수하고 있는 공무원제는 찾아볼 수 없고, 어느 유형에 비중을 두고 있느냐 차이가 있을 뿐 양 제도가 절충되어 있다.

우리나라의 경우, 1999년부터 개방형 직위제도를 도입하고 있다. 각 부처 장관은 고위공무원단 직위 총수의 100분의 20, 실장 · 국장 밑에 두는 보조기관 또는 이에 상응하는 과장급 직위 총수의 100분의 20의 범위에서 개방형 직위를 지정하도록 의무화하고 있다.

외부인사를 대상으로 하는 개방형 직위와 함께 공직개방정책의 일환으로서 기관 내부와 외부의 경력직 공무원을 대상으로 하는 '공모 직위'가 있다. 외국 대사관에 근무하는 경찰영사의 상당수가 공모 직위로 운영되고 있다. 각 부처는 경력직공무원으로 임명할 수 있는 고위공무원단 직위 총수의 100분의 30, 과장급 직위 총수의 100분의 20의 범위 내에서 공모 직위를 지정하여야 한다.

2) 고위공무원단 제도

고위공무원단 제도는 상위직 공무원을 중하위직 공무원과 구분하여 통합관리하는 제도이다. 고위공무원단 제도는 1978년 미국에서 탄생한 'SES(senior executive service)'가 최초이다. 영국, 호주, 캐나다 등의 국가에서 도입 · 시행 중이며, 우리나라는 2006년 7월부터 중앙행정기관 실 · 국장급 1,500여 명을 대상으로 하는 고위공무원단 제도를 출범시켰다. 고위공무원단 제도의 도입 취지는 정부의 주요 정책결정 및 관리에 있어서 핵심적 역할을 담당하는 실 · 국장급 공무원을 범 정부적 차원에서 적재적소에 활용하고, 개방과 경쟁을 확대하여 성과책임을 강화함으로써 정부역량을 제고하려는 목적이다.

제3절 공직 분류

1 의의

인사행정에서 분류(classification)란 공무원 또는 직위를 일정한 기준에 따라 구분하여 정부조직 내의 직업구조를 형성하는 과정을 의미한다. 분류는 정부관료제의 성격을 결정하고 인사행정의 기준과 방향을 제시하는 지침이 된다.

2 공무원의 유형

「국가공무원법」에서 국가공무원을 다음과 같이 분류하고 있다(제2조).

1) 경력직 공무원

실적과 자격에 따라 임용되고 그 신분이 보장되며, 평생동안(근무기간을 정하여 임용하는 공무원의 경우에는 그 기간) 공무원으로 근무할 것이 예정되는 공무원을 말하며 그 종류는 다음과 같다.

① 일반직 공무원

기술 · 연구 또는 행정 일반에 대한 업무를 담당하는 공무원을 말한다. 계급은 1급에서부터 9급으로 구분되어 있다. 직급명은 행정직의 경우 1급은 관리관, 2급은 이사관, 3급은 부이사관, 4급은 서기관, 5급은 행정사무관, 6급은 행정주사, 7급은 행정주사보, 8급은 행정서기, 9급은 행정서기보로 규정하고 있다. 일반직 공무원 중 연구직 · 지도직 공무원은 그 담당업무의 성격상 1급 내지 9급으로 나누지 않고, 연구관 · 연구사, 지도관 · 지도사로만 구분하고 있다.

② 특정직 공무원

법관, 검사, 외무공무원, 경찰공무원, 소방공무원, 교육공무원, 군인, 군무원, 헌법재판소 헌법연구관, 국가정보원의 직원, 경호공무원과 특수 분야의 업무를 담당하는 공무원으로서, 다른 법률에서 특정직 공무원으로 지정하는 공무원을 말한다.

2) 특수경력직 공무원

특수경력직 공무원이란 경력직 공무원 외의 공무원을 말하며, 그 종류는 다음과 같다.

① 정무직 공무원

- 선거로 취임하거나 임명할 때 국회의 동의가 필요한 공무원
- 고도의 정책결정 업무를 담당하거나, 이러한 업무를 보조하는 공무원으로서 법률이나 대통령령에서 정무직으로 지정하는 공무원

② 별정직 공무원

비서관 · 비서 등 보좌업무 등을 수행하거나 특정한 업무수행을 위하여 법령에서 별정직으로 지정하는 공무원을 말한다. 정무직 · 계약직 · 고용직 공무원은 일반직 공무원과 같은 계급 구분이 없다. 별정직 공무원 역시 계급 구분은 없으나, 지급되는 보수를 기준으로 일반직 공무원의 1급 내지 9급 상당 개념이 적용될 뿐이다.

제4절 계급제와 직위분류제

1 계급제

1) 의의

계급제(rank classification system)는 사람의 지위, 신분 등을 기준으로 공직을 분류하고 인사관리를 하는 제도이다. 모든 공무원에 대하여 계급을 매겨놓고 이에 따라 인

사관리를 한다. 채용・전보・조직・보수・연금・상벌 등 모든 인사관리가 계급을 기준으로 결정된다. 예를 들어, 공무원 채용시험은 5급공채(고등고시), 7급 공채, 9급 공채와 같이 계급별로 이루어진다. 5급시험으로 들어오면 5급의 신분을 취득하여 계층구조(hierarchy system)의 중간으로 바로 진입한다. 7급공채시험 합격자는 7급의 신분을 갖는다.

아무리 탁월한 능력과 자질을 갖춘 직원이라도 9급 공무원의 인사상의 기준은 9급으로만 적용된다. 계급제 하에서는 인적자원관리(human resource management) 방식은 그다지 어렵지 않지만, 장기적 관점에서 직원의 경력개발(career development)을 통하여 조직이 필요한 인재를 육성하는 체계적인 인사관리를 기대하는 것은 매우 어렵다. 계급제는 전통적인 계급사회에 근원을 두고 있기 때문에, 그 역사가 직위분류제보다 깊다. 오늘날 계급제를 중심으로 한 분류제도를 채택하고 있는 국가는 영국, 프랑스, 독일 등을 들 수 있다.

2) 계급제의 장・단점

① 장점

- 순환보직제는 여러 분야에 걸쳐 업무를 경험하게 할 수 있어 업무 전반에 대한 이해도를 가진 유능한 일반행정가를 양성하는 데 유리하다.
- 일반행정가를 양성하기 때문에 전문성에 관계 없이 인사 배치를 할 수 있고, 조직의 변동에 대한 신축적인 인사관리가 가능하다.
- 직위의 종류에 구애됨이 없이 승진할 수 있으므로 장기적・종합적 능력발전이 가능하며, 직업공무원제의 확립・발전을 촉진한다.
- 직위분류제 하에서는 고도의 전문화로 인해 전문가 간의 의사소통이나 조정이 어려운 데 반해, 계급제 하에는 의사소통과 협조가 용이해질 수 있다.
- 공무원이 기구 개편에 의한 영향을 받지 않으므로 신분보장(job security)이 강하고, 따라서 행정의 안정성・계속성이 유지・확보될 수 있다.

② 단점

- 개별 직무 간 경계・권한・책임이 불분명하여 조직 간 또는 한 조직 내 직원 간 갈등과 책임회피가 발생한다.
- 인사관리의 객관화 및 객관적 기준 설정이 곤란하다.

- 일반행정가를 지향하기 때문에 행정의 전문화 및 전문행정가의 양성이 어려워진다.
- 신분보장과 폐쇄제의 인사관리로 인해 관료주의화를 초래하기 쉽다.

3) 한국 계급제의 발전

정부수립 후 한국은 전통적으로 계급제를 채택하여 왔다. 1960년대 직위분류제를 시도하였으나 제도로 뿌리내리지 못하고 실패하고 말았다. 이후 1981년에 개정된 「국가공무원법」에서 직위분류제를 확대하려는 노력을 시도했다. 즉, 종래의 5계급을 1~9급으로 개편한 것을 비롯해 직렬의 추가 신설과 직류의 개념을 도입하였다. 이러한 행정분야의 세분화는 행정의 전문화 · 다원화를 반영하는 것일 뿐만 아니라, 시험 · 충원 및 보직을 보다 합리적으로 관리하려는 노력으로 볼 수 있다.

계급제는 제도의 관리가 용이하고, 관리자는 동일 계급에서 여러 보직을 거칠 수 있기 때문에, 다방면의 업무에 경험과 넓은 시야를 가진 '일반행정가(generalist)'를 양성할 수 있다는 장점이 있다. 그러나 '전문행정가(specialist)'를 양성하기 어려운 문제점과 의사결정이 더디고 합리적인 성과관리가 어렵다는 단점이 있다.

2 직위분류제

1) 의의

직위분류제(position classification system)는 공직을 각 직위에 존재하는 직무의 종류와 곤란성, 책임도의 차이에 따라 수직적 · 수평적으로 분류하여 체계화하는 제도이다. 직위분류제는 사람에 대한 계급을 매기지 않는 직무 중심의 인사시스템이다. 직무등급을 먼저 정해놓고 사람을 맞춰나간다. 어떤 직위가 있으면 먼저 그 직무의 값을 정한다. 직무가 어느 정도의 비중을 갖고 있으며 책임성과 난이도는 어떠한가를 결정하기 위하여 직무분석과 평가를 한다.

이 과정에서 자연스럽게 당해 직무에 필요한 직무수행요건이 정해진다. 즉, 직위에서 요구되는 직무를 감당하기 위해서 가장 적합한 사람은 최소한 어떤 자격과 학력, 능력을 갖추어야 하는가가 나온다. 그런 후 당해 직위에 적합한 사람을 찾고(채용 · 전

표 8-1 계급제와 직위분류제 비교

구분	계급제	직위분류제
특성	사람 중심	직무 중심
조직 내 인력이동	직무성격과 관계없이 이동 용이함	부분적 허용 직무성격이 다른 경우 이동 곤란
보직관리	보직관리의 합리성은 떨어지나 융통성은 높아 인력관리의 효율성 제고 가능	객관적 보직관리 기준에 따른 합리성 제고 가능
행정상의 조정	조정문제가 자주 발생하나 쉽게 해결 가능	직무한계가 명확하여 조정문제 적게 발생 엄격한 전문화로 갈등 조정이 어려움
경력발전	승진기회가 넓어 경력발전에 유리	특정 직위와 공무원의 연결로 경력발전 어려움
보수	연공 · 계급 등에 비례하여 결정	엄격한 합리적 직무급
자격요건	능력개발을 전제로 일반소양자 중심 충원	채용 시 직위별 전문가 모집
행정발전	행정환경 변화에 신축적 대응 가능	합리성과 분업의 심화에 적합
사회계층	귀속적 신분사회의 속성 강한 사회	실적이 존중되는 사회
직업분화	직업분화가 미비한 사회	고도의 직업분화 사회

자료: 한국행정학회.

보), 그 직무를 수행하는 데 적정한 보수를 지급하는 방식이다.

직위분류제는 미국에서 1900년대 초 시카고시의 공무원제도에서 시작되었다. 1923년 「분류법」(Classification Act of 1923)에 의해 수도 워싱턴(Washington D.C)에 근무하는 연방공무원에게 적용되었다. 이후 1940년 확대 적용된 후 1949년에 개정되어 오늘에 이르고 있다. 직위분류제는 미국의 인사관리에 지대한 공헌을 하였다. 현재 미국을 비롯하여 캐나다, 브라질, 필리핀 등에서 직위분류제가 시행되고 있다.

2) 직위분류제의 특징

- 직위분류제는 직무의 성질 · 내용 · 곤란성을 표시해주므로 어떤 기술을 가진 사람이 직위에 요구되는가를 밝혀 주며, 시험 · 임용 · 승진 · 전직의 합리적 기준을 제공해 준다.
- 직위분류제를 도입하면 '동일직무에 대한 동일보수(equal pay for equal work)' 원칙에 따르는 직무급제도를 확립함으로써, 보수 제도의 합리적 기준을 제시해 준다.

- 조직단위 간의 수직적 관계와 수평적 지휘·감독 관계에서 권한과 책임의 범위를 명백히 해준다.
- 업무 분담의 합리화와 직무분석에 의해 정원 및 사무관리의 합리적 관리에 유리하다.

3) 직위분류제 수립과정

직위분류제를 수립·운영하는 과정은 다음과 같다.

① 계획 수립·준비 작업

계획과 절차를 결정하고 분류담당자를 결정한다. 직위 분류에 필요한 면접, 직무분석, 직무평가를 담당할 요원을 선정하고 조직기구의 성격·기술적 가능성이나 효과 면을 고려하여 대상 직위를 결정한다.

② 직무조사

분류 대상인 직위들의 직무 내용에 관한 자료 수집을 직무조사라 한다. 이를 위해서 직무기술서를 작성하게 한다. 직무기술서는 실제로 개개 공무원이 수행하는 직무 내용을 기술하는 것으로서, 공무원들에게 기술서를 배부해 기입하게 한다.

③ 직무분석

직무분석(job analysis)은 전문성을 기준으로 직무의 종류를 구분하는 것으로서, 직무에 관한 정보·자료를 조사·검토해 직무를 종류에 따라 수직적으로 분류하는 작업을 말한다. 직렬의 수는 몇 개여야 하는지, 어느 정도 유사직위를 동일 직렬에 포함시켜야 하는지 등을 고려해야 한다.

④ 직무평가

직무의 곤란도·책임도에 따른 수평적 분류로 직급·등급을 결정한다. 직무평가는 각 직위의 직무에 내포되는 곤란성·책임성의 정도에 따라 직위의 상대적인 가치·비중·수준을 결정하는 것을 말한다. 수평적 분류구조를 결정하는 작업으로서, 등급·직급을 결정·형성하는 절차이다. 직무평가의 방법에는 계량적인 방법인 점수법·요소비교법, 비계량적인 방법인 서열법·분류법 등이 있다.

⑤ 직급명세서 작성

직군·직렬과 등급·직급이 결정되면 직급별로 직급명세서가 작성된다. 직급명세서에는 직급명, 직책의 개요, 최저 자격요건, 채용 방법, 보수액 등이 명시된다.

4) 직위분류제의 기본용어

「국가공무원법」(제5조)과 「지방공무원법」(제5조)에서 직위분류제에 기본요소가 되는 용어에 대해 정의하고 있다.

- 직위(職位): 1명의 공무원에게 부여할 수 있는 직무와 책임을 말한다.
- 직급(職級): 직무의 종류·곤란성과 책임도가 상당히 유사한 직위의 군을 말한다.
- 강임(降任): 같은 직렬 내에서 하위 직급에 임명하거나 하위 직급이 없어 다른 직렬의 하위 직급으로 임명하거나, 고위공무원단에 속하는 일반직 공무원을 고위공무원단 직위가 아닌 하위 직위에 임명하는 것을 말한다.
- 전직(轉職): 직렬을 달리하는 임명을 말한다.
- 전보(轉補): 같은 직급 내에서의 보직 변경 또는 고위공무원단 직위 간의 보직 변경을 말한다.
- 직군(職群): 직무의 성질이 유사한 직렬의 군을 말한다. 행정직군, 기술직군, 관리운영직군 등으로 구분된다.
- 직렬(職列): 직무의 종류가 유사하고 그 책임과 곤란성의 정도가 서로 다른 직급의 군을 말한다. 행정직군(공안직)에는 교정직렬, 보호직렬, 검찰직렬 등으로 구분된다.
- 직류(職類): 같은 직렬 내에서 담당 분야가 같은 직무의 군을 말한다.
- 직무등급: 직무의 곤란성과 책임도가 상당히 유사한 직위의 군을 말한다.

5) 직위분류제의 장·단점

① 장점

- 직무가 요구하는 특성에 따른 분류와 충원이 이루어지므로, 인사관리의 합리화를 기할 수 있다.
- '동일직무에 대한 동일보수'의 실적주의 원칙에 부합된다.

- 직무명세서에 따라 근무성적평정을 실시하기 때문에, 객관적으로 실적을 평가할 수 있다.
- 정해진 직무의 수에 한해서 직원을 채용하기 때문에, 조직의 효율적인 정원관리가 가능하다.
- 채용 후 바로 업무를 할 수 있는 전문성을 가진 사람을 채용하기 때문에, 공직의 전문성을 높일 수 있다.

② 단점

- 직무가 지나치게 세분화되어 있기 때문에, 조직관리자가 업무의 성격에 따라 적임자에게 탄력적으로 업무를 배분할 수 없다.
- 직무의 지나친 세분화로 직무 간 업무협조나 조정의 어려움이 있고, 상이한 직위로 보직 이동도 용이하지 않다.
- 현재의 전문성을 중심으로 채용하기 때문에 일정 기간이 지나면 전문성의 한계를 드러낸다.

제5절 중앙인사기관

1 의의

중앙인사기관은 인사행정을 총괄하는 중앙정부의 인사행정기관이다. 각 부처에는 인사행정을 관장하는 부처인사기관 및 지방정부의 인사 사무를 관장하는 지방자치단체의 인사기관이 있다. 초기의 중앙인사기관의 역할은 ① 인사관리의 중립성과 공정성을 확보함으로써 실적주의를 강화하고, ② 인사관리를 각 정부기관별로 함으로써 발생할 수 있는 할거주의를 막기 위한 통합주의적 입장이었다. 그러나 정부 규모가 확대되고 전략적 인사관리가 강조되면서 중앙인사기관의 기능의 중요성이 커지고 있다. 이제는 정치적 중립성의 보장이나 단순한 기능의 통합보다 적극적인 관리도구로서의 역할을 더 중요시하게 되었다.

2 중앙인사기관의 기능

1) 준입법기능

법률의 범위 내에서 인사행정 전반에 관한 인사규칙을 제정한다

2) 집행기능

실질적인 인사행정, 즉 분류 · 임용 · 훈련 · 승진 · 연금 등의 구체적인 인사사무를 인사 법령에 따라 집행한다.

3) 준사법기능

준사법기능은 위법 또는 부당한 처분에 대한 공무원으로부터 소청을 재결할 수 있는 권한을 행사한다. 우리나라는 독립적인 소청심사위원회가 설치되어 있어서 공무원의 징계처분 및 기타 의사에 반하여 불리한 처분에 대한 공무원의 소청을 심사 · 결정한다.

4) 감사기능

감사라는 수단을 통해 각 부처 인사기관을 통제하는 기능이다. 우리나라의 경우, 인사행정에 대한 감사결과 위법 또는 부당한 처분이 발견되면 관계 기관장에게 시정을 촉구하고, 관계 공무원을 징계처분할 수 있도록 권한을 중앙인사기관에 부여하고 있다.

3 중앙인사기관의 조직 형태

중앙인사기관의 조직 형태는 일반적으로 독립성과 합의성을 기준으로 구분할 수 있다. 독립성은 행정부로부터 분리되어 초당적 인사로 구성되며 신분보장 및 자율적 조직 · 예산편성 권한을 갖는 경우를 의미한다. 합의성은 복수의 구성원으로 구성되며 회의체에 의한 의사결정이 이루어지는지를 의미한다. 현실적으로 독립형 합의제와 비독립형 단독기관 형태가 전형적인 중앙인사기관의 조직 형태이다.

우리나라의 경우, 2008년 「중앙인사위원회」가 폐지되고 2013년까지 「행정안전부」(이후 안전행정부)로 인사관리 기능이 독립형 단독제 기관으로 통합되어 운영되었다. 2014년 국무총리 소속으로 「인사혁신처」가 설치되어 현재까지 비독립형 단독제 기관의 형태로 중앙인사기관이 운영되고 있다.

1) 독립형 합의제

독립형 합의제는 중앙인사기관은 일반적으로 내각 등 행정부처와 분리되어 설치되며, 행정수반으로부터도 독립적인 지위를 가진 합의체로 운영된다. 위원들의 정치적 중립을 보장하기 위해 정당의 추천을 받은 인사로 구성되거나, 당파적 갈등을 피하기 위해 초당적 인사로 구성되기도 한다. 위원들의 임기가 엄격하게 보장받는다.

독립형 합의제를 취하는 사례는 미국의 '연방인사위원회(Ferderal Civil Service Commission: FCSC)'가 대표적이며, 1978년 「공무원제도개혁법」에 의해 FCSC를 대체하여 설치된 '실적제도 보호위원회(Merit System Protection Board: MSPB)' 역시 이러한 형태의 중앙인사기관이다. 1885년 추밀원령에 따라 설치되어 현재까지 운영 중인 영국의 '인사위원회(Civil Service Commission: CSC)'도 독립형 합의제 기관이다. 일본의 중앙인사기관은 '인사원(人事院)'과 내각총리대신 소속의 총무성 내 '인사·은급국'이 있다. 이 중 인사원은 내각에서 독립한 합의체의 조직 형태를 취하고 있다.

2) 비독립형 단독제

비독립형 단독제 중앙인사기관은 행정부처의 하나로서 행정수반에 의해 임명된 한 사람의 기관장에 의해 관리되는 중앙인사기관이다. 인사행정의 책임소재가 분명하고 신속한 의사결정을 가능하게 하며, 국가정책을 신속하고 강력하게 추진할 수 있다는 장점이 있다. 그러나 독립성이 없어서 인사행정의 정실화를 막기 어렵고, 기관장의 독선적·자의적 결정을 견제하기 어렵다. 또한 기관장의 잦은 교체로 인해 인사행정의 일관성과 안정성을 유지하기 어렵다는 단점이 있다. 1978년 「공무원제도개혁법」에 의해 설치된 미국의 인사관리처(Office of Personnel Management: OPM), 영국의 내각사무처(Cabinet Office), 일본의 총무성이 여기에 속한다. 우리나라의 경우, 과거의 총무처, 행정안전부와 현재의 인사혁신처도 비독립형 단독제 조직 형태이다.

3) 절충형(비독립형 합의제)

절충형의 중앙인사기관은 독립형 단독제와 비독립형 합의제를 들 수 있다. 독립형 단독제는 현실적으로 찾아보기 어렵고, 절충형은 주로 비독립형 합의제의 중앙인사기관이다. 과거 김대중 정부에서 대통령 소속으로 설치되었던 중앙인사위원회나 소청심사위원회는 위원장과 다수의 위원들로 구성된 합의제 기관이지만, 행정수반이나 중앙인사기관장에 의해 관리되는 비독립적 합의제 형태였다.

제9장 인적자원관리론

제1절 채용 및 선발

1 임용

1) 의의

효과적인 인적자원관리의 3대 요소는 ① 고급인력의 채용 및 선발, ② 적실성 높은 교육훈련, ③ 높은 근무의욕 고취 등이라 할 수 있다. 임용은 정부조직의 빈자리에 사람을 구해 배치하는 활동이다. 임용은 결원을 보충하기 위해 인력을 선발·사용하는 활동이라 할 수 있다. 넓게는 임용은 공무원이 어떤 직위를 담당하게 되는 것과 관련된 일체의 인사행위를 가리킨다.

임용은 크게 외부로부터 임용과 내부로부터의 임용으로 나눌 수 있다. 외부로부터 임용은 신규채용이며, 공개경쟁채용과 경력채용 등(특별채용)으로 구분된다. 내부임용은 조직 내의 인원 유동에 관한 것으로서, 승진·강임·전직·전보·겸임·직무대리·파견 등이 포함된다.

2) 외부임용

외부임용은 채용이라고도 하며 정부조직 외에서 인력을 충원하는 것을 의미한다. 공개경쟁 신규임용과 특별임용으로 구분된다.

① 공개경쟁 신규임용

일정한 자격을 갖춘 모든 사람이 지원하도록 하여 적격자를 선발하는 방식이다. 우리나라 공무원의 신규임용은 원칙적으로 공개경쟁 신규임용에 의하도록 하고 있다.

② 특별임용

공개채용이 부적합하거나 비효율적이라고 판단할 경우 특정한 자격을 갖춘 사람만을 대상으로 채용하는 방법이다. 관련 직위의 우수 전문인력 및 유경험자를 채용하는데 목적을 두고 있다.

3) 내부임용

내부임용은 수평적 임용이라고 하는 전직 · 전보 · 파견 · 겸임 등이 있고, 수직적 임용인 승진과 강임이 있다.

2 신규임용과정

공개경쟁을 통해 정부조직 외부에서 인력을 충원하는 경우에는 일반적으로 모집 → 선발 → 임명의 과정을 거친다.

1) 모집

모집은 유능한 인적자원이 선발시험에 지원하도록 공고 · 유도하는 활동부터 응시자가 모집에 지원하는 활동까지의 모집과정 전반을 말한다. 적극적 모집은 유능한 인재를 민간부문이나 기타 조직에 빼앗기지 않고 공직에 흡수하는 정책이다. 모집의 효과성을 높이기 위해서는 ① 공직에 대한 사회적 평가 제고, ② 인력계획의 수립 · 실천, ③ 채용절차의 합리화, ④ 모집공고 방법의 다변화 등의 노력이 필요하다. 적극적 모집에서 장기적인 인력수급계획은 수요와 공급을 예측하고, 실제 수요를 결정해 적정 인원수만큼 인적자원을 확보하는 데 중요한 역할을 한다.

2) 시험

시험은 공직에서 필요로 하는 능력을 가진 유능한 적격자를 분별 · 선발하는 도구 내지 수단을 의미한다. 시험은 실적제도를 확립하는 데 있어서 기초가 되고 직업공무원제도의 확립에도 기여한다. 시험 종류의 형식적 분류에는 필기시험, 실기시험, 면접시험 등이 포함된다. 측정대상(목적)에 의한 분류에는 일반지능검사, 적성검사, 업적검사, 성격검사, 신체검사 등이 포함된다. 선발시험은 최종 선발에 결정적인 역할을 하는 단계이기 때문에 다음의 기본적 요건을 갖추어야 한다.

① 타당성

타당성(validity)은 시험이 측정하려고 하는 대상을 정확하게 측정하는 정도를 말한다. 즉, 시험을 통해 선발된 사람들이 맡게 될 직무에 대한 수행능력을 얼마나 정확하게 측정하느냐 하는 것이다. 타당성이 높은 시험은 특정 직무를 수행하는 데 적합한 사람과 부적합한 사람을 구별해 준다.

② 신뢰성

신뢰성(reliability)은 시험이 측정수단으로서 갖는 일관성을 말한다. 동일한 시험을 시간을 달리하여 치른 경우, 수험자 개인의 성적이 유사하면 시험의 신뢰성이 높다고 할 수 있다.

③ 난이도

난이도(difficulty)는 시험의 어려운 정도를 말한다. 시험이 너무 어렵거나 너무 쉬우면 수험생들의 성적이 한곳으로 집중되어 우열을 분별하기 곤란하다. 이러한 문제를 극복하기 위해 난이도를 달리하여 문제를 구성하는 것이 바람직하다.

④ 객관성

객관성(objectivity)이란 시험의 채점이 채점자의 주관적 판단에 따라 좌우되지 않으며, 시험 외적 요인에 의해 영향을 받지 않는 것을 말한다.

3) 임명(appointment)

① 임용후보자명부

시험실시기관은 시험의 결과에 따라 합격자를 결정한 후 임용후보자명부를 작성한다. 임용후보자명부는 직급별로 시험성적순에 의해 작성하는 것이 원칙이지만, 보훈대상자 우대 등 성적순위를 수정하는 요인이 고려된다.

② 추천

임용후보자의 추천은 각 기관에서 결원을 보충하기 위해 임명권자 또는 임용제청권자가 시험실시기관에 추천을 요구하는 경우 시험실시기관에서 후보자를 추천하는 것을 말한다.

③ 시보임용

시험에 의해 선발된 사람은 일정 기간 시보로 임명된다. 즉, 임용권자는 추천받은 임용후보자 중에서 필요한 사람을 선발하여 일정한 기간 시보로 임용하고, 시보 기간

중의 근무성적을 참작하여 정규 공무원으로 임명되게 된다. 시보임용은 선발과정상의 미비점을 보완하기 위한 시험의 연장이라 할 수 있다.

시보임용은 ① 선발된 후보자가 공무원으로서 적격성 보유 여부 확인, ② 실무습득의 목적이 있다. 시보 공무원은 신분보장이 되지 않기 때문에 임명권자가 일방적으로 해임하더라도 소청 등의 구제수단이 없다. 5급 공무원의 신규채용 시 1년, 6급 이하 공무원 및 기능직 공무원의 신규채용 시 6개월의 시보기간을 둔다. 예외적으로 시보 임용을 면제하거나 그 기간을 단축할 수 있다.

제2절 능력발전

1 의의

공무원의 능력발전은 직무수행상 공무원에게 필요한 지식 및 기술적 능력을 향상시키고, 발전적인 가치관 및 태도를 확립하는 것이다. 공무원에게 요구되는 능력은 소속기관과 직위에 따라 다르다. 그러나 능력발전의 공통적인 목표는 변동하는 행정환경에 대처하여 미래 지향적인 가치관을 가지며, 행정의 전문성과 복잡성에 따라 전문적 기술과 관리능력을 향상시키는 것이라 할 수 있다. 공무원의 능력을 발전시키기 위한 방안으로 ① 교육훈련을 통한 방안, ② 인사이동을 통한 방안, ③ 경력개발제도를 통한 방안으로 나누어 볼 수 있다.

2 교육훈련

1) 의의

조직에서 교육훈련은 조직원에게 직무수행에 필요한 능력을 갖추도록 하기 위해 필요한 지식이나 기술을 습득하게 하고, 가치관과 태도를 발전 지향적으로 개선시키려는 활동이다. 교육은 개인의 능력을 종합적으로 개발하는 것이고, 훈련은 개인이 맡은 직무수행에 부족한 능력을 보완하는 것이다.

2) 목적

- 사전교육(orientation)을 목적으로 한다. 신규채용된 공무원들에게는 자기업무, 조직목표, 인사제도, 조직구조, 업무협조 등에 관해 교육하고, 기존 직원들에게는 조직의 목표와 자기의 할 일에 대해 교육한다.
- 전문화 및 기술혁신에 따른 직무수행 능력, 기술, 지식의 습득 및 새로운 가치관을 확립한다.
- 공무원의 경력발전과 관리를 위해 필요하다.
- 동료, 상하, 고객과의 인간관계 강화를 통하여 팀워크를 향상시키고 사기를 제고한다.
- 궁극적으로 조직의 생산성을 높이고 행정발전을 기대할 수 있다.

3) 교육훈련의 종류

① 교육훈련 실시기관에 따른 종류

공무원의 교육훈련은 정부기관에서 실시하는 훈련과 정부기관 외에서 담당하는 것으로 구분할 수 있다. 정부기관에서 실시하는 훈련은 다시 교육훈련기관에서 담당하는 훈련과 근무기관에서 담당하는 훈련으로 나눌 수 있다.

가. 정부 내 교육훈련

- 교육훈련기관 교육훈련

공무원이 직무를 떠나서 정부에서 설립한 교육훈련기관에서 받는 교육훈련이다.

- 직장훈련

직장훈련(On the Job Training: OJT)은 교육훈련을 받는 자가 실제 직위에서 근무하면서 상급자 또는 선임자로부터 지도나 훈련을 받는 것을 말한다. 공무원의 직무감독을 맡는 상급자는 교육훈련의 책임도 있다. 공무원이 직무수행에 필요한 일정한 수준의 질을 유지하게 하는 것은 해당 공무원의 감독자의 책임이다.

나. 정부 외 교육훈련

정부 외 교육훈련은 정부기관이 아닌 외부 기관에 공무원을 보내 교육훈련을 받도록 하는 것이다. 외부 기관은 대학 같은 정규 교육기관, 특정 기능 또는 지식 중심의 교육훈련기관, 실무기구 등이 될 수 있다.

② 교육훈련의 내용에 따른 종류

가. 기본교육

기본교육은 신규채용으로서 갖추어야 할 소양교육 및 직무수행에 필요한 기초적 지식을 습득시키고 공직에의 적응능력을 배양시키는 교육훈련이다.

나. 보수교육훈련

재직 공무원의 직무수행능력을 향상시키기 위한 교육훈련을 말한다. 전문적 능력의 배양을 목적으로 하는 것이므로 교육과정은 업무관련성이 높도록 편성될 필요가 있고, 문제 해결 능력을 향상시킬 수 있어야 한다.

다. 가치관 · 태도변화 교육훈련

공무원으로서 갖추어야 할 가치관과 태도의 변화를 목적으로 하는 교육훈련이다. 이미 가치관이 정립된 성인을 대상으로 하는 공무원 교육훈련이기 때문에, 그 효용성에 대한 의문이 제기되기도 한다.

라. 관리능력배양훈련

감독, 지도, 정책개발, 조정 등의 능력을 향상시키기 위한 교육훈련을 말한다. 초급관리자과정, 중급관리자과정, 고급관리자과정을 포함한다.

3 인사이동을 통한 능력발전

상이한 계급 또는 직급 간의 인사이동으로는 승진과 강임이 있다. 동일한 계급 또는 직급 간 인사이동으로는 전직과 전보가 있다.

1) 동일한 계급 또는 직급 간 인사이동

① 승진

승진(promotion)은 상위 직위에 결원이 생겼을 때, 행정계층상 그보다 한 단계 낮은 계층의 재직자 중에서 선발하여 결원이 생긴 경우 상위 직위를 충원시키는 것을 말한다. 승진의 기준으로는 경력, 학력, 시험성적, 교육훈련성적, 승진 예정직에서의 근무성적, 상벌 등을 들 수 있다. 승진은 ① 더 높은 지위와 보수 인상으로 인한 사기제고, ② 능력발전 및 잠재능력 발휘 기회 부여, ③ 유능한 인재 공직 유치, ④ 직업공무원제도 확립의 필수요건이라는 점에서 그 중요성이 있다.

② 강임

강임(demotion)은 하위계급 및 직급의 직위로 이동하는 것을 말한다. 동일한 직열 내에서 이동하는 경우도 있고, 그렇지 않은 경우도 있다. 직제나 정원의 변경이나 예산의 감축으로 직위가 폐지되거나 강등되어 과원이 된 때, 또는 본인이 동의한 경우, 징계의 효과로서 제도적으로 인정하고 있다.

특히 징계의 효과로서 강등은 2008년 「국가공무원법」의 개정으로 시행되고 있다. 국가공무원법에서 강등은 "1계급 아래로 직급을 내리고(고위공무원단에 속하는 공무원은 3급으로 임용하고, 연구관 및 지도관은 연구사 및 지도사) 공무원 신분은 보유하나 3개월 간 직무에 종사하지 못하며, 그 기간 중 보수는 전액을 감한다"고 규정하고 있다. 계급을 구분하지 아니하는 공무원과 임기제공무원에 대해서는 강등이 적용되지 않는다. 징계의 효과로서의 강등은 국가공무원뿐만 아니라 지방공무원, 군인, 경찰 등 특정직 공무원에 대해서도 시행되고 있다.

2) 동일한 계급 또는 직급 간 인사이동

① 전직 · 전보의 의의

전직이란 직무의 종류와 성질을 달리하는 직급의 직위에로의 수평적 이동을 의미한다. 전직 임용의 경우, 일반적으로 시험을 요건으로 한다. 전보는 동일한 직급에 속하는 어느 한 직위에서 다른 직위에로의 수평적 이동을 의미한다.

② 전직 · 전보의 용도

전직과 전보는 공무원이 불법행위나 비도덕적 행위 등을 했을 때 징계수단으로 사용되기도 하며, 부정 · 부패방지를 위해서 사용되기도 한다. 전직과 전보는 적극적 용도로서 교육훈련의 수단, 보직 부적응에 대한 해소와 인간관계 개선, 공직의 침체 방지 및 공무원의 종합적 능력발전을 위해 활용된다.

3) 고위직 인사교류

고위직 인사교류는 부처 간의 고위직 인사교류를 통해 부처이기주의와 특정 이익집단의 영향에서 벗어나 국가 전체적인 관점에서 국정과제를 추진하기 위한 목적으로 시행되는 제도이다. 이것은 정부 고위직의 우수인력을 전 정부적 차원에서 효율적이고 균형적으로 활용하는 방안이다. 고위공무원에 대한 인사교류방안은 2003년 중앙부처 간, 중앙 · 지방 정부 간, 정부 · 민간 간 인사교류 활성화와 함께 고위공무원에 대한 인사교류방안이 본격적으로 추진되었다. 2006년 고위공무원단 제도가 시행되면서 고위직 인사교류는 개방형 인사제도와 직위공모제도, 직무성과계약 등이 통합시행되고 있다.

4 경력개발을 통한 능력발전

1) 의의

경력개발제도(career development program: CDP)는 개인이 조직에서 임용되어 퇴직하기까지의 경력 또는 보직을 체계적 · 합리적으로 관리함으로써 공무원의 능력발전을 도모하는 인사관리제도이다. 1990년대 이후 경력개발제도가 주목된 배경은 다음과 같다.

- 조직과 개인의 결합이 중시되고 전략적 인재양성이 중시되고 있다.
- 구성원의 직무 역량을 극대화하는 체계적인 인력관리 시스템을 구축할 필요성이 제기되었다.
- 급변하는 사회환경의 변화에 따라 개인의 능력이 매우 중요시되고 자기개발 욕구가 증가하고 있다.

2) 경력개발제도의 내용

경력개발제도는 공무원 개인이 설정하는 경력목표(career goal)와 조직이 설계하는 경력경로(career path)를 핵심적인 구성요소로 한다. 경력개발제도는 이 두 가지 요소를 결합시키고 운용하기 위한 수단으로서 최소임기제, 교육훈련, 경력개발센터, 전문보직관리와 직위공모제 등을 포함한다.

3) 경력개발제도의 원칙

① 자기 주도의 원칙

조직구성원 스스로가 적극적인 정보수집을 통해 경력목표와 경력개발 계획을 작성하고 능동적으로 학습을 실시할 수 있도록 하는 것을 원칙으로 한다.

② 인재육성 책임의 원칙

경력개발은 상사와 부하의 공동책임사항이고, 상급 감독자는 소속 직원에 대한 육성의 역할을 수행해야 한다.

③ 직무와 역량 중심의 원칙

직급이 아닌 직무 중심의 경력계획을 세우고, 직무에서 요구되는 역량과 개인보유 역량 간의 여부 판단 및 필요역량 개발에 중점을 둔다.

④ 개방성 및 공평성의 원칙

경력개발의 기회는 모든 직원에게 공평하게 제공되어야 한다.

제3절 근무성적평정제도

1 의의

1) 개념

근무성적평정은 공무원의 근무실적, 능력, 근무수행 태도, 발전가능성 등에 대하여 체계적 · 개관적 · 정기적으로 평가하는 것을 말한다. 직무수행과 관련하여 공무원을 평가하는 것은 실적주의 인사제도에서 가장 기본적인 요소이다. 공무원을 능력과 업적에 의해 관리하기 위해서는 객관적인 자료가 확보되어야 하기 때문이다.

2) 종류

우리나라의 근무성적평정제도는 「국가공무원법」(제51조)에서 성과계약에 의한 목표달성도의 평가(성과계약평가)와 근무실적 및 능력에 대한 평가(근무성적평가)로 구분하고 있다. 성과계약평가는 고위직 공무원단을 포함한 4급 이상의 공무원을 대상으로 하고, 근무성적평가는 5급 이하 공무원을 대상으로 한다.

3) 평정 방법

근무성적평정 방법으로는 사실기록법이 있는 데, 여기에는 산출기록법, 정기적 시험법, 가점점수법이 포함된다. 상호비교법은 성적순위법, 대인비교법, 이인조비교법 등이 있다. 그 밖에 분포제한법, 평정척도법, 체크리스트평정법, 평정척도법 등이 있다.

2 근무성적평정의 목적 및 활용

1) 공무원의 능력발전 및 동기부여

근무성적평정제도는 공무원 스스로 파악하기 힘든 자신의 장・단점을 감독자・하급자・고객 등이 지적해 줌으로써, 능력발전을 촉진하고 단점을 극복할 수 있도록 도와주는 역할을 할 수 있다.

2) 인사관리의 기준 제공

근무성적평정의 결과는 승진・면직・감원・보수・보직관리 및 교육훈련 수요 파악의 결정적 기준이 된다. 근무성적평정은 직무분석 및 직무평가와 함께 인사조치의 객관화와 공정성 확보에 도움이 된다. 또한 평정을 통하여 공무원의 현재 능력이 파악되면 직책에 요구되는 능력과 비교하여 훈련 수요를 파악할 수 있다.

3) 조직목표에 대한 의사교환의 기제

근무성적평정은 평정자인 감독자와 피평정자인 부하 사이에 근무상황에 대하여 솔직하게 의견교환이 이루어지고 개선책을 강구하게 되면, 상호 간의 이해 증진을 도모할 수 있다.

4) 인사관리 연구 및 분석 자료

근무성적평정 결과는 인사제도의 연구와 개선을 위한 기초자료를 제공한다. 근무성적 결과는 다른 인사제도 개선에도 활용할 수 있다.

3 평정 왜곡요인

근무성적평정에는 평정 결과를 왜곡시키는 오류가 발생할 가능성이 크다. 평정 과정에서 발생하는 오류요소는 다음과 같다.

1) 집중화 효과

평정자가 피평정자들을 무난하게 주로 중간범위 점수 또는 가치로 평정하고, 아주 높거나 아주 낮은 평정을 피하는 경향을 말한다.

2) 관대화 경향

평정자들이 피평정자와 인간관계를 의식하거나 실적에 대한 해석과 판단이 상이한 경우 평정 등급이 전반적으로 높아지는 경향이 있다.

3) 연쇄화 효과(halo effect)

하나의 평정요소의 효과가 다른 평정요소에 영향을 미치는 현상으로서, 피평정자의 막연한 전체적인 인상 때문에 모든 분석적인 평정요소가 영향을 받게 된다.

4) 논리적 오차

평정요소 간 논리적 상관관계가 있다는 관념에 의한 오차로서, 어느 한 요소가 우수하면 다른 요소도 우수하다고 쉽게 판단해 버리는 경향이다.

5) 선입견

연쇄화 효과가 평정요소와 관련된 인상에 의한 것인 데 비해, 선입견은 평정 외적 요인에 의한 것이다.

4 근무성적평가의 문제점과 개선 방향

우리나라의 근무성적평정은 객관성·공정성을 확보하지 못한다는 비판을 받고 있는 데, 그 이유는 다음과 같다.

- 객관적 평가 기준이 미비하다. 다섯 등급의 평정요소는 추상적이고 객관적인 기준이 없어 실적이나 능력보다 평정자의 피평정자에 대한 선입견이나 감정에 의해 영향을 받을 수 있다.
- 연공서열 위주의 평정이다. 평정자는 평정 대상자의 실적이나 능력보다 연공서열을 더 중요시하는 경향이 있다.
- 평정 결과의 비공개이다. 이에 따라 평정자의 주관 개입이나 정실 평정 등 객관성의 확보가 어려워진다.

근무성적평가는 공무원 개인 능력에 대한 평가와 그에 따른 환류에 의하여 능력개발을 위한 중요한 척도가 되기 때문에 다음과 같은 개선 방향이 필요하다.

- 평정지표의 객관화가 필요하다. 평정 등급에 대한 점수화된 기준이 필요하다.
- 실적주의 정착과 직위분류제 요소의 강화가 필요하다.
- 평정결과의 공개와 다양한 활용이 필요하다. 평정결과가 공개될 경우 평정자의 자의적인 평정 소지를 줄일 수 있고, 평정에 대한 책임감을 제고할 수 있다.
- 다면평가제도의 활용이다. 근무성적평정상의 오류를 시정하고, 공정하고 객관적인 평정이 이루어지도록 보완하는 제도로서 상하 혹은 동료 간 다면평가제도를 활용할 수 있다.

제4절 인적자원의 효율적 활용을 위한 제도

1 직무성과계약

1) 의의

장·차관, 청장 등 기관의 책임자와 실·국장, 과장 등 관리자 간에 성과목표 및 지표, 평가결과의 활용 등에 관한 공식적인 성과계약을 체결하고, 당해 연도의 '직무성과계약'에 의해 개인의 목표달성도를 평가하여, 그 결과를 인사관리에 반영하는 개인 성과평가제도이다. 직무성과계약은 고위공무원단 공무원과 4급 이상의 공무원을 대상으로 한다. 직무성과계약제가 도입된 배경은 다음과 같다.

- 종래의 성과평가시스템이 산출물(output) 평가에 치중해 고객에 미치는 최종결과(outcome)를 제대로 평가하기 어려웠다는 점이다.
- 평가가 어려운 질적인 부분에 대해서도 성과평가가 있어야 한다는 점이 중시되었다.
- 목표관리제(MBO)가 유명무실해짐에 따라 다른 평가제도의 필요성이 증대되었다.

2) 기존제도와 구별

① 목표관리제(MBO)

직무성과계약은 상·하위자 간에 합의를 통해 목표를 설정한다는 점에서 목표관리제(MBO)와 유사하다. 그러나 직무성과계약은 구체적인 계약이 체결된다는 점과 성과목표 및 지표는 상·하위자 간 연계성을 확보해야 하므로, 성과계약이 상위자로부터 하위자로 순차적으로 체결이 이루어진다는 점에서 차이가 난다.

② 균형성과지표(BSC) 및 정책평가

직무성과계약은 개인의 성과평가제도라는 점에서 조직 전반의 성과관리 방법인 균형성과지표(BSC)와 조직 전반의 정책에 대해서 평가하는 정책평가와 구분된다.

3) 활용

① 성과급 등급 결정을 위한 기초자료

성과계약평가는 성과급 평가 및 결정의 가장 중요한 기초자료가 된다.

② 각종 인사자료로 활용

성과계약평가의 최종평가서에 작성된 주요 실적과 상사의 평가의견 및 최종평가등급은 개인별 성과관리카드에 기록되어, 승진 · 인사심사 · 인재추천 · 개방형 및 공모직위 심사 등에 활용된다.

③ 객관적이고 공정한 평가

부하 직원의 성과를 관리하고 업무성과에 대해 객관적이고 공정하게 평가하는 것은 관리자의 기본책무이므로, 평가자가 평가대상자에게 부여한 평가등급은 평가자의 성과관리카드에 기록된다.

④ 고위공무원단 인사관리 기준

성과계약평가에서 고위공무원단에 속하는 공무원이 총 2년 이상 최하위 등급을 받는 경우 적격심사를 실시한다.

⑤ 성과계약평가의 관대화 경향 측정 · 공표

각 기관은 성과계약평가가 완료된 후, 그 결과를 인사혁신처에 제출하고, 인사혁신처는 각 기관의 성과계약평가 결과의 관대화 경향을 측정하고, 그 결과를 공표한다.

2 고위공무원단 제도

1) 의의

고위공무원단 제도(senior executive service: SES)는 정부의 주요 정책 결정 및 관리에 있어서 핵심적 역할을 담당하는 실 · 국장급 공무원을 범정부적 차원에서 적재적소에 활용하고 개방과 경쟁을 확대하며, 성과 책임을 강화하기 위해 도입된 인사관리제도이다. 고위공무원단 제도는 미국이 1978년 「공무원개혁법」(Civil Service Reform Act of 1978)에 의해 최초 도입한 이후 영국, 호주, 캐나다 등에 도입되었다. 우리나라에서는

2006년 7월부터 시행되고 있다.

2) 도입 배경

① 고위공무원의 체계적 육성

고위공무원이 국정에서 핵심적인 역할을 하고 중요한 국가정책 결정에 관여 함에도 불구하고, 그동안 체계적으로 관리·육성되지 못했다.

② 부처이기주의

특정 부처 출신만 그 부처의 고위직으로 승진하는 승진임용 구조였기 때문에, 부처이기주의가 팽배하고 공무원의 시야가 제한적이라는 문제가 발생했다.

③ 전문성 제고 기회 미흡

계급제를 바탕으로 하는 우리나라의 직업공무원제에서는 잦은 순환보직으로 인하여 업무에 대한 전문성을 제고할 기회가 부족하였다.

3) 고위공무원단 제도의 내용

고위공무원단 제도는 기존에 개별적으로 운용되던 ① 직위공모제, ② 개방형 임용, ③ 고위직 인사교류, ④ 직무성과계약 등 네 가지 제도를 통합적 시각에서 운용하는 제도이다. 다음과 같은 내용을 특징으로 한다.

① 행정기관 국장급 이상으로 구성

고위공무원단은 일반직·별정직·특정직의 행정기관 국장급 이상 공무원으로 구성된다. 부지사·부교육감 등 지방자치단체에 국가공무원으로 보하는 일부 고위직도 고위공무원단에 포함된다.

② 일 중심의 인사관리

고위공무원단은 과거 1~3급의 계급을 폐지하고 직무와 직위에 따라 인사관리를 한다. 이에 따라 계급에 구애되지 않는 폭넓은 인사로 적격자를 임용할 수 있게 되었다. 또한 고위공무원단에 대해서는 계급과 연공서열보다는 업무와 실적에 따라 보수를 지급한다. 즉, 직무의 중요도·난이도 및 성과에 따라 보수를 차등 지급한다.

③ 고위직의 개방 및 경쟁 촉진

고위공무원단은 민간과 경쟁하는 개방형 직위제도와 함께 타 부처 공무원과 경쟁하는 공모직위제도를 도입함으로써, 고위직의 개방을 확대하고 경쟁을 촉진한다. 각 부처에서는 고위공무원 직위의 30% 범위 내에서 개방형 직위 또는 공모직위를 운영하고 있다. 공모직위의 경우, 각 부처 장관은 소속에 관계없이 전체 고위공무원단 중에서 적임자를 선발할 수 있다.

④ 성과의 체계적 관리 및 능력개발 강화

성과목표・평가기준 등을 상급자와 협의하여 성과계약을 체결하고, 목표달성도 등을 평가하는 성과계약 등 평가제를 시행하고 있다. 고위공무원이 되기 위해서는 후보자교육과 역량평가를 거쳐야 한다. 기관의 과장급을 대상으로 고위공무원단 직위로 진입 전 고위공무원으로서 갖추어야 할 핵심역량에 대해 후보자교육을 실시한다.

⑤ 고위직의 책임성 제고

고위공무원단 제도는 공무원 인사의 실적주의 원칙과 정치적 중립성 및 직업공무원 제도에 영향을 미치지 않는다. 다만, 성과와 능력이 현저하게 미달하는 고위공무원은 적격심사를 받게 된다.

4) 고위공무원단 제도의 문제점과 발전 방향

고위공무원단 제도는 고위직 공무원을 통합적으로 운영하는 제도이므로, 기존의 폐쇄적 임용체계 및 연공서열 문화와 갈등이 있을 수 있다. 또한 개방형 임용을 기본적인 임용체계로 운용하기 때문에, 직업공무원제 하에서 신분보장과 상충될 수 있다. 이에 따라 직무평가의 객관성・투명성을 확보함으로써, 능력 있는 공무원이 보다 책임 있고 중요한 직무를 수행할 수 있도록 해야 한다. 또한 성과와 적절한 보상이 유기적으로 연계되도록 해야 한다.

3 총액인건비제도

1) 의의

총액인건비제도는 각 부처별 인건비 예산의 총액만 관리하고, 총액인건비 내에서 조직·정원, 보수, 예산을 각 기관 특성에 맞게 자율적으로 운영하며, 그 결과에 대하여 책임을 지는 제도이다. 이를 통해 성과 중심의 정부조직 운영이 가능하다. 중앙집권적인 행정이 사회적 변화에 신축적으로 대응하기 위해 도입된 인사관리제도이다.

총액인건비제도의 핵심은 자율과 책임의 균형이라 할 수 있다. 즉, 총액인건비제도 시행 여부는 시행기관 자율로 결정한다. 기관은 총액인건비제도를 실시하기 위해 조직 또는 사업의 성과목표가 포함된 총액인건비제도 운영계획을 수립하고, 시행 후 운영결과 평가를 실시한다. 평가결과는 다음 연도 예산편성, 소요정원·수시직제 심사 시에 반영된다. 1990년대 영미계 국가와 북유럽 국가에서 채택되었다. 우리나라는 2005년부터 행정자치부, 기획예산처에서 시범 실시되다 2007년부터 전 부처에서 전면 실시되고 있다.

2) 제도의 기본방향

① 조직관리

조직관리에시 있어서 총정원 및 포괄적 정원관리 기준 범위 내에서 신축적인 인력조정이 가능하도록 자율성을 부여한다.

② 인사관리

인사관리에 있어서 부처 자율적 채용권 확대와 함께 이에 따른 각종 협의사항을 축소·폐지한다.

③ 보수관리

보수관리에 있어서 성과관리와 연계, 각 부처별 보수수준 및 보수체계의 차별화를 허용한다.

④ 예산관리

예산관리에서 총액인건비 범위 내에서 잉여인건비 사용에 대한 부처의 재량권을 확대한다.

3) 책임성 확보방안

총액인건비제도는 부처에 자율성을 부여하는 대신 이에 대한 책임성을 확보하기 위한 장치를 두고 있다.

- 매년 제도운영 주무부처(행정안전부, 기획재정부, 인사혁신처) 합동으로 '총액인건비제도 운영지침'을 발표하여 제도운영에 필요한 최소한의 지침을 제시하고, 사후에 운영실태를 평가한다.
- 평가체제를 구축하여 정기적인 평가를 하고, 평가결과를 다음 연도 인건비 예산에 반영한다. 제도운영 우수기관에는 인센티브를 제공하고, 운영부진 기관에 대해서는 예산삭감을 한다.

4 전자인사관리시스템

1) 의의

전자인사관리시스템은 전자정부의 하위시스템으로서 인사관리 분야에 적용된 전자적 인사관리시스템이다. 실무에서는 각 중앙행정기관의 인사업무를 지원하는 '표준인사관리시스템'과 인사혁신처의 인사정책 및 인사업무처리를 돕는 '중앙인사정책지원시스템'을 말한다. '표준인사관리시스템'과 '중앙인사정책지원시스템'을 연계한 전체 시스템을 말하기도 한다.

2) 효용성

① 인사정책의 실효성 제고

인사정책 수립과정에서 필요한 많은 자료를 체계적으로 수집하여 축적·관리함으로써 인사정책의 실효성을 제고할 수 있다.

② 인사관리의 투명성 제고

공무원 개인의 인사자료가 체계적으로 관리되기 때문에 인사관리의 투명성을 제고할 수 있다.

③ 인사운영의 효율성 제고

인사운영에 필요한 정보를 데이터베이스화하여 관리하기 때문에 인사운영의 효율성을 제고할 수 있다.

④ 인사행정의 개방성 제고

전자인사관리시스템이 도입되면서 일반시민과 공무원 개인에게도 일정 부분에 대해서 접근이 허용되어 인사행정서비스가 가능하다.

제5절 보수 및 연금

1 보수

1) 보수의 의의

보수는 공무원이 공직에의 봉사에 대해 정부가 지급하는 금전적인 보상을 말한다. 보수체계란 보수 지급 항목의 구성을 말한다. 보수는 봉급(기본급)과 그 밖의 각종 수당을 포함한 개념이다. 보수체계는 대체로 기본급을 중심으로 각종 부가적인 수당으로 구성된다. 봉급이란 직무의 곤란성과 책임의 정도에 따라 직책별로 지급되는 기본급여 또는 직무의 곤란성과 책임의 정도 및 재직기간 등에 따라 계급별, 호봉별로 지급되는 기본급여를 말한다. 수당이란 직무 여건 및 생활 여건 등에 따라 지급되는 부가급여를 말한다.

2) 보수의 유형

보수를 분류하는 유형은 다양하다. 기본급은 보수 가운데서 기본적인 부분을 차지하는 것으로서 「공무원보수규정」에서 기본급을 봉급이라 부르고 있다. 기본급은 결정기준에 따라 생활급, 연령급, 근속급, 자격급, 능력급, 직능급, 직무급, 종합결정급으로 분류된다.

생활급은 생계유지에 필요한 생계비를 결정하는 기준으로서 공무원과 그 가족의 생활을 보장하기 위한 것이다. 근속급 또는 연공급은 공무원의 근속연수를 기준으로 하는 보수를 말한다. 능력급은 공무원의 능력 정도에 따라 결정하는 보수로서 능력의 범위를 더욱 한정해 직무별 능력을 기초로 하는 보수를 직능급이라 한다. 성과급은 업적급, 능률급, 실적급, 유인급, 장려급으로 불리며, 직무수행의 결과 또는 산출고를 기준으로 결정하는 보수이다. 종합결정급은 공무원의 생계비, 연령, 자격, 근속 및 경험 연수, 능력, 직무, 근무성적, 개혁에 대한 기여 등을 종합적으로 고려해 결정하는 보수이다.

수당은 기본급을 보완하는 부가급으로서 근무조건이나 생활 조건의 특수성이 인정되는 공무원들에게 지급되는 것이다. 수당의 종류는 상여수당, 가계보전수당, 특수지근무수당, 특근수당, 초과수당 등 14종이며, 이외에 정액급식비 등 실비변상 4종을 포함하여 18종이 보수에 포함된다.

3) 보수수준 결정 원칙

공무원의 보수를 결정하기 위해 고려되는 원칙은 크게 두 가지가 있다.

- 생활보장의 원칙이다. 이는 생계비를 보장한다는 의미를 가진다. 생계비 보장은 공무원들의 근무연수에 따라 차등적으로 적용된다.
- 노동에 대한 적정한 대가의 지급원칙이다. 노동의 대가는 업무수행에 대해 지급되는 직무급, 업무수행 능력에 따라 주어지는 직능급, 업적에 따라 부여되는 성과급으로 구분된다.

우리나라의 경우, 공무원 보수 수준을 결정하기 위하여 위의 원칙을 반영하면서 보수 수준 법정주의에 의하고 있다. 즉, 민간부문 임금수준, 표준생계비, 물가변동, 정부지불 능력을 고려하여 공무원의 보수수준을 결정한다.

2 연금

1) 의의

공무원연금제도는 공무원에 대한 일종의 사회보장제도로서 그 범위와 내용은 국가에 따라 상이하다. 원래 연금제도는 퇴직연금을 지급하는 데서 시작되었다. 오늘날의 연금제도는 퇴직연금만을 대상으로 하거나 이를 바탕으로 하고 있다. 퇴직연금제도는 공무원이 노령, 질병, 부상, 기타의 이유로 퇴직하거나 사망한 경우, 본인 또는 유족에게 연급을 지급하는 제도이다.

퇴직연금의 성격에 대해서 장기간의 성실한 근무에 대한 공로보상설, 퇴직 후의 생활보장을 위한 생활보장설, 사망 등에 대한 위자료의 뜻으로 지급하는 위자료설 등이 있으나, '유예된 보수' 또는 '거치된 보수(deferred wage)'로 이해하는 견해가 유력하다. 연금과 퇴직연금이 동일시되는 제도가 많으나 연금에 퇴직연금뿐만 아니라, 다른 급여를 포함시키는 제도들도 있기 때문에 꼭 동일한 것만으로 볼 수 없다.

2) 효용성

- 퇴직 후의 생활보장으로 재직기간 중 근무능률의 향상과 이직률의 저하를 방지해 직업공무원제의 정착을 가져올 수 있다.
- 공무원의 채용 및 인사이동에 관한 계획을 수립하는 데 도움을 줄 수 있다.
- 노후에 공무원들이 안심하고 퇴직할 수 있어 행정상의 비능률 및 국가재정상의 손실을 예방할 수 있다.

3) 연금의 조성

① 기금제와 비기금제

기금제는 퇴직연금 지급에 필요한 재원을 조성하기 위해 기금을 마련하고, 이 기금과 기금의 투자 운용에서 얻는 이자와 사업의 수익으로 퇴직연금에 충당하는 제도를 말한다. 비기금제는 기금을 미리 마련하지 않고 국가의 일반 세입금 중에서 퇴출연금 지출에 소요되는 금액을 세출예산에 계산하여 지출하는 제도이다. 우리나라는 기금제를 채택하고 있다.

② 기여제와 비기여제

기여제는 정부와 연금 수혜자인 공무원이 공동으로 기금을 조성하여 비용을 부담하는 제도이다. 비기여제는 기금 조성의 비용을 정부에서 독자적으로 부담하는 제도이다. 우리나라는 공무원과 정부가 공동으로 기금을 조성하는 기여제를 채택하고 있다.

4) 우리나라의 공무원연금제도

우리나라의 공무원연금제도는 1960년에 「공무원연금법」이 제정됨으로써 시작되었다. 공무원연금에 포함되었던 군인연금은 1963년 「군인연금법」의 제정으로 분리되면서 기여금 부담률, 연금지급률, 수급개시 연령이 달라졌다. 「공무원연금법」은 제정 이후 60여 차례의 개정으로 연금제도에 많은 변화가 있었다.

가장 최근의 변화는 2016년의 개정이다. 이 개정에 의하여 연금수급 요건이 재직기간 20년에서 10년으로 바뀌었다. 연금 수령을 위해 재직기간 동안 매월 공무원연금공단에 납부하는 부담금이 기준소득월액의 14%(공무원 부담 7%, 정부 부담 7%)에서 18%(공무원 부담금 9%, 정부 부담금 9%)로 상향되었다. 연금지급률[1]은 재직기간 1년당 1.9%에서 단계적으로 낮아져 2035년에는 1.7%가 된다. 연금개시 시기도 이전에 만 60세부터 지급되던 것을, 2010년 이후 신규채용자부터는 임용 시기의 구분없이 65세로 단계적으로 연장된다.

우리나라의 공무원연금제도는 그간 재직 공무원이 더 부담하고 덜 받는 방향으로 연금제도의 개혁이 있었다. 그러나 퇴직자의 고령화와 함께 연금수급자가 급격히 증가하면서 적자가 급격히 늘어나고 있다. 이를 국민 세금으로 보전하고 수십 년 내 고갈이 예상되면서 공무원연금제도는 개혁의 강한 압박에 직면해 있다.

제6절 공무원 행동규범과 복무관리

1 공직윤리

1) 의의

행정국가화 현상에 따라 행정권력이 비대해지고 공무원의 권력이 증대되면서 공직윤리의 중요성이 크게 부각되고 있다. 윤리란 종교나 법과 같은 여타 사회규범과 공동

1) 연급지급률이란 퇴직연금, 조기퇴직연금 등을 산정하기 위해 재직기간에 따라 평균소득월액에 곱하는 비율을 말한다.

생활의 준칙으로서, 인간이 사회생활 속에서 마땅히 지켜야 할 도덕(도리) 혹은 행동규범을 의미한다. 공직윤리란 공무원에게 요구되는 행동규범을 말한다. 즉, 공무원들이 반드시 지켜야 할 도리이며, 정부조직의 구성원으로서 지켜야 할 직업윤리를 말한다. 공무원은 국민 전체에 대한 봉사자이기 때문에, 민간부문에 종사하는 이들보다 더욱 강한 직업 윤리관이 요구된다.

행정이 지향하는 기본방향을 의미하는 행정이념이 실제의 행정현실에서 구체적 의미를 지니게 된 것이 행정윤리 내지 공직윤리라 볼 수 있다. 공직윤리를 확립하기 위한 통제 방법으로 법령에 의해 일정한 의무를 부과하여 통제하는 방법과 공무원들이 자율적으로 스스로의 행동규범을 준수하는 방법이 있다.

2) 「공직자윤리법」

공직윤리 확립을 위한 법적 통제를 위한 대표적인 법률로서 「공직자윤리법」이 있다. 「공직자윤리법」은 "공직자의 부정한 재산 증식을 방지하고, 공무집행의 공정성을 확보하는 등 공익과 사익의 이해충돌을 방지하여 국민에 대한 봉사자로서 가져야 할 공직자의 윤리 확립"을 목적으로 1981년 12월 제정되었다. 「공직자윤리법」의 주요 내용은 다음과 같다.

- 공직자재산등록
- 선물신고
- 퇴직공직자의 유관 사기업체 취업제한
- 고위공무원의 주식 매각 또는 신탁
- 공직자윤리위원회 설치 등

3) 행동규범 · 의무

공무원의 행동규범이나 의무는 국민 전체에 대한 봉사자로서 공익을 실현하고, 직무 내 · 외의 모든 행동에 대한 책임을 다하기 위한 가치 및 태도 기준을 말한다. 우리나라의 경우, 「국가공무원법」, 「지방공무원법」에서 법적 책임을 부과하고 있는 공무원의 행동규범과 의무를 규정하고 있다. 선서의무, 성실의무, 복종의 의무, 직장이탈의 금지, 친절공정의 의무, 종교중립의 의무, 품위유지의 의무, 영리업무 및 겸직금지, 정치

운동의 금지, 집단행동 금지 등이 이에 해당한다.

4) 자율적 통제

공직윤리의 자율적 규제를 촉진하기 위하여 '윤리헌장', '공무원신조', '실천강령' 등을 제정하고 있다.

2 공무원의 정치관여 금지

공무원은 정당이나 그 밖의 정치단체의 결성에 관여하거나 이에 가입할 수 없고, 정치활동에 관여하는 행위는 금지된다. 공무원의 정치관여 금지, 정치적 중립성이 요구되는 이유는 국민 전체의 봉사자로서 공익의 증진, 행정의 안정성 · 계속성의 유지, 행정의 능률성 · 전문성 확보, 공직부패와 관료제에 대한 국민의 신뢰확보 등이다. 「국가공무원법」(제65조)에서는 공무원은 정당이나 그 밖의 정치단체의 결성에 관여하거나 가입할 수 없고, 선거에서 특정 정당 또는 특정인을 지지 또는 반대하기 위한 행위 금지의무를 규정하고 있다. 금지되는 구체적인 행위는 다음과 같다.

- 투표를 하거나 하지 아니하도록 권유 운동을 하는 것
- 서명 운동을 기도 · 주재하거나 권유하는 것
- 문서나 도서를 공공시설 등에 게시하거나 게시하게 하는 것
- 기부금을 모집 또는 모집하게 하거나, 공공자금을 이용 또는 이용하게 하는 것
- 타인에게 정당이나 그 밖의 정치단체에 가입하게 하거나 가입하지 아니하도록 권유 운동을 하는 것

3 공무원의 단체 활동

1) 공무원단체의 필요성

공무원단체는 넓은 의미에서는 공무원들의 근무조건의 유지 · 개선을 위해 조직하는 모든 단체를 의미한다. 좁은 의미로는 공무원노동조합을 말한다. 공무원단체의 필요

성은 공무원 조직 내 비관리직 직원들의 언로를 공식적으로 인정하고, 그들의 의견을 조직관리 및 업무수행을 위한 정책결정에 최대한 반영하는 데 있다. 비관리직 직원들이 관리자들과 동등한 입장에서 자신들의 요구를 주장하고, 정당한 의사교환 과정을 통하여 관철하거나 요구의 수위를 조절 또는 철회하는 협상의 장을 제공하는 것이 또 다른 필요성이다.

2) 찬 · 반 주장

찬성론의 주장은 공무원단체는 ① 공식적인 언로가 되어 공무원의 이익표시, ② 참여의식, 귀속감 및 동기부여, ③ 관리층의 독단적 정책결정과 인사관리 운영 견제로 행정조직의 민주화 기여, ④ 원칙에 어긋난 인사에 대한 견제로 실적주의 강화, ⑤ 자율적인 공직윤리 제고 및 부정부패 방지 기여 등을 들고 있다.

반대론의 주장은 ① 노조화가 이루어지면 불법 태업이나 파업을 초래할 우려, ② 노조 가입자 우선 보호로 인한 실적주의 저해, ③ 무모한 이익과 신분보장 요구 우려, ④ 인사운영과 조직관리 개입으로 인한 행정의 능률성 저해 등의 이유를 제기하고 있다.

3) 공무원단체의 활동

① 단결권

단결권은 공무원이 노동조합을 결성할 수 있는 권리를 말한다. 오늘날 대부분의 나라에서는 공무원노동조합을 결성할 권리를 인정하고 있다. 노동조합 결성권이 인정되는 경우에도 일반근로 법령과는 따로 정하고, 단체를 구성할 수 있는 공무원의 범위를 한정하는 경우가 많다.

② 단체교섭권

공무원에게 영향을 주는 보수, 근무조건 등 중요한 인사행정상 문제의 개선에 관하여 관리층과 공무원노동조합이 단체적으로 협의하여 합의를 도출하고, 단체협약을 맺을 권리를 말한다. 단결권을 인정하는 경우 최소한의 단체교섭권이 인정된다.

③ 단체행동권

단체행동권이란 노동조합의 주장을 관철시키기 위해 태업 또는 파업 등의 실력행사를 할 수 있는 권리를 말한다. 단체행동은 공익에 대한 침해가 클 우려 때문에 일반적으로 금지 또는 제한되고 있다. 우리나라의 경우, 「국가공무원법」, 「지방공무원법」 및 「공무원노조법」에서 파업, 태업 또는 업무의 정상적인 운영 방해 등의 집단행동을 금지하고 있다.

4) 우리나라의 공무원노동조합

2006년 제정된 「공무원의 노동조합 설립 및 운영에 관한 법률」(공무원노조법)에 따라 국가공무원도 노동조합을 설립할 수 있고 이에 가입할 수 있다. 그러나 가입할 수 있는 사람의 범위를 다음과 같이 제한하고 있다.

- 일반직 공무원
- 특정직 공무원 중 외무영사직렬 · 외교정보기술직렬 외무공무원, 소방공무원 및 교육공무원(교원은 제외)
- 별정직 공무원
- 위의 어느 하나에 해당하는 공무원이었던 사람으로서 노동조합 규약으로 정하는 사람

기존의 「공무원노조법」은 6급 이하인 일반직, 이에 상응하는 별정직과 특정직 중 외무행정 및 외교정보관리직 공무원에 한해서만 노조 가입을 허용했다. 2021년 개정에서 '6급 이하' 제한을 없앰에 따라 직급에 상관없이 공무원노조에 가입할 수 있게 되었다. 또한 퇴직 공무원이나 퇴직교원도 공무원노조에 가입할 수 있도록 허용하고 있다. 그러나 이 같은 규정에도 불구하고, 다음의 어느 하나에 해당하는 공무원은 노동조합에 가입할 수 없다.

- 업무의 주된 내용이 다른 공무원에 대하여 지휘 · 감독권을 행사하거나 다른 공무원의 업무를 총괄하는 업무에 종사하는 공무원
- 업무의 주된 내용이 인사 · 보수 또는 노동관계의 조정 · 감독 등 노동조합의 조합원 지위를 가지고 수행하기에 적절하지 아니한 업무에 종사하는 공무원
- 교정 · 수사 등 공공의 안녕과 국가안전보장에 관한 업무에 종사하는 공무원

4 신분보장과 징계 및 소청

1) 신분보장

공무원의 신분보장은 공무원이 그의 의사에 반하여 신분상의 불이익처분을 당하지 않는 것을 말한다. 공무원 신분보장이 강조되는 이유는 다음과 같다.

- 큰 잘못이 없는 한 일생을 공직에 헌신할 수 있다는 심리적 안정감을 준다.
- 신분보장은 공무원의 사기와 밀접한 관계를 갖는다.
- 행정의 일관성과 전문성·능률성 및 안정성을 유지·향상 시키기 위한 조건이 된다.
- 공무원의 책임성을 제고한다. 공무원의 신분보장에 제한을 가하는 제도에는 당연퇴직, 직권면직, 적격심사, 휴직, 직위해제, 강임 등이 있다.

2) 징계제도

① 징계사유

징계는 공무원의 의무 위반에 대하여 공무원 관계의 질서 유지를 위해 국가가 그 사용자로서의 지위에서 과하는 행정상 제재를 말한다. 징계대상은 경력직(일반직, 특정직) 및 특수경력직 중 별정직(정무직 제외)이다. 징계사유는 다음과 같다.

- 국가공무원법 및 국가공무원법에 따른 명령을 위반한 경우
- 직무상의 의무를 위반하거나 직무를 태만히 한 때
- 직무의 내외를 불문하고 그 체면 또는 위신을 손상하는 행위를 한 때

② 징계 종류

징계의 종류에는 중징계로 파면·해임·강등·정직이 있고, 경징계로 감봉과 견책이 있다. 금품 관련 비위에 대해 보다 실효성 있는 처벌을 위해 징계처분 외에 금품수수 금액 등의 5배 범위 내에서 부과하는 징계기부금이 있다.

③ 징계절차 및 관할

공무원에 대한 징계절차는 ① 징계의결의 요구, ② 징계위원회의 의견 및 심사요

구, ③ 징계의 집행으로 나누어진다. 징계위원회는 중앙징계위원회와 보통징계위원회로 구분된다. 중앙징계위원회는 고위공무원단, 5급 이상 공무원 징계 사건, 중앙행정기관 본부 소속 6급 이하 공무원 중징계 사건, 공사급 이상 외무공무원, 경무관 이상 경찰공무원, 소방준감 이상 소방공무원 등의 징계 사건을 관할한다.

6급 이하 공무원 등의 징계사건은 각 행정기관에 설치되어 있는 보통징계위원회에서 관할한다. 법관, 검사, 경찰, 소방, 교원, 군인, 감사원, 국가정보원의 직원 및 특수분야의 업무를 담당하는 공무원에 대해서는 별도 법률로 설치된 징계위원회를 구성·운영한다.

3) 소청제도

공무원이 ① 징계처분, ② 그 밖에 그 의사에 반하는 불리한 처분이나, ③ 부작위에 대하여 이의를 제기하는 경우 이를 심사하고 결정하는 행정심판제도의 일종이다. 징계처분에는 파면, 해임, 강등, 정직, 감봉, 견책(징계부가금 포함)이 있다. 기타 의사에 반하는 불리한 처분으로는 강임, 휴직, 직위해제, 면직, 전보, (기각)계고, (불문)경고 등이 포함된다. 부작위는 복직 청구 등 당사자의 신청에 대하여 행정청이 상당한 기간 내 일정한 처분을 하여야 할 법률적 의무가 있음에도 처분을 하지 않은 경우가 해당한다.

소청은 위법, 부당한 인사상 불이익처분에 대한 구제라는 사법 보완적 기능을 한다. 소청제도는 직접적으로 공무원의 신분보장과 직업공무원 제도를 확립하고, 간접적으로는 행정의 자기통제 기능을 한다.

소청은 징계를 받은 공무원이 징계처분을 받은 날로부터 30일 이내에 소청심사위원회에 소청을 제기함으로써 시작된다. 소청심사위원회는 준사법적 합의제 의결기관으로서, 위원장 1인을 포함한 5명 이상 7명 이내의 상임위원과 상임위원 수의 2분의 1 이상인 비상임위원으로 구성되어 있다. 소청심사위원회는 접수일로부터 60일 이내에 출석위원 과반수의 합의로 결정을 하고 결정서를 소청인에게 송부하여 한다.

제10장 재무행정론

제1절 재정과 재무행정

1 재정의 개념

정부는 가계와 기업으로부터 거두어들인 조세수입 등을 기반으로 하여 공공재와 공공서비스의 제공을 위한 지출 활동을 한다. 이러한 정부부문의 경제활동을 통칭하여 재정이라고 한다. 재정 활동은 화폐단위로 표시되는 정부의 수입과 지출 활동을 의미한다. 예산과 재정은 한동안 같은 의미로 사용되어왔다. 그러나 2007년 「예산회계법」과 「기금관리법」을 통합하여 「국가재정법」이 제정된 후 예산은 재정의 하위 개념으로 사용된다. 예산은 일정 기간 정부의 수입과 지출에 대한 예정된 수치를 의미하지만, 재정은 국가의 예산·기금·결산·성과관리 및 국가채무 등을 포괄하는 개념이다.

2 재무행정의 의미

재무행정(public financial administration)은 이러한 정부의 재정을 관리하는 활동을 말한다. 즉, 재무행정은 국가나 지방자치단체 및 기타 공공기관이 공공의 욕구를 충족시키기 위해 필요한 물적자원을 합리적으로 조달·관리·배분하는 일체의 활동을 말한다. 재무행정은 정부조직 운영의 조건을 설정할 뿐만 아니라 국민경제 전반에 커다란 영향을 미치며 정치과정과 밀접히 연관되어 있다.

재무행정은 국가의 재정 활동을 모두 포함하기 때문에 재무행정의 범위는 방대하고 아주 복잡하다. 이러한 사정 때문에 재무행정에 대한 설명은 재무행정의 핵심이라 할 수 있는 예산과정을 주로 다룬다. 이 장에서도 예산과정을 중심으로 재무행정을 설명한다.

3 재정의 분류

1) 주체에 따른 구분

재정은 운용주체에 따라 중앙정부 재정과 지방정부 재정으로 구분된다. 중앙정부

재정은 중앙정부를 단위로 이루어지는 재정 활동을 의미한다. 지방정부 재정은 지방자치에 기초한 자치단체의 재정 활동과 교육자치에 기초한 지방 교육재정을 포괄한다.

2) 수단에 따른 구분

재정은 운용 수단에 따라 예산과 기금으로 구성된다. 예산은 일반회계와 특별회계를 포함한다. 국회의 의결 대상은 중앙정부 재정에 속하는 예산(일반회계 및 특별회계)과 기금이다. 예산의 실질적 의미는 국가의 재정수요와 이를 충당하는 재원을 추정하여 작성한 특정 회계연도의 세입·세출에 대한 예정적 계산서를 말한다.

형식적 의미로는 정부가 일정한 형식에 따라 편성하고, 국회의 심의·의결을 거쳐 확정된 한 회계연도의 국가재정 계획을 말한다. 국회가 심의·의결하는 예산은 이러한 형식적 의미의 예산을 말한다. 기금은 예산과 유사한 형식으로 편성하고 국회의 심의·의결을 거친다는 점에서 동일하지만, 계획변경이나 집행절차 등에 있어 예산보다 넓은 재량권이 인정된다.

3) 성격에 따른 구분

재정 활동은 본질적으로 정부의 수입과 지출 활동이다. 예산과 기금 등 모든 재정 운용 수단은 수입과 지출로 구성된다. 특히 「국가재정법」에서 예산(일반회계 및 특별회계)의 수입은 세입, 지출은 세출로 규정함으로써 기금의 수입·지출 활동과 구분하고 있다.

4 재정의 기능

재정의 기능은 자원배분(효율성), 소득분배(형평성), 그리고 경제안정 및 성장(경기조절) 세 가지로 구분할 수 있다.

1) 자원배분 기능

자원배분 기능은 정부의 공공재를 공급하거나 부담금 부과 등을 통해 자원이 효율적으로 배분되도록 하는 것을 의미한다. 자원배분 기능은 시장실패로 인하여 시장에서 최적 규모로 공급되지 않는 공공서비스를 생산하는 기능이다.

2) 소득분배 기능

소득분배 기능은 누진적 소득세제나 저소득층 지원 등을 통해 소득을 분배하는 것을 의미한다.

3) 경제안정 및 성장 기능

경제안정 및 성장 기능은 경제정책 수단을 활용하여 환율, 물가안정과 고용 확대, 그리고 성장동력 확충 등을 수행하는 것을 의미한다.

5 우리나라의 재정구조

2022년 기준으로 중앙정부의 재정구조는 ① 일반회계(1개), ② 특별회계(20개), ③ 기금(68개)으로 구성되어 있다.

1) 일반회계

일반회계는 소득세·법인세·부가가치세 등 국세 수입과 정부출자 기업의 배당·지분 매각 수입 등 세외수입을 주요 재원으로 하여 국가의 일반적인 지출에 사용하기 위해 설치된 회계이다.

2) 특별회계

특별회계는 국가가 특정 사업을 추진하거나 특정한 자금을 운용하고자 할 때, 또는 특정한 세입으로 특정한 세출에 충당함으로써 일반회계와 구분하여 계리할 필요가 있을 때 법률에 근거하여 설치하는 회계이다. 2022년 기준으로 특별회계는 모두 20개이고, 정부가 특정한 사업을 영위하기 위해 설치하는 기업특별회계(5개)와 그 밖의 목적으로 개별법에 근거하여 설치된 기타특별회계(15개)로 구분된다. 기업특별회계에는 「정부기업예산법」에 따른 우편사업특별회계·우체국예금특별회계·양곡관리특별회계·

조달특별회계 및 「책임운영기관의 설치 · 운영에 관한 법률」에 따른 책임운영기관특별회계가 있다.

3) 기금

기금은 국가가 특정한 목적을 위하여 특정한 자금을 신축적으로 운용할 필요가 있을 때 법률에 근거하여 설치할 수 있다. 기금은 조세수입이 아닌 출연금 · 부담금 등을 주요 재원으로 하여 특정 목적의 사업을 추진하기 때문에, 수입과 지출의 연계가 강하게 나타난다는 점에서 특별회계와 유사하다. 과거 기금은 국회의 심의 · 의결 대상에서 제외되어 있어 예산과는 확연히 구분되었으나, 현재는 국회의 심의 · 의결을 거쳐 확정된다.

그림 10-1 우리나라의 재정구조

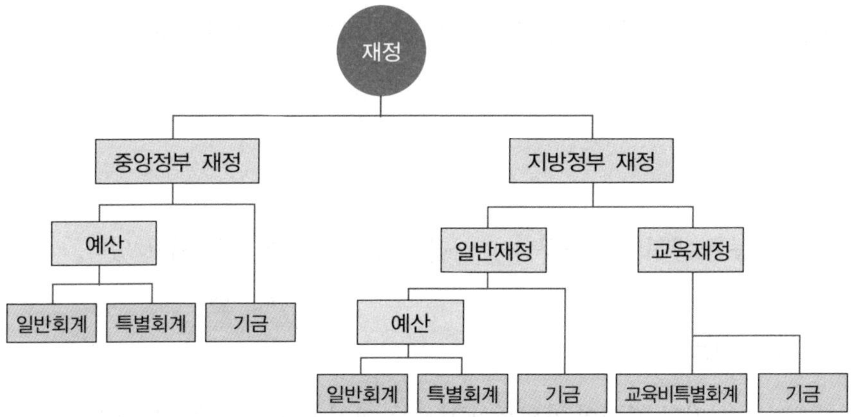

자료: 국회예산정책처(2022).

제2절 정부예산

1 정부예산의 개념

정부예산은 한 회계연도에서 정부가 동원하고 사용할 세입(revenues)과 지출할 세출(expenditures)의 예정적 계산이라고 할 수 있다. 정부예산은 정부의 사업을 위한 세입과 세출을 제안하는 계획서라 불린다. 정부예산의 개념은 보다 구체적으로 다음과 같은 내용을 가진다.

- 예산은 정부 활동에 대한 정보이다.
- 예산은 정부 활동의 수입과 지출에 관하여 화폐단위로 표시된 예정적 계산서이다.
- 예산은 정부정책이며, 정책 간의 우선순위를 표시한다.
- 예산은 입법부가 행정부의 재정적 활동을 허용하는 형식이다.

2 예산의 기능

예산의 기능은 관점이나 연구자에 따라 다양한 분류가 제시되고 있다.

1) 정치적 기능

예산과정은 한정된 사회의 자원을 배분하는 과정이라 할 수 있다. 예산편성, 심의과정에서 다양한 이익집단들의 상충하는 이익들이 조정되고 우선순위가 결정된다. 이러한 의미에서 예산과정은 정치과정이라 할 수 있다. 또한 예산은 국민의 대표기관인 의회가 예산심의 과정을 통하여 행정부를 감시·통제하는 역할을 한다. 의회제도는 과도한 세금 부담을 통제하는 것에서 출발했기 때문에, 예산제도는 의회제도와 함께 발전했다.

2) 법적 기능

모든 예산 활동은 법령에 근거해 행해진다. 세입예산은 법령이 정하는 바에 의해 징수 또는 수납하게 된다. 세출예산도 법령에 따라 이루어지지만, 그 형식은 법률의 형식을 갖출 수 있고 그렇지 않을 수 있다. 우리나라의 경우, 법률과 별도로 성립되지만, 입법부가 정부 예산안을 심의·의결함으로써 정부에 재정권을 부여하는 형식이다. 미국이나 영국에서는 예산이 법률로 성립된다. 행정부는 입법부에서 정해준 기간, 액수, 용도의 범위 내에서 예산을 집행하게 된다.

3) 경제적 · 재정적 기능

예산의 경제적·재정적 기능은 예산기능의 기본적인 측면이라 할 수 있다. 국민경제에 대한 정부의 관여가 확대되면서 예산의 경제적·재정적 기능은 더욱 중시되어왔다.

① 경제안정 기능

국민경제에 지대한 영향을 미치는 예산은 재정정책의 도구로서 경제안정에 기여하도록 공공자금의 지출을 유도하는 기능이다.

② 경제성장 촉진 기능

예산은 발전도상국가는 물론 선진국에서 경제성장을 촉진하는 수단으로서 기능을 수행한다. 특히 정부가 경제발전의 주도적 역할을 하는 경우 자본형성을 위한 예산의 직접적인 역할이 더욱 중시된다.

③ 소득재분배 기능

예산은 상속세, 소득세, 법인세 등의 세율조정이나 사회보장적 지출 등을 통해 소득재분배 기능을 한다.

④ 자원배분 기능

예산은 국가자원을 사회의 여러 부문들 사이에 균형을 유지하며 합리적으로 배분하는 기능을 한다. 부문들 사이의 균형은 지역, 사회계층, 정부부문과 민간부문 간의 균형 등을 의미한다. 특히 시장경제가 제대로 작동하지 않는 경우 예산의 자원배분 기능은 더욱 중시된다.

4) 관리적 기능

예산은 국가의 목표를 실현하는 데 필요한 인적 · 물적 자원을 동원하고 관리한다. 이 과정에서 정부의 행정관리 성격 및 방법에 지대한 영향을 미치는 데, 이를 예산의 관리적 기능이라 한다. 이것은 예산을 정책 · 사업 · 조직에 배정하여 능률적 · 효과적으로 사용되도록 하고 자원 사용상의 책임을 확보하는 기능이다. 관리적 기능에는 ① 회계 책임을 확보하는 통제의 기능, ② 자원의 효율적 관리를 도모하는 기능, ③ 예산과정의 계획성을 높이는 기능 등이 포함된다.

3 예산의 원칙

바람직한 예산이 지켜야 할 규범적 기준들을 '예산의 원칙'이라 부른다. 예산의 원칙은 보편적인 것은 아니다. 정부의 재정을 감독하고 통제하는 입법부 중심의 전통적 예산원칙과 행정부의 입장에서 자원관리의 효율성과 계획성을 강조하는 현대적 예산원칙으로 구분된다.

1) 입법부 중심 원칙

① 예산공개의 원칙

심의 · 의결된 예신 및 결산은 국가안보 등 비밀사항에 해당하는 경우를 제외하고는 모두 공개되어야 한다.

② 예산 명료성의 원칙

예산은 국민이 쉽게 이해할 수 있도록 편성되어야 한다는 원칙이다.

③ 예산 사전의결의 원칙

예산을 집행하기 위해서는 사전에 국회의 의결을 거쳐야 한다.

④ 예산 엄밀성의 원칙

예산과 결산이 일치되어야 한다는 원칙이다.

⑤ 예산 한정성의 원칙

예산의 각 항목은 상호 명확한 한계를 지녀야 한다. 예산 한정성의 원칙은 ① 예산의 목적 외 사용금지, ② 계상된 금액 이상의 지출 금지, ③ 연도 경과 금지 등이다.

⑥ 예산 통일성의 원칙
특정한 세입과 특정한 세출을 직결시켜서는 안 된다는 원칙이다.

2) 현대 예산의 원칙

전통적인 입법부 중심의 예산원칙은 오늘날 행정부의 기능이 확대되고 복잡한 사회 문제가 발생하는 상황에 엄격히 적용하기 어렵다는 것이 드러났다. 전통적 예산원칙의 수정을 요구하는 상황의 변화는 ① 행정국가화로 국가권력 구조의 변화, ② 예산 규모의 확대, ③ 예산 기능의 적극화, ④ 급속한 경제적 조건 변화, ⑤ 정부의 공기업적 활동 증대와 제3섹터의 확대 등이다. 이러한 상황변화에 따라 행정부는 지극히 어렵고 복잡한 정치 · 사회 · 경제의 여러 문제를 해결하기 위한 수단으로 예산을 활용하게 되었으며, 예산의 원칙도 이에 따라 새롭게 정립되었다.

① 계획의 원칙
예산은 정부의 사업계획을 반영하는 것이므로, 예산의 편성은 행정부의 전체 계획 수립과 밀접하게 결부되어야 한다는 원칙이다.

② 예산수단 구비의 원칙
정부가 책임 있게 예산을 편성하고 심의 · 의결된 예산을 집행하기 위해서는 적절한 제도와 수단을 구비하여야 한다는 원칙이다.

③ 다원적 절차의 원칙
정부는 복잡다기한 행정 활동을 하는 만큼, 예산상의 절차도 그에 적합하게 다양한 절차가 필요하다는 원칙이다.

④ 보고의 원칙 및 책임부담의 원칙
보고의 원칙은 예산과정의 진행은 정부 각 기관으로부터 보고되는 재정 및 업무에 관한 정보에 기초를 두어야 한다는 것을 말한다. 책임부담의 원칙은 행정부는 의회가 승인한 범위 내에서 효율적으로 예산을 집행할 책임을 진다는 것을 말한다.

⑤ 재량의 원칙 및 시기 신축성의 원칙

재량의 원칙은 예산집행의 효율화를 위해 행정부에 위임되는 재량의 범위를 넓혀주어야 한다는 원칙이다. 시기 신축성의 원칙은 여건 변화에 따라 예산집행의 시기를 적절히 조정할 수 있도록 해야 한다는 원칙이다.

⑥ 예산기구 상호성의 원칙

중앙예산기관과 정부 각 기관의 예산담당 조직, 그 밖의 행동자들 사이에는 상호협력적 관계가 설정되어야 한다는 원칙이다.

3) 국가재정법상의 예산원칙

「국가재정법」(제16조)에서는 정부가 예산의 편성 및 집행에서 준수해야 할 여섯 가지 원칙을 규정하고 있다.

① 재정 건전성의 원칙

정부는 재정 건전성의 확보를 위해 최선을 다해야 한다.

② 국민부담 최소화의 원칙

정부는 국민부담의 최소화를 위해 최선을 다해야 한다.

③ 성과의 원칙

정부는 재정을 운용함에 있어서 재정지출 및 조세지출의 성과를 제고해야 한다.

④ 투명성과 국민참여의 원칙

정부는 예산과정의 투명성과 예산과정에의 국민참여를 제고하기 위하여 노력해야 한다.

⑤ 남녀평등의 원칙

정부는 예산편성이 여성과 남성에게 미치는 효과를 평가하고, 그 결과를 정부의 예산편성에 반영하기 위해 노력해야 한다.

⑥ 온실가스 감축 원칙

정부는 예산의 온실가스 감축에 미치는 효과를 평가하고, 그 결과를 정부의 예산편성에 반영하기 위하여 노력해야 한다.

제3절 정부예산의 유형

1 일반회계예산 · 특별회계회예산 · 기금

세입 · 세출의 성질에 따라 일반회계예산, 특별회계예산, 기금으로 구분할 수 있다.

1) 일반회계예산

일반회계예산은 국세수입과 세외수입으로 구성되지만, 거의 전적으로 조세수입에 의존한다. 국방, 외교, 교육, 사회개발, 복지, 일반행정 등의 순공공재의 생산을 위한 예산이다. 일반회계예산은 하나의 예산으로 구성되며, 예산 규모의 변화를 나타내는 대표적인 지표이다. 국민의 기본적인 욕구를 충족하기 위한 정부 활동을 목적으로 하는 것이기 때문에 공공성이 매우 크다.

2) 특별회계예산

특별회계예산은 특수한 목적을 수행하기 위해 일반회계와 분리하여 별도로 설치 · 운용하는 예산이다. 세입은 주로 자체수입, 일반회계 및 특별회계로부터의 전입금에 의존하고 있다. 특별회계예산은 행정부에 예산운용의 재량권을 부여함으로써 행정의 능률을 향상시킬 수 있다는 장점이 있다. 그러나 예산 단일의 원칙과 예산 통일성의 원칙에 위배 되는 점이 있고, 특별회계의 수가 많아지면 의회의 예산통제가 약화될 수 있다.

「국가재정법」(제4조)에서는 특별회계의 설치 요건을 규정하고 있다. ① 국가에서 특정한 사업을 운영하고자 할 때, ② 특정한 자금을 보유하여 운영하고자 할 때, ③ 특정한 세입으로 특정한 세출에 충당함으로써 일반회계와 구분하여 회계 처리할 필요가 있을 때 법률로써 설치하여야 한다.

3) 기금

정부 사업이나 활동의 탄력적 운영이 필요하다고 인정되는 경우 일반회계와 특별회계 외에 기금을 설치·운영하도록 하고 있다. 예산은 일반재정 활동을 위한 재원이고 조세수입을 주된 재원으로 하는 데 비해, 기금은 특정 목적을 위한 재원으로서 출연금과 부담금을 주요 재원으로 한다. 기금은 자금을 조성하여 운용하는 것이 가능하나, 예산은 당해 연도 세입을 당해 연도에 지출하는 것을 원칙으로 한다.

기금과 예산은 성립절차와 결산과정은 유사하지만, 기금의 경우 주요 항목지출금액의 20% 이상(금융성 기금의 경우 30%)을 변경하는 경우에만 국회의 심의·의결이 필요하다. 예산의 경우, 예산이 성립한 후에 사정에 의해 변경하는 추가경정예산은 일반예산과 동일하게 국회의 심의·의결을 거쳐야 한다. 예산은 예산 항(項)의 변경이 필요한 경우 이용·전용의 범위를 엄격히 제한하고 있지만, 기금은 세항 신설의 경우를 제외하고 기금 관리주체가 자율적으로 변경 가능하다.

4) 우리나라의 예산과 국가채무

우리나라의 한 회계연도의 지출예산은 일반회계예산, 특별회계예산, 기금으로 구성된다. 2023회계연도의 경우, 예산안의 총지출은 639조 원으로서, 회계 441.3조 원(일반회계 378.5조 원, 특별회계 62.7조 원), 기금 197.7조 원으로 구성되어 있다. 기금은 2022년 현재 24개 부처에서 68개를 설치·운용 중이며, 운용 규모 총계는 수정 기준 787.9조 원이다. 국회예산정책처의 분석자료에 의하면 2023년 기준 국가채무 규모는 1,134.8조 원에 이를 것으로 예상되며, GDP 대비 국가채무 비율은 49.8%로 전망된다. 국가채무 구성은 중앙정부채무 1,102.1조 원, 지방정부순채무 32.6조 원이다.

2 본예산·수정예산·추가경정예산

예산절차상의 특징에 따라 본예산, 수정예산, 추가경정예산으로 구분할 수 있다.

1) 본예산

본예산은 행정부가 최초 편성한 예산으로서 당초예산이라고도 한다. 정부는 회계연도 개시 90일 전까지 다음 연도 예산안을 국회에 제출해야 한다. 국회에 제출된 예산안은 심의·의결 전 또는 후에 불가피한 사정이 있는 경우 변경할 수 있다. 본예산은 변경 전의 예산을 말한다.

2) 수정예산

수정예산은 정부가 제출한 예산안을 국회의 심의·의결 전에 내용을 변경하여 제출하는 예산을 말한다. 정부가 부득이한 사유로 국회에 본예산에 대한 수정예산을 제출하는 경우 국무회의 심의를 거쳐 대통령의 승인을 받도록 하고 있다.

3) 추가경정예산

추가경정예산은 국회에서 심의·의결되어 확정된 예산의 내용을 변경하고자 할 때 편성하는 예산이다. 추가경정예산은 이미 성립된 예산과 별도로 편성되고 의결되지만, 집행과정에서 기존의 예산과 통합된다. 한 회계연도의 예산 총액은 본예산에 추가경정예산을 합산한 것이다. 「국가재정법」(제89조제1항)에서는 추가경정예산을 편성할 수 있는 경우를 다음의 어느 하나의 요건으로 정하고 있다.

- 전쟁이나 대규모 재해가 발생한 경우
- 경기침체, 대량실업, 남북관계의 변화, 경제협력과 같은 대내·외 여건에 중대한 변화가 발생하였거나 발생할 우려가 있는 경우
- 법령에 따라 국가가 지급하여야 하는 지출이 발생하거나 증가하는 경우

추가경정예산은 예산집행의 탄력성을 높이기 위한 제도이지만, 재정팽창을 초래하고, 국회의 예산통제를 약화시킬 수 있다.

3 잠정예산·준예산·가예산

예산이 정해진 기한 내에 성립되지 못할 경우 예산집행 장치에 따라 잠정예산, 준예산, 가예산으로 구분할 수 있다.

1) 잠정예산

잠정예산은 회계연도 개시 전까지 예산이 국회에서 통과되지 못하는 경우 일정 금

액의 한도 내에서 예산의 집행을 허용하는 제도이다. 잠정예산의 집행을 위해서는 반드시 국회의 의결을 필요로 한다. 그리고 전년도 예산수준을 초과하여 사용할 수 없으며, 새로운 사업이나 과목에의 지출은 허용되지 않는다. 미국의 경우, 상하 양원 공동결의에 의해 잠정예산을 확정하는 경우 사용기간을 정하기도 한다.

2) 준예산

「헌법」(제54조제3항)은 예산이 회계연도 개시일까지 의결되지 못할 경우,

- 헌법이나 법률에 의해 설치된 기관 또는 시설의 유지 · 운영,
- 법률상 지출의무의 이행,
- 이미 예산으로 승인된 사업의 계속을 위한 경비를 국회에서 예산안이 의결될 때까지 전년도에 준하여 지출할 수 있도록 규정하고 있다.

사용기간의 제한이 없다는 점에서 준예산과 잠정예산은 유사하나, 국회의 의결을 요하지 않는다는 점에서 잠정예산이나 가예산과 다르다. 이 제도가 채택된 1960년 이후 한 번도 사용된 적이 없다.

3) 가예산

가예산은 잠정예산의 한 유형으로서 과거 우리나라에서 채택했던 제도이다. 1948년부터 1960년까지 우리나라 헌법은 "부득한 사유로 예산이 의결되지 못한 때에는 국회는 1개월 이내에 가예산을 의결하고 그 기간 내에 예산을 의결하여야 한다"고 규정하였다. 이에 따라 1955년까지 거의 가예산을 편성하였다. 가예산은 1개월을 초과할 수 없다.

4 총계예산 · 순계예산

예산을 계상하는 방법에 따라 총계예산과 순계예산으로 구분할 수 있다. 총계예산이란 세입 · 세출의 총액을 계상한 예산을 말한다. 이에 비해 순계예산이란 징세비, 경영비 등의 경비를 공제한 순세입 또는 순세출만을 계상한 예산을 말한다. 우리나라를

비롯한 대부분의 국가에서는 국가재정 규모 전체를 파악할 수 있고, 국회의 심의가 용이한 총계예산제도를 채택하고 있다.

5 균형예산 · 긴축예산 · 팽창예산

예산을 편성하는 방침에 의해 균형예산과 긴축예산, 팽창예산으로 구분할 수 있다. 균형예산은 세입과 세출을 균형되게 하여 적자를 내지 않은 예산을 말한다. 긴축예산은 감축관리에 의해 공공사업이나 다른 사업을 줄여서 예산 규모를 가능한 한 축소시키는 예산을 말한다. 팽창예산은 공공지출을 확대해 예산의 규모를 크게 늘리는 예산을 말한다.

6 흑자예산 · 적자예산

흑자예산은 세입이 세출을 초과하도록 편성하는 예산을 말한다. 흑자예산은 인플레이션을 억제하거나 공채발행에 의해 불황기의 적자재정 요인을 제거하거나 상환하기 위한 수단으로 이용된다. 적자예산(deficit budget)은 처음부터 세출이 세입을 초과하도록 예산을 편성하는 것을 말한다. 적자예산은 불황의 극복이나 적극적 경제성장 정책을 위해 편성되는 경우가 있다.

제4절 예산제도

1 품목별 예산

1) 의의

품목별 예산제도(line item budget system)는 예산의 편성을 정부가 구입 · 지출하는 품목별로 하는 것이다. 즉, 예산 품목마다 그 비용을 계산하여 예산을 배정하는 방식이다. 우리나라의 경우, 예산과목인 장(분야) · 관(부문) · 항(프로그램) · 세항 · 목 중 목이 품목에 해당한다. 여기에는 급여 · 수당 · 여비 등 수십 개 목으로 나누어져 있다. 품목별 예산은 1907년 미국 뉴욕시에서 행정의 능률과 절약을 증진시키기 위해 처음 도입되었다. 이 제도는 행정부를 극도로 불신하여 행정관료의 자유재량 여지를 억제하고자 했던 시대의 산물이다.

2) 장점

① 예산집행상 부정방지

지출 대상을 보수 · 여비 · 시설비 등의 품목별로 세분하여 예산을 배정함으로써, 예산집행 시 담당 관료들의 부정부패 소지를 크게 줄일 수 있다.

② 예산심의와 회계검사의 용이

정부 전체의 품목별 지출총액을 나타내 주기 때문에, 예산심의와 회계검사를 용이하게 해 준다.

③ 행정권의 남용 방지

품목별로 세세하게 지정된 금액으로 인해 행정권의 남용이 발생할 우려를 원천적으로 봉쇄하는 효과를 가져올 수 있다.

3) 단점

① 사업계획 · 성과의 파악 곤란

품목별 예산은 어떤 품목에 돈을 얼마나 썼느냐만을 나타내기 때문에, 조직의 목표, 사업계획 및 사업성과를 파악하기 곤란하다.

② 예산운용의 경직화

품목별로 너무 세세하고 엄격하게 배분된 예산으로 인해 예산운용상 경직성화를 초래한다. 상세한 품목별 예산은 집행의 신축성을 지나치게 제한한다.

③ 통합조정의 애로

조직마다 품목예산을 배정하기 때문에 활동이 중복되고, 정부 전체 활동의 통합 ·

조정에 필요한 수단을 제공하지 못한다.

2 성과주의예산

1) 의의

성과주의예산제도(performance budget system)는 정부가 수행하는 기능·활동·사업계획을 바탕으로 예산을 편성하는 것을 말한다. 예산과목을 사업계획별·활동별로 분류한 다음, 예산액을 '단위원가(unit cost)×업무량=예산액'으로 표시·편성하는 것을 말한다. 성과주의예산은 1912년 미국 태프트(Taft)위원회에서 처음 제시되었다. 1949년 제1차 후버(Hoover)위원회가 성과주의예산제도 기법을 일반화시킨 뒤 1955년 제2차 후버위원회가 예산이 프로그램으로 구체화되어야 한다고 주장함으로써 새로운 예산제도로 발전되었다. 우리나라에서는 1961년 국방부, 농림부와 보사부가 도입을 시도하였으나 제도화되지 못하고 1964년부터 중단되었다.

2) 내용

성과주의예산에서 사업이 제공하는 서비스의 양은 업무측정 단위를 기준으로 측정되며, 업무측정 단위당 원가가 계산되는 예산제도이다. 단위원가와 예상 업무를 예산과 비교하여 사업의 성과를 측정할 수 있기 때문에 성과주의예산이라고 한다. 성과주의예산은 사업예산의 총액만이 승인되어 집행기관의 자유재량에 맡겨진다. 구체적인 지출에 대한 간섭을 배제하고 집행기관은 목표달성의 책임을 진다.

3) 장점

- 정책별 예산·재원의 배분 및 집행을 합리화시키고 편성작업 시간을 단축 시킬 수 있다.
- 예산집행의 신축성을 높일 수 있다.
- 수행하는 활동의 양과 단위당 비용이 명백하게 제시되기 때문에, 사업별로 통제가 가능하며 회계책임을 명확하게 할 수 있다.
- 정부의 사업실적 평가를 용이하게 해주며, 행정통제의 효과를 높일 수 있다.

4) 단점

- 사업별 업무단위가 정해지고 단가가 계산 가능해야 하는 데, 실제로 업무단위와 단가 측정이 어렵다.
- 세출에 대한 통제가 품목별 예산보다 상대적으로 약화될 수밖에 없다.
- 성과주의예산은 정책의 우선순위의 문제를 초점으로 하는 것이 아니므로 구체적인 사업만 나타나 있고, 전략적 목표가 나타나 있지 않다.
- 업무량의 달성과 그 성과가 반드시 일치하지 않는다.

3 계획예산제도

1) 의의

계획예산제도(Planning Programming Budgeting System: PPBS)는 장기적인 계획과 단기적인 예산을 실시계획을 통해 유기적으로 연결시킴으로써, 예산 배분에 대한 정책결정을 합리적으로 실행하는 예산제도를 말한다. 계획예산제도는 기본사업계획을 세우고 예산을 배정하기 전에 먼저 부처별로 기본목표를 정하고, 그에 따라 중・장기계획과 사업계획을 달성할 수 있는 최적대안을 선택하고 거기에 예산을 우선적으로 배정하는 방식이다.

계획예산제도는 미국 케네디(J. F. Kennedy) 대통령 당시에 국방예산에 처음 도입되었다. 이후 1965년 존슨(L. B. Johnson) 대통령에 의해 전 연방정부에 적용되었으나, 1971년 닉슨(R. M. Nixon) 대통령 시절 관리예산처(OMB)의 지시에 의해 공식적으로 종결되었다. 우리나라에서는 1974년 한국군 전반에 적용하기 위해 계획이 수립되고 국방부와 각 군에 추진 기구가 설치되면서 본격적으로 시작되었으나, 1975년 닉슨 행정부에서 PPBS가 MBO(목표관리제)로 대체된 것 등에 영향을 받아 중단되었다.

2) 특징

- 계획예산제도는 목표의 구조화, 체계적인 분석, 재원 배분을 위한 정보체제 등을 강조하는 예산제도이다.
- 계획예산제도의 중요성을 강조하는 가장 큰 이유는 효과성에 있다. 정책목표를

달성하는 데 능률성도 중요하지만, 예산사업을 통해 소기의 목표를 달성하는 효과성이 무엇보다 중요하기 때문이다.

3) 장점

- 국가목표를 보다 정확하게 파악할 수 있게 해준다.
- 장기적 사업에 대해 예산이 뒷받침됨으로써 실현가능성과 신뢰도가 높아질 수 있다.
- 목표달성을 위한 각종 대안이 여러 각도에서 비용과 효과의 분석이 이루어짐으로써, 국가목표 달성을 위한 가장 효율적인 수단의 분석을 가능하게 한다.
- 비용 · 효과 분석 및 비용 · 편익 분석을 통하여 자원배분의 합리성을 제고할 수 있다.

4) 단점

- PPBS는 목표를 명확히 할 것이 요구되지만, 목표설정은 가치판단적이기 때문에 계량화하기 어렵다. 또한 목표달성의 결과를 정량화하기 어렵다.
- PPBS는 지나친 중앙집권화를 초래하게 된다. 모든 정보를 최고책임자 주변의 참모들에게 집중하게 만든다.
- PPBS는 예산당국 및 행정공무원의 고도의 기술과 전문성이 요구된다.

4 목표관리예산제도

1) 의의

목표관리예산제도(Management by Objectives: MBO)는 제너럴 모터스(GM)나 듀퐁(Du Pont)과 같은 민간기업에서 사용하던 조직관리 기법을 1973년 닉슨 대통령이 계획예산제도의 결함을 보완하기 위해 정부부문에 도입한 제도이다. 목표관리예산제도는 목표관리라는 총체적 관리체제에 예산관리를 결합시킨 모형이라 할 수 있다.

목표관리예산제도는 집권적이고 참모에 의존하는 계획예산제도의 문제점을 개선하고, 결과 지향적인 조직관리제도 도입 목적을 가지고 있다. 계획예산제도가 대체로

3~5년의 장기계획에 따른 예산집행을 강조하는 데 비해, 목표관리예산제도는 원칙적으로 1년을 대상으로 한다. 장기적 관점이 필요한 경우 예외적으로 3~5년의 사업을 계획한다. 목표관리예산제도도 예산 투입에 대한 결과를 중시하지만, 조직의 목표와 개인의 목표를 일치시켜 전체 목적달성에 기여하려는 제도이다.

2) 장점

- 목표관리예산제도는 조직 활동을 목표에 집중시킴으로써 예산운영의 효율성을 증진할 수 있다.
- 목표관리예산제도는 계획예산제도와 달리 많은 업무량을 필요하지 않아 예산과정에 대한 능률성 확보가 가능하다.
- 조직구성원들이 참여의식 제고, 사기 앙양, 조직관리의 민주화가 가능하다.

3) 단점

- 목표관리예산제도는 기존의 계획예산제도에 비해 장기적 계획 수립이 어렵다.
- 목표관리예산제도의 가장 중요한 특징은 참여에 의한 목표의 설정이나, 대부분의 정부 목표는 법규에 의해 규정되기 때문에 합의에 의한 목표설정이 쉽지 않다.
- 목표관리예산제도가 성공하기 위해서는 조직 내의 원활한 의사소통과 환류가 이루어질 수 있는 조직구조이어야 하는 데, 대부분의 행정조직의 구조는 경직적이고 할거주의로 인해 원활한 의사소통이 쉽지 않다.
- 목표관리예산제도는 목표의 자기 설정을 전제로 하기 때문에 단기적이고 가시적인 성과만을 제시할 가능성이 높다.

5 영기준예산

1) 의의

영기준예산(Zero Base Budget: ZBB)은 전회계년도의 예산에 구애됨이 없이 모든 사업・활동에 대하여 영기준을 적용해서 각각의 효율성과 효과성을 체계적으로 분석하여, 우선순위가 높은 사업・활동을 선택하여 실행예산을 결정하는 예산제도를 말한다.

영기준예산은 점증주의적 방법을 극복하기 위하여 영의 수준으로부터 새로 출발한다는 것을 말한다.

영기준예산에서는 계속사업도 신규사업과 같이 영의 수준에서 새로 분석하고 평가하여 우선순위를 정하고, 그에 따라 예산을 편성 · 결정하게 된다. 영기준예산은 1972년 카터(Jimmy Carter) 주지사에 의해 조지아주에 우선 도입되었고, 대통령 당선 후 1977년 연방정부의 예산제도로 채택되었다. 우리나라는 1983년 이 제도를 적용한 적이 있으나 현재는 사실상 사용되지 않고 있다.

2) 특징

- ZBB는 기존사업이나 신규사업을 구분하지 않고 모든 사업에 대해 엄밀히 분석하고, 사업의 정당성을 전면적으로 검토하는 예산제도이다.
- ZBB는 단위사업의 단위(decision unit) 선정, 단위사업 분석표(decision package) 작성, 단위사업 분석표의 우선순위(ranking) 결정순으로 이루어진다.
- 예산결정의 과정에 있어서 점증적 예산은 화폐 중심적인 데 비해, ZBB는 목표와 활동 중심적이다.
- 예산운용 방법의 개발에 있어서 점증적 예산은 소극적이나 ZBB는 적극적이다.

3) 장점

- 조직의 모든 사업과 활동을 분석 · 평가하고, 그에 따라 수행해야 할 사업과 활동을 결정하기 때문에 자원의 합리적 배분이 가능하다.
- 가치가 낮은 사업활동을 축소하거나 폐지함으로써 재정의 경직화를 방지하는 데 도움이 된다.
- 결정이 상향적으로 이루어지기 때문에 모든 계층의 관리자에게 참여의 기회를 제공하며, 모든 관리자에게 관리업무의 개선과 조직 활동의 효과성을 추구하도록 한다.

4) 단점

- 관료들이 자신들의 사업 · 활동에 대한 성과를 분석 · 평가하는 과정에서 위험을

느껴 왜곡된 자료를 제시할 우려가 있다.

- 시간과 노력 및 서류작성에 부담이 과중하여 매년 전면적인 분석·평가를 하기 어렵고, 3년 내지 5년에 한 번 실시할 수밖에 없다.
- 예산의 빈번한 변경으로 더 많은 비용을 초래할 수 있고, 업무 과중으로 일선 관리자들로부터 저항이 발생하기 쉽다.

6 자본예산제도

1) 의의

자본예산(capital budget)은 정부예산을 경상지출과 자본지출로 구분한다. 공무원 임금 등 경상지출은 경상수입(조세)으로 충당시켜 수지의 균형을 이루고, 미래 이윤을 목적으로 자산을 구입하는 자본지출은 공채의 발행에 의해 충당하는 예산제도이다. 자본예산은 공채발행과 적자재정으로 불황을 극복하고, 경기회복 후 흑자예산으로 공채를 상환하는 것이다. 이와 같이 예산을 경상지출과 자본지출로 구분하고, 자본지출은 다시 자본적 수입과 공채로 편성되기 때문에 '복식예산'이라고도 한다.

공채를 발행하고 적자재정을 편성하더라도 그 수입으로 자산의 취득 등 자본적 지출에 사용하면 국가채무의 증가는 자산의 증가에 의해 상쇄됨으로써 국가의 순자산 상태에는 변동이 없게 된다. 공채발행으로 마련된 재원으로 유효수요를 창출하고, 고용을 증대하여 경기를 회복시킬 수 있는 것이다.

자본예산제도는 1937년 스웨덴에서 제1차 세계대전 후에 나타난 불경기를 극복하기 위한 목적으로 처음 시작되었다. 이후 노르웨이·덴마크 등에서 채택하게 되었고, 영국에서는 1960년대 중반에 확립되었다. 우리나라의 경우, 정부예산에 일부 자본예산의 요소가 포함되어 있다. 일반회계는 경상예산의 성격이 강한 반면, 특별회계는 자본예산의 성격이 있기 때문이다. 그러나 자본예산제도가 정식으로 도입된 것은 아니다.

2) 특징

자본예산제도는 전통적인 균형예산의 관념에서 벗어나 자본예산의 적절한 운영으로 불경기의 극복 또는 공공지출 사업의 확충을 위하여 활용되는 제도이다. 경제적 불황 시에는 공채를 발행하고, 적자예산을 편성하여 경기가 회복된 후에는 흑자예산으로 상환하게 하는 제도이다.

3) 장점

- 자본예산은 경상적 지출과 자본적 지출로 구성되어 있기 때문에 예산의 심사·분석이 용이하다. 이 과정에서 전문가나 납세자의 참여가 가능하다.
- 정부의 순자산 상태의 변동과 사회자본의 축적·유지의 추이를 나타내는 데 사용될 수 있다.
- 불경기의 극복과 일자리 창출이 용이해진다. 자본예산은 경제성이 있는 대규모 자본사업을 주된 대상으로 하기 때문에 유효수요를 유발하는 효과를 가져온다.

4) 단점

- 경상지출의 적자가 발생할 경우 이를 은폐하고 정당화하는 수단으로 악용될 소지가 있다.
- 정치적 필요에 의해 자본계정의 불합리한 남발로 인해 인플레이션 유발을 초래할 수 있다.
- 경상예산과 자본예산의 구분이 명확하지 않으며, 적자재정을 편성하는 데 치중할 수 있다.

7 일몰법

일몰법(sunset law)은 정부의 사업 또는 조직은 일정한 기간이 지나면 입법기관이 따로 조치를 취하지 않는 한 폐지되도록 하는 제도이다. 입법기관의 조치는 사업기간 경과 후에도 사업 또는 조직을 존속시키도록 하는 결정을 말한다. 사업의 존속기간은 대개 5년에서 10년이다.

일몰법과 영기준예산은 기존사업과 지출을 재검토하여 불필요한 것은 폐지한다는 점에서 동일하다. 그러나 일몰법에 따른 심사는 입법부가 하는 반면, 영기준예산에 따른 심사는 행정부의 예산편성과정에서 행해진다. 일몰법에 의한 심사는 매 회계연도마다 반복되는 예산과정과 별도로 진행될 수 있다.

일몰법은 입법기관이 사업 또는 조직을 재심사할 의욕과 능력을 가지고 있는 경우에는 행정부 통제에 유용한 수단일 수 있다. 그러나 강력한 저항력을 가진 행정조직은 폐지하지 못하고, 주변조직 또는 임시조직을 폐지할 수 있다. 또한 각종 로비와 압력 때문에 폐지 결정이 좌절될 수 있고, 폐지되었던 사업도 부활될 수 있다.

이러한 사정으로 1970년대 이후 미국의 여러 주가 일몰법을 채택했으나 효용성이 높지 않아 1980년대 이래 일몰법을 폐지하는 주들이 늘어났다. 다른 한편 미국 주의 상당수는 일출법(sunrise laws)을 제정하기도 했다. 일출법은 조직 · 사업의 신설 요구에 대한 입법기관의 심사를 규정하는 법률이다. 기존의 사업 · 조직의 폐지를 결정하는 데 입법부의 재심사를 규정하는 일몰법과 대조적인 법이다.

8 총액배분 · 자율편성 예산제도

1) 의의

총액배분 · 자율편성 예산제도(총액배분 예산제도)는 하향식 예산제도 또는 톱다운(top-down)방식 예산제도라고도 불린다. 총액배분 예산제도는 중앙예산기관이 사전적으로 각 부처의 지출총액을 결정하고, 전략적 재원 배분을 위한 분야별 지출한도(ceiling)를 설정하면, 각 행정기관은 지출한도액의 범위 내에서 자율적으로 예산을 편성하도록 하는 제도이다.

중앙예산기관이 예산의 지출한도(expenditure ceiling)를 각 부처에 통보하고, 각 행정기관이 지출한도 내에서 사업별로 예산을 편성함으로써, 각 행정기관의 자율성과 전문성을 활용하고자 하는 제도이다. 지출한도 설정 과정은 톱다운 제도의 필수적인 과정이며 중요한 요소이다. 지출한도 설정은 중앙예산기관이 결정하여 각 행정기관에 통보하기 때문에 의사결정은 하향적이다. 이 제도는 국가재원의 전략적 배분과 예산의 정책적 기능을 부각시키는 제도이다. 세입을 먼저 생각하고 지출한도를 설정하기 때문에, '대단히 현실적인' 제도라 할 수 있다.

2) 배경

총액배분 예산제도는 1980년대 미국 레이건 행정부에서 출발했다. 정부 전체의 예산통합조정 능력을 강화하고, 만성적인 재정적자를 해소하기 위한 전략으로 이 제도가 도입되었다. 우리나라에서는 2005년 예산편성 시부터 이 제도가 도입되었다. 총액배분 예산제도는 종래의 상향식(bottom-up), 즉 부처요구 · 중앙편성 예산제도는 다음과 같은 이유로 효용성이 한계에 도달했다는 판단에서 출발했다.

- 단년도 예산편성이기 때문에 중 · 장기적 시각의 재정 운영이 어렵다는 것
- 개별사업 중심의 예산편성이기 때문에 국가적 우선순위에 입각한 거시적 재원배분이 곤란하고 예산의 과다요구, 정보 왜곡이 발생한다는 것
- 투입 중심의 재정운영 때문에 재정지출의 사후 성과관리를 제대로 하기 어렵다는 점 등이다.

3) 문제점

총액배분 · 자율편성 예산제도의 도입에도 불구하고 여전히 기획재정부에서 각 부처의 예산요구서에 대해 세세한 사항까지 재검토하고 있어 부처의 자율성 제고에 한계가 있다. 또한 국회 예산결산특별위원회에 중앙관서별 지출한도를 보고하지 않아 지출한도의 실효성이 저하되는 등 문제점도 지적되고 있다.

9 결과기준 예산제도: 성과관리예산

1) 의의

결과기준 예산제도(results oriented budgeting)는 임무 중심이자 성과기준 예산제도(performance based budgeting)이다. 과거의 성과주의예산제도가 산출(output)에 초점을 맞춘 것에 비해, 결과기준 예산제도는 사업수행의 결과, 즉 진정한 의미의 성과(performance)에 초점을 맞추는 제도라는 의미에서 '새로운 성과주의예산'으로 불리기도 한다.

결과기준 예산은 재원배분을 성과기준에 연계시킨다. 예산지출의 수준과 예산의 집

행으로 달성한 사업의 성과를 확인할 수 있도록 예산정보와 성과측정 정보를 연결시킨다. 결과기준 예산은 목표실현의 성과를 측정·평가하여 공적자원의 사용에 대한 책임성을 확보하려는 것이다.

결과기준 예산은 단위비용이나 생산성을 평가하는 데 그치지 않고, 정책·사업·사업수행기관 등의 장기적 영향을 분석하는 데도 관심을 갖는다. 결과기준 예산은 미국에서 1993년 「정부의 업무수행과 성과에 관한 법률」(Government Performance and Results Act)에 의해 시행되었다. 우리나라의 경우, 성과 중심의 재정운용을 법상의 원칙으로 채택하고 '성과관리예산'의 적용을 확대해가고 있다.

2) 요건

- 정부 각 기관은 정책목표를 달성하기 위한 전략적 계획을 수립해야 한다. 연도별 성과계획과 예산은 전략적 계획에 연계시켜야 한다.
- 성과목표 성취도를 측정·평가할 수 있는 기준과 지표를 개발해야 한다.
- 감사와 평가는 재정지출의 상세한 내용이 아닌 사업의 성과에 초점을 두어야 한다. 회계연도 말의 재정보고서에서는 임무수행의 성과를 집중적으로 다루어야 한다.

3) 장점

- 예산사용의 성과에 대한 정부의 책임성을 강화하는 데 유용한 제도이다.
- 국민의 필요와 이익에 대한 정부의 대응성을 높일 수 있다.
- 공공서비스의 능률성과 효율성을 증진시키는 데 기여할 수 있다.

4) 단점

- 정부조직의 목표가 명료하지 않거나 상충적 목표들이 갈등을 빚는 경우가 많기 때문에 목표에 대한 합의를 형성하는 일이 쉽지 않다.
- 성과측정에 필요한 기준과 지표를 개발하는 것이 어렵고, 사업성과의 정확한 예측이 어렵다.
- 모든 사업과 조직에 공통적으로 적용할 수 있는 표준적 성과측정 척도와 지표를

개발하는 것이 불가능에 가깝기 때문에 정부 간 또는 사업 간 성과비교가 어렵다.

5) 우리나라의 성과관리예산제도

① 의의

성과관리예산제도는 예산 및 기금이 투입되는 모든 재정사업을 대상으로 각 부처가 자율적으로 성과를 평가하고, 기획재정부가 확인·점검하여 예산편성 시 활용하는 제도이다. 성과관리예산제도는 ① 재정성과 목표관리제도, ② 재정사업 자율평가제도, ③ 재정사업 심층평가제도 등 세 가지 실행장치를 포함한다.

재정성과 목표관리제도(performance monitoring)는 성과목표와 성과지표를 사전에 설정하여 성과계획서를 작성하고 재정 운용 후에는 성과보고서를 비교함으로써 성과목표의 달성 여부를 확인하는 제도이다.

재정사업 자율평가제도(program review)는 각 부처가 소관 재정사업을 매년 3분의 1(3년 주기)을 선정하여 자체평가하고, 그 결과를 예산편성 등 재정운용에 활용하는 제도이다.

재정사업 심층평가제도(program evaluation)는 재정사업 자율평가의 결과에 따라 추가적인 심사가 판단되는 사업, 부처 간 유사·중복사업, 예산 낭비의 소지가 있는 사업 등 문제가 제기된 사업들에 대해 계량분석기법 등을 써서 심층적으로 분석·평가하는 제도이다. 심층평가의 목적은 성공·실패 요인을 파악해 사업의 운용체계를 개선함으로써 재정의 효율성을 높이려는 것이다.

② 평가

성과관리예산제도를 통해 재정운용의 투명성과 책임성을 높일 수 있었다. 또한 예산요구의 타당성 분석과 더불어 성과목표 달성과의 연계를 고려하는 전략적 예산편성이 가능해졌다. 그러나 성과계획서·예산편성, 성과보고서·결산으로 이어지는 성과관리 및 예산환류 시스템이 미흡하고, 평가결과를 주로 예산 삭감에 활용하면서 부처의 저항을 초래하는 등의 평가결과와 예산의 합리적 연계가 부족한 실정이다.

제5절 예산과정

1 예산과정의 의의

예산과정은 예산의 편성 · 심의 · 집행 · 결산 및 회계검사의 순환적 과정이다. 이러한 예산과정은 하나의 순기(循期)를 형성하여 매년 지속적 · 반복적으로 진행된다. 이러한 예산과정을 '예산절차' 또는 '예산주기'라 부른다. 예산은 매 회계연도마다 행정부가 편성하고 국회의 심의 · 의결을 거쳐 확정되면 행정부의 각 기관에서 집행된다. 집행된 예산은 정부의 회계검사를 거쳐, 그 결산서류는 국회에 제출되어 승인 절차를 거친다. 예산의 편성과 심의에 1년, 집행에 1년, 결산과 회계검사에 1년이 소요되어 3년의 예산순기를 형성한다. 예산순기는 지속적이고 반복적으로 진행되어 특정 시점에서는 여러 단계가 동시에 진행된다.

2 예산편성

1) 의의

예산의 편성은 행정부가 다음 연도 또는 장래 몇 년 동안 수행할 사업을 계획 · 분석 · 조정하여 세입세출 규모를 확정하는 것을 말한다. 예산의 편성과정에서 정부는 사용될 재원을 추정하고, 기존사업 가운데서 계속할 사업과 새로 시작할 사업을 선정하여 지출 규모를 확정한다. 예산편성과정에서는 다양하고 상충되는 사회이익들이 조정되어 타협안이 마련되기도 한다.

2) 예산편성과정

정부의 구체적인 예산안 편성과정은 「국가재정법」(제28조~제41조)에 규정되어 있다. 예산안 편성과 직접 관련된 주요 사항은 다음과 같다.

• 각 중앙관서 장의 중기사업계획서 제출
• 기획재정부 장관의 예산안 편성지침 통보
• 각 중앙관서 장의 예산요구서 제출
• 기획재정부 장관의 정부예산안 편성 및 국회 제출

① 부처별 중기사업계획서 제출

기획재정부는 전년도 12월 말까지 각 부처에 국가재정운용계획 작성지침을 통보한다. 지침에는 당해 연도의 재정운용 여건 및 방향, 수입 · 지출계획 작성지침, 국가재정운용 계획수립 일정 등이 포함되어 있다. 국가재정운용계획 작성지침에 따라 각 중앙관서의 장은 매년 1월 31일까지 당해 회계연도부터 5회계연도 이상의 기간 동안의 신규사업 및 기획재정부 장관이 정하는 주요 계속사업에 대한 중기사업계획서를 기획재정부 장관에게 제출해야 한다. 중기사업계획서는 일반회계와 특별회계, 기금을 포함한다.

② 예산안 편성지침 통보

기획재정부 장관은 다음 연도의 예산안 편성지침을 매년 3월 31일까지 각 중앙관서의 장에게 통보하여야 한다. 예산안 편성지침에는 중기사업계획서 등을 토대로 예산편성의 기본방향, 재정운용 방식, 분야별 재원배분 방향 등이 포함된다. 기획재정부 장관은 국가재정운용계획과 예산편성을 연계하기 위하여 이때 예산안 편성지침에 중앙관서별 지출 한도를 포함하여 통보할 수 있다.

③ 예산요구서 작성 · 제출

각 중앙관서의 장은 예산안 편성지침에 따라 그 소관에 속하는 다음 연도의 세입세출예산 · 계속비 · 명시이월비 및 국고채무부담행위 요구서(예산요구서)를 작성하여 매년 5월 31일까지 기획재정부에 제출하여야 한다. 예산요구서에는 다음과 같은 서류를 첨부하여야 한다.

• 세입세출예산 사업별 설명서 및 각목 명세서
• 국고채무부담행위 설명서
• 계속비 설명서
• 세입의 근거가 되는 법령의 내용에 관한 서류
• 사업계획서

• 직종별 정원표 및 전년도 정원과의 대비표
• 국유재산의 관리운용 보고서 및 전년도와의 대비표
• 성인지 예산서 등

④ 정부 예산안 편성 및 국회 제출

기획재정부 장관은 제출된 예산요구서를 토대로 예산안을 편성하여 국무회의 심의를 거친 후 대통령의 승인을 얻어 다음 회계연도 개시 90일 전(9월 3일)까지 국회에 제출하여야 한다. 우리나라의 예산안 편성은 사실상 1월부터 시작해 국회에 제출하는 9월 3일까지 약 8개월여 동안 이루어지는 과정이라고 할 수 있다. 정부가 예산안을 국회에 제출한 후 부득이한 사유로 인하여 그 내용의 일부를 수정하고자 하는 때에는 국무회의의 심의를 거쳐 대통령의 승인을 얻은 수정예산안을 국회에 제출할 수 있다.

3 예산의 구성

예산의 형식적 내용은 ① 예산총칙, ② 세입세출예산, ③ 계속비, ④ 명시이월비, ⑤ 국고채무부담행위 등 5개 부문으로 구성된다.

1) 예산총칙

예산총칙은 예산 전반에 관한 총괄적인 규정이다. 각 회계별 세입세출예산 총액, 국채 또는 차입금의 한도액 및 재정증권 발행과 일시차입금의 최고액 등 예산집행에 관한 사항을 규정하고 있다.

2) 세입세출예산

세입세출예산은 회계연도 내에 있어서 모든 수입(세입)과 지출(세출)의 세부사항을 말한다. 이 중 세입은 조세 등을 통해 충당하기 때문에 법률이 정하는 바에 따라 수입을 얻는 것이다. 따라서 국가의 수입을 실질적으로 구속하는 것이 아니라 예측한다는 점이 그 특징이다. 이에 비해 세출은 정해진 목적 이외에 지출하는 것을 허용하지 않으며, 정해진 금액을 초과하여 지출할 수 없다. 지출의 시기도 한정되어 있어 예산의 법적 의미는 주로 세출의 규율에 있다.

세입세출예산은 독립기관 및 중앙관서의 소관별로 구분하며, 중앙정부의 예산은 일반회계와 5개의 기업특별회계, 15개의 기타특별회계로 구성(2023년 기준)된다. 세입예산은 내용에 따라 성질별로 관 · 항으로 구분하고, 세출예산은 기능별 · 성질별 또는 기관별로 장 · 관 · 항으로 구분한다.

3) 계속비

계속비는 공사나 제조 및 연구개발사업에 있어서 완성하기까지 오랜 기간이 필요하는 경우, 소요경비의 총액과 연부액(年賦額)을 정하여 미리 국회의 의결을 얻은 범위 안에서 수년도에 걸쳐서 지출할 수 있는 경비를 말한다. 회계연도 독립의 원칙에 의하면 매 회계연도의 세출예산은 원칙적으로 이월하여 사용할 수 없다. 그러나 계속비는 이러한 회계연도 독립의 원칙에 대한 예외이다. 「대한민국헌법」은 "한 회계연도를 넘어 계속하여 지출할 필요가 있을 때 정부는 연한을 정하여 계속비로서 국회의 의결을 얻어야 한다"고 규정하고 있다.

「국가재정법」은 이에 대한 절차 규정으로 계속비에 대해 규정하고 있다. 계속비는 국회의 의결을 얻은 후 5년 내에서는 허용된 경비총액 범위 내에서 지출할 수 있다. 사업 규모 및 국가재원의 여건상 필요한 경우에는 예외적으로 10년 이내로 할 수 있다. 기획재정부 장관은 이러한 지출 연한에 대해 필요하다고 인정하는 때에는 국회의 의결을 거쳐 연장할 수 있다.

4) 명시이월비

명시이월비도 계속비와 마찬가지로 회계연도 독립의 원칙에 대한 예외 규정이다. 「국가재정법」(제24조제1항)은 세출예산 중 경비의 성질상 연도 내에 지출을 끝내지 못할 것이 예상될 때, 그 취지와 항목, 금액을 명시하여 미리 국회의 승인을 얻어 다음 연도에 이월하여 사용할 수 있도록 허용하고 있다. 명시이월비는 2010년부터 2014년까지 국방부와 방위사업청의 사업에서만 활용되었고, 2015년부터는 편성되지 않고 있다.

이월은 명시이월과 사고이월로 구분된다. 명시이월은 당초예산에서 미리 명시하여 국회의 의결을 얻는 데 비해, 사고이월은 연도 내에 지출원인행위를 하였으나 불가피한 사유로 인하여 연도 내에 지출하지 못한 경비를 다음 연도에 이월하여 사용할 수 있는 제도이다.

예산의 이월은 다년도에 걸쳐 예산을 집행할 수 있는 점에서 계속비와 유사하다. 그러나 계속비는 예산편성 시 몇 년에 걸쳐 예산지출을 예정하고 있는 반면, 이월제도는 당해 회계연도 내 집행을 계획하고 있다는 특징이 있다. 또한 계속비는 연도별 연부액 중 해당 연도에 지출하지 못한 금액을 완성할 때까지 계속 이월할 수 있으나, 이월은 다음 회계연도의 집행만을 허용하고 있다.

5) 국고채무부담행위

국고채무부담행위는 「국가재정법」(제25조)에 따라 차년도 이후의 지출을 전제로 해당 연도에 지출 원인이 되는 계약을 함으로써 국가가 채무를 부담하는 행위를 말한다. 사전에 국회의 의결을 받은 범위 내에서 이루어진다. 즉, 국고채무부담행위란 해당 연도에 예산확보 없이 국가가 채무를 지는 행위를 의미한다.

국고채무부담행위는 일반적인 채무부담행위와 재해복구를 위한 채무부담행위로 구분된다. 전자는 국고채무부담행위는 사전에 사업 및 금액을 특정하여 국회의 의결을 받아야 하지만, 후자는 국회의 의결을 얻은 한도액 내에서 채무를 부담하는 행위를 할 수 있다.

4 예산심의

1) 의의

예산안이 국회에 이송되면 이에 대한 심의를 하게 된다. 국민의 대표기관인 국회가 정부가 편성한 예산을 심의하는 절차는 민주주의 체제 국가에서는 가장 중요한 예산과정이라 할 수 있다. 영·미에서는 정부의 예산안을 의회가 심의하고 이를 세출법안(appropriation bill)으로 통과시키고, 대통령의 서명 또는 왕의 재가를 얻어 효력을 발생시킨다. 즉, 예산은 법률로서 성립한다. 이에 비해 우리나라와 일본에서는 예산안 그 자체의 형식으로 성립된다.

심의과정에서 정부 예산안에 대한 의회의 수정권의 범위도 국가에 따라 다르다. 미국은 의회가 스스로 정한 지출한도 내에서 자유롭게 증액 및 삭감을 할 수 있고, 일본은 수입증액이나 지출 삭감만이 가능하다. 이에 비해 우리나라나 영국의 경우는 예산에 대한 삭감권만 가지고 있다. 행정부의 동의 없이 증액하거나 새 비용을 설치할 수 없다.

2) 예산심의 과정

정부 예산안을 국회는 90일간의 심의를 마치고 회계연도 개시 30일 전까지 의결하도록 되어 있다. 국회의 예산안 심사절차는 다음의 순으로 이루어진다.

- 정부의 시정연설
- 소관 상임위원회의 예비심사
- 예산결산특별위원회(예결위)의 종합심사
- 본회의의 심의 · 의결

① 시정연설

정부가 편성한 예산안이 국회에 제출되면, 국회는 본회의에서 정부의 시정연설을 듣는다. 우리나라는 대통령이 국회 본회의에서 직접 시정연설을 한 사례는 많지 않고 대개 국무총리가 대통령의 시정연설문을 대독하였으나, 최근에는 대통령의 시정연설이 늘어나고 있다. 시정연설은 정부 전체의 사업계획과 정책의 방향 및 예산의 기본내용을 설명하는 것이기 때문에 예산심의에서 중요한 의미를 지닌다.

② 상임위원회 예비심사

국회의장은 제출된 예산안(기금운용계획안 포함)을 소관 상임위원회에 회부한다. 예산안이 회부된 소관 상임위원회는 예비심사를 하여 그 결과를 의장에게 보고한다. 국회의장은 심사기간을 정할 수 있으며, 상임위원회가 이유 없이 그 기간 내에 심사를 마치지 않는 경우에는 예산안을 바로 예결위에 회부할 수 있다. 예산안에 대한 상임위원회의 예비심사 절차는 법률안 등 일반 의안에 대한 심사와 마찬가지로 다음의 순으로 이루어진다.

- 예산안의 상정
- 소관 부처 장관의 제안 설명
- 전문위원의 검토 보고
- 대체토론

• 소위원회 심사
• 찬반 토론 및 의결

③ 예산결산특별위원회 종합심사

상임위원회가 예비심사 결과를 보고하면 국회의장이 예비심사보고서를 예산안에 첨부하여 예산결산특별위원회(예결위)에 회부함으로써 예결위의 종합심사가 시작된다. 예결위는 상설위원회로서 국회 교섭단체 소속 위원 수의 비율과 각 상임위원 수의 비율에 따라 50인으로 구성된다.

상임위원회의 예비심사는 예결위의 심사에 앞선 예비적인 성격을 가지며 예비심사 결과는 예결위를 구속하지 못한다. 이를 보완하기 위하여 「국회법」은 예결위가 상임위원회의 예비심사 내용을 존중하고, 상임위원회에서 삭감한 세출예산 금액을 증가시킬 때에는 상임위원회의 동의를 받도록 하고 있다.

예결위의 종합심사 절차가 끝나면 소위원회(예산안등조정소위원회)가 구성되어 2차 심사를 한다. 소위원회는 11~15명 정도의 위원으로 구성하고, 소위원장은 예결위원장으로 한다. 소위원회 심사는 부별심사 결과에 근거하여 계수조정을 하는 것이다. 예결위의 실질적인 예산안 심사는 소위원회에서 상임위원회의 예비심사결과를 참고하여 이루어지게 된다. 소위원회의 계수조정 절차가 끝나면 예결위 전체 회의를 열어 표결에 부친다. 소위원회의 결정이 대개 그대로 수용되기 때문에 소위원회의 계수조정 작업이 예산심의에서 가장 중요한 과정이라 할 수 있다.

3) 본회의 의결

예결위에서 종합심사가 끝난 예산안은 본회의에 상정되어 의결된다. 「국회법」(제85조의3)의 규정에 따라 예산안은 11월 30일까지 예결위 심사를 마치고, 심사를 마치지 않을 경우 그 다음 날 본회의에 자동부의된 것으로 본다.

예산안은 재적의원 과반수의 출석과 출석의원 과반수의 찬성으로 의결된다. 예산은 법률과 달리 대통령에 의한 공포를 효력 발생 요건으로 하지 않으며, 대통령의 거부권도 인정되지 않기 때문에 국회 본회의 의결로 예산이 확정된다. 본회의 의결과정에서 예산안에 대한 소폭의 수정이 가해지기도 한다. 국회는 회계연도 개시 30일 전까지 예산안을 의결해야 하며, 확정된 예산은 행정부로 이송된다.

5 예산집행

1) 의의

예산집행은 국회에서 확정된 국가의 세입·세출을 집행하는 모든 활동을 말한다. 즉, 수납·지출행위 이외에 지출원인행위와 국고채무부담행위도 포함하며, 예산성립 후 사정변경에 따라 생긴 세출의 증감실행까지 포함한다. 예산집행은 두 가지의 요청을 충족시켜야 한다. 하나는 국회에서 정해준 예산 한도를 지키고, 예산승인의 취지와 목적에 따라 성실하게 예산을 집행해야 한다는 요건이다. 다른 하나는 예산성립 후 여건 변동에 적응할 수 있는 신축성을 유지해야 한다는 요건이다. 상반되는 이들 원칙을 어떻게 절충하느냐 하는 것은 예산운영에서 아주 중요한 문제이다.

2) 예산집행 과정

예산이 국회에서 통과된 다음 예산집행은 ① 예산배정 요구, ② 예산배정계획 수립, ③ 예산배정과 재배정, ④ 지출원인행위, ⑤ 지출행위, ⑥ 현금 지급의 순서로 진행된다.

① 예산배정 요구서 제출

예산이 성립되면 각 중앙관서의 장은 사업운영계획 및 이에 따른 세입·세출, 계속비와 국고채무부담행위를 포함한 예산배정 요구와 월별 자금계획서를 기획재정부 장관에 제출한다.

② 예산배정계획 수립

기획재정부 장관은 예산배정 요구서를 바탕으로 각 중앙관서의 월별 자금계획서를 종합하여 국가 전체의 월별 자금계획 및 분기별 예산배정계획을 작성한다. 연간 예산정기배정계획서는 분기별 예산배정액을 명시한 것이다.

③ 예산의 배정

기획재정부 장관이 작성한 월별 자금계획과 분기별 예산배정계획은 국무회의의 심의를 거쳐 대통령의 승인을 받아 확정된다. 이미 결정된 월별 자금계획과 연간 예산 정기배정서의 내용을 변경하고자 할 때는 다시 국무회의의 심의를 거쳐야 한다. 기획재정부 장관은 연간 자금배정계획과 월별 지출한도액을 중앙관서의 장과 감사원장에게 통지한다.

기획재정부 장관은 한국은행에 지출한도액을 통지하여 각 중앙관서의 계정에 월별로 자금이 입금되게 한다. 각 중앙관서의 장은 연간 예산 정기배정계획에 따라 각 분기별 예산액을 파악하고 월별로 공급되는 자금의 범위 내에서 예산을 지출한다. 예산배정의 방법은 ① 정기배정, ② 긴급배정, ③ 조기배정, ④ 당겨배정, ⑤ 배정유보, ⑥ 수시배정, ⑦ 감액배정으로 구분할 수 있다.

④ 예산의 재배정

예산의 재배정은 중앙관서의 장이 배정받은 예산을 각 하급기관에 나누어 주는 것을 말한다. 중앙관서의 장은 소관 부처의 예산재배정계획에 따라 하부기관에 예산을 재배정한다. 이에 따라 하부기관의 장은 그 범위 내에서 예산을 지출한다. 예산의 재배정은 조직단위, 활동 또는 지역별로 할 수 있다.

3) 예산집행의 신축성

① 예산의 이용

예산의 이용은 의회의 의결과목인 장·관·항 간에 금액을 상호 융통하는 것을 말한다. 의회의 의결과목이기 때문에 원칙적으로 허용되지 않는다. 다만, 예산집행의 필요에 의하여 미리 예산으로서 국회의 의결을 얻고 기획재정부 장관의 승인을 얻으면 가능하다.

② 예산의 전용

예산의 전용은 행정부의 결정과목인 세항·목 간에 금액을 상호 융통하는 것을 말한다. 예산전용의 목적은 예산집행에서 경직성 문제를 해결하고 신축성을 부여하려는 것이다. 원칙적으로 각 중앙관서의 장은 기획재정부 장관의 승인을 얻어 예산을 전용할 수 있으나, 일정한 범위 내에서 각 세항 또는 목의 금액을 중앙관서의 장이 전용할 수 있도록 하여 전용권을 위임하고 있다. 예산의 전용범위를 너무 축소하면 예산집행의 경직성을 초래할 수 있고, 너무 확대하면 예산책임의 확보에 문제될 수 있다.

③ 예산의 이체

예산의 이체는 정부조직 등에 관한 법령의 제정·개정 또는 폐지로 인하여 그 직무와 권한에 변동이 있을 때 관련되는 예산의 귀속을 변경시키는 것을 말한다. 예산의 이체를 하고자 할 때에는 이체받을 중앙관서의 장과 이체하여야 할 중앙관서의 장이 협의하여 이체과목과 금액을 정한 서류를 기획재정부 장관에게 제출하여 승인을 얻어야 한다.

④ 예산의 이월

예산의 이월은 세출예산 중 연도 내에 미지출액을 당해 연도를 넘겨 다음 연도의 예산으로 사용하는 것을 말한다. 이월제도는 회계연도 독립의 원칙에 대한 예외로서 한국, 일본에서 채택하고 있다. 예산의 이월에는 명시이월과 사고이월이 있다.

가. 명시이월

명시이월은 세출예산 중 경비의 성질상 당해 회계연도 내에 지출을 완료하지 못할 것이 예측될 때 미리 국회의 승인을 얻어 다음 연도에 사용할 수 있도록 하는 것이다.

나. 사고이월

사고이월은 불가피한 사유로 당해 회계연도 내에 지출원인행위를 하고 지출하지 못한 경비와 지출원인행위를 하지 아니한 부대경비의 금액을 다음 회계연도에 사용할 수 있도록 하는 것을 말한다. 사고이월은 1년에 한 번 할 수 있으며, 한 번 사고이월한 경비는 재차 이월할 수 없다. 명시이월과 사고이월은 국회의 사전승인 여부가 그 구분의 기준이 된다. 이 때문에 본예산은 명시이월비가 아니더라도 추가경정예산에서 명시이월비가 될 수 있다.

⑤ 계속비

계속비는 완성에 수년을 요하는 공사 · 제조 · 연구 개발사업에 관한 경비의 총액과 연부액을 정해 미리 국회의 의결을 얻은 범위 안에서 수년도에 걸쳐 지출할 수 있는 경비를 말한다. 계속비는 당해 회계연도부터 5년 이내로 제한하고 있으나 국회의 의결을 거쳐 다시 연장할 수 있다. 계속비의 연도별 지출금액 중 당해 연도에 지출하지 못한 금액은 사업이 완성되는 연도까지 계속 이월하여 사용할 수 있는 데, 이를 체차이월이라 한다. 계속비는 회계연도 독립의 원칙의 예외이지만, 착수된 사업이 중도에 중단되어 예산을 낭비하는 일이 없도록 하기 위한 것이다.

⑥ 예비비

예비비는 예측할 수 없는 예산 외의 지출 또는 예산초과지출에 충당하기 위해 예산에 계상되는 것을 말한다. 예산 외 지출은 예산에 계상되지 아니한 새로운 경비의 지출을 말한다. 예산초과지출은 예산에 계상된 금액보다 초과된 지출을 의미한다. 그러나 사태 수습을 위해 소요되는 경비의 규모가 큰 경우 예비비 대신 추가경정예산을 편성해야 한다.

예비비는 지출의 목적 및 사용자가 정해져 있기 때문에 일반 세출예산과는 성격이 다르다. 「국가재정법」(제22조)은 일반회계 예산 총액의 100분의 1 이내의 금액을 예비비로 지정할 수 있도록 하고 있다. 다만, 예산총칙 등에 따라 미리 사용 목적을 지정해 놓은 예비비는 별도로 세입세출예산에 계상할 수 있다. 그러나 공무원의 보수 인상을 위한 인건비 충당을 위하여는 예비비의 사용 목적을 지정할 수 없다.

⑦ 추가경정예산

추가경정예산은 예산성립 후에 생긴 사유로 인하여 이미 성립된 예산을 변경하는 것을 말한다. 추가경정예산은 예상하지 못한 사태로 인하여 변경된 예산이 필요할 때 상정하는 것이지만, 경기부양 등의 목적으로 빈번히 사용되고 있다.

6 결산 및 회계검사

1) 의의

결산과 회계검사는 예산과정의 마지막 단계이다. 결산은 한 회계연도 내에 있어서 세입예산의 모든 수입과 세출예산의 모든 지출을 확정적인 계수로 표시하는 것을 의미한다. 회계연도가 끝나면 집행된 예산에 대한 결산을 하고, 회계검사는 결산의 결과를 대상으로 이루어진다.

결산은 예산종결 후 행정부가 작성하는 결산서를 비롯해 이에 대한 감사원의 회계검사와 그 결과에 대한 국회의 심의 · 의결을 포함한다. 회계검사는 업무수행의 적법성, 내부통제의 적격성, 불합리한 관리의 존재 여부, 사업의 효과성을 확인하는 예산집행 및 내용에 대한 비판적인 검토이다. 과거에는 중앙예산기관과 결산관리기관을 구분하였으나 지금은 기획재정부로 통합되어 있다.

2) 결산과정

중앙관서의 장은 회계연도마다 그 소관에 속하는 일반회계·특별회계 및 기금을 통합한 결산보고서를 작성해야 한다.

① 출납사무의 완결

결산을 하기 위해서는 먼저 회계연도에 속하는 세입세출의 출납사무를 완결해야 한다. 정부의 세입세출에 관한 출납사무는 장부정리 기간을 감안하여 다음 연도 2월 10일까지 하도록 하고 있다. 이때 총세입액과 총세출액이 확정되면 세입세출 결산상 잉여금 중 다음 연도 이월액을 차감한 금액이 도출되며, 이를 세계잉여금이라 한다. 「국가재정법」(제90조)에 따른 세계잉여금의 사용은 다음과 같다.

- 지방교부세·지방교육재정 교부금 정산
- 남은 금액의 100분의 30 이상은 「공적자금상환기금법」에 따른 공적자금상환기금에 우선 출연
- 그 후 남은 금액의 100분의 30 이상을 국채 또는 차입금 등 국가채무 상환
- 사용하고 남은 잔액은 추가경정예산안 편성에 사용
- 그 후의 잔액은 다음 연도의 세입에 이입

② 결산서의 작성·제출

「국가회계법」(제14조)에 따라 각 중앙관서의 장은 매 회계연도마다 그 소관의 결산개요, 세입·세출 결산, 재무제표, 성과보고서가 포함된 결산서를 작성하여 다음 연도 2월 말일까지 기획재정부 장관에게 제출하여야 한다.

③ 감사원의 결산검사

감사원은 기획재정부 장관으로부터 제출받은 국가결산보고에 근거하여 결산의 합법성과 정확성을 검사한다. 감사원은 회계상의 위법부당한 사실이 발견되면 관련 공무원들의 처벌을 요구할 수 있다. 감사원은 결산검사 및 확인이 끝나면 검사보고서를 작성하여 다음 연도 5월 20일까지 기획재정부 장관에게 송부하여야 한다.

④ 결산서의 국회 제출

기획재정부 장관은 이를 감사원의 결산에 관한 검사보고서를 국무회의에 제출하여 심의를 거친 후 대통령의 승인을 얻는다. 정부는 이러한 과정을 거친 국가결산보고서를

다음 연도 5월 31일까지 국회에 제출해야 한다.

⑤ 국회의 결산심의 · 의결

국회의 결산심의 · 의결과정은 예산심의와 동일한 과정을 거친다. 즉, 국회 상임위원회의의 예비심사, 예산결산특별위원회의 종합검사, 본회의의 심의 · 의결 순으로 진행된다.

3) 회계검사

회계검사는 감사원이 담당한다. 감사원은 국가의 세입 · 세출의 결산, 국가 및 법률이 정한 단체의 회계검사와 행정기관 및 공무원의 직무감찰을 위하여 대통령 소속 하에 설치되어 있다. 전통적인 회계감사는 예산집행 과정에서 관계법령과 규정의 준수 여부를 검토하는 합법성 위주의 통제 지향적 성격을 지닌다.

이러한 회계검사는 정부예산의 능률성과 사업의 성과를 판단하는 데 도움이 되지 않는다는 비판이 제기되면서 최근에는 회계검사에 더하여 경제성, 능률성, 효과성이 추가되었다. 이를 성과감사(performance audit)라 한다. 감사원의 회계검사는 주로 서면검사와 실지검사에 의하고 있다. 서면검사는 각 기관 또는 단체가 제출한 장부나 증빙 서류 등을 통해 감사하는 방법이다. 실지검사는 필요에 따라 직원을 현지에 파견하여 감사하는 것을 말한다.

제11장 지방자치 행정론

제1절 지방행정

1 지방행정의 의의

지방행정의 개념은 견해에 따라 다르지만, 일반적으로 "지방자치단체가 지역주민의 복지증진과 주민편의를 위해 행하는 일체의 행정작용"이라고 할 수 있다. 이러한 지역주민의 복지증진과 주민편의가 제대로 이루어지기 위해서는 지방자치가 필요하다.

2 지방행정의 특성

1) 자치행정

지방자치는 지방의 행정수요를 지방주민이 책임지고 자율적으로 처리하는 것을 말한다. 지역의 특수성은 지방자치를 통해 가장 잘 살릴 수 있다.

2) 종합행정

지방행정 안에는 지역주민들을 대상으로 중앙에서 이루어지는 부문행정이 모두 처리되는 종합행정이 이루어진다. 즉, 개별 중앙행정기관의 정책은 지방행정에 의해 최종적으로 집행되어 행정서비스가 국민들에게 제공된다.

3) 책임행정

지방행정은 대민적이고 일선행정적이며 직접 행정서비스를 제공하기 때문에 책임행정의 특성을 갖는다.

4) 현지행정

지방행정은 생활행정이며 따라서 현지적합성이 강조된다.

3 지방행정의 유형

1) 완전자치형

완전자치형은 지방자치단체가 지역주민의 의사를 적극 반영해 지역 실정에 맞는 행정을 자주적으로 처리하게 하는 유형을 말한다. 미국, 영국, 스칸디나비아 국가 등이 여기에 속한다.

2) 반자치형

반자치형은 지방의 자치사무는 지방자치단체가 처리하고, 특정의 기관위임사무는 국가의 특별지방행정기관이 처리하는 이원적 사무처리 유형을 말한다. 이탈리아, 튀르키예(터키), 그리스 등 대륙계 국가가 여기에 속한다.

3) 완전관치형

완전관치형은 지방사무를 국가의 하급행정기관이 직접 처리하는 형태를 말한다. 아프리카, 중동, 아시아 일부 국가 등이 이에 속한다.

제2절 지방자치

1 지방자치의 의의

지방행정이 지방자치단체에 의한 행정을 의미하는 데 비해, 지방자치는 일정한 지역공동체 주민이 스스로 또는 대표자를 선출하여 해당 지역의 문제를 처리하는 것을 말한다. 지방자치는 해당 지역의 문제 해결을 위해 주민의 의견이 결집·조정되어, 의제가 설정되고 해결 방향과 목적이 정립되며 집행되는 일련의 과정이다.

2 지방자치의 구성

근대국가의 지방자치는 ① 주민자치, ② 주민자치 실현을 위한 형식적·법제적 요소인 단체자치로 구성되어 있다.

1) 주민자치

주민자치는 주로 영미법계 국가에서 강조되어 온 것이다. 이것은 지방자치단체와 주민과의 관계를 강조하는 관점이다. 지역공동체의 자치권은 국가성립 이전부터 존재하고 있었다는 인식에 기반하고 있다. 지방적 사무처리에 있어서 국가와의 관련성을 연계하지 않는다. 따라서 주민자치는 지방적 사무를 주민이 자주적으로 처리한다는 정치적 의미를 내포하고 있다.

2) 단체자치

단체자치는 국가로부터 법인격 있는 단체의 행정이라는 법률적 의미의 자치이다. 주로 대륙법계 국가에서 지배적인 개념으로서 지방자치단체와 국가와의 관련성을 강조한다. 지방공공단체는 국가로부터 독립적인 지위와 권한을 부여받음으로써 자치권을 갖는다고 인식한다. 따라서 단체자치는 국가로부터 독립된 법인격을 갖는 단체의 활동이라는 법률적 의미를 내포하고 있다.

3 지방자치제도의 장·단점

1) 장점

- 개인의 권리와 자유를 신장시킨다. 정치적 과정에의 제도적·비제도적 통로를 통한 민주적 절차는 주민과 지방정부의 협력체제를 유도하여, 그 결과 성숙한 시민의식을 함양시킨다.
- 지방자치는 주민복지를 증진시킬 수 있다. 주민은 직접 선출한 의원과 단체장을 통하여 행정수요를 전달할 수 있으며, 지방자치단체와 지방의회는 해당 지역에서

지역 특성을 고려한 지역정책이 이루어질 수 있도록 한다.

- 지방자치는 정부 경쟁력을 강화시킬 수 있다. 다양한 지방정부는 주민에게 최선의 정책을 제공하고, 이는 주민들이 자신의 지역에 대한 더 높은 선호와 함께 지역에 대한 유출 방지로 이어질 수 있다.

2) 단점

- 규모경제의 비효율성이 발생한다. 특히 외부효과가 발생하는 공공재의 경우나 규모의 경제가 존재하는 공공재, 조세제도의 운영에 등에서 많이 발견된다. 예컨대, 쓰레기 처리나 도로업무 등의 사업은 각 지방자치 단체마다 개별적으로 추진할 경우 설립과 운영과정에 더 많은 비용이 발생할 수 있다.
- 지방자치단체 간 차이로 인한 행정서비스의 형평성 문제를 초래할 수 있다. 각 지방자치단체의 재정력에 차이가 있기 때문에, 재정력이 높은 지역과 낮은 지역 간 행정서비스의 양과 질의 차이가 발생할 수 있다.
- 지역개발은 지역이기주의 현상을 야기하며, 사회적 갈등요인을 초래할 수 있다. 지역이기주의 현상은 정부와 주민, 주민과 주민, 그리고 지방자치단체 간에 갈등을 불러일으키고, 그 결과 정책실패가 발생할 수 있다.

4 우리나라 지방자치제의 역사

우리나라의 지방자치제는 1948년 제헌헌법에 근거가 마련되었고, 1949년「지방자치법」이 제정되어 그 내용이 구체화되었다.「지방자치법」에서는 특별시장과 도지사는 대통령이 임명하고, 지방의회 의원은 주민이 선출하며 시·읍·면장은 의회에서 선출하도록 하였다. 당시의 구(區)나 군(郡)은 기초자치단체가 아니었기 때문에 지방자치단체장 선거는 하지 않았다. 1950년 6월 한국전쟁이 발발하면서, 최초의 지방선거는 1952년에야 실시되었다.

지방자치단체장 선거의 경우 1956년에 시·읍·면장 직선제가 도입되었다가 1958년에 다시 임명제로 전환되었다. 1960년 4·19혁명 이후 제2공화국이 수립되면서 최초로 모든 자치단체장이 직선제로 선출되었다. 그러나 1961년 5월 군사혁명위원회에 의해「지방자치에 관한 임시조치법」이 제정되고, 이에 따라 지방의회는 해산되고 지방자치단체장은 다시 임명제로 바뀌었다.

이후 1972년 유신헌법(부칙 제10조)에서 "지방의회는 조국통일이 이루어질 때까지 구성하지 아니한다"라고 규정함으로써 지방의회 구성은 기약 없이 연기되었다. 지방자치제도 도입을 위한 노력은 1980년대에 다시 이루어졌다. 1980년 제5공화국 헌법은 지방의회 구성 시기를 법률로 정하도록 하였다. 1987년 6월 항쟁으로 인한 개헌이 이루어지면서 임시조치법은 폐지되고 「지방자치법」이 부활했다. 부활된 「지방자치법」에 따라 1991년 지방의회의원 선거, 1995년 지방자치단체장 선거가 치러지면서 완전한 민선 지방자치 시대가 시작되었다.

2000년대에는 주민참여를 통해 보다 실질적인 지방자치를 구현할 수 있는 다양한 제도가 도입되었다. 2004년 「주민투표법」 제정으로 지자체장의 주요 결정사항에 대해서 주민투표가 가능해졌고, 2006년 「주민소환에 관한 법률」 제정으로 주민들에게 지방행정 통제권이 부여되었다.

제3절 지방자치단체의 행정사무 배분

1 사무의 구분

1) 자치사무(고유사무)

자치사무는 지방자치단체의 존립 목적에 속하는 본래의 사무, 즉 주민의 복리증진을 위한 사무를 말한다. 이 같은 사무는 지방자치단체가 자기의 의사와 책임 및 부담하에 자주적으로 처리해야 하는 사무를 의미한다. 이러한 의미에서 자치사무 또는 고유사무라고 한다.

2) 단체위임사무

단체위임사무는 지방자치단체가 「지방세법」, 「도로법」, 「하천법」 등 개별 법령의 규정에 의하여 국가 또는 다른 자치단체로부터 위임받아 처리하는 사무를 말한다. 단체

위임사무로는 도세징수 위임사무, 하천의 보수공사와 유지 위임사무 등이 있다. 국가위임사무는 기관위임사무가 일반적이며, 단체위임사무는 예외적인 경우에 한한다.

3) 기관위임사무

기관위임사무는 그 성질이 지방적 이해관계보다 전국적 이해관계가 큰 사무로서, 국가 또는 상급자치단체로부터 당해 자치단체의 장에게 위임된 사무를 말한다. 호적 및 경찰사무 등이 여기에 속한다.

2 사무배분의 유형

1) 개별적 수권방식

이 방식은 지방자치단체가 처리해야 할 사무를 개개의 지방자치단체별로 개개의 법률에 의하여 배분하는 방식이다. 개별적 지정주의 방식이라고도 한다.

2) 포괄적 수권방식

모든 자치단체가 법률에 의하여 금지된 사항이나 국가 또는 다른 단체에 배타적으로 배정된 사무를 제외하고는 어떠한 사무도 처리할 수 있도록 포괄적으로 배분하는 방식이다. 개괄적 위탁주의 방식이라고도 한다.

3) 절충식

개별적 수권방식과 포괄적 수권방식의 특징을 절충한 방식으로 일본의 경우가 이에 해당한다.

4) 중앙기능의 지방이양 원칙

우리나라는 1999년 8월 대통령 직속으로 '지방이양추진위원회'를 설치하여 중앙행정권한의 지방이양 확대 및 지방자치단체 간의 사무 배분 등을 추진하고 있다. 「중앙행정기관의 지방이양 촉진 등에 관한 법률」에 규정한 사무 배분의 주요 원칙은 다음과 같다.

① 자치단체 의사존중의 원칙

중앙정부의 권한 이양 시 이양의 수요자인 자치단체의 입장을 우선적으로 반영해야 한다는 것이다.

② 관련 사무 일괄이양의 원칙

중앙정부의 권한을 이양할 때 사소한 집행적 단위사무 위주의 이양을 탈피하여 기능 위주의 일괄이양을 해야 한다는 것이다.

③ 기초자치단체 우선의 원칙

주민생활과 관련된 사무는 가급적 많은 사무가 기초자치단체에 배분되도록 해야 한다는 것이다.

④ 행정적 · 재정적 지원 병행원칙

권한 이양 시 자치단체에 부담이 되지 않도록 행정적 · 재정적 지원을 의무화해야 한다는 것이다.

⑤ 차등 이양의 원칙

권한 이양 시 자치단체의 규모 등 여건에 따라 차등 이양할 수 있도록 해야 한다는 원칙이다.

⑥ 권한 환원의 원칙

지방자치단체로 이양된 사무라도 부득이한 경우 위원회의 의결로 중앙으로 환원조치가 가능하도록 규정해야 한다는 원칙이다.

제4절 지방자치권

1 지방자치권의 의의

지방자치권은 지방자치단체가 소관 사무를 자주적으로 규율하고 처리할 수 있는 포괄적인 권리와 능력을 말한다. 지방자치권은 지방자치단체가 법인격을 가진 통치단체로서 그 구역과 주민을 지배하고, 그 소관 사무를 자기의 창의와 책임 하에 처리할 수 있는 능력이다.

2 지방자치단체의 의의와 종류

1) 의의

지방자치단체는 "국가 영토의 일부를 자신의 구역으로 획정하고, 그 구역 내의 주민들에 의해 선출된 기관이 국가로부터 상대적으로 독립하여 자주적으로 지방적 사무를 처리할 권능을 가지는 법인격 있는 단체"로 정의할 수 있다. 지방자치단체의 구성요소는 ① 장소적 구성요소로서 구역, ② 인적 구성요소로서 주민, ③ 법적 구성요소로서 자치권 등 세 가지가 있다.

2) 종류

① 보통지방자치단체

보통지방자치단체는 전국에 걸쳐서 보편적 · 일반적으로 존재하는 지방자치단체로서 통상 지방자치단체를 언급할 할 때 보통지방자치단체를 말한다. 존립 목적 · 조직 · 기능 등에 있어서 일반적 · 보편적 · 종합적 성격을 가지고 있다. 「지방자치법」은 지방자치단체의 종류를 광역자치단체와 기초자치단체로 구분하고 있다. 광역자치단체는 ① 특별시, ② 광역시, ③ 특별자치시, ④ 도, ⑤ 특별자치도로 구분된다. 광역자치단체는 정부의 직할로 둔다. 기초자치단체는 ① 시, ② 군, ③ 자치구를 포함한다. 시는 도의 관할 구역 안에, 군은 광역시나 도의 관할 구역 안에 두며, 자치구는 특별시와 광역시의 관할 구역 안에 둔다.

② 특별지방자치단체

특별지방자치단체는 특수한 행정사무를 처리하기 위하여 또는 행정사무의 공동처리를 위하여 설치되는 지방자치단체를 말한다. 상수도관리, 하천관리, 소방, 교육 등 특정한 기능을 수행하는 경우가 대부분이다. 특별지방자치단체는 보통지방자치단체와 같이 법인격을 지닌다. 지방자치단체는

- 2개 이상의 지방자치단체가 하나 또는 둘 이상의 사무를 공동으로 처리할 필요가 있을 때 규약을 정하여 설립하는 지방자치단체조합,
- 2개 이상의 지방자치단체가 공동으로 특정한 목적을 광역적으로 사무를 처리하기 위해 특별자치단체를 설치할 수 있다.

3 지방자치권의 내용

1) 자치입법권

자치입법권은 사무처리에 필요한 법규 및 법규적 성질을 가지는 규범을 자유롭게 제정할 수 있는 권한을 말한다. 「헌법」(제117조)은 "지방자치단체는 법령의 범위에서 그 사무에 관하여 규정을 제정할 수 있다"고 명시하고 있다. 「지방자치법」(제28조)에는 "지방자치단체는 법령의 범위 안에서 조례를 제정할 수 있다"고 규정하여, 지방자치단체가 그 권한에 속하는 사무에 대해 지방의회의 의결로써 제정하는 조례의 제정권을 명시하고 있다. 지방자치단체의 장은 "법령 또는 조례의 범위에서 그 권한에 속하는 사무에 관하여 규칙을 제정"할 수 있는 규칙제정권을 규정하고 있다.

이와 함께 「지방자치법」(제28조 및 제30조)은 입법권의 한계를 규정하고 있다. 즉, 주민의 권리를 제한하는 의무 부과에 관한 사항이나 벌칙을 정할 때에는 법률의 위임이 있어야 하고, 시·군 및 자치구의 조례나 규칙은 시·도의 조례나 규칙을 위반해서는 안 된다.

2) 자치조직권

자치조직권은 지방자치단체가 자기 사무를 처리하는 데 필요한 조직을 자주적으로 정할 수 있는 권리를 말한다. 넓은 의미의 자치행정권에 포함된다. 우리나라의 경우, 자치조직권은 많은 제약을 받고 있다. 지방자치단체 행정기구의 설치·정원 등은 법령의 범위 안에서 하도록 하고 있고, 중앙정부의 지침과 기준을 벗어나는 행위에 대해서는 행정안전부 장관의 승인을 얻도록 하고 있다. 이것은 지방자치단체도 국가행정 조직의 일부로서 전국적인 통일을 유지해야 할 필요가 있기 때문이지만, 근본적인 이유는 우리나라에서는 집권화의 논리가 분권화보다 강하기 때문일 것이다.

3) 자치행정권

지방자치단체가 고유사무(자치사무)를 국가나 상급자치단체로부터 간섭을 받지 아니하고 자주적으로 처리할 수 있는 권한을 말한다. 지방자치단체의 고유사무는 법령의 제약 없이 지방자치단체가 자주적으로 처리할 수 있다.

4) 자치재정권

지방자치단체가 필요한 재원을 자율적으로 조달하고 지출할 수 있는 권한을 말한다. 즉, 지방자치단체가 자기 사무의 처리에 필요한 경비를 충당하기 위해 중앙정부의 간섭을 받지 않고 자주적으로 재원을 조달하고 관리하는 권한을 말한다. 자치재정권은 지방자치의 실효를 확보하는 수단이 된다. 우리나라의 경우, 지방세 탄력세율, 재산과세의 과표 및 수수료 탄력 결정 등은 인정되지만, 조례를 통한 독립적인 지방 세목을 설치할 수 없다. 조세법률주의에 따라 지방세의 세목과 세율은 국회가 제정하는 법률로써 정해야 하기 때문이다. 자치재정권에 대해서는 별도로 상세히 설명한다.

5) 자치사법권

자치단체 스스로가 법규 위반행위에 대하여 형을 정하고 집행할 수 있는 권한이다. 영국에서는 치안판사(justice of the peace)가 19세기 중엽까지 지방행정에서 주요한 역할을 했다. 오늘날에는 지방자치단체가 자치법규 위반자에 사법적 규제를 할 수 있는 자치법원(municipal court)이 설치된 경우가 있다. 그러나 오늘날 영·미를 제외한 대부분의 국가에서 자치사법권이 자치권에 포함된 경우는 거의 없다. 우리나라는 자치사법권이 부여되어 있지 않다.

제5절 지방자치기관

1 의결기관

1) 지방의회의 의의

지방의회는 지역주민이 선출한 대표로 구성되는 의원을 구성원으로 하는 지방자치단체의 의사결정기관이다. 지방의회는 다음과 같은 지위를 가진다.

① 「헌법」상 기관

「헌법」(제118조제1항 및 제2항)은 "지방자치단체에 의회를 둔다", "지방의회의 조직 · 권한 · 의원선거와 지방자치단체의 장의 선임방법 기타 지방자치단체의 조직과 운영에 관한 사항은 법률로 정한다"고 규정하고 있다.

② 주민의 대표기관

지방의회는 대의민주주의 원리에 따라 주민의 대표기관으로서의 지위를 가지며, 이에 따라 지방의원 각각은 주민의 대표자를 의미한다.

③ 입법기관

지방의회는 조례를 제정하고 이를 개폐하는 권한을 가진다. 우리나라 「헌법」(제117조)과 「지방자치법」(제28조)에서는 지방자치단체에 "법령의 범위 안에서 자치에 관한 규정"을 제정할 수 있는 자치입법 권한을 부여하고 있다. 다만, 주민의 권리 제한 또는 의무의 부과에 관한 사항이나 벌칙을 정할 때에는 법률의 위임이 있어야 한다고 명시하여 조례입법의 한계를 명확히 하고 있다. 2020년에 전부 개정된 「지방자치법」(제28조제2항)에서 "법령에서 조례로 정하도록 위임한 사항은 그 법령의 하위법령에서 그 위임의 내용과 범위를 제한하거나 직접 규정할 수 없다"는 조항이 신설되어 자치입법권이 강화되었다.

④ 감시 및 통제기관

지방의회와 집행기관인 지방자치단체의 장은 상호 독립된 지위를 갖지만, 기관분립주의 원칙에 따라 상호 견제와 균형의 관계를 갖는다. 이러한 원칙에 따라 대표기관인 지방의회는 지방자치단체장이 집행하는 모든 행정사무를 감시하고 통제하는 지위를 부여받고 있다.

2) 지방의회의 권한

① 의결권

지방의회의 의결권은 해당 지방자치단체의 소관 사무의 범위 내에서 의결권을 행사할 수 있고, 지방자치단체 사무 전반에 미치는 것은 아니다. 즉, 지방의회는 지방자치단체의 고유사무와 단체위임사무에 대해서만 의결권을 행사할 수 있고, 기관위임사무에 대해서는 이를 행사할 수 없다. 「지방자치법」(제47조)에서 정한 지방의회의 의결사항으로는 조례의 제정 · 개폐, 예산의 심의 · 확정, 결산의 승인, 사용료 · 수수료 · 분담금 · 지방세 또는 가입금의 부과와 징수 등이 있다. 이외에도 보증채무 부담행위, 계속비 지출, 지방세 감면, 지방자치단체의 출자, 지방채 발행, 채무부담 원인행위 등도 지방의회의 의결사항에 속한다.

② 행정감사권

지방의회의 중요한 기능의 하나가 집행기관에 대한 행정감시이다. 지방의회는 주민의 대표기관으로서 지방자치단체의 정책 및 의사를 결정할 뿐만 아니라, 그 정책이 주민의 복지증진을 위해 적합하게 집행되고 있는지 감시하여 집행기관이 위법 · 부당한 처리를 하였을 때는 시정조치 하도록 하는 행정감사권을 갖는다. 행정감시를 위해 지방의회는 행정사무 감사 및 조사권, 출석 · 보고 및 질문 응답 요구권이 있다.

가. 행정사무 감사 및 조사권

지방의회는 매년 1회 당해 지방자치단체의 사무에 대하여 시 · 도에 있어서는 10일, 시 · 군 · 자치구에서 있어서는 7일의 범위 내에서 감사를 실시하고, 지방자치단체의 사무 중 특정 사안에 관해 본회의의 의결로 본회의 또는 위원회로 하여금 조사하게 할 수 있다(지방자치법 제49조제1항).

나. 출석 · 보고 및 질문 응답 요구권

지방자치단체의 장 또는 관계공무원은 지방의회나 그 위원회에 출석하여 행정사무의 처리 상황을 보고하거나 의견을 진술하고 질문에 응답할 수 있다. 지방자치단체의 장 또는 관계공무원은 지방의회나 그 위원회의 요구가 있을 때에는 출석 · 답변하여야 한다.

③ 의견표명권

지방자치단체를 폐지하거나 설치하거나 합칠 때 또는 그 명칭이나 구역을 변경할 때에는 관계 지방자치단체 의회의 의견을 들어야 한다(지방자치법 제5조제3항). 중앙행정기관의 장은 국가정책의 수립에 관해 필요하다고 인정하는 때에는 관계지방자치 단체장에게 주민투표를 요구할 수 있다. 이때 지방의회의 의견을 들어야 한다.

④ 주민투표 청구권

지방의회는 재적의원 과반수 출석과 출석의원 3분의 2 이상의 찬성으로 지방자치단체장에게 주민투표의 실시를 청구할 수 있다(주민투표법 제9조제2항).

⑤ 청원수리권

지방의회는 주민의 대표기관으로서 주민의 청원에 대하여 신속하게 응대하고, 그 주민의 청원사항을 지방행정에 반영하는 역할을 한다. 청원이란 주민이 지방자치단체에 대하여 불만 또는 희망을 진술하고 그 시정 또는 구현을 요구하는 것을 말한다.

⑥ 자율권

지방의회는 그 의사와 내부사항을 집행기관이나 주민을 비롯한 외부세력의 간섭없이 자율적으로 결정하고 운영할 권한을 가진다. 자율권은 선거권과 자율운영권으로 나눌 수 있다. 지방의회는 법령이 정하는 바에 의하여 일정한 기관 또는 기관구성원의 선거권을 가진다. 또한 지방의회의 내용과 내부사항에 있어서 집행기관을 비롯한 외부의 간섭없이 독자적으로 운영할 권리를 가진다. 자율운영권에는 내부조직권, 규칙제정권, 의원 신분의 사직 · 자격심사 및 징계권, 의장 · 부의장 불신임 의결권, 회의 질서 유지권, 사무직원 인사권 등이 포함된다.

2 집행기관

1) 의의

지방자치단체의 집행기관은 의결기관이 결정한 내용을 지방자치단체의 존립 목적의 실현을 위해 구체화하는 기관이다. 「지방자치법」에는 집행기관으로 지방자치단체장, 보조기관, 소속행정기관, 하부행정기관, 교육과학 및 체육에 관한 기관 등을 규정하고 있다.

2) 지방자치단체장

① 지위

지방자치단체장은 외부에 대해 지방자치단체를 대표하고, 지방자치단체의 사무를 집행하는 최고책임자로서의 지위에 있다. 또한 지방자치단체장은 지방자치단체에서 시행하는 국가사무를 처리하는 지방행정기관으로서의 지위에 있다. 지방자치단체에는 광역자치단체인 서울특별시에 특별시장, 광역시에 광역시장, 특별자치시에 특별자치시장, 도와 특별자치도에 도지사를 둔다. 기초자치단체인 시에 시장, 군에 군수, 자치구에는 구청장을 둔다. 지방자치단체장은 주민의 보통·평등·직접·비밀선거에 의해 선출되며, 임기는 4년으로 하고, 계속 재임은 3기에 한한다(지방자치법 제107조 및 제108조).

② 권한

가. 총괄대표권

지방자치단체장은 당해 지방자치단체를 대표하고 그 사무를 총괄한다. 지방자치단체장은 소속 직원을 지휘·감독하고, 법령과 조례·규칙이 정하는 바에 따라 임면·교육·훈련·복무징계에 관한 사항을 처리한다.

나. 사무의 관리 및 집행권

지방자치단체장은 당해 지방자치단체의 사무와 법령에 의해 그 지방자치단체장에게 위임된 행정사무를 관리하고 집행한다. 시·도와 시·군 및 자치구에서 시행하는 국가사무는 시·도지사와 시장·군수 및 자치구의 구청장에게 위임해 수행하는 것을 원칙으로 한다. 다만, 법령에 다른 규정이 있는 경우에는 그러하지 아니하다(지방자치법 제115조).

다. 지휘 및 감독권

지방자치단체장은 소속행정기관장을 지휘 · 감독하고, 관할 지방자치단체를 지도 · 감독한다. 광역자치단체장은 기초자치단체의 사무에 대해 조언 · 권고 · 지도할 수 있고, 이를 위해 필요한 때에는 자료의 제출을 요구할 수 있다. 또한 광역자치단체장은 기초자치단체장의 명령 또는 처분이 법령에 위반되거나 현저히 공익을 해한다고 인정될 때(자치사무는 법령에 위반되는 것에 한정)에는 기간을 정해 서면으로 시정을 명하고, 그 기간 내에 이행하지 않을 때에는 취소 및 정지할 수 있다(지방자치법 제188조제1항). 광역자치단체장은 기초자치단체의 자치사무에 관해 보고를 받거나, 서류 · 장부 또는 회계를 감사(법령 위반사항에 한정)할 수 있고, 기초자치단체장이 위임받아 처리하는 광역자치단체 사무에 대한 지도 · 감독권을 갖는다.

라. 지방의회에 대한 권한

지방자치단체장은 지방의회에 조례안과 예산안을 제출하고, 기타 지방의회의 의결사항에 대한 제안권을 갖는다. 또한 지방자치단체장은 의회 임시회의 소집 또는 소집요구권과 의회가 의결한 조례안의 공포권, 지방의회에서 의결한 의안에 대한 재의요구 및 제소권과 특정한 경우 특정사안에 대한 선결처분권을 갖는다.

마. 규칙제정권

지방자치단체장은 법령 또는 조례가 위임한 범위 안에서 그 권한에 속하는 사무에 관해 규칙을 제정할 수 있다. 규칙제정권의 범위는 자치사무나 단체위임사무 외에 단체장에게 위임된 기관위임사무도 그 범위에 포함된다.

바. 주민투표 실시권

지방자치단체장은 중앙행정기관의 요구, 주민 또는 지방의회의 청구나 직권에 의해 주민투표를 실시할 수 있다(주민투표법 제8조 및 제9조).

사. 사무의 위임 · 위탁권

지방자치단체장은 조례 또는 규칙이 정하는 바에 따라 그 권한에 속하는 사무의 일부를 보조기관, 소속행정기관 또는 하부행정기관에 위임할 수 있고, 관할 지방자치단체나 공공단체 또는 그 기관(사무소 · 출장소 포함)에 위임 또는 위탁할 수 있다. 지방자치단체장은 조례 또는 규칙이 정하는 바에 의해 그 권한에 속하는 사무 중 조사 · 검사 · 검정 · 관리 업무 등 주민의 권리 · 의무와 직접 관련되지 아니하는 사무를 법인 · 단체 또는 그 기관이나 개인에게 위탁할 수 있다.

3) 보조기관

보조기관은 지방자치단체의 의사결정 및 표시를 보조하는 기능을 담당한다. 광역자치단체인 시·도에는 정무 및 행정부시장과 부지사를 두고 있고, 기초자치단체인 시·군·자치구에는 부시장, 부군수, 부구청장을 둔다. 부단체장은 당해 지방자치단체장을 보좌해 사무를 총괄하고 소속 공무원을 지휘·감독한다. 지방자치단체장이 궐위 또는 공소 제기된 후 구금 상태에 있거나 의료법에 의해 의료기관에서 60일 이상 계속하여 입원한 경우에는 부단체장이 그 권한을 대행한다(지방자치법 제124조제1항).

4) 소속행정기관

① 직속기관

지방자치단체는 소관 사무의 범위에서 필요하면 대통령령이나 대통령령으로 정하는 범위에서 그 지방자치단체의 조례로 자치경찰기관(제주특별자치도만 해당), 소방기관, 교육훈련기관, 보건진료기관, 시험연구기관 및 중소기업지도기관 등을 직속기관으로 설치할 수 있다(지방자치법 제126조).

② 사업소

지방자치단체는 특정 업무를 효율적으로 수행하기 위해 필요한 때에는 대통령령이 정하는 바에 따라 당해 지방자치단체의 조례로 사업소를 설치할 수 있다(지방자치법 제127조).

③ 출장소

지방자치단체는 원격지주민의 편의와 특정 지역의 개발 촉진을 위해 필요한 때에는 대통령령이 정하는 바에 따라 당해 지방자치단체의 조례로 출장소를 설치할 수 있다(지방자치법 제128조).

④ 합의제 행정기관

지방자치단체는 그 소관 사무의 일부를 독립해 수행할 필요가 있을 때에는 법령 또는 당해 지방자치단체의 조례가 정하는 바에 따라 합의제 행정기관을 설치할 수 있다(지방자치법 제129조). 지방자치단체에 두는 합의제 행정기관으로는 「지방공무원법」에 의한 인사위원회와 지방공무원 소청심사위원회 등이 있다.

⑤ 자문기관의 설치 등

지방자치단체는 소관 사무의 범위에서 법령이나 그 지방자치단체의 조례로 정하는 바에 따라 자문기관(소관 사무에 응하거나 협의, 심의 등을 목적으로 하는 심의회, 위원회 등)을 설치·운영할 수 있다(지방자치법 제130조제1항).

5) 하부행정기관

하부행정기관은 지방자치단체장의 지휘와 감독 아래 지방자치단체의 사무를 지역적으로 분담·처리하는 기관을 말한다. 자치구가 아닌 구와 읍·면·동이 여기에 해당한다.

6) 교육·과학 및 체육에 관한 기관

지방자치단체의 교육·과학 및 체육에 관한 사무를 분장하기 위해 별도의 기관을 둔다. 시·도의 교육·학예에 관한 사무의 집행기관으로 시·도에 교육감을 둔다.

제6절 집행기관과 의결기관의 관계

1 의의

지방의회와 지방자치단체장과의 관계 정립은 의결권과 집행권의 상호 견제와 균형을 통하여 지방자치의 성과를 극대화하여 주민복지 향상에 기여하는 데 그 의의가 있다. 우리나라가 채택하고 있는 기관분립형의 경우 의결기관과 집행기관이 상호 대립하여 갈등이 첨예화하면 조정이 어려워지고 심각한 국면에 이를 수 있다. 기관분리형의 경우 지방의회와 집행기관의 관계는 협조·견제 관계와 대립·갈등 관계로 구분할 수 있다. 실제에 있어서는 양자의 관계 유형은 혼합적으로 나타나는 것이 일반적이다.

2 협조 · 견제 관계

이는 평상적 관계 또는 일반적 관계이다. 지방의회가 자치단체장에게 협조 · 견제하는 관계와 자치단체장이 지방의회에 협조 · 견제하는 관계로 구분할 수 있다. 지방의회의 지방자치단체장에 대한 협조 및 견제는 조례제정권, 예산의 심의 및 의결권을 비롯한 자치단체의 중요한 정책결정사항에 관하여 의결권을 행사함으로써 유지한다. 자치단체장은 지방의회의 회의소집에 관여하거나 조례안을 비롯한 지방의회 의안의 발의 및 예산의 편성 및 제출권을 가진다. 또한 지방의회의 의결을 거친 조례의 공포를 통하여 의결의 효력을 발생시키고, 지방의회의원의 선거일을 공고하는 등 지방의회 구성에 관여한다.

3 대립 · 갈등 관계

지방의회와 지방자치단체 사이의 갈등은 여러 가지 요인에 의해 발생할 수 있다. 지방의회의원이나 자치단체장의 자질 부족, 기능의 오해, 기관의 비효율적 운영, 대표성 인식 부족, 자치단체장의 무리한 업무 추진, 지방정치구도 등 많은 요인들에 의해 갈등이 유발될 수 있다.

양 기관 사이에 갈등과 반목 상황이 조성되면 기본적인 행정서비스조차 정상적으로 제공되지 못하는 상황이 초래될 수 있다. 이런 상황을 극복하기 위해 지방자치단체장은 의회에 대하여 의회해산권, 선결처분요구권, 재의요구권 등의 권한을 행사할 수 있도록 하고, 의회에는 지방자치단체장을 불신임할 수 있는 권한을 부여할 수 있다. 자치단체장의 의회해산권과 의회의 불신임의결권은 극심한 대립이나 혼란 등 부작용 초래할 수 있기 때문에 일본 등 극히 일부 국가에서만 채택하고 있다. 우리나라에서는 재의요구권, 선결처분권이 인정되고 있다.

1) 재의요구권

지방자치단체장은 다음의 경우에 의회에 대하여 그 의결의 재의를 요구할 수 있다. ① 의회의 의결이 월권 또는 법령에 위반하여 공익을 현저히 해한다고 할 때, ② 예산의결에 집행할 수 없는 경비가 포함되어 있다고 인정되는 경우, ③ 의무적 경비 및 비상재해 시 소요경비를 삭감하는 경우. 재의요구에 대해서는 통상적 의결정족수보다 많은 재적의원 과반수의 출석과 출석의원 3분의 2이상의 찬성에 의해 의결될 수 있다(지방자치법 제120조제2항).

2) 선결처분권

선결처분권은 의회의 의결이 필요한 사항에 대하여 의결에 앞서서 처분하는 단체장의 비상조치적 권한이다. 행정집행의 효율성을 증진시키는 데 목적이 있다. 지방자치단체의 장은 다음의 경우에 선결처분을 할 수 있다(지방자치법 제122조).

- 지방의회가 지방의회의원이 구속되는 등의 사유로 의결정족수에 미달될 때
- 지방의회의 의결사항 중 주민의 생명과 재산 보호를 위하여 긴급하게 필요한 사항으로서 지방의회를 소집할 시간적 여유가 없는 때
- 지방의회에서 의결이 지체되어 의결되지 아니할 때

선결처분은 지체없이 지방의회에 보고하여 승인을 받아야 하고, 승인을 받지 못하면 그 선결처분은 그때부터 효력을 상실한다.

제7절 지방자치와 지방재정

1 의의

지방자치가 지방민주주의를 구현하는 제도적 장치로서 기능하려면 시민의 자치적 역량이 핵심적 요소이다. 한편, 이에 못지않게 중요한 제도적 장치가 자치재정권이다. 자치재정은 지방자치단체가 자기사무를 수행하는 데 필요한 경비를 충당하기 위해 자주적으로 조달관리하는 기능을 말한다. 자치재정은 지방자치의 본질을 보장하기 위한 핵심요건이다.

2 자치재정의 구성요소

1) 자주재원

① 지방세

지방세는 지방자치단체가 스스로 징수하는 조세로서 광역자치단체가 부과 · 징수하는 지방세(도세)와 기초자치단체가 부과 · 징수하는 지방세(시 · 군세)로 구분된다. 2011년 「지방세법」 개정으로 지방세의 세목은 기존 16개에서 11개 세목으로 통합되었다. 보통세로는 취득세, 등록면허세, 레저세, 담배소비세, 지방소비세, 주민세, 지방소득세, 재산세, 소득세 등 9개의 세목이 있다. 목적세로는 지역자원시설세, 지방교육세가 있다.

② 세외수입

세외수입은 각종 사용료, 수수료, 사업장수입, 징수교부금, 이자수입 등 경상적 수입과 과년도수입, 잡수입, 부담금, 융자금, 지방채, 기부금, 이월금, 재산매각수입 등 임시적 수입으로 이루어진다.

2) 의존재원

① 지방교부세

지방교부세는 지방자치단체의 재정력을 보충하기 위하여 중앙정부가 사용 용도를 정하지 아니하고 교부하는 일반재원을 말한다. 「지방교부세법」(제4조)에 따른 교부세의 재원은 다음과 같다.

- 해당 연도의 내국세 총액 19.24%에 해당하는 금액
- 「종합부동산세법」에 따른 종합부동산세 총액
- 「개별소비세법」에 따라 담배에 부과하는 개별소비세 총액의 100분의 45에 해당하는 금액
- 내국세 예산액과 그 결산액의 차액으로 인한 교부세의 차액을 정산한 금액
- 「개별소비세법」에 따라 담배에 부과되는 총액의 100분의 45에 해당하는 예산액과 그 결산의 차액으로 인한 교부세

지방교부세에는 보통교부세 · 특별교부세 · 부동산교부세 및 소방안전교부세의 네 종류가 있다.

② 국고보조금

가. 의의

국고보조금은 국가가 스스로 행하여야 할 사무를 국민의 편의, 경비의 효율성 등의 이유로 지방자치단체 또는 그 기관에 위임하여 수행하는 경우에 소요되는 경비를 위해 교부되는 보조금을 말한다. 국고보조금은 국가적 이해관계 또는 국가와 지방자치단체 간에 이해관계가 있는 사업을 대상으로 하여 국가가 지출 용도를 구체적으로 지정하여 교부하는 특정재원을 말한다.

나. 종류

• 국고부담금

국가와 지방자치단체 상호 간에 이해관계가 있는 사무에 대해 전국적으로 일정한 수준을 유지하고, 지방자치단체의 재정적인 부담을 경감하기 위하여 지출하거나, 지방자치단체 또는 그 기관이 국민경제에 적합하게 종합적으로 수립한 계획에 따라서 실시하지 않으면 안 된다고 법령에 정한 사업에 대하여 지출하는 경비를 말한다. 국가가 전부 또는 일부를 부담하는 광의의 국고보조금이다. 생활보호, 의료보호, 재해복구비 등이 이에 해당한다.

• 교부금

국가가 스스로 행하여야 할 사무를 국민의 편의, 경비의 효율성 등의 이유로 지방자치단체 또는 그 기관에 위임하여 수행하는 경우에 소요되는 경비를 위해 교부되는 보조금이다. 따라서 관련 소요경비는 당연히 국가가 그 전부를 부담하여야 하며, 지방자치단체는 그 경비를 부담할 의무가 없다.

• 협의의 보조금

국가가 특정한 행정사무의 집행을 장려, 조장하거나 또는 지방자치단체의 재정사정상 특별히 필요하다고 인정될 때 지원하는 자금(장려적 보조금)이다.

3 지방재정력

1) 지방재정력의 개념

하이맨(D. Hyman)은 지방재정력을 "일반적으로 지방자치단체가 관할 구역의 공공서비스를 공급하는 데 필요한 재정수요를 충족시키기 위해 소요되는 재원을 자기 관할 지역 내의 과세 대상으로부터 조달할 수 있는 조세부담 능력"으로 정의하고 있다. 그러나 지방자치단체의 재원은 조세 이외에서도 조달될 수 있으므로, 지방재정력은 "서비스를 공급하는 데 필요한 재정수요를 충족시키는 데 필요한 재원을 자주적으로 조달할 수 있는 능력"을 의미한다고 할 수 있다.

2) 지방재정자립도

지방자치단체의 예산 규모에서 자체수입이 차지하는 비율을 말한다. 즉, 예산 규모에서 지방세 수입과 세외수입의 합계액이 차지하는 비율을 말한다. 2022년 기준 전국의 평균 재정자립도는 49.8%이다. 지난 10년 간 평균 재정자립도는 51.2%이다.

지방재정자립도(%) = [(지방세수입 + 세외수입)/자치단체 예산 규모] × 100

재정자립도는 재정지표상 다른 단체에 비해, 재정구조가 취약하거나 자구노력 정도가 미약한 경우 이의 개선을 위한 동기와 재정개선 목표설정에 직·간접적 기준으로서 지방재정이 발전되도록 활용된다. 재정자립도는 지방자치단체의 규모는 고려되지 않고 비율만 나타내기 때문에, 재정자립도가 유사하다고 자치단체의 재정력이 유사한 것은 아니다. 자치단체의 재정 사정과 무관하게 의존자원이 적으면 적을수록 재정자립도가 높게 나타난다. 의존자원 중에는 국고보조금과 같이 자치권을 제한하는 재원도 있지만, 지방교부세와 같이 자치권을 제한하지 않는 것을 원칙으로 하는 것이 있다.

3) 지방재정자주도

자치단체의 예산 규모에서 자체수입과 자주재원이 차지하는 비율을 의미한다. 여기서 자주재원은 지방교부세, 조정교부금을 말한다. 이 두 가지 재원을 자주재원으로 분류하는 이유는 용도에 대한 제약이 없는 일반재원이기 때문이다.

지방재정자주도는 지방자치단체가 자주적으로 재량권을 가지고 사용할 수 있는 재원이 전체 세입 중에서 얼마나 되는가를 나타내는 지표이다. 자율적으로 사용할 수 있는 지방교부세 등을 지표에 포함시킴으로써 실질적인 자치단체의 자원활용 능력을 나타낸다. 재정자립도가 재원조달 면에서 자립도를 나타내는 것인데 비해, 자주재정도는 자원사용 면에서 자주권, 자율권을 나타내는 것이다. 지난 5년 간 전국 평균 자주재정도는 73.5%였다.

4 지방재정력 강화방안

1) 국토의 균형발전

재정자립도는 지난 10여 년 간 전국 평균은 51.2%였다. 특별시 · 광역시는 64%에 달하는 데 비해, 도는 37%, 시는 35%, 군은 17%에 불과했다. 이것은 대도시 지역과 농촌지역 자치단체 간 재정력의 격차가 크다는 것을 보여준다. 지방재정력의 차이는 지역경제력을 반영한다. 지방재정력의 강화를 위해서는 지역경제발전이 우선되어야 하고, 균형있는 국토발전이 이루어져야 한다.

2) 지방자치 재정권의 강화

① 지방세수 확충

지방세수 확충을 위해서는 과세자주권의 확대를 통해 지방세율의 조정과 세원개발을 가능하게 하고 국세를 지방세로 이양하는 방안이 있다.

② 세외수입의 확충

세외수입 확충을 위한 방안으로는 사용료와 수수료 수준의 현실화, 각종 분담금 제도의 적극적 활용 및 개발, 지방공기업의 효율 등이 있다.

③ 자구노력의 강화

자치단체 스스로도 자구노력을 강화해 과세표준을 현실화하고, 체납세 징수를 강화하며 비과세 감면제도를 개선해야 한다.

3) 의존자원의 개선

① 지방교부세 개선

지방교부세법에 규정된 지방교부세율(19.24%)의 인상, 교부세 산정방식의 개선 및 세수 증대를 위한 자구노력에 대한 인센티브의 강화가 필요하다.

② 국고보조금 제도

지방교부세로 개편하거나 비중을 줄이고 보조율의 인상, 차등 보조율의 적용 및 보조단가의 현실화가 필요하다.

제8절 지방행정의 법 · 제도 개선

1 「지방자치법」 전면개정

1) 의의

2020년 12월 1949년 제정된 「지방자치법」이 32년 만에 전면개정되었다. 전면개정된 「지방자치법」은 지방행정에 대한 주민의 참여권 및 지방자치단체의 책임성 강화를 통한 주민주권의 구현, 지방의회의 정상화, 탄력적인 지방행정, 국정 동반자로서의 지방자치단체의 지위 격상에 초점을 두고 있다.

2) 주요 내용

- 특별지방자치단체의 설치 · 운영에 관한 법적 근거를 마련하였다. 특별지방자치단체는 법인으로 하고, 특별지방자치단체 설치 시 상호 협의에 따른 규약을 정하여 행정안전부 장관의 승인을 받도록 하였다.
- 인구 100만 명 이상의 도시에 '특례시' 명칭이 부여되고 실질적인 행정수요와 국가균형발전, 지방소멸 위기 등을 고려하여 지정되는 시 · 군 · 구 등에 대한 특례를 부여할 수 있는 근거를 마련하였다.

• 주민은 권리 · 의무와 직접 관련되는 규칙에 대한 제정 및 개정 · 폐지 의견을 지방자치단체의 장에게 제출할 수 있고, 지방자치단체의 장은 제출된 의견에 대하여 그 의견이 제출된 날부터 30일 이내에 검토 결과를 통보하도록 하고 있다.
• 주민의 감사청구 연령 기준을 19세에서 18세로 낮추고, 청구주민 수 기준을 시 · 도의 경우 300명 이내에서 조례로 정하는 수로 하여 주민의 감사청구 요건을 완화하고 있다.
• 지방자치단체에 대한 적법성 통제를 강화하고 있다. 주무부 장관은 자치사무에 관한 기초자치단체장의 명령이나 처분이 법령에 위반됨에도 불구하고, 시 · 도지사가 시정명령을 하지 아니하면 시정명령을 하도록 명할 수 있다.

2 「지방일괄이양법」 제정

2020년 「중앙행정권한 및 사무 등의 지방 일괄이양을 위한 물가안정에 관한 법률 등 46개 법률 일부개정을 위한 법률」(지방일괄이양법)이 제정되어 2021년부터 시행되고 있다. 「지방일괄이양법」은 지방에 이양하기로 결정된 중앙정부의 권한 및 사무를 여러 개별 법률에서 규정하고 있는 규정을 하나의 법률에서 일괄적으로 규정하여, 조속하게 이양할 수 있도록 하는 것을 목적으로 하고 있다.

중앙사무를 지방으로 이양하기 위해서는 해당 개별 법률의 개정이 필요하다. 그러나 국회의 각기 다른 소관 상임위원회에서 법 개정작업을 함으로써 오랜 시간이 소요되는 문제점이 있었다. 또한 장기 미이양된 사무들이 계속 축적되는 문제점이 발생하였다. 이 법안에서는 당초 19개 부처 571개의 사무를 지방으로 일괄이양하는 안을 담고 있었으나, 국회심의 · 의결 과정에서 171개 사무가 탈락하고 400개의 사무를 이양하는 것으로 통과되었다.

3 자치경찰제

1) 의의

자치경찰은 중앙정부를 중심으로 집권화된 단일 국가경찰제와 대비되는 개념으로서 자치경찰의 조직 설치 및 운영에 대한 권한과 책임이 지방자치단체에 부여된 경찰 제도를 말한다. 자치경찰에 대한 논의는 광복 후 대한민국 경찰 창설 당시부터 이루어져 왔으나 2021년에서야 본격적으로 시행되기에 이르렀다.

자치경찰제의 목적은 국가경찰 및 지방자치단체의 권한과 책임을 합리적으로 배분하여 주민생활 중심의 치안서비스를 제공한다는 것이다. 그간 국가경찰조직을 그대로 유지하면서 기초 단위 지방자치단체에 자치경찰을 신설하는 기초 단위 자치경찰제(이원화) 모델이 제시되었고, 2006년 제주지역에 한정하여 시범실시되었다. 그러나 국가경찰과 별개의 자치경찰이 추가 신설됨으로써 경찰 규모가 커지고 재정부담이 늘어났고, 이에 비하여 치안서비스는 개선되지 못하는 문제점이 발생하였다.

2) 국가경찰사무 및 자치경찰사무 구분

자치경찰제 모델의 당초 안은 국가경찰을 분리하여 자치경찰본부와 자치경찰대를 설치하는 이원화 모델이었다. 그러나 고비용이 소요되는 국가경찰과 자치경찰의 이원화 대신 2021년 1월 시행된 「국가경찰과 자치경찰의 조직 및 운영에 관한 법률」(경찰법)은 일원화 모델을 유지하고 있다.

즉, 기존 국가경찰체제를 유지하면서 경찰사무만을 국가경찰과 자치경찰사무로 구분하고, 사무에 따라 지휘·감독을 달리한다. 자치경찰사무에 대해서는 시·도지사 소속 '자치경찰위원회'의 지휘·감독을 받게 하는 방식이다. 기존의 특별행정기관이었던 지방경찰청이 '반국가-반지방'의 시·도 경찰청으로 전환한 것이 일원화 모델의 가장 중요한 특징이다.

4 소방공무원의 국가직화

소방공무원 신분은 1973년 2월 「지방소방공무원법」이 제정된 이후 국가직과 지방직으로 이원화되어 운영되다, 2019년 「소방공무원법」의 전부개정으로 2020년 4월부터 국가직으로 전환되었다. 지방자치단체별로 재정여건 등에 따라 소방인력, 소방장비 등에서 편차가 발생하고, 이로 인해 지방자치단체별로 소방사무의 수행 능력 차이가 심화되는 문제가 있었다. 국가직 전환은 시·도 재정여건에 따라 인력, 시설, 장비 등 지역별 소방에 대한 투자의 격차가 발생하는 것을 방지하고, 균등한 소방서비스를 제공하는 시스템을 마련하는 것을 목적으로 한다.

그러나 국가직 전환에도 불구하고 각 시·도별 소방본부장을 제외하고 지방청 인사권은 관할 시·도지사에게 권한이 있다. 이에 따라 대형 재난 시 소방청장이 필요시 지휘·감독권을 행사하는 데 한계가 있을 수밖에 없고, 각 시·도 본부에 지원요청을 하는 기존의 형식에서 벗어나지 못하고 있다. 국가공무원인 소방공무원의 인건비는 국가회계에서 당연히 지출하여야 하지만, 소방안전교부세율 상향(20% → 45%)을 통해 일부 지원할 뿐 여전히 지방자치단체가 지급하고 있다.

제9절 중앙집권과 지방분권

1 의의

중앙집권과 지방분권은 일반적으로 중앙정부의 통제권과 지방정부의 자치권을 기준으로 분류되는 상대적 개념이다. 중앙집권은 국가의 여러 기능과 활동이 국가체제의 중심부에서 집중적으로 이루어져 중앙정부의 책임 하에 지방행정을 집행하는 제도를 말한다. 이에 비해 지방분권은 국가 여러 기능과 활동이 지방으로 분배하여 행사되는 것을 말한다.

2 지방분권의 유형

1) 자치적 분권

자치적 분권은 일정한 범위 내에서 지방주민들이 자신들의 의사와 책임 하에 주민자치를 실시하는 유형을 말하며, 이를 좁은 의미의 지방분권이라 한다.

2) 기관별 분권

기관별 분권은 일정한 공공기관에 법인격을 부여함으로써 특수한 행정사무를 처리하거나, 행정사무의 공동처리를 위해 특별지방자치단체를 설치하는 형식으로 분권하는 것을 말한다.

3) 행정적 분권

행정적 분권은 지방에서 처리를 요하는 행정사무를 담당하기 위해 중앙정부와 계층적 지휘 · 감독 관계에 있는 지방행정기관을 설치하는 형식으로 분권하는 것을 말한다.

4) 협력적 분권

협력적 분권은 공공단체가 아닌 사적 단체나 법인에게 정부의 기능과 권한을 위임해 행사하는 형식의 분권을 말한다.

3 중앙집권과 지방분권의 장 · 단점

1) 중앙집권의 장 · 단점

① 장점

- 행정의 통일성 · 능률성을 확보할 수 있고, 중앙정부 · 최고관리층의 정책 및 경제적 · 사회적 발전을 위한 계획을 강력히 추진할 수 있다.
- 행정관리의 전문화를 촉진할 수 있고, 자원의 최적 배분과 소요경비를 절약할 수 있다.
- 광역적 · 거시적 사업계획을 추진할 수 있다.

② 단점

- 획일주의적 업무처리로 인하여 지역적인 특수성과 실정에 적합하고 적시적인 행정 활동이 곤란하다.
- 민주적 통제가 약화되어 권위주의적 · 전제주의적 경향으로 흐르기 쉽다.
- 중앙정부의 지휘 · 통제권의 강화로 행정절차가 복잡해진다.
- 지방정부단위의 지역적 확대로 인하여 자치의식이 희박해지며, 행정의 형식주의화를 조장하여 창의성과 적극성을 감퇴시킨다.

2) 지방분권의 장 · 단점

① 장점

- 행정에 대한 민중통제를 철저히 할 수 있고, 광범위한 참여의 기회가 주어지므로 사회적 능률이 향상되고 민중의 여론을 반영할 수 있다.
- 지역적 실정에 적합한 행정이 가능하다.
- 의사결정 · 업무처리를 신속하게 할 수 있다.

② 단점

- 사회복지제도의 확립을 위한 입법이 곤란하다.
- 행정업무의 중복과 행정적 분산을 초래한다.
- 행정활동에 전문적 기술을 적용하기 어려우며, 다양한 행정기능에 따른 모든 자원의 확보가 곤란하다.

4 신중앙집권화와 중앙통제

1) 신중앙집권화의 의의

신중앙집권화(new centralization)는 현대국가의 새로운 경향이다. 이는 사회발전과 행정기능의 확대 · 강화에 따라 행정의 민주화와 효율화를 조화시키기 위해 중앙정부가 지방정부에 대해 기술적 · 재정적 지원을 증대하고, 새로운 협력관계로서 중앙통제가 강화되는 현상을 말한다. 신중앙집권화의 촉진요인으로 ① 과학기술과 교통 · 통신의 발달, ② 행정업무의 양적 증가와 질적 변화, ③ 국민생활권의 확대와 경제적 규제의 필요성, ④ 지방업무와 국가정책의 관련성 증대, ⑤ 국제정세의 급격한 변화에 대한 대처의 필요성 등을 들 수 있다.

2) 중앙통제의 의의

중앙통제(central control)는 신중앙집권화의 구체적 사실로서 지방단체에 대한 중앙정부의 통제 강화와 하급단체에 대한 상급단체의 통제 강화를 포함한다. 이러한 중앙통제의 강화현상은 세계적 추세가 되고 있다. 중앙통제는 입법통제, 사법통제, 행정통제로 구분할 수 있으며, 이 중에서 가장 중요한 것은 행정통제이다.

3) 고려사항

신중앙집권화와 중앙통제는 행정의 능률성 향상에는 기여할 수 있다. 그러나 지나치게 강조하는 경우 지방정부의 자치권이 위축되어 행정의 민주화가 저해될 수 있다. 신중앙집권화라는 추세 속에서 고려해야 할 사항은 중앙집권이 내포하고 있는 결함을 고려하여 이를 적절한 수준에서 제한하여야 한다는 것이다. 구체적으로 조직상의 유의점으로는 획일성과 자주성의 균형, 구역설정의 신중성을 들 수 있다. 인적 측면에서는 중앙·지방관료 간의 차별 제거, 지방공무원의 창의력 존중, 민중통제와 행정전문화의 조화 등을 들 수 있다.

5 광역행정

1) 의의

광역행정은 행정의 능률성·경제성·효과성을 향상시키기 위해서 기존의 행정구역을 초월해서 보다 넓은 지역을 대상으로 행정업무를 통일적·종합적으로 수행하는 것을 말한다.

2) 촉진요인

① 사회권·경제권 확대 및 균등화

사회권·경제권의 확대와 균등화에 따라 행정수요의 범위와 크기도 확장되었다. 이러한 현상에 대응하기 위해서는 기존의 행정구역을 광역화해야 할 필요성이 커졌다.

② 개발행정과 계획행정

산업사회의 고도화는 자원개발, 도시와 농촌 간의 격차, 도시재개발, 산업구조의 재편, 산업입지의 조정과 같은 문제들을 수반하게 되었다. 이러한 문제를 해결하기 위해서 개발행정이나 계획행정의 필요성이 커졌다. 이 같은 개발행정이나 계획행정은 종래의 자치단체 수준에서는 목표를 달성할 수 없음에 따라 광역적 또는 전국적 수준에서 정책을 실현해야 할 요청이 커졌다.

③ 광역적 행정서비스 필요성

오늘날 거점도시를 중심으로 한 대도시권은 하나의 새로운 광역행정군을 형성하게 되었다. 이러한 현상은 대도시권 내의 주택, 도로, 상하수도, 보건, 위생, 공해, 소방, 경찰 등의 행정문제를 양적으로 확대시켰고 질적인 변화를 초래하였다. 이런 행정기능적인 문제는 종전의 지역적 수준에서는 해결할 수 없는 성질의 문제들로서 기존의 행정구역을 초월하여 광역권 대상으로 하는 광역행정을 촉진시켰다.

3) 광역행정의 방식

광역행정의 방식은 그 처리주체에 따라 ① 하급자치단체 수준에서의 광역적 처리, ② 상급자치단체 수준에서의 광역적 처리, ③ 중앙의 일선기관에 의한 광역적 처리로 분류할 수 있다. 처리수단에 따라 ① 공동처리(협력), ② 연합(federation), ③ 합병(annexation), ④ 특별구역 및 특별행정기관 설치, ⑤ 권한흡수 및 지위흡수로 구분할 수 있다.

제12장 행정책임과 행정통제

제1절 행정책임

1 행정책임의 의의

행정책임은 행정관료 또는 행정기관이 국민의 기대나 요구에 부응해 도덕적·기능적 또는 법률적 기준에 따라 행동해야 하는 의무를 말한다. 행정책임은 법률과 윤리규범에 따라 행동해야 할 의무로서 관료가 단순히 직권남용이나 불법 또는 부정행위에 책임을 지는 것 이상의 개념이라 할 수 있다. 행정관료가 행정책임을 확보하지 못하는 경우 행정서비스의 수혜대상인 국민의 지지를 담보할 수 없다. 행정책임은 행정통제의 기준이 되며, 행정통제를 통해 행정책임이 실현된다. 행정책임은 그 수준에 따라 다음과 같이 구분할 수 있다.

- 도의적 책임(responsibility)
- 법적 책임(accountability)
- 대응적 책임(responsiveness)

2 행정책임의 특징

행정책임의 개념에는 다음과 같은 특징이 포함되어 있다.

- 행정책임에는 도덕적·규범적 책임과 법적 책임은 물론 전문직업인으로서 직업윤리에 충실해야 할 책임 등이 포함된다.
- 행정책임은 궁극적으로 국민에 대한 의무를 말한다.
- 행정책임의 대상에는 공무원의 결과책임(행정행위 내용)뿐만 아니라 과정책임(행정행위의 절차)도 포함된다.
- 행정책임의 대상인 직무나 행위는 성실하게 이행하지 않았을 때 다른 사람에게 영향을 주는 외연성을 지녀야 하며, 행위의 결과가 비판의 대상이 될 수 있어야 한다.

- 행정책임은 자기 주관 아래 생활영역에서 일어나는 모든 사태의 책임을 지는 것을 원칙으로 한다. 따라서 하급자의 행위에 상관도 책임을 지는 것을 원칙으로 한다.

3 행정책임의 기준

1) 의의

현대행정국가에서 국민의 복지국가 실현과 다양한 행정수요에 대응하기 위해 행정기능의 확대와 행정권이 강화되고 있다. 행정관료의 행정재량권이 확대되고 이에 따라 행정권의 남용이 될 가능성이 높아지면서 행정책임의 중요성도 더욱 증대되고 있다. 공무원의 의사결정에 대한 결과에 대한 책임성 평가는 책임 있는 공무원으로서 준거해야 할 근거를 바탕으로 이루어진다. 공무원의 의사결정을 함에 있어서 근거가 되는 것이 행정책임의 기준이라 할 수 있다.

2) 명문화된 기준

행정책임이 법규나 명문화된 경우에는 그 내용이 행정책임의 기준이 된다. 명문화된 기준은 일차적으로 행정책임을 물을 수 있는 기준이 된다.

3) 공익

행정이 존재하는 본질적인 이유는 공익의 실현이다. 이에 따라 행정인의 가장 중요한 책임은 정책결정과 집행과정에서 공익을 반영하는 것이다. 공익의 개념에 대하여 다양한 이론이 존재하고 공익을 자의적으로 사용하는 경향이 있기 때문에, 현실적으로 행정운영의 근거가 되는 기준이 되기 어렵다는 측면이 있다. 그럼에도 공익은 정책이나 행정운영의 가장 중요한 기준이 된다.

4) 행정이념

행정이념은 행정이 추구해야 할 기본적 가치 또는 행정인이 준수해야 할 활동규범이나 행동기준을 의미한다. 행정책임을 확보하기 위해서는 합법성, 능률성, 효과성, 생산성, 민주성, 형평성, 대응성, 정치적 중립성 등과 같은 중요한 행정이념들이 고려되어야 한다. 이들 가운데 어느 하나라도 심각하게 소홀하게 되면 행정은 국민의 지지를 받기 어렵다.

5) 고객과 국민의 기대

행정관료와 행정조직은 국민의 기대와 요구를 파악하고 이를 행정에 반영하여야 한다. 따라서 고객의 기대와 요구는 행정책임의 기준이 된다.

6) 직업윤리

직업윤리는 전문직업인으로서 지켜야 할 윤리를 말한다. 행정인도 전문직업인으로서 그 직이 요구하는 윤리를 지켜야 한다. 오늘날 행정은 더욱 복잡해지고 전문화되어 행정인의 재량권의 범위는 더욱 확대되고, 행정인의 활동에 대한 자세한 평가는 행정인 스스로에게 맡길 수밖에 없는 상황으로 전개되고 있다. 따라서 전문직업인으로서 행정인 스스로 직업윤리를 만들고 지켜가야 한다. 즉, 확대되어 가는 재량행위에 대한 평가는 동료집단이 평가하고 통제할 수밖에 없다.

4 행정책임의 유형

1) 도의적, 대응적, 법적 책임

도의적 책임(responsibility)은 공무원의 직무수행 행위가 도덕적 규범에 위반했을 때 묻는 책임을 의미한다. 이는 국민의 수임자로서 따르는 광범위한 민주적 · 정치적 · 도의적 책임이다. 대응적 책임(responsiveness)은 국민이나 고객의 요구, 이념, 가치에 대한 대응성에 대한 책임이다. 법적 책임(accountability)은 의무를 이행하지 않았을 경우 법적 제재를 수반하게 되는 책임을 의미한다.

2) 기능적 책임과 정치적 책임

이 분류는 프리드리히(C. Friedrich)의 견해이다. 기능적 책임은 특히 행정관료가 전문직업인으로서 객관적으로 확립된 기술적・과학적 기준과 직업상 윤리요강에 따라 행동해야 할 책임을 말한다. 이것은 전문성이나 기술적 지식에 기초한 행정책임을 의미한다. 정치적 책임은 행정관료와 행정조직이 대중의 감성에 대응하면서 행동해야 할 책임을 말한다. 즉, 행정관료가 고객이나 국민의 기대나 요구에 부응하여 행동해야 할 행정책임을 의미한다. 프리드리히에 따르면 책임 있는 관료는 기술적 지식과 대중의 감성에 대응성이 높은 사람을 말하며, 정책은 어떤 것이든 이 두 가지 요소를 함께 고려하면서 수립해야 한다고 한다.

3) 주관적 책임과 객관적 책임

주관적 책임은 행정책임의 주체가 자신의 충성심, 양심, 가치관, 윤리적 기준에 입각하여 행동해야 할 책임을 말한다. 프리드리히는 기존 법령이나 제도 등은 잘못되었을 수 있기 때문에 주관적 책임을 중시해야 한다고 보았다. 객관적 책임은 행정책임의 주체가 외부에서 주어진 행동기준에 따라 행동해야 할 책임을 말한다. 이때의 행동기준은 행정 활동과 관련되는 기존 규범이나 법령, 제도를 말한다.

4) 내적 책임과 외적 책임

내적 책임이란 행정조직 또는 공무원이 상급기관, 상관 등에 대하여 지는 책임이다. 외적 책임은 행정조직 또는 공무원이 입법・사법・국민 등의 외부적 환경에 대해 지는 책임을 말한다.

제2절 행정통제

1 행정통제의 개념

행정통제는 행정조직의 목표를 달성하기 위해 설정된 행정계획과 기준에 따라 행정 활동이 수행되는지를 판단하여 계획기준과 행정 활동의 결과에 차이가 있을 때 이를 교정·시정함으로써, 행정조직의 목표와 실제 행정업무 결과의 일치를 보장하려는 활동이다. 행정통제는 행정책임과 불가분의 관계에 있다. 행정책임은 행정통제의 기준이 되며, 행정책임은 행정통제를 통해 실현되기 때문이다. 행정통제는 행정책임을 확보하는 수단이다.

2 행정통제의 필요성

행정부가 복잡하고 다양한 행정수요와 복지국가 실현을 위해 주도적인 역할을 하면서 행정기능의 확대·강화는 불가피한 현상이 되고 있다. 이에 따른 정부실패에 대한 대안으로서 신자유주의 사상에 바탕을 둔 신공공관리가 대두되고, 작고 효율적인 정부 구현을 위해 공공부문의 많은 기능이 민간부문으로 이양되고 있다.

그러나 코로나-19와 같은 전염병, 증가하는 복지수요, 재해, 위기관리, 디지털화 등 급격히 변화하는 행정환경에 대응하기 위해 행정의 전문성은 심화되고, 행정기능은 계속 확대되고 있다. 행정기능의 확대는 행정권의 강화를 가져오고, 행정권의 남용으로 국민의 권리와 자유가 침해될 위험성도 더 커졌다. 이에 따라 행정권의 확대·강화에 비례하여 행정책임을 확보하기 위한 행정통제의 필요성도 커졌다.

3 행정통제의 요건

행정책임을 효과적으로 확보하기 위해서는 행정통제는 다음의 요건이 필요하다.

1) 통제의 적합성

통제의 적합성이란 통제의 목적에 적합한 통제수단을 선택하는 것을 의미한다. 최선의 통제수단의 선택은 행정인, 행정체제, 행정환경의 특성을 종합적으로 고려해야 한다.

2) 통제의 신축성

통제는 시행과정에서 예기치 못한 상황이나 오류 등 통제목적에 부적합한 요인이 발생할 수 있으므로 통제과정의 신축성(flexibility)이 필요하다.

3) 자율성 및 적극성의 조화

강력한 행정통제는 민주주의 사회의 목적에 부합되지만, 정도가 지나치면 행정의 자율성과 창의성을 저해할 가능성이 있으므로 자율성과 적극성의 조화와 균형이 필요하다.

4 행정통제의 과정

1) 통제기준의 설정

통제기준의 설정은 행정통제 실시를 위한 첫 단계이다. 목표이행에 대한 판단, 성과에 대한 판단, 측정 및 평가의 근거를 제공한다. 이러한 기준은 통제의 목적에 맞게 설정되어야 한다.

2) 성과와의 비교 · 평가

통제의 두 번째 단계로서 성과와 관련된 자료와 정보를 수집 · 분석한 후 통제의 기준과 비교함으로써 기준과의 편차 유무를 확인 · 판단하는 단계이다. 행정통제의 기준과 비교되는 행정의 내용은 행정의 산출(output), 성과(outcome), 영향(impact)을 들 수 있다. 산출(output)은 가시적 · 계량적 단기 산출지표를 의미하며, 성과(outcome)는 비가시적 · 비계량적 성과지표를 포함한다. 영향(impact)은 행정의 실시 결과 초래된 사회의 장기적 변화까지 고려한 가장 장기적 지표를 의미한다.

3) 환류 및 학습

통제의 마지막 단계로서 평가결과 나타난 기준과의 편차를 통해 기준에 적합하도록 환류·학습하는 단계이다. 환류조치를 하는 경우 통제의 목적에 적절한 시점(timing)과 적절한 수준(degree)을 유지해야 하며 공정성(equity)을 지녀야 한다.

제3절 행정통제의 방법

1 의의

행정통제를 구분하는 기준은 여러 가지가 있지만, 통제의 주체가 외부에 있느냐 내부에 있느냐에 따라 외부통제(external control)와 내부통제(internal control)로 분류할 수 있다. 통제의 주체가 법률상 강제된 통제수단이냐 여부에 따라 공식적 통제(formal control)와 비공식적 통제(informal control)로 구분할 수 있다. 공식적·비공식적 통제는 행정통제를 직접적인 목적으로 하는 직접적인 통제와 그렇지 않은 간접적인 통제와 같은 의미로 사용된다. 여기서는 우리나라의 입법부에 의한 통제를 중심으로 살펴본다.

2 외부통제

1) 공식적·직접적 통제

① 입법부에 의한 통제

행정권이 강화되고 있는 현대행정국가에서 삼권분립 제도에 기초하여 국민의 대표기관으로서 입법부에 의한 행정부의 감시·통제는 그 중요성이 더욱 커지고 있다. 여러 가지 행정통제 방법 중에서 입법부에 의한 통제는 중추적인 위치를 차지하고 있다.

입법부에 의한 통제에는 입법권, 예산심의·의결권 및 결산권, 국정감사권 및 국정조사권, 국무위원 등 고위공무원에 대한 인사청문회, 해임건의 및 탄핵소추권 등이 있다.

가. 입법권

입법부는 법률의 제·개정 및 폐지를 통하여 행정조직과 절차를 정한다. 입법권은 국민의 대표기관인 국회의 가장 핵심적인 행정통제 권한이다. 행정부와 입법부 모두 법률안 제출권이 있지만, 이에 대한 심의·의결은 입법부에서만 한다. 통상적으로 법률안이 국회에서 통과하려면 재적의원 과반수의 출석과 출석의원 과반수의 찬성이 있어야 한다.

통과된 법안에 대하여 대통령이 거부권을 행사하는 경우 국회에서 다시 표결하여 재적의원 과반수 출석과 출석의원 3분의 2 이상의 찬성을 얻으면 법률로 확정된다. 입법부는 입법권을 통하여 공공정책의 목표와 대상을 결정함으로써 행정부의 행정 범위를 구속한다. 현대행정국가에서 위임입법이 늘고 행정부의 준입법 기능이 확대되면서 입법권에 의한 통제는 일정한 한계를 지니게 되었다.

나. 예산심의·의결권 및 결산권

입법부는 행정부가 편성한 예산안을 심의하고 의결하는 과정에서 행정부의 지출을 금지하거나 제한하는 조치를 통해 행정부를 통제한다. 입법부가 승인한 예산배정 규모는 행정부의 활동영역을 한정짓게 하며, 지출조건의 제시는 행정사업의 성격을 규정하고 세분화된 예산항목은 행정사업의 실적 내용을 지시한다. 입법부는 예산결산권도 가지고 있다. 감사원의 예산결산보고서는 국회에 보고되고, 국회는 이를 바탕으로 최종적인 결산을 한다.

다. 국정감사 및 국정조사

국정감사는 국정 전반에 대하여 소관 상임위원회별로 매년 정기국회 이전에 감사시작일부터 30일 이내의 기간을 정하여 시행된다. 국정조사는 통상 재적의원 4분의 1 이상의 요구가 있을 때 특별위원회 또는 상임위원회에서 국정의 특정한 사안에 대하여 조사를 시행한다. 국정조사 및 감사 기능은 입법과 국정감사, 예산심의 등을 수행하는 필요한 자료와 정보를 얻거나 행정기관을 감시·비판하여 국정의 잘못된 부분을 적발하고 시정하는 기능을 한다. 또한 국회나 그 위원회에서는 국정처리 상황에 대한 질문권을 가지고 있으며, 국무총리, 국무위원 또는 정부관료들을 출석시켜 답변을 들을 수 있다.

라. 인사청문회, 해임건의 및 탄핵소추권

입법부는 행정부의 인사에 대해서도 광범위한 통제권을 가지고 있다. 인사청문회는 공직후보자를 출석하게 하여 질의하고 답변과 의견을 청취하는 제도로서 인사청문특별위원회는 필요한 경우 증인·감정인 또는 참고인에게서 증언·진술을 청취하는 등 증거조사를 할 수 있다.

국무총리 및 국무위원 해임건의권은 정치적으로 무능하거나 정책결정상의 과오 및 직무집행에서 헌법이나 법률을 위배한 경우 재적의원 과반수 이상의 찬성으로 이루어진다. 현행법상 대통령은 국회의 해임건의에 구속될 필요는 없지만, 정치적 대표성이 있는 국회에서의 해임건의를 간단히 거부하기는 쉽지 않다. 따라서 해임건의권은 대통령과 행정부의 인사권에 대한 입법부의 강력한 통제수단이다.

입법부는 대통령·국무총리·국무위원·행정각부의 장, 헌법재판소 재판관·법관, 중앙선거관리위원회 위원, 감사원장·감사위원, 기타 법률이 정한 공무원에 대해서도 탄핵소추를 할 수 있다. 탄핵소추를 위해서 입법부는 재적의원 3분의 1 이상의 발의와 재적의원 과반수의 찬성으로 탄핵소추를 의결한다. 대통령의 경우, 재적의원 과반수 발의와 재적의원 3분의 2 이상의 찬성으로 의결된다. 입법부에서 탄핵소추가 의결되면 헌법재판소의 탄핵심판이 있을 때까지 권한 행사가 정지된다. 탄핵심판기관인 헌법재판소는 재판관 6인 이상의 찬성으로 탄핵을 결정한다.

마. 입법부 통제의 한계와 문제점

행정에 대한 입법부의 통제는 행정권의 확대와 행정의 전문화·기술화에 따라 많은 제약과 한계가 있다.

- 선거로 자주 교체되는 의회의 의원들은 행정관료들에 비해 전문지식이나 기술이 약해 전문성 측면에서 경쟁하기 어렵다.
- 위기관리 등 국정의 성격이 상시성을 띠고 신속한 대응을 요하는 업무가 증가함에 따라 행정재량권이 커지고 위임입법이 계속 늘어나고 있다.
- 행정부는 최신 정보의 수집과 분석 및 관리에서 의회보다 훨씬 앞서고 안보·외교상 목적으로 정보를 독점하는 경우가 많다.
- 의회는 다수의 의원들로 구성된 조직체이기 때문에, 신속하고 용이하게 행정통제가 어려운 구조적 또는 절차적 제약요인이 내재되어 있다.

② 사법부에 의한 통제

사법통제는 행정부의 잘못된 기능을 사법제도로 통제하는 것을 말한다. 즉 행정부의 잘못된 행정에 대하여 법원이 판결을 통해 행정부를 통제하는 것이다. 사법통제는 두 가지로 대별된다. 하나는 행정업무 수행과정에서 위법하거나 부당한 국민의 권익침해 구제이며, 다른 하나는 행정명령, 행정규칙, 행정처분의 위헌과 위법 여부에 대한 심사이다. 또한 행정작용에 이의가 있거나 피해를 입은 당사자들이 직접 사법적 통제를 요구하는 적극적인 행정통제와 행정부가 사법부를 중재적인 위치에 세우는 소극적인 행정통제가 있다.

가. 행정소송의 심판

행정소송의 심판은 행정부가 업무수행 중 위법 또는 부당한 결정이나 집행으로 권리나 이익을 침해 당한 피해자의 구제 청구가 있을 때 법원이 이를 심판하는 것이다. 행정소송은 피해 당사자 간의 의견에 대한 법원의 판단뿐만 아니라 피해자 구제를 강제한다는 점에서 적극적인 사법통제 방법이다.

나. 명령 · 규칙 · 처분의 심사

명령 · 규칙 · 처분의 심사는 행정부의 명령이나 규칙, 처분이 상위법인 헌법이나 법률에 위배되는지 여부가 재판의 전제가 되는 경우 법원이 이를 심사하는 제도이다. 심사는 주로 적법한 절차의 유무, 행정권 남용 유무, 법률에 의한 승인 여부에 초점을 두고 있다.

다. 법령의 조언적 해석

사법부는 행정법규에 대해 구체적 해석을 내려 행정부가 적법하게 임무를 수행할 수 있게 한다. 행정기관이나 일반국민이 법령에 대하여 질의하면 조언적 해석을 내리는데, 이것은 향후 행정행위에 간접적이고 예비적인 구제효과가 있다.

라. 사법통제의 한계

사법부에 의한 통제는 기본적으로 행정의 사후조치라는 점이다. 행정이 이루어진 뒤의 조치이기 때문에, 시민은 이미 불이익이나 손실을 보고 있다는 점에서 문제가 있다. 사법부에 의한 통제는 피해를 입은 시민이 법률적 조력을 받기 위해 많은 비용과 최종 판결까지 수년이 소요된다. 또한 행정재량권의 범위가 넓어지고 전문화될수록 사법통제가 어려워진다.

③ 헌법재판소에 의한 행정통제

헌법재판소는 법원의 제청에 의한 법률의 위헌 여부 심판, 탄핵의 심판, 정당의 해산심판, 국가기관 상호 간, 국가기관과 자치단체 간 및 지방자치단체 상호 간의 권한쟁의에 관한 심판, 법률이 정한 헌법소원에 대한 심판을 담당한다. 이 가운데 탄핵심판권, 권한쟁의심판, 헌법소원심판 등이 행정통제와 관련된다.

④ 옴부즈맨에 의한 행정통제

가. 옴부즈맨의 의의

옴부즈맨(Ombudsman)제도는 스웨덴 의회의 옴부즈맨제도에서 기원을 두고 있다. 1809년 스웨덴에서 옴부즈맨제도가 채택되어 노르웨이(1952), 덴마크(1953)에서 도입했고 영국, 미국, 프랑스 등에서도 채택하고 있다. 불만처리인, 중재자, 의회감찰관 등으로 불리는 옴부즈맨은 공공기관의 활동을 감시하기 위해 의회가 임명한 일종의 사법관이다. 옴부즈맨제도는 더 효과적으로 행정을 통제하여 행정의 책임성을 확보하고, 입법통제나 사법통제 같은 기존 통제장치를 보완하는 역할을 한다.

나. 옴부즈맨의 권한

옴부즈맨은 행정통제를 위해 감시·감독권, 소추권, 경고권, 조사권, 검열권, 직무감찰권, 조정권, 건의권, 공개비판권 등의 권한을 보유한다. 그러나 옴부즈맨의 강제권 부여와 발동을 점차 피하고 있는 것이 일반적인 경향이다. 대체로 옴부즈맨에게 처벌권과 명령권, 특히 이미 취해진 행정결정을 취소 또는 번복할 권한을 부여하지 않고 있다.

소추권도 일부 국가를 제외하고는 부여하지 않고 있다. 주된 이유는 옴부즈맨이 강제통제의 순기능을 저해하거나 합법성의 지나친 강조로 행정작용을 경직화할 가능성이 크기 때문이다. 이러한 우려 때문에 스웨덴의 옴부즈맨은 소추권이 있지만, 거의 행사하지 않으며, 대부분의 국가들은 아예 감찰권과 소추권은 부여하지 않는다.

다. 우리나라의 옴부즈맨제도

옴부즈맨제도와 비슷한 우리나라의 기구는 '국민권익위원회'가 있다. 1994년 발족된 '국민고충처리위원회'는 국민권익위원회가 설치되면서 그 기능이 흡수·통합되었다. 국민권익위원회는 국민의 고충사안을 공정하고 신속, 용이하게 처리하기 위해 다음의 권한을 가진다.

• 고충민원에 대한 상담, 조사 및 처리과정에서 행정기관에 자료, 서류의 제출요구,

관련인의 출석 및 의견진술 요구, 감정의 의뢰 및 실사, 조사 등의 조치를 할 수 있다.

- 고충민원에 관한 조사 결과 위법, 부당한 처분의 공고를 할 수 있다.
- 행정제도 및 운영의 개선에 관한 제도개선의 권고 또는 의견표명을 할 수 있다.
- 권고 또는 의견을 받는 행정기관의 처리결과 통보요구 등이 있다.

2) 비공식적 · 간접적 통제

비공식적 · 간접적 통제는 행정부 외부에 존재하는 기관이나 주체에 의한 행정통제를 말한다. 비공식적 · 간접적 행정통제는 전통적인 삼권분립적 견제와 균형의 원리에 근거한 행정통제가 아닌, 행정부 외부에 존재하는 다양한 주체들에 의한 간접적인 방식이다. 비공식적 · 간접적 행정통제는 행정부 외부에서 행정의 직접적인 영향을 받는 일반국민, 이익집단, 언론 등에 의해 이루어진다는 점에서 국민과 사회 중심의 행정책임성 확보장치라 할 수 있다.

① 선거에 의한 통제

자유민주의의 근간을 이루는 선거는 강력한 행정통제의 역할을 한다. 선거로 선출된 공무원이 실적과 업적이 바람직한 결과를 얻지 못하면 다음 선거에서 선출될 수 없기 때문이다. 선거에 의한 행정통제가 효과를 기대하기 위해서는 일반국민이 고도의 정치의식과 자율적인 참여의식을 가지고 있어야 한다.

또한 타율적인 간섭을 받지 않고 선거권을 행사할 수 있는 정치문화가 형성되어야 한다. 「공직선거법」상 18세 이상의 국민은 대통령 및 국회의원 선거권이 있다. 선거일 현재 5년 이상 국내에 거주하고 있는 40세 이상 국민은 대통령 피선거권이 있다. 18세 이상의 국민은 국회의원, 지방의회의원 및 지방자치단체의 장의 피선거권이 있다.

② 이익집단에 의한 통제

이익집단(interest group)은 압력단체(pressure group)라고도 하며, 특정 이익관계에 있는 사람들이 자신들의 이익을 증진하기 위해 자발적으로 결사를 조직하여 활동하는 단체를 의미한다. 이익집단은 정치과정에서 집단의 이익을 수렴하여 이를 표출함으로써, 자신들의 이익을 적극적으로 보호하는 역할을 한다. 이익집단은 정부의 정책결정에서 정보와 자원을 지원하기 때문에, 정부는 이익집단의 자유와 권리를 크게 제약하는 정책을 만들기 어렵다. 이러한 과정을 통하여 이익집단은 행정부의 운영에 상당히 큰 통제로 작용한다.

③ 시민단체에 의한 통제

시민단체는 자신들이 옹호하는 이념 또는 권익을 위하여 정책결정, 예산편성, 인사문제 등 행정의 제반 분야에 걸쳐서 행정기관을 지원하거나 또는 간섭, 방해, 투쟁을 한다. 시민단체는 특히 공직부패를 감시하는 기능을 수행한다. 시민단체는 개별화된 시민을 조직화된 시민사회로 결집시켜 역량을 강화하고, 이를 기반으로 부패의 기본요소인 공무원의 독점권이나 재량권을 약화시켜 부패를 방지하는 데 큰 역할을 하고 있다.

④ 언론기관에 의한 통제

언론기관은 여론을 형성하고 확산시키며 행정에 영향력을 행사하는 데 결정적 역할을 한다. 언론기관은 국민의 여론을 집약하고 대변하며 정책과정에 국민의 의견을 광범위하게 투입함으로써 행정통제의 기능을 한다. 언론기관이 행정에 대한 효과적 통제수단이 되고 있으나, 오늘날 여론의 진정성, 정치적·이념적 편향성, 언론의 자율성 약화 등이 문제로 지적되고 있다.

⑤ 정당에 의한 통제

정당은 국민의 이익을 위하여 책임 있는 정치적 주장이나 정책을 추진하고, 공직선거에 후보자를 추천 또는 지지함으로써 국민의 정치적 의사형성에 참여하는 기능을 한다. 정당은 여론을 수렴하여 이를 정치·행정과정에 반영시킴으로써, 일반국민은 정당을 통하여 간접적으로 행정통제를 한다.

⑥ 여론에 의한 통제

여론은 정책의 채택과 폐기에 결정적인 영향력을 행사하는 동시에 행정의 경직화를 감소하는 역할을 한다. 여론이 행정통제수단으로서 기능을 제대로 발휘하기 위해서는 일반국민으로부터 폭넓은 지지를 받을 수 있고 높은 강도의 실현가능성을 가지고 있어야 한다. 이와 함께 정책결정자에게 영향력을 미칠 수 있는 강력한 전달방법을 가지고 있어야 한다.

3 내부통제

외부적 통제만으로 복잡하고 고도의 전문성을 갖는 행정에 대한 효율적이고 적절한 통제가 어렵다. 통제자와 피통제자 사이에는 정보의 비대칭성이 존재한다. 이러한 여건에서 행정부 외부기관이 행정부 내부에서 이루어지는 다양한 상호작용과 정책 등을 정확하게 파악하는 충분한 역량을 확보하는 것도 쉽지 않다.

정보비대칭성을 극복하고 적정 수준의 통제를 확보하기 위해서는 행정부 내부의 공식기관을 통한 직접적이고 공식적인 통제가 상대적으로 효과적이라 할 수 있다. 현실적으로 효율적인 통제는 정부관료제 스스로 자율적으로 통제하는 것이 제도화되는 것이다. 행정의 내부통제는 외부통제의 제약과 한계를 보완할 수 있는 점에서 중요한 행정통제 메커니즘이다.

1) 공식적 통제

① 행정수반에 의한 통제

행정수반은 행정 전반을 지휘 · 감독하는 책무와 권한이 부여되어 있다. 행정수반은 정부의 공무원임면권, 기구개편권, 준입법권, 행정개혁권, 정책결정권 및 리더십에 의해 효과적으로 행정을 통제할 수 있다. 행정수반은 최고의 행정책임을 지는 위치에 있다.

② 국무총리에 의한 통제

「헌법」(제86조)에 "국무총리는 대통령을 보좌하며, 행정에 관하여 대통령의 명을 받아 행정 각부를 통할한다"라고 규정하여 국무총리의 지위와 직무를 명시하고 있다. 「정부조직법」(제18조)은 "국무총리는 대통령의 명을 받아 각 중앙행정기관의 장을 지휘 · 감독"하고, "중앙행정기관의 장의 명령이나 처분이 위법 또는 부당하다고 인정될 경우에는 대통령의 승인을 받아 이를 중지 또는 취소할 수 있다"고 명시하고 있다. 이러한 권한을 가지는 국무총리에 의한 행정통제는 주로 국무총리실을 통한 행정기관에 대한 정책심사 및 평가를 통하여 이루어진다. 「정부업무평가 기본법」에 따라 행정기관의 정책에 대한 평가는 국무총리 소속의 '정부업무평가위원회'가 담당한다. 중앙행정기관에 대한 평가의 유형은 특정평가, 자체평가와 개별평가로 구분된다.

③ 관료제 계서구조에 의한 통제

가. 감독관청에 의한 통제

상급행정관청은 하급행정관청의 행정입법권 행사에 대한 다음과 같은 행정감독권을 갖는다.

- 행정입법권의 관장에 대한 행정관청 간의 분쟁이 있는 경우 주관행정관청을 결정하는 주관쟁의 결정권
- 행정입법의 기준, 방향 등을 지시하는 훈령권
- 행정입법의 경위 등을 감시하는 감독권
- 위법 또는 부당한 행정입법을 중지 또는 취소하는 취소권 등

나. 특정 부처에 의한 통제

관료제 내부에서 특정 부처가 다른 부처에 대하여 특정 분야의 행정업무를 통제하는 것을 말한다. 행정안전부에 의한 인사·조직관리상의 통제, 법제처에 의한 법령심사를 통한 행정입법의 통제, 기획재정부에 의한 예산관리상의 통제 등이 그 예이다.

다. 부처 내 자율적 통제

상급기관이 하급행정기관 또는 행정기관 자체 내부에서 이루어지고 있는 행정 활동이 적법·타당하게 이루어지고 있는지 감사하는 것을 말한다. 행정감사는 행정의 합법성과 합목적성의 확보를 직접적인 목적으로 한다. 이와 함께 행정의 적법성, 다당성, 행정질서 확보 등을 목적으로 한다.

④ 감사원에 의한 통제

감사원에 의한 통제는 내부통제기관 중 가장 직접적인 권한을 가지고 행정통제 기능을 한다. 「헌법」(제97조)과 「감사원법」(제20조)에 따라 감사원의 직무는 국가의 세입·세출의 결산을 검사하고, 국가와 법률이 정한 단체의 회계를 상시 검사하고 감독하며, 행정기관의 사무와 직무를 감찰하는 것이다. 감사원은 헌법상 기구로서 대통령 소속기구임에도 불구하고 직무에 대해서는 독립된 지위이다. 감사원의 독립성을 보장하기 위한 제도적 장치로서 감사원장의 임명에 대한 국회의 동의, 최고의사결정 기구로 감사원장과 감사위원의 합의체, 감사원장과 감사위원 임기의 헌법에서 보장 등이 있다.

2) 비공식적 통제

내부적 비공식적 행정통제는 행정부 내부에서 이루어지는 간접적인 수단에 의한 행정통제를 말한다. 행정통제를 직접적인 목적으로 하는 것은 아니지만, 이의 활용을 통해 어느 방법보다 높은 수준의 행정통제 효과를 확보할 수 있다.

① 공직윤리를 통한 자율적 통제

행정책임을 확보하기 위한 행정통제에서 가장 이상적인 것은 공직자가 공직윤리에 따라 스스로 규제하는 자율적 통제라 할 수 있다. 공직윤리 또는 행정윤리는 공직자가 직무를 수행하는 데 준수해야 할 도리를 말한다. 공직윤리는 공직이 요구하는 직업윤리인 동시에 공직을 수행하는 데 지침이 되고 준수해야 할 행동규범(code of conduct)이다.

기존의 법체계로는 급속한 사회변화에 대응하는 행정기능을 법이나 각종 제도로 통제하는 데 한계가 있기 때문에, 공직윤리에 입각해서 공무원 스스로 자기규제를 하면서 행정업무를 수행해야 할 필요성이 커지고 있다. 우리나라의 경우, 가장 기본적인 「공무원윤리헌장」, 「공직자윤리법」과 「국가공무원의 복무규정」, 특별법으로서 「공무원범죄에 관한 몰수 특례법」 등 개별공직자에 적용되는 법제적 행동규범과 비법제적 윤리규범 체계는 매우 다양하고 복잡하게 구성되어 있다.

② 내부고발자 보호를 통한 행정통제

내부고발자는 행정의 불법·부당성을 바로잡는 데 중요한 역할을 한다. 특히 부패와 관련하여 내부고발은 부패라는 불법, 비도덕적 또는 부당한 사실을 알고 있는 내부자가 제3의 기관이나 불특정 다수인에게 정보를 폭로하는 행위라는 점에서 부패의 적발을 돕는 데 효과가 있다. 「부패방지 및 국민권익위원회의 설치 및 운영에 관한 법률」(제55조 및 제57조의2)은 부패행위의 신고를 규정하고 있으며, 중앙행정기관의 장 및 지방자치단체의 장의 신고자 보호 및 불이익 방지 노력 의무를 명시하여 내부고발자에 대한 보호를 규정하고 있다.

4 우리나라 행정통제의 개선 방향

행정통제의 실효성을 확보하기 위한 방향은 다음과 같다.

- '주인(principal)-대리인(agent) 이론'에 의하면 행정부에 대한 국민의 통제가 어려운 이유는 정보의 비대칭성 때문에 발생한다. 따라서 행정부와 국민의 정보격차 해소를 위해 투명한 정보공개제도, 행정절차법 등의 활성화가 이루어져야 한다.
- 시민의 참여기회가 제도적으로 확대되어야 하고, 준정부조직, 권력기관 등 통제의 사각지대를 제거하여 행정통제의 대상을 확대해야 한다.
- 공무원 스스로의 내부통제가 중요하기 때문에, 공무원의 직업윤리 확보와 자발적 준수가 필요하다.
- 행정통제 방법의 실행과 함께 국민에 대한 교육을 통한 정치의식의 향상, 선거권의 책임 있는 행사, 의회와 사법부의 독립성 강화, 언론의 자율성과 공정성 확보 등이 중요하다.

제13장 공공서비스와 정부혁신

제1절 들어가는 말

행정은 정부나 공공기관이 유형 · 무형의 공공서비스를 생산하고, 이를 필요한 고객에게 공급하는 것이라 할 수 있다. 공공서비스를 생산하고 공급하는 방식은 행정환경과 행정수요에 따라 변해 왔다. 산업화시대에서 정보화, 디지털시대로 행정환경이 변화하고, 복지, 환경, 디지털화 서비스 등 행정수요가 다양해지면서 전통적 관료제의 공공서비스 생산 및 공급 방식으로부터 탈피하여 공공서비스의 새로운 패러다임이 요청되고 있다.

이에 따라 정부 주도의 일방적 방식에서 시장, 이해관계자, 일반국민이 정책과정에 활발히 참여하여 공공서비스의 생산과 공급을 정부와 함께하는 방식으로 전환되고 있다. 또한 시장경쟁의 원리와 민간의 효율적인 관리기법을 도입하여 공공서비스의 생산과 공급이 보다 효율적으로 이루어지도록 하고 있다. 정부실패를 초래하는 과도한 정부개입을 축소하고, 비대해진 공공부문의 기능을 축소하여 민간부문으로 이전하여 작고 효율적인 정부를 추구하고 있다.

이러한 목적을 추구하기 위해 여러 가지 정부개혁의 모델이 제시되고 있다. 거버넌스에 기반한 공공서비스의 생산과 공급도 그 중 하나이다. 이 장에서는 이러한 배경 하에 오늘날 정부가 생산 · 공급하는 공공서비스의 다양한 방식을 거버넌스를 중심으로 설명하고, 공공서비스 공급방식과 관련된 정부혁신에 대한 논의를 소개한다.

제2절 공공서비스의 의의

1 공공서비스

공공서비스는 정부가 생산하여 국민들에게 공급하는 유형 · 무형의 생산물을 의미한다. 국가의 역할이 복잡해지고 행정의 기능이 확대되면서 다양하게 사용되고 있기 때문에 공공서비스를 명확히 정의하는 것은 쉽지 않다. 그러나 공공서비스의 개념도 행정기능의 변화에 따라 전통적인 공급자 중심의 수직적 입장에서 이용자 중심의 국민과 소통이 중요한 수평적 관계로 전환되었다.

공공서비스의 개념에는 수요자 중심의 수평적 상호작용과 함께 시장 메커니즘을 통한 효율성의 가치가 포함되어 있다. 즉, 정부는 국민의 관점에서 필요한 공공서비스를 다양한 방식으로 효율적으로 공급하고, 그 성과에 대해 책임을 져야 한다. 이에 따라 공공서비스의 생산과 공급에 시장주의 도입, 결과 지향적인 성과책임, 이용자 중심의 품질개선, 성과계약, 생산·공급 방식의 다양화 등과 같은 정책가치들이 추구된다.

2 사회서비스

공공서비스와 구별되는 개념으로 사회서비스(social service)가 있다. 저출산·고령화, 빈부격차 확대, 세대 간 갈등, 저소득 취약계층 증가 등과 같은 새로운 사회위험(new social risks)이 확대되면서 전통적으로 가족과 지역사회가 담당했던 역할까지 공공부문이 담당하면서 복지 대상이 증가하고, 이에 따라 공공서비스의 범위도 확대되고 있다. 이러한 돌봄 서비스와 같은 개인에 대한 생활서비스를 내용으로 하는 사회서비스의 수요가 급격히 증가하고 있다.

사회서비스는 서비스의 혜택이 불특정 다수나 특정 집단에 제공되는 공공재 서비스와 달리 보육과 노인 돌봄 등과 같이 서비스의 혜택이 개인에게 귀속되는 서비스이다. 사회서비스는 공공재보다는 가치재에 속한다. 보육이나 돌봄 서비스, 장애인 돌봄 등과 같은 서비스는 개인별 서비스이기 때문에 경합과 배제가 가능하다. 이러한 사회서비스에 대한 수요는 더욱 증가하고, 이에 따라 사회서비스의 제공은 공공부문의 역할을 더욱 확대시키는 요인이 되고 있다.

3 공공서비스의 특징

공공서비스의 공급은 민간부문의 시장기구가 적절하게 대응하지 못해 자원의 분배가 적절히 하게 이루어지지 못하는 '시장실패(market failure)'가 일어나는 분야이다. 이것은 공공서비스의 공공재 성격에서 비롯된다. 공공재(public goods)는 비배제성(non-exclusiveness)과 비경합성(non-rivalry)의 특성을 가지는 재화 혹은 서비스를 말한다.

비배제성이란 재화나 서비스가 공급되면 비용 지불 여부에 상관없이 누구라도 소비에서 배제시킬 수 없다는 것을 말한다. 국방, 치안서비스 등이 그 예이다. 비경합성은 재화나 서비스가 제공되면 누구나 경쟁 없이 똑같이 소비할 수 있는 것을 말한다. 깨끗한 공기, 공원 등이 그 예이다.

공공재로 인해 시장실패가 일어나는 것은 무임승차자(free-rider) 문제 때문이다. 비용지불에 상관없이 누구나 공공서비스나 재화를 이용할 수 있는 공공재의 특성으로 인해 비용을 지불하지 않고 편익만 얻으려고 한다. 이로 인해 대가를 지불하고 공공서비스를 이용하거나 재화를 구매하려는 수요가 없게 되고, 사회적으로 꼭 필요한 재화나 공공서비스임에도 공급이 이루어지지 않는 결과를 초래한다. 일상에서 필수적으로 공급되어야 하지만, 수요와 공급의 원리에 따라 시장가격이 형성되지 않는 공공서비스의 경제적 특성 때문에, 민간부문에서는 최적의 공급이 불가능하다. 이에 따라 정부가 공공재원을 동원해 보편적 공공서비스로 공급해야 한다.

제3절 공공서비스의 유형

공공서비스의 생산과 공급에 정부가 개입하는 것은 공공재의 '비배제성'과 '비경합성'이라는 특성 때문이다. 모든 공공서비스가 이 두 가지 특성을 완벽하게 가지는 것은 아니다. 공공서비스는 두 가지 특성의 극단의 연속선상에 위치하게 된다. 이러한 특성을 고려하여 사바스(Savas, 1982)는 공공서비스를 ① 시장재, ② 요금재, ③ 공유재, ④ 집합재의 네 가지 유형으로 구분하고 있다.

1 시장재 성격의 공공서비스

이 유형의 공공서비스는 경합성과 배제성을 동시에 가지는 것으로서 시장재(private goods)라고 한다. 정부의 개입이 최소화되는 부분이다. 소비자를 보호하기 위해 안전과 규격 등을 규제하기 위한 집단적 대응이 요청되는 부문이다. 또한 정부가 저소득 빈곤층이나 사회적 약자를 보호하기 위해 생활보조금 지급, 돌봄서비스 등 사회서비스를 제공하는 방식으로 개입하기도 한다.

2 요금재 성격의 공공서비스

요금재(toll goods)는 비경합성은 있지만, 배제가 가능한 공공서비스이다. 편익에 대한 대가를 지불하지 않는 소비자를 배제할 수 있기 때문에 시장기구를 통하여 서비스를 공급할 수 있다. 여기에는 전기, 가스, 도로, 공항, 항만 등과 같은 사회기반시설 등이 속한다. 요금재의 상당 부문은 정부가 독점적으로 제공하는 서비스이다. 이것은 독점으로 인한 시장실패에 대응하기 위해서이다. 그러나 공공기관의 비효율성으로 인해 정부실패가 발생하기 쉽기 때문에, 이를 막기 위해 요금재의 생산 및 공급을 위해 민간기업의 참여가 활성화되고 있다.

3 공유재 성격의 공공서비스

공유재(common pool goods)는 경합성은 있지만, 배제는 불가능한 서비스로서 소비와 공급비용 귀착문제가 발생한다. 천연자원, 희귀 동식물, 녹지, 국립공원, 하천, 기타 공공시설 등이 여기에 속한다. '공유의 비극(The Tragedy of the Commons)'과 같이 소비는 경합되지만, 정당한 대가를 지불하지 않아도 배제시킬 수 없기 때문에 비용회피와 과잉소비로 '공유지'의 파괴와 같은 비극이 일어난다. 공공부문에서는 이를 막기 위해 공급비용 부담과 무분별한 사용에 대한 규칙을 제정해야 한다.

☛ 공유의 비극(The Tragedy of the Commons)

하딘(Hardin, 1968)은 적절한 조치가 없는 공공재가 궁극적으로 자원의 고갈 상태를 초래한 경우를 '공유의 비극'으로 다음과 같이 묘사했다. 마을 사람들이 공동목초지에 소를 방목할 때 주인들은 두 가지 사실에 기초해 자신의 이익을 극대화하려고 한다고 보았다. 첫째, 초원에 방목하는 자신 소유의 가축의 수가 많을수록 가축 판매로 자신에게 돌아오는 이익이 크다는 사실을 알고 있다. 둘째, 과다한 방목으로 인해 초지에 피해가 생기면 그 피해는 초지를 공유하고 있는 모든 사람에게 분산될 것이므로 자신에게 돌아올 피해는 부분적일 것이라는 점을 알고 있다. 따라서 소 주인들은 계속해서 방목하는 소의 수를 늘리려고 한다. 소 주인들은 같은 생각을 하게 되고, 초지가 제한되어 있다는 것을 알면서도 소의 숫자를 늘린다. 결국 초지는 황폐화되어 목초지로서의 기능을 잃게 되고 모두 거기를 떠나야 하는 비극이 초래된다.

4 집합재 성격을 가지는 공공서비스

집합재(collective goods)는 비경합성과 비배제성으로 인해 시장기구가 작동할 수 없기 때문에 원칙적으로 공공부문에서 공급해야 할 서비스를 말한다. 이 유형의 서비스는 비용부담에 따라 서비스 혜택을 차별하거나 혜택으로부터 배제할 수 없기 때문에 '무임승차자(free-riders)' 문제가 발생한다. 국방, 외교, 치안과 같은 순수공공재와 복지, 지역개발, 공중의료 등의 준공공재가 여기에 해당한다.

표 13-1 공공서비스의 유형

구분		경합성	
		경합적	비경합적
배제성	배제 가능	시장재(private goods)	요금재(toll goods)
	베제 불가능	공유재(common goods)	집합재(collective goods)

자료: 이종수 외(2021).

제4절 공공서비스 제공 이론

1 이론

1) 전통적 행정이론

전통적 행정이론은 정부가 조세를 근간으로 일반재원을 사용하여 권위적인 방식으로 공공서비스를 직접 생산·공급하는 것이다. 전통적인 행정체제에서 공공서비스의 생산·공급은 다음과 같은 특징을 가진다.

- 계서제를 중시하는 관료제 구조
- 공급자 중심·독점적 서비스 공급
- 집권적·투입 기준적 통제
- 유일 최선의 방법에 대한 신뢰와 절차의 준수 강조
- 정치·행정이원론
- 공무원의 중립성과 신분보장의 강조
- 성과에 대한 책임보다 상명하복 강조 등

2) 신공공관리론

① 의의

신공공관리론(new public management)은 뉴질랜드, 영국 등 영연방국가들이 1980년대부터 시작하여 발전시킨 관리주의적 행정개혁운동 또는 접근방법이다. 신공공관리론은 경제위기 및 국제경쟁의 격화, 고도산업사회·정보화 등 변화에 부응하지 못하는 행정서비스에 대한 불만족, 공공서비스의 경직성, 독점의 폐단, 공급자 중심의 행정과 정보기술의 발달 등이 출현의 배경이 되었다. 시장의 기능을 중시하는 신자유주의가 이념적 배경이다.

신공공관리론은 명칭에서 알 수 있듯이 기본적으로 정부의 관리작용에 중점을 두고 관리개혁을 통해 행정개혁을 추구하는 이론이다. 신공공관리는 정부의 관리자들이 능률적 · 효율적으로 관리기능을 수행하도록 하고, 고객 지향 · 시장 지향 · 성과 지향을 추구한다. 신공공관리론은 공공서비스의 생산 · 공급에 시장 메커니즘에 의한 경쟁의 원리를 도입하고, 민간의 효율적인 성과관리 · 경영 기법을 도입하여 전통적 관료제의 병폐와 전통적 공공서비스 생산 · 공급에서 초래되는 시장실패 문제를 해결하려는 것이다. 이러한 배경 하에서 오스본(D. Osborne)과 개블러(T. Gaebler)는 공공관리론을 정부 재창조론으로 주창했다.

② 신공공관리론의 적용

신공공관리 운동의 일환으로 개발되고 채택된 제도로 책임운영기관, 시민헌장, 시장성시험 등이 있다.

가. 책임운영기관

책임운영기관(agency)은 높은 자율성을 가지고 집행업무와 서비스 전달업무를 담당하는 행정기관이다. 책임운영기관은 소속부처와 성과계약을 맺고 임무를 수행하며, 임무수행에 필요한 인사 · 예산 · 조직상의 자율성을 누린다. 책임운영기관의 장은 계약직으로 채용한다. 책임운영기관의 장은 관리상의 자율권을 가지며, 기관운영결과에 대해 소속부처의 장에게 책임을 진다.

나. 시민헌장

시민헌장(citizen's charter)은 공공기관의 고객 지향적 의무와 국민이 누려야 할 권리를 명시하여 행정서비스의 질을 향상시키고 국민의 편익을 증진시키기 위해 제정하는 행동규범이다. 시민헌장에서는 공공서비스의 원칙과 기준을 규정하며, 이를 위반하여 국민에게 불이익을 준 경우 당사자는 시정을 요구할 수 있도록 규정한다. 시민헌장제도는 시장원리가 적용될 수 없는 행정영역에서도 고객 중심적 서비스 공급을 보장하기 위한 것이다. 시민헌장제도는 영국에서 1991년 처음 시행되었다. 우리나라에서는 '행정서비스헌장'이라는 이름으로 1998년부터 시행되기 시작하였다.

다. 시장성시험

1991년 영국 정부가 제시한 시장성시험(market testing)은 공공서비스의 공급에 경쟁성을 도입하기 위한 방법이다. 이것은 민간과의 경쟁 또는 정부기관 간의 경쟁을 시험적으로 도입해 보고, 그 결과에 따라 내부시장화 또는 민간화 등을 결정하는 절차이다.

③ 신공공관리론 비판

1980년대와 1990년대 행정학의 중심이론으로서 행정개혁을 뒷받침했던 신공공관리론은 다음과 같은 비판에 직면했다.

가. 시장논리 도입의 문제성

기본적으로 시장질서에 의해 자원이 배분되는 민간부문과 구별되는 정부부문에 시장 메커니즘을 그대로 적용하는 것은 부적절하다.

나. 계약제 활용의 문제점

계약업무를 수행하는 자들은 정부의 임무를 기업의 생산목표처럼 인식하여 측정 가능한 활동에만 치중하여 목표의 왜곡을 초래한다. 또한 계약제의 확대는 정부조직을 전통적인 관계와 계약관계로 이원화하여 갈등이 야기되고, 자원낭비를 초래할 수 있다.

다. 성과관리 애로

성과주의 추구에는 기술적 애로가 많다. 민간부문에 비해 공공부문의 활동을 확인하고 성과를 측정하는 것이 훨씬 어렵다. 또한 개인 차이나 상황을 고려하지 않고 성과급이라는 동기부여 수단에만 의지하는 것도 문제점이다. 신공공관리의 정부 감축은 공무원들의 사기를 떨어뜨리고 생산성 제고 운동에 지장을 준다.

라. 정치적 통제의 약화

민영화, 지방정부에 대한 행정권한 이양과 조직 내의 분권화는 정치적 통제를 약화시킨다. 민주적 통제의 약화는 국민에 대한 공공서비스의 책임을 약화시킨다.

④ 새로운 이론의 등장

2000년대 들어서 신공공관리적 접근방법을 대체하려는 다양한 방법들이 제안되었다. 여기에는 신공공서비스(new public service), 공공가치관리(public value management), 공공성관리(managing publiciness), 신공공거버넌스(new public governance) 등이 해당한다. 이들 새로운 이론들은 현대사회가 직면하고 있는 복잡한 문제들에 전통적 접근방법이나 신공공관리적 접근방법으로는 제대로 대응할 수 없다는 공통적 인식을 가지고 있다. 특히 시장 지향적 신자유주의적 논리에 바탕을 둔 신공공관리적 개혁조치들은 국가를 약체화하고 공적영역의 공공성을 훼손하였으며, 공동체의 이익을 추구할 수 있는 시민의 역할을 무시했다고 비판한다.

3) 신공공서비스론

① 의의

국가와 정부가 효율성과 대응성을 추구하는 과정에서 시민은 배제한 채 행정과 관료 자신들의 권력과 권한만을 강화시켜 왔다는 것이다. 즉 관료들이 시민들은 배제된 채 정부라는 '배'를 두고 '방향 잡기(steering)'와 '노 젓기(rowing)' 중 어디에 치중할 것인가에 대한 문제에 집중한 결과 관료들의 권한을 강화시켰다는 것이다.

이에 따라 신공공서비스론은 공익을 추구하려는 시민의 적극적 역할과 의욕을 존중하며, 시민에게 힘을 실어주고 시민에게 봉사하는 정부의 역할을 강조한다. 즉, 권력을 관료로부터 시민들에게 되돌려야 하며, 시민 중심의 공직제도를 구축하기 위한 변화가 필요하다는 것이다. 행정가가 책임져야 할 것은 업무수행의 효율성이 아니라 모든 사람들에게 더 나은 생활을 보장하는 것이라고 주장한다. 능률과 생산성은 민주주의, 사회공동체, 공익을 중시하는 틀 안에서 추구해야 한다고 주장한다.

② 평가

신공공서비스론은 신공공관리론의 지나친 시장 중심적 주장 때문에 간과하거나 경시하였던 행정의 공공성을 강조한다. 신공공서비스론은 공익, 공무원의 시민에 대한 서비스 책임, 공동체 중심적인 시민의식, 광범한 참여를 통한 민주적 거버넌스를 강조함으로써 공공성에 대한 가치를 재조명하였다. 그러나 공공서비스론은 시민의 공동체 중심적 · 공익 추구적 성향을 과신하고, 시민이 행정서비스의 고객이 되는 측면을 간과한다. 또한 다양한 사회세력의 이익을 조정하는 정부의 역할을 과소평가하고, 민주적 목표성취를 위한 수단적 · 기술적 전문성을 소홀히 한다는 비판을 받는다.

4) 뉴거버넌스

① 의의

거버넌스(governance)는 국정관리, 협력적 통치, 망치(網治), 공치(共治) 등 다양한 이름으로 번역되거나 그대로 '거버넌스'로 불리고 있다. 거버넌스는 정부 내지 통치(government)와 대비되는 개념이다. 즉, 과거와 같이 정부가 일방적이거나 정부 주도적으로 정책을 결정하고 문제를 해결하는 것이 아니라, 어떤 문제나 정책에 대하여 이해관계를 공유하는 모든 집단이나 관계자들이 함께 참여하고 결정하여 문제를 해결해 나가는 것이라 할 수 있다. 그 결과에 참여자들은 책임도 공유하는 것이다.

② 배경

전통적으로 공공서비스의 공급과 정책의 결정에 계층제에 의존하는 것이 지배적이었다. 그러나 1980년대 이후부터 점차 계층제 외에 시장과 네트워크를 적절히 조합한 방식을 활용하여 공공문제를 해결하려는 뉴거버넌스(new governance)가 시작되었다. 그동안 계층제적 국정관리 체계로서의 정부는 공공서비스의 일방적·독점적 생산자 및 공급자 역할을 담당해 왔으나 점차 공공서비스의 생산과 공급에 민간부문과 비영리부문의 참가가 확대되었다.

그 결과 공공서비스 공급의 효율성과 효과성은 정부부문과 민간부문 및 비영리부문 간 협력적 네트워크의 구축 및 관리에 크게 영향을 받게 되었다. 이에 따라 국가, 시장, 시민사회 및 세계 체제와의 관계를 새롭게 정립할 필요성도 뉴거버넌스론이 등장한 배경이다.

뉴거버넌스론은 '정책 네트워크(policy network)'의 개념에 기초하여 발전된 것이다. 정책 네트워크의 개념은 뉴거버넌스의 가장 중요한 측면의 하나인 공공부문과 민간부문과의 네트워크 현상에 주목하여 등장한 개념이다. 즉, 정부 내 혹은 정부 바깥의 다양한 정책공동체(policy community)에서 활동하는 정책 이해관계자 사이의 긴밀한 타협과 협상의 결과 구성되는 공식적 혹은 비공식적 네트워크를 말한다.

③ 유형

거버넌스는 다수의 참여자들 간의 관심의 정도, 이해관계의 정도, 참여의 정도에 따라 다양한 형태의 유형으로 나타날 수 있다. 거버넌스에 참여하는 참여주체들의 참여 정도에 따라 크게 정부부문이 상대적으로 높은 '정부 주도형 거버넌스'와 정부부문에 비해 비정부부문의 참여 정도가 상대적으로 높은 '비정부 주도형 거버넌스'로 구분할 수 있다.

이와 마찬가지로 각종 이익집단, 기관 등 다양한 참여주체들 사이에 가장 주도적 역할을 하며, 참여의 정도가 높은 참여주체를 중심으로 거버넌스를 유형화할 수 있다. 이러한 기준으로 ① 국가 중심적, ② 시장 중심적, ③ 시민사회 중심적 거버넌스로 구분할 수 있다. 국가 중심적 거버넌스는 관리주의 관점, 시장 중심적 거버넌스는 자본주의나 시장주의적 관점, 시민사회 중심적 거버넌스는 민주주의 관점을 중시한다.

제5절 공공서비스 생산 · 공급 방식의 유형

1 의의

과거의 전통적인 행정체제에서는 정부가 일반재원을 사용해 모든 공공서비스를 직접 생산하고 공급하였다. 그러나 사회가 복잡해지고 정부가 해결해야 할 문제들이 다양해지고 다차원적이 됨에 따라 전통적인 방식의 공공서비스의 생산과 공급은 한계에 도달했다. 이에 대한 해결책으로 등장한 것이 앞에서 살펴 본 신공공관리론, 신공공서비스론, 뉴거버넌스 등이다.

행정환경의 변화에 따라 오늘날은 전통적 방식에서 벗어나 공공서비스의 유형 혹은 경제적 특성에 따라 다양한 형태로 공공서비스를 공급하고 있다. 공공서비스의 '생산'과 '공급'에 대한 책임을 분리함으로써 정부가 선택할 수 있는 폭이 넓어졌다. 정부는 시민들에게 일정 수준의 공공서비스가 안정적으로 공급되는 영역에서 책임을 지고, 생산부문까지 반드시 책임져야 할 필요성은 약해졌다. 이에 따라 정부는 가장 효율적으로 공공서비스를 생산할 수 있는 주체를 선택할 수 있게 되었다.

2 유형

공공서비스를 생산하고 공급하는 방식은 주체와 수단의 결합방식을 기준으로 다음과 같이 유형화할 수 있다.

1) 일반행정 방식

일반행정 방식은 공공부문이 권력을 기반으로 해서 공공서비스를 생산하고 이를 직접 공급하는 것이다. 이러한 유형의 공공서비스는 공익성이 우선되기 때문에 민간의 참여를 배제한다. 정부가 직접 생산하고 공급해야 할 서비스영역은 다양하게 나타나기 때문에 가치판단에 따라 결정되며, 일반적으로 사회적 합의가 필요하다. 이러한 유형의 공공서비스에는 각종 증명서 발급, 치안, 국방, 사회복지, 우편, 상하수도 등이 해당한다.

2) 책임경영

소비에서 배제하는 것은 가능하지만, 사회적 차원에 중요한 공공서비스에 적용되는 방식이다. 정부가 이들 서비스의 직접적인 생산이 필요한 경우에는 정부조직 내 혹은 정부 산하에 서비스의 생산을 담당하는 준공공조직(공기업)을 설치해 책임경영 방식으로 해당 서비스를 생산·공급할 수 있다. 이 경우 공공부문의 고유업무영역으로 계속 존치되지만, 서비스 제공방식은 시장 논리에 따라 작동한다. 전기, 도로, 철도 등의 공공서비스가 이에 해당한다.

3) 민간위탁

소비에서 배제가 가능하고, 공공성 기준이 상대적으로 완화될 수 있는 공공서비스에 관한 문제이다. 이들 공공서비스 공급의 책임은 정부에 귀속되지만, 민간에서 생산하는 것이 효율적이라고 판단될 경우 민간에 위탁해 생산하는 방식을 선택할 수 있다. 민간부문에서도 시장경쟁 상황에서 공공서비스가 생산될 수 있다. 그러나 일정 규모 혹은 수준에서 서비스의 안정적 공급이 필요하다고 판단될 경우에는 계약이나 면허 등의 방식을 통해 독점적 지위를 부여할 수 있다. 민간위탁 방식으로는 쓰레기 수거, 복지바우처 등이 있다.

4) 민간기업

민간기업 방식은 민간부문에서 해당 서비스를 생산할 역량이 있으며, 공급이 시장 탄력성을 가지고 있어서 특별한 쟁점이 부각되지 않을 경우에 사용한다. 시장기구에서 사회적으로 필요한 만큼의 서비스가 공급되지 않을 가능성이 우려되면, 보조금과 세제

표 13-2 공공서비스 생산·공급 유형

		공급자	
		공공	민간
생산수단	권력	일반행정(각종 증명서 발급, 치안, 국방, 사회복지, 우편, 상하수도 등	민간위탁(쓰레기 수거, 복지바우처 등)
	시장	책임경영(전기, 도로, 철도 등의 공기업)	민간기업(통신회사, 사립학교 등)

자료: 이종수 외(2021) 수정.

혜택 등을 활용해 최적 수준의 공공서비스가 공급되도록 유도할 수 있다. 통신회사나 사립학교 등이 이 유형에 해당한다.

3 결론

공공서비스의 생산·공급 방식은 특정한 유형으로 다 포괄할 수 없을 만큼 다양하다. 서비스를 어떻게 생산하고, 공급하느냐는 여러 가지 요소를 기준으로 유형화할 수 있다. 정부실패에 초점을 맞추는 경우, 민간에 위탁하거나 시장에 의존하도록 하고 정부는 규제만 하면 된다는 논리가 우세하게 된다. 이 경우 정부업무는 공무원이 아닌 민간부문 종사자에 의해 수행될 수 있다. 공무원은 직접적인 서비스 제공자라기보다는 계약관리자이다.

수요자인 국민들의 관심사는 좋은 서비스의 공급이다. 공공서비스의 생산과 공급의 방식은 행정 내부의 문제일 수 있다. 오늘날 '작은 정부(limited government)' 실현을 목적으로 민간기업이 정부의 업무를 수행하고, 민간위탁에 의해 공공서비스를 생산하는 경우가 늘어나고 있다.

그러나 여기에도 정부의 예산이 상당히 소요되고 실제로는 정부 규모가 더 커지는 경향이 있다. 공공서비스가 민간에 의해 공급되는 것은 한편으로 그 부문에 대해 정부의 일상적인 통제가 감소하는 '정부의 무력화'를 의미한다. 이런 이유로 케틀(D. Kettle)은 미국 정부가 민간에게 업무를 위탁하더라도 다음의 본질적 업무는 직접 수행해야 한다고 주장한다. ① 공동체의 가치를 규정하는 것, ② 국방·치안 등 기본적인 바탕을 충족하는 것, ③ 평등을 실현하는 것, ④ 사회적·경제적 목표실현을 위해 인센티브를 제공하는 것, ⑤ 위험재난관리 등이다.

제6절 공공서비스 공급방식

1 의의

오늘날 복잡한 사회와 다양한 행정수요에 대응하여 공공서비스 소비자의 만족도를 높이기 위해 공공서비스의 생산과 공급방식도 다양해지고 있다. 특히 정부의 민간부문에 대한 과도한 개입으로 인해 초래되는 정부실패를 막고, 공공서비스의 생산과 공급의 효율성을 높이기 위한 다양한 방법이 논의되어 왔다. 전통적인 정부 중심의 공공서비스 생산·공급 방식에서 벗어나 효율적인 공공서비스의 생산·공급은 정부의 혁신 차원에서 논의되고 있다.

2 다양한 서비스 공급방식

공공서비스에 대한 논의를 활성화시킨 사바스(E. Savas)는 정부외에 다른 공공서비스의 생산자와 공급자를 찾는 방식 10여 가지를 제시했다. 그 중에서 민간부문이 생산자가 되는 경우 가능한 제공방식은 ① 민간위탁(contracting out), ② 프랜차이즈(franchising), ③ 보조금, ④ 서비스 분할과 자산매각, ⑤ 바우처, ⑥ 공공-민간 협력 등이 있다.

1) 민간위탁

민간위탁(contracting out)은 지방자치단체 수준에서 가장 널리 이용되는 형태의 민영화이다. 정부는 공공재화나 서비스의 전부나 일부를 수요자에게 보다 효율적으로 제공하기 위해 민간 영리 또는 비영리 기업이나 다른 정부 혹은 공공기관과 계약을 맺게 된다. 정부는 공공서비스의 제공 기준 및 품질에 대한 지침서를 정하고, 직접 계약자로서 민간기업에게 서비스 생산에 필요한 재정지원을 하게 된다.

2) 프랜차이즈

프랜차이즈는 정부가 특정 민간부문에 서비스 공급자로서 독점적 영업권을 부여하고 일정한 규제 방침을 정해 놓음으로써, 독점으로 인한 부작용과 문제점을 사전에 방지하는 방식이다. 이러한 공공서비스 제공방식에서 민간사업자는 자신이 직접 생산한 서비스를 시장에서 직접 판매하고 수익을 창출한다. 프랜차이즈는 정부가 민간부문에 대한 영업권한 부여와 일정한 규제만 가할 뿐 민간위탁에서와 같이 해당 업무에 대한 관할권은 행사할 수 없다.

3) 보조금

보조금은 정부가 사회적으로 외부효과를 지닌 재화나 서비스에 대해 생산과 소비를 시장에서 이루어지는 수준보다 확대해 주기 위해 생산자를 지원해 주는 방식이다. 정부는 공공재화와 서비스의 제공을 촉진하기 위해 민간기업이나 개인에게 현금이나 현물을 제공해 줄 수 있다.

4) 서비스 분할과 재산매각

서비스 분할은 정부가 특정 공공서비스의 양과 질이 더 이상 공익의 목적에 부합하지 않을 경우, 해당 서비스를 폐지하는 것을 말한다. 자산매각은 정부가 소유 중인 건물이나 시설, 회사 등을 매각하는 것을 말한다. 서비스 분할의 경우, 정부가 판매 활동이 발생하지 않기 때문에 금전적 이익도 확보할 수 없게 되지만, 특정 서비스에 대한 판매로 인한 정부의 지출행위가 사라지게 된다. 이에 비해 자산매각은 주요 자산에 대한 판매로 인한 수익이 발생하고, 이를 통한 타용도의 자금 조달이 가능하게 된다.

5) 바우처

바우처(voucher)는 정부가 개인들에게 특정 상품이나 서비스를 구입하는 데 활용될 수 있는 일정한 화폐가치가 있는 쿠폰을 제공하는 방식이다. 바우처를 통한 공공서비스의 제공방식은 바우처를 소유한 시민들이 스스로 시간과 장소, 방법을 결정하여 공공서비스 이용 여부에 대한 결정권을 부여해 준다는 특징이 있다.

6) 공공-민간 협력

공공-민간 협력(public-private partnership: PPP) 방식은 일반적으로 공공인프라 또는 서비스를 제공하기 위하여 정부가 민간부문에 출자하고 장기계약을 맺고, 이를 경영하여 이익과 위험을 공유하는 방식이다. 많은 PPP는 신규 사회기반시설과 관련 있다. 영국의 민관협력사업(private finance initiative: PFI)의 경우, 학교와 병원에서 국방시설에 이르는 새로운 사회기반시설의 자금 조달, 구축 및 관리에 민간기업을 참여시켰다. 기존 사회기반시설을 개선, 확장하고 관리하기 위해서도 PPP가 활용된다.

3 수익형 민자사업(BTO)과 임대형 민자사업(BTL)

1) 의의

비용과 편익의 분리로 인한 공공서비스 전달의 비효율성을 극복하기 위해 비용과 편익이 동일한 주체에 돌아가는 민간기업에게 공공서비스의 생산과 공급을 맡기는 민간투자사업(민자사업) 방식이 활용되고 있다. 민자사업은 전통적으로 정부예산으로 건설·운영하여오던 도로, 항만, 철도, 학교, 환경시설 등 사회기반시설에 대해 민간부문이 제안하고 민간부문의 자금을 활용하여, 사회기반시설을 건설하거나 운영하여 공공서비스를 공급하는 제도를 말한다.

우리나라는 1994년「사회간접자본시설에 대한 민자유치촉진법」제정으로 사회기반시설의 건설·운영에 민간투자방식이 도입되었다. 1998년「사회간접자본시설에 대한 민간투자법」으로 전면개정되면서 많은 사업들이 민간투자방식으로 추진되었다. 2005년에는「사회기반시설에 대한 민간 투자법」으로 개정하여, 수익형 민간투자사업(BTO)에 더하여 임대형 민간투자사업(BTL) 방식도 도입하여, 민간투자사업에 대한 참여의 폭과 기회도 다양하게 확대되고 있다.

민자사업은 목적물인 사회기반시설의 소유권 및 통제주체에 따라 Build(건설)-Transfer(이전)-Operate(운영)(BTO), Build(건설)-Transfer(이전)-Lease(임대)(BTL), Build(건설)-Operate(운영)-Transfer(이전)(BOT) 등 다양한 유형으로 분류할 수 있다. 이 중에서 우리나라의 경우, 주로 수익형 민자사업(BTO) 방식과 임대형 수익사업(BTL) 방식으로 이루어지고 있다.

2) 수익형 민자사업(BTO)

BTO 계약의 경우, 민간이 시설을 건설하고 건설이 끝난 시점에 소유권이 정부로 이전되나 민간 당사자에게는 해당 시설의 운영 및 관리권이 부여되는 방식이다. 즉, 민간이 시설을 건설하여 소유권을 정부에 넘기고, 그 시설에 대한 운영권을 행사하여 시설의 이용자로부터 사용료 등을 통해 수익을 창출하는 방식이다. 이 방식은 사용료 등의 요금을 통해 수익 창출이 가능한 시설(고속도로, 철도, 교량, 터널, 항만 등 주로 수익형 교통시설)을 대상으로 이루어진다. 예측보다 수익이 저조한 경우와 같이 예상하지 못한 변수가 발생하는 경우 투자비 회수에 있어서 민간기업에게 위험부담이 있다.

3) 임대형 민간사업(BTL)

BTL은 사회기반시설의 준공과 동시에 해당 시설의 소유권이 국가 또는 지방자치단체에 귀속되며, 사업시행자에게 일정 기간의 시설관리 · 운영권을 인정하되, 그 시설을 국가 또는 지방자치단체 등이 협약에서 정한 기간 동안 임차하여 사용 · 수익하는 방식이다. 이 방식은 주로 자체적으로 수익 창출이 힘든 시설(학교건물, 기숙사, 도서관, 군인관사 등 주로 생활기반시설)을 대상으로 이루어진다. 정부에 의해 적정한 임대료 수익이 보장되므로 위험부담이 적은 것이 특징이다.

4) 평가

BTO와 BTL 방식은 공통적으로 민간에 의해 사회기반시설을 건설하고, 사업시행자에게 투자비 회수에 필요한 일정한 수익 창출을 허용해 주는 방식이다. BTO는 민간이 수요위험 부담을 안게 되는 데 비해, BTL은 정부가 임대하여 비용을 보전해 주기 때문에 민간이 위험부담을 지지 않게 된다. BTO 방식은 계약에 따라 적정수익 미달 시 정부 보조금 지급 등 다양한 수익 보전방식을 취하게 된다.

우리나라의 경우, 시행된 대부분의 민간투자사업은 BTO 방식으로 시행되었다. 그러나 참여 대기업들의 담합과 그로 인한 대규모 BTO 사업선정의 독점, 수요예측의 문제, 공사비 거품, 과도한 이용료 책정, 정부의 감시 관리 미흡 등의 여러 가지 문제가 발생하면서 BTL 방식에 대한 선호도가 높아지고 있다. BTL 방식도 성급한 사업추진, 다수 입찰자의 난립 등의 문제가 발생하였다.

표 13-3 BTO와 BTL 방식 비교

추진방식	BTO	BTL
대상시설 성격	• 최종사용자에게 사용료 부과로 투자비 회수가 가능한 시설	• 최종사용자에게 사용료 부과로 투자비 회수가 어려운 시설
대상시설	• 고속도로, 항만, 경전철, 지하철 등 수익형 교통시설	• 학교건물, 기숙사, 도서관, 군인아파트 등 주로 생활기반시설
투자비 회수	• 최종이용자의 사용료(수익자 부담 원칙) • 적정수익 미달 시 정부 보조금 지급	• 정부의 시설임대료 • 정부재정 부담
사용료 선정	• 총사업비 기준(고시, 협약체결시점 기준) • 기준사용료 선정 후 물가변동분 반영	• 토지 무상제공 등(시설의 준공시점 가격) • 임대료 산정 후 균등분할 지급
재정지원	• 건설기간 중 건설부담금 · 용지보상비 등	• 토지 무상제공 등(필요시 재정지원 가능)
사업 리스크	• 민간이 수요위험 부담	• 민간의 수요위험 배제
시설 소유권	정부, 지방자치단체	
시설 운영권	민간사업자가 일정 기간 소유	
사업제안	• 민간사업자, 정부	• 정부

자료: 권기현(2013).

제 7 절 민영화

1 의의

정부 중심의 공공서비스의 개선과 비대해진 정부기능을 줄여 작은 정부를 실현하고, 경쟁력을 강화는 방법으로서 민영화가 대표적으로 논의되고 있다. 특히 신공공관리론, 신공공서비스론, 뉴거버넌스 등은 정부의 독점성으로 인한 폐단을 줄이고, 정부부문의 경쟁성을 높이기 위한 주요한 수단으로 민영화를 주창했다. 민영화(privatization)는 정부가 수행하던 기능의 일부를 민간에게 넘겨 수행하게 하는 것을 말한다.

정부의 기능을 인수받는 민간부문은 비공식집단, 비정부기구(NGO) 혹은 중소기업, 대기업일 수도 있다. 정부의 직접적 활동을 줄이고 민간 활동을 늘리는 다양한 방법들이 민영화의 목적에 사용된다. 민영화는 공공서비스의 생산과 공급에 시장원리의 적용이 가능하고, 공공성을 유지할 가능성이 높은 업무를 대상으로 한다. 이에 따라 공공서비스의 공공성을 유지하면서도 서비스 생산과 공급에 소요되는 비용을 감소할 수 있는 가능성이 크다.

2 민영화 방식

민영화는 공공서비스의 생산·공급 방식의 변화와 다양화의 가장 대표적이라 할 수 있다. 일반적인 민영화 방식은 다음과 같다.

1) 지분매각

정부 보유주식을 민간에게 매각함으로써 정부 소유지분을 민간부문으로 이전하는 방법이다. 지분매각의 정도에 따라 완전 민영화와 부분적 민영화로 구분할 수 있다. 우리나라의 민영화 사례로는 대한항공사(1969년 한진그룹이 인수하여 대한항공으로 개명), 한국담배인삼공사(2002년 KT&G로 사명 변경), 한국전기통신공사(2002년 KT로 사명 변경), 포항종합제철(주)(2000년 산업은행 소유주식 모두 매각, 2002년 포스코로 사명 변경) 등이 있다.

2) 민간위탁

민간위탁(contracting out)은 정부가 담당하던 재화나 서비스에 대한 생산을 민간기업으로 이전하고, 필요한 재원은 정부가 제공하는 방식이다. 프랜차이즈제도나 대여제도 등이 여기에 속한다. 프랜차이즈는 재화나 서비스의 배분이나 공급권을 일정 기간 동안 특정 개인 또는 집단에게 부여하는 방식이다. 대여제도(leasing)는 정부가 기업을 소유하되 기업 전체를 사기업체로 전환대여를 하여 사기업의 장점을 살릴 수 있도록 하는 제도이다.

3) 규제완화 및 자유화

민간기업의 공기업에 대한 경쟁을 제한하는 여러 가지 법적 규제를 제거하거나 완화하고, 정부나 공기업이 독점하고 있는 재화나 서비스의 공급을 민간부문에서도 공급할 수 있도록 허용함으로써 경쟁이 가능하도록 하는 것이다.

4) 바우처 제도

바우처 제도는 정부가 재화 및 서비스의 공급에 필요한 재원을 부담하지만, 복지대상자에게 바우처 카드를 지급하여 시장에서 재화나 서비스를 획득할 수 있도록 한 제도이다. 빈곤층에게 시장에서 필요한 식료품을 구입할 수 있는 식료품구입권(food stamp)을 지급하는 것이 그 예이다.

3 민영화에 대한 논쟁

민영화는 정부혁신 및 공공서비스의 효율화를 위한 방법으로서 큰 흐름을 형성하고 있지만, 지지와 반대가 대립되고 있다.

1) 지지

① 정부부담의 감축과 민간자율의 신장

민영화는 공공서비스의 생산과 공급을 책임지는 정부의 부담을 줄여 업무수행의 효율화를 도모할 수 있다. 민영화는 또한 민간의 자율을 신장하고 시장경제의 활력을 증진하는 데 기여한다.

② 공공서비스의 개선

서비스 공급의 경쟁을 촉진하여 가격을 낮추고 선택의 기회를 넓힘으로써 고객인 국민에게 그 혜택이 돌아가게 하고, 고객의 요구에 대한 대응성을 높일 수 있다.

③ 효율성 증진

경직된 정부조직의 여러 제약을 제거하여 서비스 공급의 융통성과 효율성을 높일 수 있다. 적자를 내는 정부조직이나 공기업의 매각을 통해 재정부담을 완화할 수 있다.

④ 정치적 부담 감소

민영화된 부문에 대하여 정부는 공공서비스 생산과 공급에 대한 정치적 부담을 줄일 수 있다. 또한 새로운 정책과 전달체계에 대한 실험적 운용이 용이하여, 계약방식에 의한 실험적 운영은 잘못되는 경우 종결이 비교적 쉽다.

2) 비판

민영화에 대한 비판은 민간시장이 정부부문보다 우월한 정책결정자이며, 자원배분자인지에 대한 의문과 함께 공공부문에서도 민간부문만큼 또는 그 이상의 능률성을 달성할 수 있다는 것에 모아진다.

① 공공성의 손상

공공서비스의 공급을 민간에 맡기면 영리추구에 치중하여 공공성을 저해한다. 공공서비스 공급에 대한 책임성을 확보하기도 어렵고 서비스의 수준이 저하될 수 있다. 미국에서 소방업무를 민간회사에 위탁한 결과 회비를 낸 사람의 집은 소방작업을 하였으나 그렇지 않은 집은 쳐다만 보고 있는 사건이 일어난 예가 있다. 수년 전 일어난 미국 캘리포니아 대정전 사태는 전력공급 업무를 맡은 민간기업이 경비절감 차원에서 현장 인력을 대폭 축소한 것이 원인인 것으로 알려져 있다.

② 독점화 및 국가이익 보호 애로

민영화는 민간공급자의 독점화를 초래하여 가격인상 · 능률성 저하 등의 폐단을 오히려 악화시킬 수 있다. 민영화는 또한 대외관계에서 국가이익의 보호를 어렵게 한다.

③ 취업기회 축소 및 공무원 수 증가 은폐

민영화로 없어지는 정부부문 일자리보다 새로 생기는 민간부문의 일자리 수는 적어질 가능성 크다. 또한 계약방식 등에 따른 민간위탁은 은폐된 사실상의 공무원 수의 증가를 가져올 수 있다.

④ 정치적 오용 및 부패 위험

정치적 압력 때문에 민영화해야 할 것은 하지 않고, 부적합한 대상을 하는 것이 발생하기도 한다. 민영화 과정에서 정부재산의 평가가 어렵기 때문에, 특정 기업에 대해 막대한 특혜 및 부패가 발생할 수 있다.

4 정부혁신으로서 민간위탁

시장논리에 의한 경쟁 속에서 효율적으로 작동하는 민간부문에 공공서비스의 생산을 위탁해 작은 정부를 실현하고, 효율적인 공공서비스 공급의 수단으로서 민간위탁의 필요성이 지속적으로 제기되고 있다. 우리나라에서 민간위탁이 정부혁신을 위한 수단으로 본격적으로 도입된 것은 1990년대 말 IMF 외환위기를 극복하기 위한 정부 구조조정 시기였다.

민간위탁에 대한 기본 법령으로는 「행정권한의 위임 및 위탁에 관한 규정」(대통령령)이 있다. "행정 간여의 범위를 축소하여 민간의 자율적인 행정 참여의 기회를 확대하기 위하여 지방자치단체가 아닌 법인・단체 또는 그 기관이나 개인에게 위탁할 사무를 정함을 목적"으로 하고 있다. 이와 함께 「지방재정법」에서 민간위탁에 관한 사항을 정하고 있다.

지방자치단체에서는 보건복지, 환경관리, 교통관리 분야에서 민간위탁이 활발하다. 민간위탁은 그간 정부조직과 인력감축을 위한 구조조정의 대안으로서 추진된 경향이 있어서 관료들은 민간위탁의 순기능을 적극적으로 활용하지 못했다. 이러한 영향으로 민간위탁이 기대만큼의 공공혁신을 창출하지 못했다는 비판이 있다.

제8절 정부혁신으로서 공공서비스 혁신

1 의의

공공서비스 생산과 공급의 혁신은 곧 정부혁신이라 할 수 있을 만큼 불가분의 관계에 있다고 할 수 있다. 이전의 정부혁신은 인력・기구・조직 감축 등 정부의 규모 자체를 줄이는 데 집중이 되었고, 공공서비스의 배분에서는 형평성의 가치가 중시되었다. 그러나 시장기구의 역할이 배제되고 형평성에 치중한 공공서비스 공급체계는 정부실패에 따른 비효율성과 낭비가 심각한 문제로 대두되었다.

이러한 상황에서 정부의 혁신은 공공서비스에 새로운 접근의 추구를 요청했다. 특히 산업사회에서 정보화와 디지털사회로 전환 등 사회 · 경제적 환경이 급변하고, 시민들의 소비양식이 다양해지면서 전통적인 방식의 국가표준적, 보편적인 서비스 공급방식은 한계에 도달했다. 이에 따라 서비스 수요자인 시민들의 다양한 행정수요에 부응하고, 만족도를 높일 수 있는 새로운 방식의 공공서비스 공급이 정부혁신의 주된 과제가 되고 있다.

2 다양한 공공서비스 배경

전통적인 공공서비스 공급에서 탈피하여 새롭고 다양한 공공서비스 방식이 등장한 배경에는 다음과 같은 요인들이 작용했다.

1) 재정적자 누적

복지국가를 추구하면서 복지가 대폭 확대되고, 공공서비스에 대한 수요가 늘어나는 데 비해, 조세로 환수되는 직접 수입이 상대적으로 적기 때문에, 선진국을 중심으로 많은 국가들에서 재정적자가 누적되었다. 이에 따라 민간투자사업에서와 같이 공공서비스의 경제적 특성에 맞게 재원 조달방식도 달라지게 되면서 다양한 형태의 공공서비스 공급방식이 등장했다.

2) 사용자 부담금

조세저항과 재정긴축 상황에서 서비스 공급을 위한 대안적인 재원으로서 사용자 부담금이 선호되었다. 이에 따라 공공서비스의 적정 가격과 품질에 대한 관심이 높아졌고, 시장원리를 도입한 가격, 품질 및 규모의 차별화가 시도되었다.

3) 차별화된 맞춤형 서비스 요구

사회 · 경제적 변화와 함께 국민들의 소비양식이 변하면서 공공서비스의 공급도 보다 고도화된 개인별 맞춤형의 다양한 서비스를 요구하고 있다. 이에 따라 다원화된 고객수요에 대응하기 위해서 정부는 공공서비스 체계를 개선하고, 시장의 상품과 같이 다양한 품질과 가격체계를 가진 공공서비스를 공급해야 한다.

4) 민간부문의 경쟁력 지원

민간부문의 경쟁력을 지원하는 공공서비스 기능이 강조되고 있다. 도로, 항만, 철도, 공항, 정보통신망 같은 사회간접자본(SOC)은 국가 및 지역경제 활성화의 핵심적인 역할을 담당해 왔다. 이에 따라 이러한 사회간접자본의 제공에 민간기업의 경영기법을 도입해 효율적이면서 품질이 높고, 국민경제 성장을 지원하는 공공서비스를 공급해야 할 필요성이 요청되었다.

5) 공공서비스 준거의 변화

공공서비스의 생산과 공급방식에 관련된 일련의 변화는 정책의 준거를 '형평적' 분배 중심에서 시장가격체제를 도입한 '효율적' 배분으로 전환시키고 있다. 이에 따라 서비스 공급의 비용부담을 감당할 수 없는 사회적 약자나 하위계층은 종래의 보편적인 표준화된 서비스를 공급받지 못하는 현상이 일어나고 있다. 시장가격을 부담하기 어려운 기존의 공공서비스의 수혜자들이 서비스 공급에서 배제되는 사회적 양극화 현상이 확대되고 있다.

제14장 정부규제론

제1절 정부규제의 의의 및 유형

1 정부규제의 의의

1) 의의

정부규제(government regulation)는 바람직한 경제 · 사회질서를 만들기 위해 정부가 시장에 개입하여 기업과 개인의 행위를 제약하는 것을 말한다. 규제는 정부가 다양한 사회문제를 해결하고 공익을 달성하기 위해 사용하는 핵심적 수단이다. 그러나 국민 입장에서는 규제는 자신들의 의사결정과 행위를 제약하는 규칙이 된다. 이러한 규제의 서로 다른 측면이 정부규제 문제를 어렵게 하는 성격이다.

정부규제는 공익의 실현을 위한 핵심적인 정책수단이 되지만, 국민의 의사결정과 행위를 제약하기 때문에, 국민에게 미치는 영향을 고려해 합리적으로 분석해 도입되어야 한다. 합리적으로 설계된 규제는 시장경제를 활성화하고 국민의 안전과 복지를 향상시키는 긍정적 효과를 가져올 수 있다. 그러나 불합리하거나 과도한 규제는 민간부문의 활동을 위축시키거나 사회적 자원배분의 왜곡을 초래한다.

2) 정부규제의 본질

① 강제성

강제성(coercive power)은 규제의 핵심적 성격이다. 규제는 본질적으로 규제대상자(피규제자)에 대한 행위를 강제함으로써 규제의 효과를 발생시키기 때문이다. 정부규제는 정부의 강제력에 의존하여 기업과 개인이 정부의 요구에 응하지 않을 때 불이익을 주고 처벌하는 등 소극적 유인과 보상을 부여하는 방식으로 이루어진다. 정부규제의 전형적인 방식이다.

정부규제는 간혹 적극적인 유인과 보상을 부여하는 방식으로 이루어질 수 있다. 기술개발을 촉진하기 위해 지적 발명자를 보호하는 제도인 특허와 사회적으로 유익한 행동을 유도하기 위해 보조금을 지급하는 것이 그 예다. 정부규제는 권위 또는 도덕적 설득에 의해 민간의 행위를 유도하는 방법으로 이루어지기도 한다. 행정지도라고 하는 것이 그것이다. 사기업 및 공기업 부문의 임금 상승율을 제시한다든지 민영화된 기업에 간접적으로 경영에 개입하는 등이 그런 예이다.

② 사회적 배분

정부규제는 본질적으로 국민의 기본권 및 재산권의 사회적 배분에 있다. 최저임금제도는 저임금 근로자의 최저생계 유지 또는 인간다운 삶에 대한 권리를 정부가 인정한 것이다. 이 제도는 기업주가 시장 임금에 기초하여 고용할 수 있는 경영권에 제약을 가하는 제도이다. 공공장소에 대한 금연 조치는 비흡연자의 맑은 공기에 대한 권리를 회복시켜 주지만, 흡연자에게 기득권의 상실을 의미한다.

이와 같이 정부규제는 사회구성원 사이에 존재하던 권리관계를 변화시킨다. 정부규제는 국민의 기본권과 재산권을 침해하거나 의무를 부과하기 때문에 법령의 방식에 의한 강제력에 기초해야 하는 이유이다. 정부규제 혹은 규제완화에 따라 승자와 패자가 생겨나고, 이해관계자 집단 사이에 첨예한 대립과 갈등이 일어난다. 이에 따라 정부규제는 본질적으로 이익집단정치의 성격을 갖는다.

③ 공식성

정부규제는 국민의 행동과 의사결정을 제약하기 때문에, 공식적인 정부의 정책이나 법령의 형식으로 실행되어야 한다. 그러나 일반 국민은 정부의 공식적인 정책뿐만 아니라 비공식적인 규범과 행정지도에 의해서도 규제를 받는다.

④ 동태성

정부규제는 설계되어 시행되면 정체된 상태로 있는 것이 아니라 시간과 환경의 변화에 따라 변하게 된다. 규제에 적응해서 규제조건에 맞게 이해당사자들이 자신들의 행위와 의사결정을 수정하기 때문이다. 또한 도입할 당시 최적의 정책수단이었던 규제는 시간이 지나면서 정책환경 변화를 따라가지 못해 국민에게 불편한 규제로 전락할 수 있다.

2 정부규제의 유형

1) 경제적 규제와 사회적 규제

경제적 규제와 사회적 규제는 가장 보편적인 정부규제의 분류 방식이다.

① 경제적 규제

정부가 가격과 시장 메커니즘에 개입하여 가격과 경쟁에 영향을 미치는 행위를 말한다. 경제적 규제는 시장 메커니즘의 미작동, 독과점, 시장경쟁 결과 발생한 불공평 문제를 해결하기 위해 도입된다. 경제적 규제는 시장가격 기능에 개입하고, 시장진입의 조건을 부과하여 배제하거나 억압하는 방식이다. 또한 자유로운 시장경제 활동에 제약을 가하거나 시장에서의 퇴출을 결정할 자유를 제한하기도 한다. 진입규제, 가격규제, 품질규제, 물량규제 등이 여기에 속한다.

② 사회적 규제

사회적 규제는 민간경제주체의 사회적 역할을 중시하여 이와 관련된 책임과 부담을 가하는 규제를 말한다. 환경오염, 산업재해, 소비자 안전, 근로자 차별, 보건위생 등의 분야에서 사회적 위험성이 증가하면서 대상과 범위가 확대하고 있다. 대표적인 사회적 규제로 환경규제, 산업재해 규제, 소비자 안전규제, 사회적 차별 규제 등이 있다. 사회적 규제의 경우도 그 효과가 시장 메커니즘에 영향을 미치는 등 경제적 규제의 특성을 갖는 경우가 많기 때문에, 양자를 명확히 구별하는 것은 쉬운 일이 아니다.

2) 수단규제, 성과규제, 관리규제

규제는 사회문제를 해결할 수단, 최종 성과, 관리방식을 대상으로 설계될 수 있으며, 이를 기준으로 ① 수단규제, ② 성과규제, ③ 관리규제로 구분할 수 있다.

① 수단규제

정책목표를 달성하기 위해 필요한 기술이나 행위에 대해 사전적으로 규제하는 것이다. 이런 의미에서 '투입규제'라고 한다. 그 예로 작업장 안전을 확보하기 위해 작업 전 업무 특성에 맞는 안전장비 착용을 의무화하는 것을 들 수 있다.

② 성과규제

성과규제는 정부가 특정 사회문제 해결에 대해 목표달성 수준을 정하고 규제대상자에게 달성할 것을 요구하는 것이다. 특정 항만지역의 대기질 개선을 위해 항만에 들어오는 선박의 대기배출 물질 중 황 함유량을 0.5% 이내로 제한하는 것이 그 예라 할 수 있다. 성과규제는 최종산출물에 대한 규제라는 측면에서 '산출규제'라고 한다. 규제대상자는 정부가 제시한 성과기준을 달성하기 위한 수단과 방법을 자유롭게 선택할 수 있다. 성과규제는 사회 · 경제적으로 바람직한 최적의 성과 수준을 찾는다는 것이 어렵다는 문제가 있다.

③ 관리규제

관리규제는 과정을 규제하는 것이다. 식품제조업체에게 생산, 제조, 가공, 보존, 유통 단계를 거쳐 최종소비자가 소비하기 전까지 발생할 수 있는 위해요소를 파악하여 안전한 위생관리체계를 갖추도록 의무를 부과하는 것 등이 그 예이다. 관리규제는 규제대상자에게 자율성을 부여하여 스스로 비용-효과적인 규제를 설계하도록 한다. 이에 따라 정부에 의해 일방적으로 정해지는 수단규제에 비해 규제대상자의 특성과 상황을 고려한 유연한 규제설계가 가능하다는 특징이 있다.

3) 네거티브규제와 포지티브규제

규제의 개입 범위에 따라 네거티브(negative)규제와 포지티브(positive)규제로 구분할 수 있다.

① 네거티브규제

네거티브규제는 허가를 요하거나 허용되지 않는 행위만 정하고 이외에는 규제대상자가 자유롭게 결정하거나 행위를 할 수 있도록 하는 방식이다. 예컨대, 초등학교 학교주변에 금지되는 유해시설의 범위와 관련해서 해당 법령에서 금지되는 시설이나 영업행위를 규정하고, 이 외의 시설이나 영업행위에 대해서는 제약을 가하지 않는 방식이다.

② 포지티브규제

포지티브규제는 정부의 제약 없이 할 수 있는 행위만 정하고, 이외의 행위는 규제대상이 되는 방식이다. 포지티브 방식에 의하면 초등학교 주변에서 허용되는 시설이나 영업행위를 규정하고, 이외에는 금지되는 방식이다. 포지티브규제는 네거티브규제 방식에 비해 규제대상자에게 더 강한 규제를 하고 자율성을 제한한다.

4) 직접규제, 자율규제, 공동규제

대부분 규제는 정부에 의해 행해지지만, 민간이 수행하는 경우도 있다. 정부가 수행하는 규제를 직접규제라 하고, 민간기관에 의한 규제는 자율규제와 공동규제가 있다.

자율규제와 공동규제는 규제대상 집단자에 규제권한을 부여하여 직접규제의 부작용을 극복하면서 규제의 목적달성이 가능하기 때문에 최근 관심이 증가하고 있다.

① 자율규제

자율규제는 개인과 기업 등 규제대상자가 스스로 합의된 규범을 만들고, 이를 대상자들에게 적용하는 방식의 규제이다. 직접규제와 차이점은 규제주체가 정부가 아닌 규제 대상인 민간집단이 스스로 규칙을 설계하고 운용한다는 점이다.

② 공동규제

공동규제는 정부로부터 위임받은 민간집단에 의해 이루어지는 규제를 말한다. 직접규제와 자율규제의 중간 성격을 띤다.

제2절 시장실패와 정부규제

1 의의

정부규제가 필요한 가장 주된 논리는 주로 경제학적 관점에서 시장실패에서 찾는다. 그러나 정부규제의 이유와 논리는 시장모형만으로 설명하기 어렵다. 오늘날 형평성이 중시되면서 정부가 정치적 결정으로 자원배분에 개입해야 할 경우가 늘어났기 때문이다. 또한 정부는 민간경제가 원활하게 작동할 수 있도록 경제운용의 기본적인 제도적 틀을 형성하고 그 운용에 영향을 미친다.

공익사업 분야에서는 정부가 공익사업의 구조와 경제적 목표의 달성을 위한 방법을 직접 처방하거나 진입통제, 가격결정, 서비스의 질 등 규제의 내용에 개입하여 질 좋은 서비스를 공급할 수 있도록 한다. 오늘날 규제는 시장 내적인 요인뿐만 아니라 정치·경제·사회적 요인을 고려하여 시행되고 있다. 이 절에서는 정부규제가 필요한 이유, 즉 규제의 정당성의 이유와 논리를 시장실패를 중심으로 설명한다.

2 자원배분의 비효율성과 규제

1) 독과점

시장은 완전히 경쟁적이지 못하며, 배제성이 적용되지 않는 외부효과가 발생하는 경우가 많다. 또한 정보의 부족 · 비대칭성으로 인해 시장이 자율적으로 운용되면 시장은 실패한다. 그 결과 생산 규모가 증대하면 단위당 평균비용이 감소하는 '규모의 경제(economies of scale)'가 발생하여, 한 기업이 시장을 독점하는 자연독점 또는 소수의 기업이 재화와 서비스 생산을 주도하는 과점이 초래될 수 있다.

이들 독과점 기업을 시장의 자유로운 작용에 맡겨 두면 이윤 극대화를 위한 시도에서 서비스의 생산량을 제한하거나 가격을 인위적으로 인상함으로써, 독점적 이윤을 추구하고 그 비용은 소비자가 부담하게 된다. 철강, 석유, 자동차산업 등에서 처럼 과점의 경우에는 기업의 행태를 제한하기 위해 독점금지법, 가격 규제와 같은 법제 제약을 부과하고, 규제기관의 지속적인 감시 대상이 되고 있다.

대중교통, 상수도, 가스, 전력 등과 같은 자연독점 산업의 경우에도 정부가 공익사업에 부합하여 운영되도록 이들 산업을 소유 · 지배하거나 규제하고 있다. 통신, 교통, 전력 등 공익사업의 분야에 대해서도 대부분의 국가에서 정부가 시장행태를 규제하거나 직접 공기업을 설립하여 규제 목적을 달성하려 하고 있다.

2) 외부효과와 경제적 비효율성

① 의의

재화와 서비스의 성질에 따라 생산 및 소비과정에서 배제성 원칙이 적용되지 않는 경우가 있다. 적절한 보상을 하지 않은 채 다른 사람에게 피해를 주거나 보상을 받지 않은 채 다른 사람에게 편익을 제공함으로써, 다른 사람의 경제적 후생에 영향을 미치는 경우가 있다.

다른 사람에 경제적 후생을 저해하는 효과를 초래하면 사회에 외부비용이 발생한다. 이를 '부정적 외부효과' 또는 '외부비경제'라고 한다. 오염물질을 배출하여 다른 사람의 건강에 피해를 주면서도 이에 대하여 비용을 지불하지 않는 것이 그 예다. 이런 행위에 제재가 없으면 해로운 오염물질의 배출을 지속할 유인이 된다. 즉, 사회에 불필요한 과잉 공급이 이루어지는 것이다.

보상을 받지 않고 다른 사람의 경제적 후생을 높이는 효과를 초래하면 사회에 외부편익을 초래한다고 하여 '긍정적 외부효과' 또는 '외부경제'라 한다. 다른 회사로부터 숙련공을 데려다 사용하면서 훈련에 소요된 비용을 보상하지 않으면, 그 기업은 외부편익을 얻게 된다. 이러한 경우 기업은 숙련공을 훈련시킬 유인이 사라지고 필요한 숙련공 양성이 줄어들게 되어, 사회에 필요한 만큼의 숙련공 공급이 이루어지지 않게 되는 것이다. 이러한 외부비용과 외부편익이 존재하게 되면 시장에서는 재화와 서비스의 시장가격 및 생산량이 왜곡되고 자원배분의 비효율성이 초래된다.

② 정책적 대응

외부경제 효과로 인해 초래되는 자원배분의 비효율성을 개선하기 위해 정책적 대응을 해야 한다. 정부가 선택할 수 있는 방안은 다음과 같다.

- 정부가 외부효과를 초래하는 산업이나 업무를 인수하여 직접 운영하는 것이다. 의무교육제도, 치안, 소방, 보건, 위생 등의 업무가 그 예이다.
- 외부비용 효과를 초래하는 행위에 대하여 특별부과금이나 벌칙을 부과하여 행위를 억제한다. 외부편익 효과를 초래하는 행위에 대해서는 특별보조금이나 세제혜택 등을 지급함으로써 편익을 계속 창출할 수 있는 유인을 제공한다.
- 직접규제를 통한 명령과 통제로 외부효과를 적절히 처리하도록 한다. 입법규세 또는 행정규제를 통하여 외부비용 효과를 초래하는 행위나 행태에 대하여 직접규제를 가하는 방식이다. 환경보호를 위한 각종 법규상의 규제가 그 예이다.
- 대국민 설득을 통하여 외부비용으로 초래되는 바람하지 못한 효과를 제거하는 것이다. 코로나와 같은 전염병을 예방하기 위해 백신 접종을 권유하거나 쓰레기를 함부로 버리지 못하도록 주민 교육을 하는 것이 이에 해당한다.
- 정부가 예산을 투입하여 외부효과 비용을 감소시키거나 제거하는 것이다. 승객이 고속도로에 버린 쓰레기를 수거하기 위해 환경미화원을 고용하거나 강과 하천의 오염을 방지하기 위한 각종 오염 방지시설을 하는 것이 이에 해당한다.

3) 비이동성, 불완전한 정보

시장은 소비자의 이동성과 이들이 택할 수 있는 모든 대안에 대하여 지식이나 정보를 제공해야 하지만 현실에서는 어려운 일이다. 근로자의 경우, 고용에 대한 완전한 정보를 갖지 못하여 대부분 제한된 범위 내에서 구직 활동을 한다. 또한 공간적 제약으로 이들의 자유로운 이동성도 제한되는 경우가 많고 정보의 격차가 존재한다. 이러한 여건에서 발생하는 문제점을 시정하기 위해 정부는 개인이나 기업이 필요한 통계자료, 구인자료 등 각종 정보를 제공하고, 직업안내소 같은 기구를 설립하여 운영하기도 한다. 또한 소비자의 상품 구입에 대한 정보를 제공하기 위해 제원 표시를 의무화하고 있다.

3 소득분배의 불공평성

정부가 시장에 개입하는 이유로 경제적 이유 외에 공평성의 실현을 들 수 있다. 시장에 의한 자원의 배분은 모든 국민들에게 경제적 편익이 공평하게 배분되지 않는다는 점이 공평성의 실현을 위한 정부개입 정당성의 근거가 된다. 정부는 시장 활동의 결과로 이루어진 소득분배가 심히 불공평하다고 인정될 때에는 소득의 재분배를 통해 공평성을 제고해야 할 의무가 있다.

정부는 소득과 편익을 가능한 한 공평하게 분배하기 위한 방법으로서 규제제도를 선택할 수 있다. 기업이 저소득 계층을 고용하도록 하는 규제로서 세제지원, 금융지원 등의 유인책을 사용할 수 있다. 경기침체기에 해고 없이 근로인력을 유지하도록 하기 위해 권유 · 설득 · 회유 등 비권력적 방법으로 행정지도를 할 수 있다.

4 경제의 불안정성

시장은 경기과열 또는 경기침체와 같은 경기순환에 적절히 대응하지 못하는 결함을 가지고 있다. 이에 따라 정부가 시장을 대신하여 국가 전체의 경제성장과 함께 물가를 안정시켜 국민경제를 안정적으로 유지 · 발전시켜야 한다. 또한 실업을 구제하고 국제수지를 개선하여 경제의 안정화를 도모해야 한다.

정부는 그간 주요 수출산업을 지원하기 위해 저환율 유지, 조세감면, 저금리의 수출금융 제공 등의 정책적 지원을 했다. 경기과열로 가격이 전반적으로 상승하는 인플레이션을 억제하기 위해 전력, 철도, 지하철 등 국민 생활과 생산 활동에 밀접한 관련을 가지는 공공요금을 규제한다. 경기침체기에는 투자와 소비를 진작시키기 위해 기업에게 보조금, 금융지원, 세제지원 등을 한다.

제3절 정부규제 개혁

1 규제개혁의 의의

정부규제 개혁은 불합리한 규제를 개선하기 위해 규제의 생성, 운용, 소멸의 모든 과정에 정부가 체계적으로 개입하는 것이다. 정부가 규제개혁에 나서는 이유는 규제 수준이 국가 간 경제·사회적 격차를 유발시키는 중요한 요인이기 때문이다.

규제비용의 과다 발생이나 규제의 비효율성과 같은 '규제실패(regulatory failure)'에 대한 개선의 방향으로는 규제 자체는 유지하면서 기존의 제도를 개선하는 방향과 규제의 전부 또는 일부를 없애는 방향의 두 가지를 생각할 수 있다. 규제 자체는 유지하면서 기존의 제도를 개선하는 것을 '규제개혁(regulatory reform)'이라 하고, 규제의 전부 또는 일부를 없애는 것을 '규제완화(deregulation)'라 한다.

이러한 구분에도 불구하고, 실제에서는 두 가지 개념은 흔히 혼용되어 사용된다. 여기에서는 두 개념을 구분하지 않고 통일하여 사용하며, 규제개혁을 "규제가 사회에 초래하는 부담을 줄이기 위해 특정 규제를 없애거나 개선해 나가는 것"으로 정의한다.

규제가 경제와 사회에 미치는 영향 때문에 불합리한 규제를 개선하기 위한 규제개혁 노력은 정부혁신 차원에서 행해지고 있다. 미국은 1980년대에 '규제정보국(Office of Information and Regulatory Affairs)'을 설치해 규제영향을 분석하고 있다. 유럽의 경우, 행정 부담 측정과 감축을 위해 표준비용모델을 도입하는 등 규제개혁에 적극적으로 나서고 있다. 우리나라는 IMF 경제위기를 극복하기 위해 구조조정을 추진하면서 1998년 '규제개혁위원회'를 설치하여 본격적으로 규제개혁에 나섰다.

2 규제개혁의 배경

각국에서 정부규제 개혁이 본격적으로 논의되기 시작한 것은 1970년대 중반 이후이다. 규제개혁이 중요한 정책적 쟁점으로 등장하게 된 배경은 선진국과 개발도상국 간 차이는 있으나 공통적인 배경은 다음과 같다.

1) 공공부문의 비효율성

정부규제의 논리는 시장실패의 치유에서 시작되었으나, 정부가 시장에 개입하면서 정치인이나 관료들이 정책결정 과정을 통해 예산을 극대화하고 지나친 정책프로그램을 계획하며, 정부기구를 확대하려는 경향을 보였다. 또한 정부의 공공서비스 공급 기구가 지나치게 분화되고, 독과점 상태를 유지하여 경쟁력이 저하되고 자원배분이 비효율적으로 이루어졌다.

이에 따라 정부의 시장개입이 의도한 결과를 초래하지 못하거나 기존의 상태를 악화시키는 정부실패의 문제가 심각하게 대두되었다. 이로 인해 시장경쟁이 제한되고 비효율적인 기업이 정부규제 안에서 보호받고 있다는 비판이 제기되었다. 이러한 문제점을 극복하기 위해서는 단순한 행정 합리화를 넘어서 규제개혁이라는 새로운 접근이 불가피했다.

2) 공공부문의 비대화

1930년대 세계적 대공황 이후 공공부문이 날로 확대되고, 복지국가를 추구하면서 공공정책은 개인의 생활 전반에 깊숙이 개입하게 되었다. 1970년대 이후 세계 경제가 장기적 침체기를 겪으면서 공공부문이 지나치게 성장했다는 인식이 제기되었다. 공공부문의 지나친 성장은 재정위기와 생산성 저하를 초래했으며, 과다한 정부개입에 따라 민간 기능이 상대적으로 위축되는 결과를 발생시켰다. 이에 따라 공공부문의 규모 자체가 축소해야 할 과제가 되고, '작은 정부'의 논리가 새로운 인식으로 확산되었다. 특히 1980년대 들어 미국과 영국에서 보수주의 정부가 들어서면서 민영화와 규제완화를 통한 공공부문의 축소는 세계적 추세로 확산되었다.

3) 재정정책의 한계

재정지출을 통한 유효수요 창출이라는 케인즈(J. M. Keynes)식 이론에 기반한 전통적인 재정정책의 한계가 대두되었다. 정부규제로 인해 경제구조가 경직화되고 경쟁력이 취약해지고 민간경제의 활력이 저하되었다는 인식이 확산되었다. 거시경제 정책을 통한 경기부양은 인플레이션(inflation)을 초래하는 등 정책적 한계를 보이면서 경기부양과 물가안정을 동시에 달성하기 위해, 미시경제학적 정책인 규제완화가 본격적으로 추진되었다. 스태그플레이션(stagflation)의 원인으로서 환경규제 등 사회적 규제가 과도하다는 비판이 제기되면서 불합리한 정부규제를 개혁하는 것이 중요한 정책과제로 등장했다.

4) 기술환경 급변

급격한 기술변화에 따라 종래의 정부규제가 새로운 산업의 발전을 가로막는 제약요인으로 지적되고 있다. 통신산업에서와 같이 기술개발에 따라 시장수요가 증가하여 자연 독점성이 사라지는 경우가 있고, 고정투자의 규모가 줄고 있고, 고정투자의 성격도 매몰비용이 아닌 경우가 늘어나고 있다. 이러한 기술환경의 변화에 따라 규제로 인해 창출되는 규제 편익이 감소하거나 규제 이전보다 편익이 작아지는 경우가 발생하고 있다. 이에 따라 공익사업 중에서 가격이나 진입에 대한 규제를 완화하고 시장기능에 맡기거나 기존의 가격 규제를 유지하되 신규기업의 진입을 허용할 여지가 커지게 되었다.

5) 정부규제의 비합리성

시장의 경쟁 및 시장 신뢰가 중요해지면서 정부규제의 비합리성이 문제되고 있다. 규제기관의 독립성, 피규제기업으로부터 포획, 규제목표의 모호성, 규제 수단의 부적절성, 과다한 규제집행 비용 및 순응 비용, 공무원의 비합리성 등으로 인해 광의의 규제비용은 규제 편익을 능가하게 되고, 시장경쟁을 저해하면서 규제의 비합리성이 문제되고 있다.

3 규제완화의 영역

시장에서 실패가 나타나지 않는 경우에는 정부규제를 지속할 필요가 없어진다. 정부규제가 완화되어야 할 대표적 분야가 경제적 규제이다.

1) 진입규제

자연독점이었으나 기술이 발전하고 수요가 확대되면서 자연독점이 사라지는 경우 규제를 철폐하여 경쟁적인 구조로 전환하거나, 신규기업의 진입을 허용할 수 있다. 시장이 고도로 집중화되어 있는 상황에서 진입규제를 철폐하는 것은 잠재경쟁을 활성화하고, 시장 경합성을 제고하여 시장성과를 제고할 수 있는 유력한 방법이다. 허가·등록·신고제를 폐지하거나 허가제를 등록제나 신고제로 변경하거나 등록제를 신고제로 변경하는 경우도 진입규제의 완화사례로 볼 수 있다.

2) 가격규제

가격규제가 비합리적, 과다하게 시행될 경우 가격 구조의 왜곡을 초래하고, 가격이 시장 상황에 신축적으로 반응하지 않고 경직되는 효과를 초래한다. 즉, 가격규제에 의해 보호받는 기업은 경쟁 압력이 없으므로 새로운 서비스나 제품을 개발하려는 유인이 없어진다. 가장 일반적으로 채택되고 있는 가격규제인 공정보수율 방식은 생산비용을 소비자에게 전가할 수 있으므로 생산효율성을 달성하기 어렵다. 피규제기업은 투자에 대한 보수를 받고 있으므로 자본의 과도한 이용현상이 나타나는 문제점이 있다.

가격규제를 실질적으로 축소할 수 있는 방법으로 가격 규제를 존속시키되 정부규제하에 있는 기업들이 신규기업들과 경쟁하면서 비용을 절감하도록 가격규제를 신축성 있게 운영하는 것을 생각할 수 있다. 규제대상기업에게 제한된 범위 내에서 가격 설정의 자율성을 부여함으로써, 생산성 향상의 혜택을 사업자가 누릴 수 있도록 하여 원가절감의 유인을 제공하는 규제방식이다.

3) 정치적 규제

정치적 규제는 정치적 목적을 달성하기 위해 정당화되고 있는 규제를 말한다. 주택

임대료 인상 억제, 수도권 인구집중 억제, 경제력 집중 억제 등이 정치적 목적에서 도입된 정치적 규제로 볼 수 있다. 정치적 규제는 시장실패와 같은 경제적 논리와 상관없이 도입되고, 규제완화의 대상에서도 제외되는 경우가 많다. 정치적 규제는 정부부처나 '규제개혁위원회' 같은 자문기관의 규제완화를 위한 노력이 허사로 끝나는 경우가 대부분이다.

정치적 규제로 달성하고자 하는 정책목표는 규제정책보다는 조세제도 등 다른 정책수단이 바람직하다고 할 수 있다. 규제정책의 활용이 불가피할 경우에는 정책 도입과 평가에 매우 엄격한 기준이 적용되어야 하고, 치외법권적 특권이 부여되어서는 안 된다.

4 규제강화의 영역

1) 의의

일반적으로 사회적 규제는 강화하고 경제적 규제는 완화해야 한다는 것이 격언처럼 통용된다. 환경보호, 작업자 안전, 근로여건, 소비자의 안전 등을 위한 사회적 규제를 강화하는 것은 바람직하지만, 과도한 규제는 국민 생활의 자유를 침해하고 권리를 제약할 수 있으므로, 보호하고자 하는 이익과 제약되는 국민의 자유와 권리에 적절한 균형을 찾는 것이 중요하다.

경제적 규제도 획일적으로 완화하는 것이 바람직하다는 기준으로 접근하는 것은 위험할 수 있다. 경제적 규제 중에서도 민영화된 공기업과 금융산업의 경우와 같이 규제가 강화되어야 할 필요성도 있는 대상도 있기 때문이다. 경제적 규제완화를 반대하는 주된 이유가 과당경쟁에 의해 경쟁기업이 몰락하고, 소수의 기업만이 독점적 지위를 확보하여 가격을 인상하거나 불규칙한 가격변동을 초래할 위험성이 높다는 것을 든다. 이러한 이유로 경제적 규제의 완화와 동시에 사회적 규제를 강화할 필요성이 제기되는 것이다.

2) 사회적 규제

경제적 규제실시 및 경쟁의 격화에 따른 부작용을 최소화하기 위해 사회적 규제를 위한 영역을 강화해야 한다. 사회적 규제정책의 강화는 시장실패에 따르는 시장교란을 방지하고, 생산과정이나 생산품에 관한 불완전한 정보 시스템을 시정함으로써 결과적으로 사회후생을 제고할 수 있다. 사회적 규제는 시장에서 경쟁이 심화되는 상황에서 필요성이 더욱 커진다. 경쟁의 심화는 근로자의 작업 안전 유지와 위험성을 크게 높이도록 하는 영향을 미친다. 따라서 사업자가 생산 활동에서 일어나는 부차적 효과를 무시하는 상황이 발생하는 때 사회적 규제의 필요성이 커진다.

3) 독점규제

우리나라의 독점규제 정책은 「독점규제 및 공정거래에 관한 법률」(공정거래법)에 기반하고 있다. 「공정거래법」은 “사업자의 시장지배적 지위의 남용과 과도한 경제력의 집중을 방지하고, 부당한 공동행위 및 불공정거래행위를 규제하여 공정하고 자유로운 경쟁을 촉진”하여 “창의적인 기업활동을 조성하고 소비자를 보호함과 아울러 국민경제의 균형 있는 발전”을 목적으로 한다.

미국과 비교해서 차이는 우리나라의 경우 독점기업을 분할 수 있는 조치를 취할 수 없고, 독점적 사업자가 경쟁 제한행위를 한 경우에만 시정명령이나 과징금을 부과할 수 있을 뿐이다. 그 결과 특정 기업이 독점을 하고 있는 경우 독점적 구조가 계속 유지될 수 있게 되어 있다.

이러한 폐해규제주의는 폐해의 원인이 되는 독점을 강력하게 금지하지 않기 때문에 규제정책의 성과가 크게 제한될 수밖에 없다. 독점화된 후에 경쟁 제한행위를 규제하는 것보다 합병으로 인해 경쟁이 활성화되지 못하는 경우나 독점기업의 위반행위가 발생하는 경우 미국에서와 같이 기업분할 명령을 허용하는 것을 검토할 필요가 있다.

4) 민영화된 공익산업의 규제

독점공기업이 민영화되고 진입규제가 폐지되어도 자연독점의 성격이 강하게 남아 있는 경우 상당 기간 유효 경쟁이 이루어지지 못할 가능성이 높다. 이와 같이 공기업에 의해 운영되던 공공서비스의 생산이나 공급을 시장기구에 맡길 때에는 그 기능이 효과적으로 작용할 수 있도록 조건이 정비되거나 확보되어야 한다.

공익산업의 특성상 외부성이나 자연독점성을 지니는 경우가 많기 때문에, 민영화되어도 경쟁이 도입될 수 없거나 부분적으로만 도입되어 불완전경쟁 상태에 머무는 것이 불가피하기 때문이다. 이에 따라 민영화된 공기업에 대해 경쟁체제가 정착될 때까지 과도기적으로 독점규제가 필요하다.

경제적 규제완화 시 없어지는 감시·감독 기능을 대체하기 위해서는 공정하고 유효한 경쟁을 보장하는 정책이 필요하다. 즉, 민간으로 소유 이전과 함께 해당 산업에 대해 실질적인 경쟁체제를 도입하는 것은 효율성 제고에 필수적이다. 이를 위해서는 신규진입 기업이 동등한 대우를 받을 수 있도록 각종 재규제 정책이 도입되어야 할 필요가 있다.

5) 금융산업의 재규제

금융산업의 규제강화 또는 재규제의 가장 큰 특징은 건전성 규제체계의 확립이다. 금융산업 위기의 위험을 관리하는 것을 목적으로 하는 건정성 규제는 금융부문의 외부효과나 정보의 비대칭성 완화에 중점을 두고 있다. 금융산업에 대한 규제의 관대화와 그로 인한 경영의 자율성이 이루어지면서 금융체제 및 투자자 보호를 위한 건전성 규제가 중요해지고 있다. BIS 자기자본비율[1] 규제가 대표적인 건전성 규제라 할 수 있다.

금융산업의 재규제 논의는 2008년 글로벌 금융위기를 계기로 확대되었고, 미국에서는 2010년 「도드-프랭크법」(Dodd-Frank Act)의 제정으로 체계화되었다. 우리나라의 경우, 종전의 금융규제는 금융시장의 안정성 및 효율화보다는 개발정책의 효과성을 제고하기 위한 정책수단으로 시행된 경향이 강하다. 이에 따라 금융규제는 체제 보호와 투자자 보호라는 본연의 목적에서 크게 벗어났다. 한국의 금융산업은 자율적인 발전을 위한 규제완화가 아주 중요한 과제이지만, 이와 함께 건전성 확보와 건전한 금융 관행의 정착을 위한 규제강화도 동시에 요청되고 있다.

1) 'BIS 자기자본비율'의 줄임말이다. BIS(Bank for International Settlement, 국제결제은행)가 1988년 각국 은행의 건전성과 안정성 확보를 위해 최소 자기자본비율에 대한 국제적 기준을 마련한 것으로 금융기관의 위험자산 대비 자기자본의 비율을 말한다. 이 기준에 따라 적용대상 금융기관은 위험자산에 대하여 최소 8% 이상의 자기자본을 유지하도록 하고 있다. 즉, 금융기관이 거래기업의 도산으로 부실채권이 갑자기 늘어나 경영위험에 빠져들게 될 경우 최소 8% 정도의 자기자본을 가지고 있어야 위기상황에 대처할 수 있다는 것이다.

제4절 규제방식의 다양화

1 의의

첨단 과학기술의 발달과 사회의 다원화 및 다양성의 증가는 정부규제에서도 명확하고 획일적인 규제보다는 사회의 자율성을 존중하는 방향으로 규제를 요구한다. 법이 규제하려는 사회로부터 고립되지 않기 위해 강제적 방식만이 아닌 다양하고 부드러운 방식이 요구되고 있다. 이러한 요구에 부응하기 위해서는 규제기관의 직접적인 규제만이 아니라 규제권한의 분권화, 사후적 및 네거티브 방식의 확대 등과 같이 규제 운용방식을 다양화하는 것이 필요하다.

2 규제권한의 분권화

1) 자율규제의 확대

정부-기업 간 협력적 움직임을 반영하여 선진국을 중심으로 기존의 강제적 방식을 대체할 수 있는 규제로서 자율규제(self-regulation)가 논의되고 있다. 자율규제는 규제목표를 달성하는 데 정부와 규제대상이 자율적인 협약을 통해 상호 협력적 관계를 구축하고, 그 구성원의 행위를 스스로 규제하는 것을 말한다.

자율규제의 가장 큰 특징은 정부의 일방적인 명령이나 지시가 아닌 규제대상자들이 규제질서의 형성과 관리에 깊이 참여한다는 것이다. 환경규제의 경우, 1980년대 오염물질 배출시설에 대한 인·허가 및 단속 등 지시와 명령에 의존하는 방식을 중심으로 운영되어 왔고, 1990년대에는 환경개선부담금, 폐기물예치금 등 오염자 부담 원칙에 의한 경제적 유인방식이 대폭 도입되었다. 그러나 근래에는 환경친화기업 지정 제도, 재활용 목표율 설정 제도, 자율환경관리협약 제도 등 자율규제 방식의 확대가 논의되어 왔다.

자율규제의 장점은 ① 규제대상자로 하여금 실정에 적합한 규제 방법을 선택하게 함으로써 순응 비용을 감소시킬 수 있고, ② 규제감독에 소요되는 비용이 감소되며, ③ 규제기관과 규제대상기관 간 갈등을 최소화할 수 있다는 점 등을 들 수 있다. 그러나 자율규제는 책임성을 확보하기 어렵고 집행 및 감독에 어려움이 있으며, 정책운영 과정에서 기업의 이익을 대변할 수 있다는 문제점이 있다.

2) 공동규제의 확대

공동규제(co-regulation)는 규제기관이 관련 법령에 사업자의 준수사항을 정하고, 필요한 경우 규제기관이 직접 관여하는 자율규제의 한 형태이다. 공동규제는 정부는 최소한의 인력과 조직만으로 기획·조정·감독에 주력하고, 구체적인 규제 및 집행업무는 민간부문에 맡기는 것이다.

정부는 규제대상들이 수립한 규제기준을 제출받아 검토하고 타당하다고 인정되면 승인·인가하는 것이다. 사후적으로는 기준이 제대로 준수되고 있는지, 기준 위반에 대한 자율규제 기구의 규제집행 기능이 제대로 작동하는지 등을 주기적이고 지속적으로 감독한다.

공동규제가 성공하기 위해서는 우선 구조적인 측면에서 공동규제 기구는 보편성 및 대표성과 함께 규제대상기업으로부터 독립적이어야 한다. 그리고 재정, 인력, 전문지식 등 충분한 자원을 가지고 있어야 하고, 내부통제 시스템의 구축을 통한 회원 기업과의 이익충돌 문제 발생을 사전에 예방할 수 있어야 한다.

3) 지방분권의 확대

중앙정부가 가지고 있는 규제권한의 지방정부로 분권화하는 것은 지방자치 발전 차원뿐만 아니라 규제개혁 차원에서 중요한 정책과제가 될 수 있다. 경제적 규제영역에서는 지역복지 증진과 지역경제 활성화 측면에서 대폭적인 규제권한의 지방분권화가 이루어질 수 있을 것이다. 규제의 지방분권화가 이루어질 경우 지역경제나 지역복지라는 이름으로 무분별한 개발이나 지역정치에 좌우되지 않는 장치의 마련이 필요하다.

3 사후적 방식 및 네거티브 방식의 확대

1) 사후적 방식의 확대

우리나라의 규제정책은 대부분 사전적 규제이다. 사전적 규제는 규제의 사회적 비용이 크다. 특히 규제의 순응 비용이 큰데, 이것은 기업의 인센티브를 왜곡할 가능성을 높인다. 규제비용이 크게 소요되면 규제 자체가 비효율적이 될 수밖에 없기 때문에 규제방식의 전환을 검토해야 한다. 사후적 규제방식으로 전환하면 규제의 투명성을 제고할 수 있다.

2) 네거티브 방식의 확대

법령에서 규제대상자의 금지되는 행위만 규정함으로써 그 외의 행위나 결정은 자유롭게 할 수 있는 규제방식이 네거티브 방식이다. 우리나라에서 규제완화를 위해 포지티브 방식에서 네거티브 방식으로 전환을 위해 노력하고 있으나 성과는 미미한 편이다. 우리나라의 전체적인 법률 규정 방식이 포지티브 방식이고, 전통적인 포지티브 방식의 규제에 익숙해 있기 때문으로 보인다.

제5절 규제관리 도구

규제관리(regulatory management)는 총량적 개혁이나 개별규제의 질 문제에 국한하지 않고 한 국가의 전반적인 규제체계까지 국가가 정책적 관심을 두고 관리하는 것을 말한다. 규제관리를 위한 도구에는 ① 규제등록제, ② 규제영향평가(분석), ③ 규제총량관리와 규제비용관리제, ④ 네거티브 규제, ⑤ 규제 샌드박스, ⑥ 규제일몰제, ⑦ 규제혁신평가 등이 있다.

1 규제등록제

규제등록제는 중앙행정기관이 소관하는 모든 행정규제를 '규제개혁위원회'에 등록하는 것을 말한다. 규제등록제는 규제관리의 가장 기초적인 제도이다. 규제내용, 규제수준, 소관부처 등 규제에 대한 기본정보를 제공해 주기 때문이다. 우리나라에서 규제등록제도는 IMF 외환위기 직후인 1998년 「행정규제기본법」이 제정되면서 규제총량관리를 위해 시행되었다. 규제의 양을 줄이기 위해 규제의 양을 파악하기 위한 조치로 시행되었다.

「행정규제기본법」에 따른 등록대상 규제는 국가나 지방자치단체가 특정한 행정 목적을 실현하기 위해 국민의 권리를 제한하거나 의무를 부과하는 것으로서 법령 등이나 조례·규칙에 규정되는 사항을 말한다. 국회, 법원, 감사원의 사무, 병역법, 군사시설, 조세 징수에 관한 사항은 예외로 하고 있다. 중앙행정기관의 장은 소관 규제의 명칭·내용·근거·처리기관 등을 '규제개혁위원회'에 등록하여야 한다.

2 규제영향평가(분석)

1) 의의

규제영향분석(regulatory impact assessment/analysis: RIA)은 규제에 대한 객관적 분석을 통해 규제의 필요성 및 타당성을 검증하는 것을 말한다. 규제영향분석은 1970년대 미국의 경제위기 극복과정에서 시작되었다. 1980년대에 규제영향분석은 계량적 분석이 강화되어, 규제에 대한 비용편익분석이 포함되었다. 규제영향분석은 규제관리 수단 중 가장 핵심적인 수단이며, 선진국 중 다수의 국가에서 시행 중에 있다. 우리나라는 1998년 「행정규제기본법」이 제정되면서 도입되었다.

규제영향분석은 수행 시점에 따라 사전적 분석과 사후적 분석으로 구분할 수 있다. 사전적 규제영향분석은 규제의 신설·강화를 통제하는 것을 주된 목적으로 한다. 즉, 규제로 인하여 미치는 영향을 객관적·과학적 방법을 사용하여 미리 예측·분석함으로써 규제의 타당성을 판단하는 것이다. 사후적 규제영향 평가는 기존 규제의 필요성과 타당성에 대한 재검토를 주된 목적으로 한다.

2) 규제영향분석

우리나라의 규제영향분석은 ① 규제의 필요성 및 대안 선택, ② 규제의 적정성, ③ 규제의 실효성, ④ 추진계획 및 종합결론의 네 가지 구성요소에 의해 이루어진다.

① 규제의 필요성 및 대안 선택

규제의 필요성 및 대안 선택에는 추진 배경 및 정부개입의 필요성, 규제의 목표, 규제대안 검토 및 선택을 담고 있다.

② 규제의 적정성

규제의 적정성은 목적·수단 간 비례적 타당성, 영향평가 필요성 등 고려사항, 일몰 및 우선허용·사후규제, 해외 및 유사입법 사례, 비용·편익분석 등을 담고 있다.

③ 규제의 실효성

규제의 실효성으로 규제의 순응도와 규제의 집행 가능성을 담고 있다. 규제의 순응도는 규제대상 집단의 현실적 준수 가능성, 규제의 집행 가능성은 행정적·재정적 집행 가능성을 분석한다.

④ 추진계획 및 종합결론

추진계획 및 종합결론에는 규제도입을 위한 내부검토 및 이해관계자 의견수렴 결과, 향후 규제관리계획 등을 담고 있다.

3) 평가

규제영향분석은 다음과 같은 유용성이 있다.

- 규제를 시행하기 전에 행정행위가 어떤 영향을 미치는지 사전에 분석하면 사업의 타당성을 평가할 수 있고, 사업에 따른 부작용을 사전에 예측하여 최소화하는 데 기여할 수 있다.
- 정책의 비용효과적 측면을 분석함으로써 정부의 자의적 규제 남발을 최소화하는 데 기여한다.
- 규제에 대한 체계적 분석을 요구함으로써 규제에 대한 합리적이고 객관적 접근을 유도한다.
- 규제비용관리제, 규제일몰제 등 다른 규제관리도구들과 연계 및 통합적 운영이 가능하다.

규제영향분석은 이 같은 유용성에도 불구하고 현실에서 운용은 여러 가지 한계를 지니고 있다.

- 규제의 대상이 되는 공공업무는 성질상 비용과 편익을 엄밀하게 계량화하는 것은 매우 어려운 일이다.
- 규제영향분석은 불필요한 규제를 억제하는 데 유용할 수 있으나, 규제영향분석의 요구항목을 체계적으로 분석해야 하기 때문에 필요한 규제의 적시 형성을 제약한다.
- 현행 규제영향분석은 신설 · 강화 규제에 한정되고 있고, 기존 규제는 대상이 아니다.
- 의원입법으로 추진되는 정책은 규제영향분석의 대상이 아니다. 의원입법을 대상에서 제외함으로써 규제영향분석을 우회하기 위해 의원입법을 활용하거나 규제의 형평성 문제가 발생할 수 있다.

3 규제총량관리와 규제비용관리제

1) 규제총량관리

규제에 대한 총량을 관리하는 방식은 규제 수의 절대량을 관리하거나 규제비용의 총량을 관리하는 방식으로 구분할 수 있다. 규제 수의 절대량을 관리하는 방식, 즉 규제총량관리는 전체 규제 수를 파악하고 목표한 일정한 규제 수, 총량을 관리하는 것이다. 규제 수의 총량을 정하고 규제를 새롭게 신설하면 기존의 규제에서 그만큼 폐지하여 총량을 유지하는 것이다.

규제총량관리는 서로 다른 규제의 특성을 고려하지 않고 기계적으로 동일한 것으로 취급하는 것으로서 규제체계 전반을 왜곡시킬 수 있다. 또한 필요한 규제가 폐지되지 않고 용이한 규제를 폐지하는 문제가 발생한다.

2) 규제비용관리제

규제비용관리제(cost-in, cost-out) 혹은 규제비용총량제는 규제에 따른 피규제자의 순비용(직접비용-직접편익)을 일정한 수준으로 유지하기 위한 제도이다. 규제를 신설하거나 강화하는 경우에 발생하는 피규제자 관점에서의 규제비용(cost-in)에 상응하여 규제를 완화 및 폐지함으로써 총비용을 관리하는 제도이다. 즉, 규제로 인한 비용이 편익보다 커서 순비용이 발생하게 되면 기존 규제 중에서 규제완화 및 폐지를 통해 순비용만큼을 줄여서 총량을 유지하고, 기존규제의 개선을 목적으로 한다.

규제비용관리제는 2011년 영국에서 시작되었다. 우리나라에서는 2016년부터 규제의 신설・강화를 억제하기 위한 수단으로 시행되고 있다. 중앙행정기관의 장은 법인・단체 또는 개인의 사업활동에 비용부담을 초래하는 규제를 신설하거나 강화하려는 경우 해당 규제로 인하여 규제순비용(규제로 인하여 직접적으로 부담하게 되는 비용에서 직접적으로 발생되는 편익을 제외한 비용)이 발생할 것으로 예상되면, 규제비용에 상응하는 수준 이상의 규제비용을 가진 기존 규제를 정비하도록 하고 있다. 국민 생명・안전 등 필요한 경우에는 규제비용관리를 받지 않도록 하고 있다.

4 네거티브 규제

1) 의의

법률의 규정방식은 '할 수 있는 것'을 기술하는 방식과 '할 수 없는 것'을 규정하는 방식으로 구분할 수 있다. 앞의 방식을 규제와 관련하여 '포지티브(positive) 규제방식'이라 하고, 뒤의 방식을 '네거티브(negative) 규제방식'이라 한다. 포지티브 방식은 법률에서 할 수 있는 것을 구체적으로 정해 놓은 것이다. 네거티브 방식은 원칙적으로 모든 것을 할 수 있지만, 규정된 것만 허용하지 않는 방식이다.

과거 규제방식은 대부분 포지티브 방식을 취해 왔다. 그러나 디지털 사회의 진입과 새로운 기술 등장, 기술 간 융합 등 기술환경이 변함에 따라 과거의 규제방식으로는 빠르게 변화하는 기술변화를 수용할 수 없게 되었다. 이에 따라 각국은 금지되는 행위만 규정하고, 그 외에는 원칙적으로 허용하는 네거티브 방식의 규제를 도입하고 있다.

2) 우리나라 도입

우리나라는 2013년부터 규제체제를 네거티브 방식으로 전환하고 있다. 2016년 제정된 「행정규제 업무처리 지침」에 따라 신설 및 강화 규제는 우선적으로 네거티브 규제방식을 적용하고, 기존 규제도 네거티브규제로 전환하기로 했다. 2019년에는 네거티브 규제를 보다 확대하여 법을 보다 적극적으로 해석하거나 규제 샌드박스 도입 등을 포괄하여 '포괄적 네거티브 규제방식(우선허용 · 사후규제)'이 「행정규제기본법」에 명시되었다. 신기술을 활용한 새로운 서비스 또는 제품과 관련된 규제는 유연화를 명시하였다.

5 규제 샌드박스

1) 의의

규제 샌드박스(regulatory sandbox) 제도는 2015년 핀테크(FinTec)산업[2]에 대응하기 위해 영국에서 처음 적용되었다. 오늘날 첨단과학 기술의 발전과 기술 간 융합이 보편적으로 나타나고, 핀테크산업 등 신산업이 등장하고 있다. 이러한 산업은 기존의 새로운 기술, 기존 산업 간 연계를 특성으로 하기 때문에 기존 규제체제는 한계를 가진다. 이러한 배경에서 등장한 규제 샌드박스는 새로운 기술이나 제품에 대해 기존 규제제도에 의한 규제를 면제 또는 유예시켜 주는 제도이다. 즉, 새로운 기술이나 제품을 우선 허용하여 시행하도록 하고, 규제는 이후 드러난 문제점을 바탕으로 하는 '우선허용 · 사후규제'를 핵심으로 한다. 규제가 없는 환경을 만들어 주고 그 속에서 다양한 아이디어를 마음껏 펼칠 수 있도록 한다는 의미에서 '샌드박스'라는 이름이 붙었다.

2) 규제 샌드박스의 적용

우리나라는 2019년 「행정규제기본법」의 개정을 통해 규제 샌드박스를 도입하고, '선허용-후규제' 방식을 시행하였다. 국가나 지방자치단체가 신기술을 이용한 새로운 서비스 또는 제품과 관련된 규제를 법령 등이나 조례 · 규칙에 규정할 때에는 출시 전에 권리를 제한하거나 의무를 부과하지 아니하고, 출시 후에 권리를 제한하거나 의무를 부과하는 방식 등을 우선 고려하도록 하였다. 규제 샌드박스는 법령상의 규제가 산업혁신 속도에 맞춰 개선되지 않는 문제점을 해결할 수 있기 때문에, 규제개혁의 새로운 패러다임으로 등장하고 있다. 정보통신기술(ICT), 산업융합, 금융혁신, 지역혁신 분야 등

---

2) 핀테크(FinTech 또는 Financial Technology)는 금융(Finance)과 기술(Technology)의 합성어다. 모바일, 빅데이터, SNS 등의 첨단 정보기술을 기반으로 한 금융서비스 및 산업의 변화를 통칭한다. 모바일을 통한 결제 · 송금 · 자산관리 · 크라우드 펀딩 등 금융과 IT가 융합된 것이다. 새로운 IT 기술을 활용하여 기존 금융기법과 차별화된 금융서비스를 제공하는 기술기반 서비스 혁신이 대표적이며 최근 사례는 모바일뱅킹과 앱카드 등이 있다.

신기술 융합이 적용되는 영역으로 확대 적용되고 있다.

3) 유용성과 한계

규제 샌드박스를 통해 그동안 규제로 인해 출시할 수 없었던 상품이나 서비스를 빠르게 시장에 내놓을 수 있도록 하고, 문제가 있으면 사후규제하는 방식이다. 규제 샌드박스는 빠른 기술발달 및 속도 경쟁이 존재하는 산업영역의 경쟁력 확보에 기여한다. 기존 규제체제에 관계없이 우선허용을 가능하게 하여 기술발달 속도에 대응하고 산업 경쟁력을 확보하는 데 기여한다. 또한 신제품 및 서비스의 조기 시장진입을 촉진시킴으로써 사업자는 새로운 부가가치를 창출할 수 있고, 정부는 보다 합리적인 규제 재설계를 진행할 수 있다. 이러한 유용성에도 불구하고 몇 가지 한계를 지닌다.

- 기존 이해관계가 첨예한 사안이나 규제지대와 충돌이 발생될 경우 규제 샌드박스의 적용이 쉽지 않다.
- 규제 면제 · 유예의 특례기간이 끝나면 사업이 종료되기 때문에, 특례기간 이후 안정적 사업을 위한 관련 규제체제 변화가 수반되지 않는 경우 관련 산업에 부정적 영향을 미칠 수 있다.
- 현대 과학기술은 기술융합이 보편적으로 일어나고, 이런 문제가 생명과 안전에 연계되는 경우 빠른 사업지원은 예측하기 어려운 사회문제를 유발시킬 수 있다.

6 규제일몰제

1) 의의

규제일몰제(regulatory sunset)는 규제의 사후영향평가로서 규제의 효력을 시간적으로 제한하여 폐기하거나 재검토 기한을 설정하여 시기가 도래하면 규제의 필요성과 타당성을 재검토하여 규제의 지속 여부를 결정하는 것을 말한다. 규제는 법령의 형식으로 존재하고, 관련 이익집단이 형성되어 있기 때문에 한 번 도입된 규제는 스스로 폐지되기 어렵다. 성문화된 규제는 시간과 환경의 변화에 따라 규제의 목적을 달성하지 못하거나, 부작용을 유발하는 경우에도 스스로 쉽게 없어지지 않는다. 이 같은 문제를 해결하기 위해 도입된 규제일몰제는 규제의 효력이 미치는 시간적 범위를 미리 설정해 놓고 규제의 지속적 증가를 통제하는 도구이다.

2) 우리나라의 적용

규제일몰제는 미국, 독일, 영국, 호주 등에서 시행되고 있다. 영국과 호주는 법제화를 통해 규제일몰제를 시행하고 있다. 우리나라는 1998년 「행정규제기본법」의 제정으로 규제일몰제가 도입되어, 규제의 신설·강화와 기본규제에 대해서 일몰기한을 정하고 있다.

「행정규제기본법」에서 일몰의 형식을 효력상실형과 재검토형으로 구분하고 있다. 효력상실형은 법 제정 당시부터 도입되어 시행 중으로서 규제의 존속기한을 정하고 해당 시점이 되면 규제를 자동 폐지시키는 것이다. 재검토형은 규제의 재검토 기한을 정하고, 해당 시점이 도래하면 규제의 필요성 및 타당성에 대한 재검토를 통해 규제의 폐지 혹은 지속 여부를 결정하는 것이다.

「행정규제기본법」상 규제의 존속기한 및 재검토 기한은 최대 5년으로 하고 있다. 존속기한 및 재검토 기한을 연장하고자 하는 경우 규제의 존속기한 또는 재검토 기한의 3개월 전까지 기한 연장을 내용으로 하는 개정안을 국회에 제출하도록 하고 있다.

3) 유용성과 한계

시간이 지나게 되면 규제환경도 변화하게 되면서 규제의 적합성에 대한 재검토가 필요하다. 규제일몰제는 강제력을 갖고 특정 시점에서 규제에 대한 재검토를 의무화한다는 점에서 유용성이 있다. 규제일몰제는 IT, BT, 금융부문 등 기술발전 속도가 빠른 영역에서 유용하다. 일몰제는 기술변화 속도에 맞춰 규제를 지속적으로 검토하여 기존 규제를 개선할 수 있다는 점에서 유용하다. 그러나 유용성에도 불구하고 운영상 한계가 있다.

- 5년 후 효력이 상실되는 효력상실형은 완전한 합리성으로 미래를 완벽하게 예측할 수 있어야 하나 실제는 그렇지 못하여 재검토형이 일반적으로 활용되고 있다.
- 규제 안전성과 일몰제는 충돌한다. 즉, 규제가 5년 후에 효력이 상실될지 혹은 유지될지 등이 확실하지 않을 경우 피규제자 뿐만 아니라 산업 전반에 부정적 영향

을 미칠 수 있다.

- 일몰 시점 시 이해집단 간 갈등과 충돌이 재현됨에 따라 사회적 비용이 발생될 수 있다.

제6절 규제체계의 효율화

1 의의

규제는 한 번 만들어지면 완화되지 않고 톱니효과(ratchet effect)[3]가 지속되거나 외부압력에 의해 완화된 규제가 규제기관의 대응전략에 의해 다시 회복되는 현상이 나타나는 경우가 많다. 규제산업이나 해당 기업은 특혜적 규제를 계속 확보하기 위해 많은 비용을 투입하기도 한다. 그 결과 시장 조건과 기술 조건이 변해 규제완화가 필요한 경우에도 규제정책이 관성적으로 지속되는 경우가 나타난다. 이와 같이 규제완화가 어려운 경우 그 대안으로 논의되는 것이 규제체계를 개선하는 것이다.

2 중복규제의 축소 및 규제기관 통합

규제를 운영하기 위해서는 인력과 시설을 유지하는 등 많은 규제비용이 소요된다. 규제비용을 축소하기 위해서는 가장 우선적으로 추진되어야 할 사항이 중복규제의 축소이다. 중복규제는 특정 사안과 관련된 규제에 대해 두 개 이상의 규제기관이 각기 자신의 소관 법령에 규정을 두고 있는 것을 말한다. 이로 인해 이중 자료 작성 및 보고, 유사 목적의 세금 및 부담금, 법 적용의 비형평성 등의 문제가 발생한다. 이를 위해 동일 부처 내 규제를 일원화하고 부처 간 규제는 주관부처에서 담당하고, 다른 부처는 주

3) '톱니효과(ratchet effect)'는 특정 수준에 도달한 소비 수준은 소득 수준이 낮아지더라도 이전의 소비 수준으로 돌아가지 않는 현상을 설명하는 용어이다. 소득이 늘어 소비 수준이 개선된 후 경기침체로 가계의 전반적인 소득이 감소하는 경우에도 소비는 비례적으로 줄어들지 않는다는 의미다.

무부처와 자료 및 검사 내용을 공유하는 방안을 생각할 수 있다.

3 규제기관의 통합

규제기관의 통합은 서비스가 분리되었으나 사후적으로 서비스가 통합된 산업의 경우에 나타나는 현상이다. 규제기관의 통합은 대표적으로 금융산업에서 나타나고 있다. 즉, 은행, 보험, 증권 등에서 별도의 규제기관이 존재했으나 우리나라 등 여러 나라에서 이를 통합하는 조치를 취하였다. 규제기관을 통합하면 행정비용을 절감할 수 있다는 장점이 있기 때문에, 유사한 산업부문을 한 기관이 규제하는 것을 고려할 수 있다. 전기나 가스 등 에너지 산업 구조개편을 효과적으로 추진하고 효율적으로 관리하기 위해 통합된 전문 규제기관 체계의 도입 필요성이 그 예다.

4 규제기관의 독립성 강화

규제기관이 본래의 목적대로 기능하기 위해서는 독립성과 자율성이 보장되어야 한다. 우리나라의 경우, 규제기관을 정부부처나 하부조직에서 담당하고 있어 규제기관이 규제정책뿐만 아니라 배분정책을 함께 추진하고 있다. 이렇기 때문에 규제기관의 독립성과 자율성이 확보되기 어렵고, 규제업무가 배분업무에 비해 경시되는 경우가 많아 규제기관이 제 역할을 다하기 어렵다.

미국의 규제기관들이 대부분 독립규제위원회 형태로 되어 있는 것은 규제기관이 산업발전 업무를 병행하는 경우에 발생할 수 있는 이해충돌을 방지하기 위한 목적이다. 세계적인 추세도 산업별 규제정책을 집행하는 권한을 독립규제위원회에 부여하는 것이다. 우리나라도 산업별 독립규제위원회를 설립하여 독립성과 자율성을 보장하는 방향으로 나가야 한다.

5 규제관할의 명확화

우리나라의 경우, 규제관할에 대한 혼란은 각 부처 내의 규제기관과 공정거래위원회가 각 산업에 대한 규제권한을 공유하는 것에서 주로 기인한다. 통신산업의 경우, 일반규제기관인 공정거래위원회와 전문 규제기관인 방송통신위원회가 필수설비에의 접근에 관한 규제, 반경쟁적 행위에 관한 규제, 경제적 규제권한을 공유하여 행사한다. 이로 인하여 산업별 전문 규제기관을 통한 경제적 규제와 일반적 규제기관의 독점적 규제가 중첩되는 영역이 생기고, 규제관할권의 충돌 문제가 발생한다. 이에 따라 일반 규제기관과 전문적 규제기관의 중복규제 또는 관할권 충돌을 방지하기 위하여 규제기관의 관할권을 명확히 해야 한다.

Reference

[단행본 및 논문]

고령화저출산위원회(2023). "제4차 저출산 · 고령사회기본계획."

국민권익위원회(2022). 『행정심판의 이론과 실무』.

국회예산정책처(2022a). 『2022 대한민국재정』.

______(2022b). 『2023년도 예산안 총괄 분석 I』.

권경득 · 임동진(2017). "한국의 공공갈등 발생현황 및 해결방법에 관한 연구," 『한국정책학회보』, 제26권 제2호.

권경득 외(2017). "한국의 사회변화와 공공정책갈등에 대한 시론적 연구," 『한국정책과학학회보』, 제21권 제4호.

권기현(2013). 『행정학 원론』(제2판), 학림.

김권식 외(2023). 『정부규제와 중소기업 기술혁신』, 대영문화사.

김상미 외(2019). 『신 지방의회론』, 박영사.

김석균(2022). 『신 해양경찰학개론』, 박영사.

김석준 외(2023). 『거버넌스의 이해』(개정판), 대영문화사.

김수신(2014). 『지방자치행정론』, 한국통신대학교출판문화원.

김승일(2011). "중앙정부와 지역정부 간 정책갈등과 조정에 관한 연구," 『한국행정과 정책연구』, 제9권 제1호.

김용우(2010). 『정부규제와 규제행정』, 대영문화사.

김정수(2016). 『정책학 입문』, 문우사.

김중양(2004). 『한국인사행정론』(제5판), 법문사.

김지원 외(2020). 『인트로 행정학』, 대영문화사.

______(2021). 『행정학개론』, 한국방송통신대학교출판문화원.

김태은(2021). 『정부규제론』, 대영문화사.

노화준(2006). 『정책평가론』, 법문사.

도공무원교육원(2011). 『행정학』.

박동서 · 안해균(1998). 『행정통제론』, 한국방송통신대학교출판부.

박연호 · 이종호 · 임영제(2018). 『행정학개론』(제5판), 박영사.

박영수 외(2019). 『행정학 입문』, 대영문화사.

박응격(1993). 『행정학강의』, 박영사.

박천오 외(2005). 『인사행정의 이해』(제3판), 법문사.
______(2016). 『인사행정론』, 법문사.
배용수(2021). 『규제정책론』(제3판), 대영문화사.
배진영(2006). "시장경제질서에서 정부실패의 원인과 정부개입의 폐해," 『질서경제저널』, 제9권 제2호.
백승기(2016). 『정책학원론』, 대영문화사.
백완기(2006). 『행정학』, 박영사.
백종섭 외(2018). 『인사행정론』, 창민사.
성균관행정연구회(2022). 『행정학개론』, 대영문화사.
소영진(2006). "전자정부 거버넌스의 개념정립 및 구현방안," 『한국행정연구』, 제15권 제4호.
손승연(2015). "한국사회 저출산 원인과 가족친화적 정책대안," 『가족과문화』, 제17권 제2호.
신승춘 외(2001). 『현대행정의 이해』(제4판), 대영문화사.
안해균(2002). 『정책학원론』, 다산출판사.
염명배 · 이성규(2015). "페이고(PAYGO) 제도에 관한 실사구시적 논의: "한국형 페이고 제도의 모색," 『재정정책논집』, 제17권 제3호.
오석홍(2011). 『조직이론』, 박영사.
______(2016). 『행정학』, 박영사.
유민봉 · 박성민(2014). 『한국인사행정론』, 박영사.
유승의 외(2020). 『스마트 거버넌스』, 유원북스.
유훈(2005). 『재무행정론』, 박영사.
윤견수(2011). "정부의 질과 관료제의 합리성: 관료제 이념형 구성의 기본단위인 '공직' 개념을 중심으로," 『정부학연구』, 제17권 제3호.
윤태범 · 허중경(2023). 『행정통제와 윤리』, 한국방송통신대학교출판문화원.
이종수 외(2008). 『새행정학』, 대영문화사.
______(2014). 『새행정학 2.0』, 대영문화사.
______(2021). 『새행정학 3.0』, 대영문화사.
이창기(2007). "총액예산배분자율편성제도의 실태와 개선방안," 국회예산결산특별위원회.
인사혁신처(2021). "공무원 성과평가 등에 관한 지침"(인사혁신처예규 제115호).
______. "공무원 인사제도: 고위공무원제도."

Reference

______. "공무원 인사제도: 보수체계."
______. "공무원 인사제도: 지역인재 · 지방인재."
임도빈(2018). 『행정학』, 박영사.
임승빈(2017). 『지방자치론』, 법문사.
장문학 외(2010). 『지방행정론』, 박영사.
정우일(2004). 『행정통제론』, 박영사.
정우일 외(2011). 『공공조직론』, 박영사.
정일섭(2022). 『한국지방자치론』(제5판), 대영문화사.
정정길(2010). 『정책학원론』, 대명출판사.
조석준 · 임도빈(2019). 『한국 행정조직론』, 법문사.
주효진 · 최희용 · 최윤희(2022). "디지털플랫폼정부와 정부혁신: 정부 역할 및 기능 재정립을 중심으로," 『지방연구』, 제26권 제3호.
최병선(1993). 『정부규제론』, 법문사.
최항순(2013). 『신행정조직론』, 대명출판사.
한국조세연구원(2008). "총액예산배분자율편성제도의 실태와 개선방안."
한국지능정보사회진흥원(NIA)(2022). "디지털 플랫폼 정부의 개념과 특징," 제7호.
한국지방행정연구원(2013). "정부간 인사교류의 활성화 방안."
한국행정학회. 행정학 전자사전, '직업공무원제.'
______. 행정학 전자사전, '계급제.'
한원택(2002). 『지방행정론』, 법문사.
행정안전부(2008). "직무성과계약제 운영지침"(행정안전부 예규 제84호)(2008.3).
______(2023). "정부조직관리정보시스템."
행정안전부 · 기획재정부 · 인사혁신처(2021). "중앙부처 총액인건비제 세부 운영지침."

[법령]

대한민국헌법
국회법
공무원연금법
국가공무원법

지방공무원법
개방형 직위 및 공모 직위의 운영 등에 관한 규정(대통령령)
공무원보수규정(대통령령)
공직자윤리법
공무원의 노동조합 설립 및 운영에 관한 법률
공무원직장협의회의 설립·운영에 관한 법률
공무원 후생복지에 관한 규정(대통령령)
국가재정법
정부업무평가 기본법
국가회계법
국고금관리법
공적자금상환기금법
공공감사기준(감사원규칙)
지방자치법
주민소환에 관한 법률
주민투표법
지방교부세법
국정감사 및 조사에 관한 법률
공직선거법
감사원법
사회보장기본법
행정권한의 위임 및 위탁에 관한 규정(대통령령)
지방재정법
독점규제 및 공정거래에 관한 법률
행정규제기본법
행정절차법
전자정부법
공공기관의 운영에 관한 법률
중앙행정기관의 지방이양 촉진 등에 관한 법률

Index

ㄱ

Index

ㄹ

ㅁ

ㅂ

ㅅ

Index

ㅇ

ㅈ

Index

저자 소개

김석균

- 한양대학교 행정학과(행정학사)
- 서울대학교 행정대학원(정책학 석사)
- Indiana 대학교 대학원(행정학 석사)
- 한양대학교 대학원(행정학 박사)
- Duke 대학교(객원연구원)
- Naval War College(객원연구원)

- 제37회 행정고시
- 법제처 사무관
- 완도해양경찰서장
- 남해지방해양경찰청장
- 해양경찰청 차장
- 해양경찰청 청장

- 현) 한서대학교 해양경찰학과 교수

[저서]

- Coast Guards and International Maritime Law Enforcement(Cambridge Scholars Publishing, 2020)
- The History of Piracy and Navigation(Novum, 2020)
- Global Maritime Safety & Security Issues and East Asia(Brill, 2018)
- Maritime Disputes in East Asia: Regional Cooperation and Challenges(Brill, 2017)
- 해사법규(박영사, 2022)
- 신 해양경찰학개론(박영사, 2022)
- 해금: 성공한 근대화, 실패한 근대화(예미, 2022)
- 바다가 우리의 미래다(오션&오션, 2017)
- 해양안전 · 해양보안(바다위의 정원, 2016)
- 바다와 해적(오션&오션, 2014)

[논문]

- "The Uncertain Status of the Korea-Japan Joint Development Agreement of the Continental Shelf and Its Prospects"(2022), 7(2), *Asia-Pacific Journal of Ocean Law and Policy.*

- “An International Law Perspective on the China Coast Guard Law and Its Implications for Maritime Security in East Asia”(2022), 37(1), *International Journal of Marine and Coastal Law*.
- “The Senkaku Islands Dispute between Japan and China: A Note on Recent Trends”(2021), 52(3), *Ocean Development and International Law*.
- “A History of and Recent Developments Concerning the Korean Peninsula Northern Limit Line(NLL)”(2019), 50(4), *Ocean Development and International Law*.
- “The Expansion of and Changes to the National Coast Guards in East Asia”(2018), 49(4), *Ocean Development and International Law*.
- “Maritime Boundary Negotiations between China and Korea: Factors at Stake”(2017), 32(1), *International Journal of Marine and Coastal Law*.
- “Maritime Pollution Response in Northeast Asia and the NOWPAP Regime”(2015), 46(1), *Ocean Development and International Law*. 외 다수

행정학의 이해

펴낸날 제1판 제1쇄 2024년 1월 15일
지은이 김석균
펴낸이 임춘환
펴낸곳 도서출판 **대영문화사**
주소 (본사) 사무실: 경기도 고양시 일산서구 주화로 70
우신프라자 307호 (우) 10387)
(본사) 물류센터: 경기도 고양시 일산서구 덕산로
107번길 68-50 (우) 10205)
등록 1975년 12월 26일 제3-16호
전화 (031) 913-3062, (031) 914-3884~5
팩스 (031) 913-3839
홈페이지 http://www.dymbook.co.kr

ISBN 978-89-7644-914-6
값 29,000원